企鹅哲学史（下卷）

the history of PHILOSOPHY

[英] A.C. 格雷林——著　　赵英男　张瀚天——译

上海文艺出版社

第四部分

20 世纪哲学

Philosophy in the Twentieth Century

自然科学、数学、逻辑学的蓬勃发展，达尔文主义者关于进化的论战所产生的社会影响，以及文本批评与社会科学中（特别是在德国）体系化、学术化方法的运用——注意到 19 世纪哲学史是在上述背景下展开的人，或许能够猜到是什么促使实现哲学目标的方法在 20 世纪发生了分化。这一分化体现为两股思潮的出现：一个得到相当准确界定的思潮是"分析哲学"，而另一个更加分散且有多个甚至多股线索的思潮，虽然易生误解但依据习惯，现在被称为"欧陆哲学"。

第一股思潮，"分析哲学"，主要在英语世界中居于主导地位。它并非一个学派或一系列学说，而是因其广泛共享的方法、旨趣以及与哲学史中主要是经验主义的关联而得以辨识。它受到逻辑学与科学中最新进展的影响，并且通过运用这些新成果或在其启发下而致力于下述议题——真理、意义、知识、心灵的性质，以及思考价值时所使用的概念等。推动这一思潮的理念是，哲学家通过详尽分析上述议题，形而上学、认识论与伦理学领域的传统问题将会得以阐明（或正如逻辑实证主义者与路德维希·维特根斯坦及其追随者以不同方式所认为的那样，至少一些传统的哲学难题能够被证明是虚假的问题）。

20 世纪早期思想家伯特兰·罗素与摩尔（G. E. Moore）是分析哲学的"奠基人"，他们的著作为该风格的哲学提供了最初的独特动力。特别是前者的著作在很大程度上使得形式逻辑成为分析哲学方法与关切的核心。其他重要人物还包括鲁道夫·卡尔纳普（Rudolf Carnap）、路德维希·维特根斯坦、蒯因（W. V. Quine）、伊丽莎白·安斯康姆（Elizabeth

Anscombe)、理查德·黑尔（Richard Hare）、斯特劳森（P. F. Strawson）、迈克尔·达米特（Michael Dummett）、唐纳德·戴维森（Donald Davidson）以及希拉里·普特南。

许多分析哲学史也认为应当将分析哲学奠基人之一这个崇高地位留与德国逻辑学家戈特洛布·弗雷格。这不仅是因为他的著作影响了罗素，也因为维特根斯坦（在20世纪一段时期内吸引了众多追随者）声称受到他的影响。事实上，弗雷格只是在第二次世界大战后才在哲学界普遍为人知晓，并且主要是因为迈克尔·达米特在20世纪最后三十余年间对其著作的杰出研究才使他得到了承认与地位，进而使得一些人视其奠基人。不过所言非虚的是弗雷格在逻辑学中的创新本身具有重大意义，而且为数不多的熟知且欣赏其创新的人中就包括罗素，没有弗雷格、朱塞佩·皮亚诺（Giuseppe Peano）和其他19世纪逻辑学家的著作，罗素就无法在形式逻辑中发展出自己的原创性观点。

分析哲学的兴起伴随着中世纪以来学术机构中哲学教育与哲学著述人员最大规模、最快速度的扩张。因而在这个世纪中产生了许许多多非常杰出的哲学家，他们的著作获得了同行们的瞩目与称赞。书籍与专业期刊、会议与讲座、大学中欣欣向荣的哲学系，这一切都使得这个专业成为一片富饶之地。"大人物"的入围名单会由写满值得一提的知名人士，以及百科全书中不会缺席的显要人物的初选名单所补充。

20世纪另一股哲学思潮因其早期主要人物以德语和法语著述，而被贴上了稍具误导性的"欧陆哲学"标签。它在黑格尔的传统中接续并发展了理解经验与实在性质的努力，并多多少少仿效尼采而将哲学反思更广泛地运用于生活与社会事务之中。其中主要人物包括埃德蒙德·胡塞尔（Edmund Husserl）、马丁·海德格尔（Martin Heidegger）、让-保罗·萨特（Jean-Paul Sartre）、雅克·德里达（Jacques Derrida）、吉尔·德勒兹（Gilles Deleuze），以及在哲学思辨向社会学等领域传播过程中的米歇尔·福柯（Michel Foucault）与于尔根·哈贝马斯（Jürgen Habermas）等人。不过"欧陆哲学"在英语哲学界中也有许多拥趸和研究者，因此它的发展背离了其名称所具有的地域意味。同时，它与现象学、后现代主义、解构主义、存在主义、法兰克福学派批判理论、精神分析理论等思潮和运动的关联如同其与"大人物"的联系一样内涵丰富。

欧陆哲学如分析哲学一样，也历经了研究人员的扩张，并且这不仅是大学围墙之内的现象。尽管全世界的大学中都有主要或仅仅以"欧陆哲学"为其研究领域的哲学系，但对欧陆哲学家感兴趣或受之影响的人并不唯独在哲学系可见，在大学中的文学系、社会学系、法学系以及其他院系中也为数不少。这是思想家及其相关领域的广泛吸引力所带来的结果。

接下来，我会分别讨论分析哲学与欧陆哲学，对它们各自的一些主要思想家与核心议题加以概述。

分析哲学
Analytic Philosophy

339　　分析哲学并不是一套学说，而是一种围绕一系列具有辨识度的核心议题所展开的哲学研究风格。它并非真的算是一种前所未有的风格，其独特之处在于运用了弗雷格、罗素以及其他人在 20 世纪初前后所发展出的新的逻辑工具。此外为我们熟知的是，分析哲学中也包含了哲学史上大部分伟大哲学家所践行的谨慎论证与阐明。在追求清晰与精确、澄清概念及其彼此关系、运用新的逻辑工具以及关注科学领域的成果中，分析哲学家对他们研究对象细节的强调要胜过他们对其展开的"宏大论述"。如前所述，他们的核心关切，亦即真理、意义、知识、心灵的性质以及伦理学概念，对哲学而言自然非但并不新鲜，反而在哲学史中居于核心地位。分析哲学之新体现在它对细节的强调，而得到改良的逻辑工具使得哲学家能够成功地处理这些细节。

　　我们能够对分析哲学做出的最佳解释，就是展示一个它开展哲学工作的实例。分析哲学主要奠基人伯特兰·罗素提出的一个理论，被 1930 年不幸早逝的剑桥哲学家弗兰克·拉姆齐（Frank Ramsey）誉为"哲学典范"。这个理论指出，如果你去分析我们所述说的事物的潜在结构，并运用逻辑工具使该结构变得彻底清晰明了，那么你就能够解决许多重要的哲学问题。解释这一观点需要一些语境，下文便是。

　　回想一下洛克，他的《人类理解论》第三卷（题为"论文字"）中提出这样一种观点，即一个语词的意义就是使用该语词者的心灵中所具有的
340　观念。表面上看这似乎是有道理的，但稍加思索就会发现这并不正确。观念是私人性的，但语词是公共性的。语词对其大部分使用者而言必须具有

相同的意义，但当两个人使用同一个语词时，我们如何能够肯定地说一个人心灵中的观念与另一个人心灵中的观念相符合呢？洛克的理论暗示说在交流中一个观念被编码成语言或文字，通过声波或纸上的记号而得以传递，之后又被一位听众或读者解码。但这些编码与解码关系又是什么呢？如先前一样，同样的问题又出现了：有什么保证了传递者与接受者的编码手册是一致的？是什么保证了传递者的意图被接受者以同样方式理解？并且还有：一个比如"狗"这样的一般性词项的观念是何种事物？它是一个具有一定体型和毛色的特定种类中具体一只狗的心灵图像（mental image），还是说它是一切种类、体型与毛色的狗混合而成的心灵图像？如果是前者，这个观念如何能够代表所有的狗？如果是后者，那么，这样一个图像又是如何可能的？

由于洛克学说所具有的困难，一个看似更好，且实际上非常古老的观点为我们所接受：一个语词的意义就是它所指称的事物。这个提议看起来也是有道理的。如果你想教给某人"手帕"这个词的意义，一个不错的方法就是展示给他看这样一块用来擦额头、揩鼻子的正方形棉布。这一观点被称为"意义的指称理论"。可不幸的是，语言中只有一些语词，也即名词，**指称**事物；而其他语词，也即形容词和副词，指称事物的属性或事件发生的方式；并且还有其他语词既不指称也不描述，而仅仅在句子中发挥功能，譬如"和""或""这"（the）等。（它们被称作"虚"词。）此外，许多名词指称不存在于空间与时间中的虚拟的事物，诸如独角兽、诸神，或像数字9与白这一属性等抽象的事物。当然，一个共相**实在论者**会认为"白性"（whiteness）指称着一个既有的事物，但如先前多次讨论过的那样，这一观点至少是有争议的。况且"独角兽"等事物究竟是什么呢？这个词指称着什么呢？这些问题相应地为指称理论带来了困难。

这些困难充分体现在如下分析之中：如果一个词必须指称某物而获得意义，那么一个有意义的词必定就指称着某物。所以有意义的"独角兽"这个词，就必然指称独角兽；而且由于我们不认为独角兽如同动物学领域中的物理实体一样存在于时间和空间之中，我们被迫认为独角兽具有某种

341

分析哲学　　**351**

非物理性的存在。一种观点是它们并不实存（exist），但**潜存**（subsist），即一种近似实存的状态，这是一个令人感到难受和定义不清晰的形而上学范畴，似乎只是用来临时补救意义的指称理论。它会带来如下荒谬的结论，即只要我说出"我的第一百万零一个兄弟"这个表述，在我这一个真实兄弟的血肉之躯外，我便即刻拥有了一百万个潜存的兄弟。

伯特兰·罗素信服意义即是指称这一学说，并且起初认为这意味着我们不得不忍受潜存着的实体这个概念。但之后如他所描述的那样，"实在所具有的鲜活感"（vivid sense of reality）反对这一观点。因此，他为下述问题提出了解决方案，即如何一方面保留意义的指称理论，另一方面又可抛开该理论貌似必需的内容庞杂的（florid）本体论（也即一切存在物的总括）。这个方案认为，在语言中只有两个词语是真正的指称表达式，而其他所有表面上发挥指称作用的词语其实都是伪装的"摹状词"。这两个真正发挥指称作用的词语就是指示代词"这个"（this）与"那个"（that），就如有人指着一个对象并说"在那里的那个东西"时一样，这两个词在它们每次得到使用时肯定都指称着某物。但当我们使用"独角兽"这个词语时，我们将之用作"一个具有独角兽属性的事物"的简略表达，而且因为对任何事物我们无法说"这个（或那个）具有独角兽的属性"，因此它没有指称任何事物。

考虑一下上述分析如何在这样的问题中发挥作用：假设有人说，"法国现在的这位国王是睿智的"，但现在法国并没有国王，这个陈述是真还是假？若我们倾向于认为它是假的，那么它因此会使得"法国现在的这位国王并不睿智"这个陈述为真吗？同样，若我们倾向于说，不，这也是假的。所以两个主张，即法国现在的国王既是睿智的**也是**不睿智的，都为假。这是如何可能的？如果其中一个主张为假，难道与之对立的主张并不必然为真吗？但当我们思考片刻，我们会发现它们同时为假的原因在于法国并没有国王；"法国现在的这位国王"这个摹状词没有适用的对象。

罗素认为这一观点表明，尽管语言的表层形式会对其真实述说的内容造成误导，但它真正表达的内容可以通过澄清语言潜在的"逻辑结构"而得以显露。依此分析，"法国现在的这位国王"这个短语**看上去**像是一个指称表达式，但它实际上是"具有成为法国国王属性的某个事物"的简略表达。所以最开始的句子实际上是两个句子的组合，也即（1）"有某个事物，它具备成为法国国王的属性"，以及（2）"这个事物是睿智的"。现在我们能够明白有两种方式使得该主张为假：要么（1）为假，要么（1）为真但（2）为假。

罗素进一步指出，当使用定冠词"这"（the）时，它意味着独一无二性，也即有且仅有一个事物具有我们所说的属性："法国现在的**这位**国王"。因此我们应当将"法国现在的这位国王"分解为**三个**句子：（1）有某个事物，它是法国现在的国王，（2）只有一个这样的事物，以及（3）这个事物是睿智的。在与其同事怀特海（A. N. Whitehead）的合作下，罗素为形式逻辑设计了一套符号标记系统，并将之视为完全清晰表达"法国现在的这位国王是睿智的"这类陈述的**潜在结构**的方法。他认为这一符号体系是使得一切事物清晰明了的"完美语言"。以这种符号对"法国现在的这位国王是睿智的"加以分析，就得出这样一串符号表达式：

$$\exists xFx \& [[(y)Fy \to y=x] \& Gx]]$$

它读作："存在某物 x，它具有属性 F（F＝"是法国现在的这位国王"）；**并且**无论其他任何事物 y，若具有属性 F，就与 x 是同一的（注意'这位'，即独一无二性）；**并且** x 拥有属性 G（G＝'是睿智的'）。"

如这一著名理论的名称所显示的那样，罗素提出"摹状词理论"还有第二个非常重要的动机。这在前番讨论中已然有所暗示。它涉及这一事实，即古典逻辑是建立在两个且只有两个真值（也即**真与假**）的基础上的，以至如果一个主张或命题不为真，那么它就为假；并且如果它为假，就不为真。这被称为**二值**（"两个值"）。显而易见的是，似乎真与假穷尽了两者之间的所有可能性，但其实并非如此；尚有许多方式使得一个命题除了纯粹为假外也未能为真——譬如，这个命题无意义，或根本就没有真值，又或不仅仅有两个真值，而是比如说三个或四个——事实上，现在有的逻辑体系中具有多个真值。一个命题可以具有第三个真值，即"既非真也非假"，这个观点由下述论证提出。假设我说"街上的这个男子正在吹口哨"。你看向窗外，那里有一个男子，并且他正在吹口哨。你说"没错"。假设当你看向窗外时，你发现一个男子但他并未吹口哨。你说"不对"。但如果当你看向窗外，就没有看到有男子在那里时会怎样？当没有男子在那里，"街上的这个男子正在吹口哨"这个命题为真还是为假？你或许会说"都不是"，由此你认同一种第三个真值，即"既非真也非假"。有时"真值空缺"（truth-value gap）这个表述就是用来描述这第三种选项的。

为什么不基于同样理由认为"法国现在的这个国王是睿智的"既非真也非假呢？罗素以及许多人都不愿意采纳这一路径。因为放弃二值会带来诸多困难，一个重要的例证就是它涉及放弃"双重否定律"。该定律认为"不是非 p"等同于"p"，因为两次"否定"相互抵消了；而只有在"非 p"和"p"的真值是直接且互斥的替代物时该定律才成立。此外，当双重否定律无效时，"排中律"也不再有效，后者认为"一切事物要么是 A，要么是非 A"，不允许第三种可能性存在。放弃排中律，就意味着存在既不是 A 也不是非 A 的事物。从表面判断，似乎全然不符合逻辑。

不过我们应当注意的是排中律并不适用于量子物理学。就像哈姆雷特对霍雷肖所说的那样，世界是一个比我们所认为的要更奇怪的地方。[1] 这同样也发生在"直觉主义"数学和逻辑学中，其中"真值"不是**真与假**，而是**可证明**和**不可证明**。想想看，尽管说"这并非不是"就是说"这是"，因为两次"否定"相互抵消了；但说"**'这是不可证明的'**是不可证明的"并不等同于说"**这是可证明的**"。因此在直觉主义逻辑和数学中，双重否定律与排中律并不适用。

---

[1] 见莎士比亚《哈姆雷特》第一幕第五场。原文为"霍雷肖，天地之间有许多事情，是你们的哲学里所没有梦想到的呢！"（There are more things in Heaven and Earth, Horatio, than are dreamt of in your philosophy.）——译者注

不过还有其他坚持二值的理由。没有二值，就会有不确定性与模糊性的风险。譬如，假设你（如许多哲学家那样）论证说知道一个句子的意义就在于知道它的"真值条件"（truth-conditions），也即是什么使之为真或为假。这意味着每个有意义的句子都要被确定地视为真或假，无论我们是否知道具体哪个句子为真或为假。如果句子也能够"既非真也非假"，也即如果我们允许存在"真值空缺"，那么我们给出的什么算作句子意义的解释会变得极为复杂。一些要点会在下文中得到更详细的阐释。

有关罗素的摹状词理论，以及对该理论的一些哲学与逻辑学含义的补充说明，阐明了分析哲学如何展开哲学工作。围绕着刚刚勾勒的所有观点，都有详细的论辩来探索和完善它们及其他有关指称、摹状词、意义、真理、二值、"逻辑形式"等议题的立场。这些研究的一个共同特征，就是通过分析概念来对上述问题展开考察的方法；该方法的目的在于探究这些概念涉及什么并意味着什么，以及通过详细考察来发现它们真正的意义和与其他概念的关联。一些读者会释然于分析哲学如先前哲学一样，并不是以逻辑符号来写作的。并且他们会注意到细致的论证以及对概念和理论加以系统性的考察，事实上并没有与柏拉图、洛克、休谟以及其他哲学家一直做的工作有太大差别。其新的部分就是对逻辑学进展的借鉴。

值得在一开始就提及的是"分析"这个词本身指代许多不同的技术。它可以指把某些事物分解为其构成要素，也即"分解"，这就如我们拆开一块手表来检视其运作机制一样。它可以指证明某些事物能够由比其更基本的事物加以解释，也即"还原"，这就如我们论证说心灵中的思想就是头脑中神经的电化学活动一样。它可能涉及寻找某些事物的"本质"或界定其属性。它可能涉及把一个概念放入与其他概念的富有启发的关系之中，就如我们会看到的，对"必然性"这个概念的理解会因理解它与"可能性"和"现实性"的关系而得以加深。它可能关乎把一个概念解释或转译为另一些更为清楚的概念。它可能关乎追踪一个概念的发展史。通常而言，分析哲学的技术是对上述这些过程中一些、大部分抑或全部的综合。其**目的**旨在澄清和理解，其**抱负**是使哲学中最为棘手的问题因此得到解决

344

分析哲学　355

（或如一些思想家在涉及一些传统难题时所希望的那样，消解这些问题，也即证明它们根本不算是问题）。

罗素（Russell, 1872—1970）

伯特兰·罗素拥有漫长的一生，他一生中不仅仅致力于逻辑学与哲学，还两次参选议员（支持女性投票权），在第一次世界大战以及他生命中的最后二十年间为和平与裁军奔走呼吁。他的著述里既有技术化的专著，也不乏"通俗"作品。有一段时间他创办并管理着一所学校，还担任一份美国报纸的专栏作家很多年，还荣获了诺贝尔文学奖。他的人生是充满令人惊异的活力与精力的一生，也是矢志不渝地推动自由进步事业的一生，因其智慧、清晰且深刻的思想而熠熠生辉。

也正是如此，他的人生也是饱受争议的一生。剑桥三一学院为惩罚他反对第一次世界大战而将其解雇，他的反战活动导致他在战争期间以及人生最后十年中两次被捕入狱，后一次的理由是他反对核武器。他早年为有关离婚和性教育的开明观点奔走呼吁，晚年又为反对越南战争而奔波。事实上，随着年纪逐渐增长，他的立场变得越加激进。早年他是（并且他很直爽地描述自己一直是）一个很一本正经的人，这继承自抚养他长大的极为注重道德的祖母，即前首相罗素伯爵的遗孀，罗素伯爵夫人。生活经历解放了他的人生态度。他结过好几次婚，其更富争议的作品之一《婚姻与道德》（*Marriage and Morals*），既让他因愤怒的道学家的抵制而丢掉了纽约的工作（这几乎剥夺了他的全部生计），又使他在十五年后荣获诺贝尔奖。当他获得"功绩勋章"这一英国荣誉体系中最高荣誉时，国王乔治六世在授勋仪式上对他说："你有时的行事方式，如果成为一种大家广泛采纳的做法，会是不妥当的。"对此罗素的回应是一个人做什么要取决于他是谁；他说，试想一下一个邮递员和一个街上的淘气小孩，两者去每家每户按门铃这个行为之间的差别。国王不知该如何回应。

罗素对分析哲学创立的推动作用，得益于比他稍年轻一些的在剑桥的同时代人摩尔的帮助。事实上，罗素在称赞他人时总是非常慷慨，他说摩尔给予了他最初动力来放弃学生时代所支持的黑格尔观念论。但其实他这么做的理由在当时已然很充分了。当他第一次来到剑桥时，罗素是他的"世俗教父"约翰·斯图尔特·密尔的追随者，尽管他并不赞同密尔对数学的看法。十年后他发表的第一部哲学著作是对莱布尼茨的研究。其中他写道："一切合理的哲学都应当从对命题的分析开始，这是一个太过明显的真理，或许都无须证明。"但在求学过程中，由于剑桥大学哲学教授们的影响，他成了一个新黑格尔主义者。麦克塔格特说服他接受了一种不赞同经验主义的立场，斯托特（G. F. Stout）说服他相信绝对（the Absolute）。他认为从科学的视角能够且应当理解到绝对的性质，并且决心展开一项极富雄心的计划，撰写一部与黑格尔的"哲学百科全书"类似的作品，不过运用的素材则是19世纪90年代能够获得的先进科学知识（1895年他寓居柏林时制订出了这项计划）。

罗素这项计划的概念是黑格尔式的，但罗素借用了康德的"先验论证"[1]技术来考察经验与实在的特定方面，试图以此最终能构建出一个有关绝对的完整学说——尽管布拉德雷对此表示反对，他说细碎的研究总是会导向矛盾。[2]他从几何学开始，接着是算术，并很快发现自己的计划遭遇了困难。这是因为支撑绝对观念论命题所必需的关系理论是无法成立的；我们若不接受存在着非对称的和外在的关系，就无法理解在空间点之间或数字之间存在着差异。

罗素一直试图写一篇论文或是一本书，在言谈中它被称为"数学推理分析"（'An Analysis of Mathematical Reasoning'），其中部分内容保留在他的第一部重要哲学著作《数学原理》（*The Principles of Mathematics*,

---

[1] 先验论证就是将某物 X 接受为既定事实，并考察作为 X 会如此的条件，何物也会一定如此。可以说，这是一个向后回溯到 X 必要条件的论证。一个简单的例子是，你正在阅读这些文字，所以我们能够知道如下事实为真，即你已然出生并且至今还活着，因为否则你就无法阅读这些文字。
[2] 参见第三部分中有关布拉德雷关系学说的讨论，边码第 323—5 页。

1903）中。在这部作品中，他试图克服引发矛盾的内在关系学说。当发现这一计划无法实现时，他就翻转了他的论证，将矛盾用作对该学说的**归谬**。他这么做的一个重要动力源于他结识了摩尔（1873—1958）。

摩尔比罗素晚两年到剑桥，如他所说，他当时几乎完全不理会哲学，并默默地打算成为一名教师，"向六年级学生教授古典学"。在剑桥他听了麦克塔格特与其他人的课，并决定将本科阶段后半段时间投入到哲学研究中去。他受教于他很尊敬的麦克塔格特，并最终也成为一位新黑格尔主义者。不过这是暂时的。他很快对哲学中的一些断言感到震惊，特别是他逐渐认识到，麦克塔格特对时间非真实性的主张不仅荒谬且"极为怪异"。他说尽管大部分哲学家都声称受到对宇宙的求知欲的推动，但他的灵感来源却极为不同：这是一种对哲学家怎么说出如此愚蠢事物的求知欲。

罗素与摩尔之间讨论的最终结果就是他们都拒绝了新黑格尔主义中一元论和观念论的核心立场，而接纳了多元论和实在论。在此过程中，他们逐渐认同这一观点，即哲学的正确方法就是对判断或命题的分析，而在摩尔看来，判断或命题独立于做出判断之人的活动而存在，并且由概念复合而成。

摩尔在19世纪90年代中期到20世纪初的这段时期的思考，让他最终完成了其主要哲学著作《伦理学原理》(*Principia Ethica*)。在同一时期，罗素思考的观点最终使他开启了一个巨大的项目，即与怀特海合作写成的《数学原理》(*Principia Mathematica*)。正如他有关绝对观念论的"一切科学的百科全书"这一宏伟计划的起点所显示的那样，数学是罗素哲学兴趣的核心。这是他写作有关莱布尼茨著作的原因之一，后者的形而上学在很大程度上受到其数学与逻辑学观点的影响。莱布尼茨设想了一种**普遍语言**，一种完全清晰有序的语言，数学、科学还有形而上学能够以此毫不含糊地得到表达，并且哲学问题能够通过"计算"而得到解决，因此就克服了分歧。这个观点启发罗素相信逻辑学能够成为这样一种语言，它启发了许多深受罗素与弗雷格影响的学者认识到，对语言的逻辑分析是解决哲学基本问题的捷径坦途。

在 19 世纪 90 年代后期，罗素展开了一系列集中的研究，其中包括：他的奖学金论文《论几何学的基础》（*On the Foundations of Geometry*, 1897）、"数学推理分析"（大概在 1897 年到 1899 年之间）、题为"数学的基本观念与公理"（'Fundamental Ideas and Axioms of Mathematics', 1899）的一份未发表的手稿、《数学原理》的一份未发表的草稿（1899—1900）、他有关莱布尼茨的专著（1900），以及《数学原理》本身（1903）。[他还写了一本关于德国马克思主义的书，即《德国社会民主》（*German Social Democracy*），出版于 1896 年。]《数学原理》之后所展开的工作，产生了许多重要的哲学成果，包括《论指称》（'On Denoting', *Mind*, 1905）这篇文章。它提出了前文讨论过的非常著名的摹状词理论，并且包含着罗素后来发展出的将空间、时间以及物质理解为"逻辑建构"这一立场的萌芽。

在通向《数学原理》的这些年中，罗素观点的发展使得他确信纯粹数学（算术、分析和几何学）都依赖于逻辑："一切纯粹数学都只处理可以通过非常少的基本逻辑概念加以界定的概念，（并且）一切数学命题都可从非常少的基本逻辑原理中推导得出。"数学可以被还原为逻辑这个观点被称为"逻辑主义"，其灵感来源是 19 世纪逻辑领域中强有力的新进展，其中主要贡献就是弗雷格革命性的工作，包括他对量词的处理（下文中加以阐释），以及与之相关并受其推动的观点，这些观点被弗雷格运用到自己从逻辑中推演算术的工作里。罗素在 1900 年于巴黎召开的国际数学大会中，从朱塞佩·皮亚诺那里了解到弗雷格的著作，并且将其中一些观点吸收入他自己的逻辑主义工作中。

解决数学中两个重要难题的渴望推动了逻辑学家的工作，一个是认识论方面的，另一个是形而上学的。认识论的难题是：是什么证成了我们能够主张自己知道诸如 1+1=2 这样的数学真理？形而上学的难题是：数学中所指称的实体或对象是什么？将这两个难题加以关联：当且仅当我们知道"1"和"2"是什么以及如何理解"+"和"="，我们才能证成我们知道 1+1=2 这一主张。康德基于在空间和时间中组织"直观"（感觉经验）的"感觉的形式"，而将数学真理视为**先天的**"综合"，进而为几何学和算术相应地提供支持，但这些难题并没有因此得到解决。第一位提出数学是分析命题而非综合命题的是理查德·戴德金（Richard Dedekind, 1831—1916），他像弗雷格一样受到数学中某些领域中"算术化"潮流的影响，以下述观点为其理论前提，即算术与分析（数学中有一部分发展自微积分）都是纯粹概念性的。弗雷格依旧认为几何学是**先天**综合的，但他认为算术拥有完全不同的基础。戴德金同样认为几何学直观不应当与思考"算术的科学基础"有关。在弗雷格发展他的 Begriffsschrift，即"概念文字"（"concept-script"）时，他的目的是将算术奠基在"一般逻辑法则与定义"之上，而确立算术的真理是分析性的。

罗素长期以来梦寐以求的，就是看到数学建立在不可动摇的基础之上。在他孩提时代，他的哥哥弗兰克教授他几何学，当他质疑几何学的起点，也即定义与公理时，他的哥哥告诉他不得不接受它们，否则就无法进行下去。罗素醉心于欧几里得几何学之美，实际上也是醉心于整个数学领域，但他受到如下事实的困扰，即数学建立在未经证实我们便相信的基础之上。因此，证明数学立基于逻辑学的前景对他具有深深的吸引力。

"19世纪的最后一天"，即1900年12月31日，罗素完成了《数学原理》的第一稿。[1] 但仅仅五个月后，他就发现其中包含一个会危及整个体系的悖论，并且当他第二年在与弗雷格通信交流此事后，导致弗雷格在绝望中放弃了逻辑主义。弗雷格如此回信给罗素："你对悖论的发现让我震惊到无以言表……让我如雷击般惊愕不已，因为它动摇了我打算将算术建立其上的基础……更严重的是，它似乎摧毁了……唯一可能的算术的基础。"不久后弗雷格就放弃了他的努力，但罗素坚持了下来，试图找到绕过这一问题的方法——最终他也成功了。

简言之，罗素哲学事业的故事，以及其中具有摧毁性的悖论是这样的。首先，注意譬如托盘上的茶杯集合、兽群中的母牛集合等这样有关事

---

[1] 人们都会误认为20世纪结束于1999年12月31日。因为纪年中没有0年，第一个公元纪年是公元1年，因此任何世纪的最后一年就是数字末尾为0的年份；所以19世纪最后一年是1900年，20世纪最后一年是2000年。21世纪开始于2001年的1月1日。

物的集（collection）、集合（set）或类（class）的直觉观念。弗雷格及其后的罗素试图通过集合来定义数字。取一个集合，其中的成员是一副刀叉，另一个集合中成员是一对夫妻，还有一个集合中是一只母牛和一只公牛——它们都是一双或一对（pairs）成员构成的集合。这就提供了一种方法来定义数字2："2"是一切由两个成员构成的集合的集合。同样，数字3就是一切由三个成员构成的集合的集合（该集合包含一切像这样的集合：一个集合中包含着刀、叉、勺，另一个包含有母亲、父亲与儿子，还有一个集合包含一只母牛、另一只母牛和一只公牛等）。这可以重复用于界定一切数字。更准确来说，"一个集合的数字，就是一切与之相似的集合的集合"，其中"相似"是集合论中的技术化词汇，指的是所讨论集合的成员之间存在的一一对应关系。

尽管表面看上去这个定义具有循环性，但它并非我们所要讨论的悖论，因为两个一组、三个一组、四个一组等这些概念并不包含数字的概念：一个不会计数的服务生也知道布置餐桌时每个桌上放一套刀子、叉子和勺子。

但是现在悖论浮现出来了。为了对它有所准备，先考虑下面这个相关的悖论：村庄里有一位为不给自己刮胡子的男士们（包括村庄里所有男士，且仅包括这些男士）刮胡子的理发师。这位理发师是否会为他自己刮胡子呢？如果他会，就意味着他不会；并且如果他不会，就意味着他会。由于显而易见的理由，这被称为"理发师悖论"。罗素的悖论是这样的：考虑这样一个事实，即一些集合就是其自身的成员，而一些却不是。一切集合的集合显然是它自身的成员，因为它自身也是一个集合；但同样明显的是，男人的集合本身并不是男人。现在的问题就是，所有不是其自身成员的集合的集合是什么呢？如果它是其自身的一个成员，那它就不是自身的成员；并且如果它不是其自身的一个成员，那它就是自身的一个成员。

集合的概念会导致悖论的事实对任何以运用集合为基础的体系而言都是致命的。尽管详述它对弗雷格和罗素的工作带来了何种程度的麻烦会非常复杂，但概略性的分析足以表明它为什么打破了弗雷格的希望，以及它

分析哲学　　**361**

为什么迫使罗素寻求多种专门且最终也未能令人满意的方法去绕开它——罗素的方法主要是借助"类型论",试图将集合排序到一个层级之中,(非常形象地说)以便只有低等级类型的集合能够成为一个更高等级类型集合的成员。

没有能绕过上述悖论的方法,罗素就无法继续开展他的逻辑主义事业。他提出的方法,也即类型论和两个颇有争议的公理,最终使得他能够与其合作者怀特海完成《数学原理》这部巨著,并以三卷本形式相继出版于1910年、1912年以及1913年。印制这个包含着上百页逻辑符号的多卷本著作的成本高昂,以至于罗素和怀特海不得不自己掏腰包补贴成本。最后体积庞大的手稿是由手推车送到剑桥大学出版社办公室的。

《数学原理》被视为逻辑学领域有史以来最伟大的三部重要著作之一,另两部是亚里士多德的《工具论》和弗雷格的《算术基本法则》(*Grundgesetze der Arithmetik*)。[1] 其中一个原因是罗素和怀特海所发展的符号标记系统使得逻辑学作为一种工具在很大程度上更加有效和便利,并揭示了逻辑学更多的可能性与用途。它为之后逻辑学和哲学领域进一步的重要进展(其中一些是罗素自己做出的)开辟了道路。其他有关《数学原理》的看法虽然承认它在哲学上的建树,但却没有这么乐观。伟大的匈牙利逻辑学家库尔特·哥德尔(Kurt Gödel)对此写道:"令人遗憾的是,这部第一次完整且彻底呈现出数理逻辑并从中推导出数学的著作,在其基础上如此缺乏形式上的精确,以致就此方面来说,相比于弗雷格是相当程度上的倒退。尤其是它缺乏对形式主义句法的精确表述。"这一判断虽然正确,但太过严苛,因为没有《数学原理》所带来的进步,就越发难以看到对基础的更加精确的形式化表达需要什么。

这部著作带来的一个最重要的结果,就是在此后漫长的人生岁月中罗素自己哲学事业的发展。他从这部巨著的繁重工作中解脱出来,转向了一个几乎在他此后所有哲学工作中都居于核心位置的问题:科学是如何源于

---

1 这是《斯坦福哲学百科》相关词条作者的判断。

经验的。需要注意的是这与科学如何或是否得到经验的**证成**并不相同；这也不是对科学知识可能性抱有怀疑论立场的反驳。相反，如洛克、休谟和密尔以不同方式试图去做的那样，罗素希望解释实证经验（empirical experience）中知识的基础。而对他来说，知识的典范就是科学。他对这一目标的追求是一以贯之的，尽管实现此目标的方法历经多次转变，并且后来他在很大程度上妥协了自己的立场。

起初，罗素工作的形式是证明物理学的基本概念如何通过观察与实验得到了完全"证实"。那时正是1912年，他刚刚出版了《哲学问题》（*Problems of Philosophy*），这些基本概念被认为包括空间、时间、因果性以及物质。在他完成这一任务的最后努力，即《人类知识》（*Human Knowledge*, 1948）出版时，物理学已然与因果性和物质无关，时空关系取代了空间与时间，罗素逐步接受了他曾经激烈反对的康德观点，该观点曾被他视为康德对科学客观性的"托勒密反革命"（因为康德将人类的思维重新置于现象世界的核心），也即任何有关科学如何源于经验的分析都带有不可磨灭的**先天**印记。

罗素思想中的这一后期转变对他而言至关重要，因为这意味着他放弃了早期纯粹的经验主义立场，即感觉经验是知识的基础。他区分了"描述知识"和"亲知知识"，前者源于后者，而后者则存在于同某物的"直接认知关联"中："我们亲知任何我们直接意识到的事物，而无须任何指称过程或有关真理知识的中介。"相反，描述知识是一种间接知识，它因完全源于亲知知识而获得证成。比如，"我知道珠穆朗玛峰是最高的山峰"是间接知识，但它完全依赖于下列事实，即存在着为其提供基础的（但未必是我的）亲知知识。

罗素在其工作的早期阶段中运用的技术是"逻辑建构"。他创造了"感觉材料"（sense-datum）这个词语来指称一种感觉印象，也即经验中意识的直接对象，并指出物理对象应当被视为源自实际与可能的感觉材料的逻辑建构。试想对一个桌子的感知：我们从视觉上经验到具有形状的颜色斑点，我们将之视为比如说桌面或一些桌腿；同时我们预料到如果我们拥有从桌子下面看以及走到桌子另一边观察的经验,我们就会进一步拥有类似种类的感觉材料。我们所拥有或可能拥有的感觉材料的总体就构成了这个桌子;桌子就是源自它们的逻辑建构。

这一观点在其后续发展中逐渐被称为"现象主义"(phenomenalism),现象主义者包括鲁道夫·卡尔纳普、维也纳学派的其他逻辑实证主义者,以及艾耶尔(A. J. Ayer)。这种观点非常类似于贝克莱的观念论,却与之存在一个重要的差别。一个当下未被我或任何有限存在感知到的对象的存在,在贝克莱看来,却能被一个无所不在且全知全能的"无限精神"或上帝感知到。这就是为什么我房间里的桌子即使当我或任何其他人都没有在那里感知它时,它还存在的原因,因为无限精神正在感知着它。对现象主义者而言,这个桌子当下未被感知到的存在就是如下这一"反事实条件"语句所表达的"朴实真理"(bare truth,无须任何其他事物加以解释或支持的真理):"如果现在我在自己的房间里,那么我就会看到这个桌子。"其中一个条件语句是"如果-那么"构成的句子;一个**反事实**条件句就是在一个句子中,"如果"部分陈述的并非事实(与事实相反)。需要注意的是反事实条件句中的动词都是虚拟语气:"如果我**是**(were)……那么我**就会**(would)",因此它表示的是"如果我是(但我现在不是)……那么我就会……"

依赖"朴实为真"的反事实条件句是上述方法的一个主要缺陷。是什么使得这些条件句为真?就此目的而言,下述事实对解决我们的问题并无帮助,即对一般条件句来说,当其"如果"的部分为假时,它不管怎样都为真——这纯粹是条件句的逻辑结果。(参见后文有关逻辑的附录中"如果 p 则 q"也即 p → q 的真值表。)所以一个认识论理论又如何能够依赖于它呢?不过若不接受反事实的朴实真理,就不可能从感觉经验中"建构"物理对象,因为有关物理对象的经验总是部分的和有限的,以至于构成对象的实际与可能的感觉材料数目也是部分的和有限的,因此我们永远无法将对象彻底"还原"为经验。

上述观点可用另一种方式加以表述:认为一个对象源于实际和可能的

感觉材料的建构，就是认为对物理对象的陈述可被转换为有关实际与可能的感觉经验的陈述。但这种转变永远无法没有残余，因为总存在对超出实际或可能经验陈述范围的对象的陈述。这类陈述包括对其他人感觉经验的陈述，以及指称指向一切有如下特征的地点与时间的陈述：在其中构成对象的感觉材料已被经验到或可能被经验到。

以上观点与一个罗素拒绝处理的问题相关，因为他像洛克那样对此问题不屑一顾。这个问题就是怀疑论对经验作为知识基础的挑战。其他基于感觉材料的理论家，比如艾耶尔，认真地对待这一问题，并且发现它击败了现象主义学说。艾耶尔指出，如果现象主义是正确的，"从对物理实在的描述到对可能的（若非现实的）显象的描述之间，存在着一个推导的环节。反过来说，感觉材料的出现一定是物理对象存在的一个充分条件；这样从对实际或可能的显象的描述到对物理实在的描述之间，必然存在着一个推导的环节"。但正如艾耶尔之后所补充的："对现象主义决定性的反驳是上述这两个要求都无法得到满足。"

在《人类知识》的序言中，罗素注意到"信念""真理""知识"以及"感知"这类词汇都具有某种共同用法，而这要求进一步加以阐明。它们的概念必须得到分析，以便为证明信念与感知的对象如何能够从经验中"根据逻辑建构出来"这一综合工作做准备。这是他贯穿始终的方法论。不过从《我们关于外在世界的知识》（*Our Knowledge of the External World*, 1914），历经《心灵的分析》（*The Analysis of Mind*, 1921）、《物质的分析》（*The Analysis of Matter*, 1927）以及对"中立一元论"的接受（这个观点首先由威廉·詹姆士提出，指的是心灵与物质是一个更具基础地位的单个材料的不同表达），在尝试用不同方法提出有关经验何以为科学奠基的理论后，罗素逐渐得出了《人类的知识》（1948）中的这个结论：我们只有借助某些**先天**原理，才能够从经验走向科学。在该书中他写道，要么我们**先天**地知道一些事物，"要么科学就是空谈"。但科学并非空谈，所以我们**先天**地知道一些事物。这些先天的原理就是他所说的"公设"（postulates），它们包含有关因果性的信念、物理对象的相对持存性以及归纳概括的有效性。与休谟类似，罗素将之称为"本能的"信念。不过这些原理能够被**先天地**获知，同时适用于世界中事物实际的样态，它们就是康德意义上的**先天**综合，尽管罗素并没有主张说它们具有"先验必然性"。事实上，《人类知识》中的认识论是一种可错主义和实验性的，这与推动他在逻辑学和数学领域著述中寻求具有确定性的基础截然不同，而该基础正是他在《哲学问题》开篇第一句话中所说的哲学试图追寻的东西。

从罗素观点与维特根斯坦早期哲学（参见下文）以及现象主义发展的关联来看，或许在刚刚描述的历程中最为重要的阶段就是罗素思想中的"逻辑原子论"时期。他有时以"逻辑是哲学的本质"来表达他的下述立场，即语言的表面形式是具有误导性的，并因此有必要运用清晰的逻辑语言去分析其潜在结构。这一分析呈现于摹状词理论之中。将同样的结构分析运用于语言所覆盖的世界，并且证明世界同语言相应结构之间的关联，为罗素提供了他所追寻的理论。在1918年写于狱中的《逻辑原子论讲义》（'Lectures on Logical Atomism'）中他做出如下论证。世界由许多事物构成，每个事物都具有属性并与其他事物处于一定关系之中。描述世界不仅仅要求罗列出对象，还要解释它们的属性与关系。具有属性与关系的事物就是事实的构成要素，而事实通过命题得以表达。表述"基本事实"的命题，也即单纯断言某物具有某个属性或与其他事物处于某种关系的命题，罗素称之为"原子命题"。当原子命题通过"和""或"以及"如果……那么……"这类逻辑词加以联结后，就构成了复合或"分子"命题。这些内容极为重要，因为由此才有可能产生出推论。最后，还存在着诸如"所有人都会死"这样的"一般命题"，它们要求在经验证据之外，接受某些一般原理；而这些经验证据则源自对原子命题所指称的对象与属性的亲知。

通过分析而获得的构成这个世界的"原子"是一些特定的感觉材料，譬如"小块儿颜色斑点或小段声音，瞬时的事物"，它们也包括诸如"白性"等属性以及像"之后"或"紧邻"等关系。将之称为"原子"的一个理由是在此语境中它们是基本且基础的事物，并在逻辑上彼此独立。将复杂的符号（命题）分解为构成它们的"简单符号"，也即原子命题，使得我们能够在命题的项与经验的原子之间形成直接关联。在一种"逻辑上完美的语言"（《数学原理》所提出的逻辑学）中，原子命题的最终构成因素将与事实的原子构成因素一一对应。在此理想状态下，每一个原子对象自身都会有与之相对应的个别简单符号。

世界中的原子是简单物，也即无法再进一步加以分析的事物，并且它们很短暂，是转瞬即逝的感觉材料，因此它们构成的复合物，即事实，是由它们构造出来的"逻辑虚构"。我们**亲知**这些原子，而其他一切我们所知道的事物都是源自**描述**。

《逻辑原子论讲义》勾勒出了一个纲要，而并未提出详尽的形而上学和认识论，但即便如此，它们也引发了许多难题，以下是其中一些。这个理论雄心勃勃地试图提出一种意义的经验主义学说，其中包含有关知识、感知和心灵的观点，并且假设在逻辑中存在表征语言潜在结构的唯一正确方法。这个立场至少是可质疑的。罗素认为直接亲知的对象中，不仅包括简单对象，也包括它们的属性和关系，并认为后者也是简单物（不可分析的事物）。他举出色块作为这类原子的例证，但颜色不可能是原子的，因为它们彼此之间在逻辑上并不独立。很快他不得不放弃在逻辑结构底部的简单物是感觉材料（经验的原子）这个观点，而认为这些简单物只能够作为分析的界限而被推论性地知晓。但这样就使得将物理学（一系列描述知识）与经验中的基础（它在简单符号和简单实体之间建立了直接的关联）联系起来的努力失败了。

下文中可以看到，维特根斯坦的《逻辑哲学论》（*Tractatus Logico-Philosophicus*）以更加严格、体系化且简约的方式提出了表达上述观点的另一种学说。第一次世界大战前，当维特根斯坦在剑桥做罗素的学生时，他们已然讨论了以各自的方式加以发展的一些观点。

罗素从未认为自己是位道德哲学家，尽管他的确是一位道德家——并非清教徒意义上的，而是恰恰与之相反——实际上他对道德理论做出了真正的贡献，预见了情感主义（伦理判断是判断者对所处理问题的内心

分析哲学　367

感觉的掩饰性表达）与"错误理论"（这一立场主要与麦基 [J. L. Mackie] 相关，指的是由于伦理判断不是客观的，因此它们是错误的）的登场。考虑到罗素对何为对错持有非常坚定的立场——第一次世界大战是错误的，核武器是糟糕的，打孩子是错误的，伪善是糟糕的，善良与同情是正确的，和平是善的——他的理论与行为之间没有直接的关联。

罗素有关社会与道德事务的通俗写作至少成为使西方世界从维多利亚式道德主义泛滥中解放出来的推动力量之一，同时他有关哲学的通俗写作吸引了许多人了解哲学。他成了一名圣哲，在晚年被问及他想留给这个世界什么讯息时，他以老派的口吻来回应这一难题，他说事实上他希望理性与和平能够最终克服人类愚蠢荒唐的倾向。乔治国王和其他一些人或许对罗素的私生活持保留意见，但总体来说他毫无疑问是位伟人。

弗雷格（Frege, 1848—1925）

经由逻辑学家朱塞佩·皮亚诺的引介，罗素开始熟悉戈特洛布·弗雷格的著作，但他自己坦言并没有正确理解其全部观点。其原因主要是弗雷格设计的并不直观的逻辑符号，他以此表述自己对逻辑学崭新且有力的拓展。除了朱塞佩·皮亚诺、罗素和其他几人之外，最早意识到弗雷格作品重要意义的还有逻辑学家阿隆佐·丘奇（Alonzo Church）和库尔特·哥德尔。弗雷格在哲学界声名鹊起可能要追溯到罗素在 1914 年哈佛大学的罗威尔讲座中对他的提及（该讲座讲义后以《我们有关外部世界的知识》为题发表）。他在讲座中说，弗雷格向他展示了"哲学中逻辑分析方法"的"第一个完整实例"。1915 年的《一元论者》(Monist)期刊发表了由约翰·施塔赫尔罗特（Johann Stachelroth）与菲利普·乔丹（Philip Jourdain）翻译的弗雷格《算术基本法则》第一卷的摘录，其中乔丹在他们的引介性评述中引用了罗素的评论来解释弗雷格的理论事业。

不过，弗雷格完全为哲学界所知则要等到 1952 年，那时彼得·吉奇（Peter Geach）与马克斯·布莱克（Max Black）出版了他一些作品的译著。[1] 他们写道："本卷的一个目标就是使得英语读者能够读到弗雷格更为重要的逻辑学论文，它们沉埋于诸多德语期刊（其中大部分现在已然不复存在了）中多年……赖尔教授与罗素勋爵一直以来鼎力相助，提供了弗雷格那些原本几乎无法获得的著作。"如这些评论所言，如果我们并非懂德语且具有丰富数学知识的读者，且不掌握稀有期刊与书籍的话，弗雷格的观点很大程度上就无法为我们所知。在他们的译本之后，威廉·尼尔（William Kneale）与玛莎·尼尔（Martha Kneale）在其《逻辑学的发展》（*Development of Logic*, 1962）一书中广泛研究了弗雷格的观点，而此书早于迈克尔·达米特（Michael Dummett）的重要作品十年。达米特的《弗雷格：语言哲学》（*Frege: Philosophy of Language*, 1973）是其所著的有关弗雷格且受弗雷格影响的一系列权威作品中的第一部，它确立了弗雷格作为分析哲学关键人物的地位。

达米特将分析哲学颇为特异且富有争议地界定为如下立场，即"只有通过对语言的哲学解释，才能够获得有关思想的哲学解释"。事实上，在他个人化的分析哲学史中，他将分析哲学的起源归于弗雷格的《算术基本法则》，认为它提出了作为分析哲学本质的"语言学转向"的首个清晰范例。分析哲学中的一些独特议题确实源于弗雷格的下述需要，即相比于日常语言所能提供的用来完成其理论事业的工具，他需要更为便捷的工具去证明算术与逻辑是同一个事物。他认为自己的"概念文字"与日常语言的关系，就如同"显微镜与眼睛的关系"。但在创制这种新的逻辑语言的过程中，哲学上具有重要意义的有关日常语言与概念（差异）的考量得到放大而变得明显。

弗雷格出生于德国波罗的海沿岸的汉萨同盟城市维斯马（Wismar），

---

[1] 迈克尔·达米特在 1980 年 9 月 18 日的《伦敦书评》（*London Review of Books*）中写道："当吉奇和布莱克的译本在 1952 年首次出版时，英语世界中除了《算术基础》（*Foundations of Arithmetic*）外几乎没有任何弗雷格的作品……他们的译本，及其所选取的文章以及对弗雷格其他作品的摘录，使得弗雷格著述的代表性内容能够为哲学公众所知，因此的确立下了汗马功劳。"

父亲是一所女子学校的创立者与校长。他被作为一名路德教徒抚养长大，在进入耶拿大学和哥廷根大学之前，他在当地一所文科中学接受教育。在完成其教授资格论文后，他成为耶拿大学的一位无俸讲师，在接下来的五年里承担着本科生数学专业的诸多课程。他提出自己的"概念文字"的那本小书出版于 1879 年，他因此被任命为临时教授（*Professor extraordinarius*，即 associate professor，助理教授），这意味着薪水与安定。"概念文字"是逻辑学领域的一项革命性进步，但它艰深的符号使它难以得到欣赏，事实上连被深入理解也谈不上。

1884 年，弗雷格出版了《算术基础》（*Die Grundlagen der Arithmetik*），算是以相对非形式化的语言对其之后在《算术基本法则》（两卷本，分别出版于 1893 年和 1903 年）中技术化工作的一个简论。《算术基本法则》中包含并且推进了他最为重要的哲学贡献，这些贡献的内容也出现在很久之后变得极富影响力的三篇论文中：《函数与概念》（'Function and Concept'，1891）、《论意义与指称》（'On Sense and Reference'）以及《论概念和对象》（'On Concept and Object'，后两篇都发表于 1892 年）。

如《算术基本法则》几卷本的出版日期所显示的，第二卷的出版稍晚于罗素写信给弗雷格沟通他对悖论的具有毁灭性的发现。在他们的通信中（大约每一方都有十封信件），罗素提出了一系列他会继续发展的观点，而弗雷格在经历了最初的震惊后，着手尝试他自己对此问题的解决。因为《算术基本法则》的第二卷在那时即将付梓，弗雷格增补了一个后记，解释了罗素的发现并提出在此条件下补救其理论的方法。直到 1906 年之前，他都在坚持寻找解决罗素悖论的方法，但此时他似乎已彻底灰心，放弃了追寻解决悖论的方法，而这曾是他终生的事业。不过在此过程中，他对逻辑学和哲学做出了一等一的杰出贡献。

令人遗憾的是，始终持有政治保守主义立场的弗雷格在晚年与彼时彼地那些支持纳粹意识形态兴起的人们一道（这其中就有我们之后会看到的马丁·海德格尔），逐渐开始流露出法西斯主义倾向和反犹主义论调。

弗雷格对逻辑学的重要性是不言而喻的：他通过发明一套事实上属

于现代数理逻辑中谓词演算的形式体系和与之相关的符号系统,为逻辑学领域带来了革命。罗素和怀特海发明了一套更先进和更直观的符号系统来呈现弗雷格所发展出的量词与复合命题的结构,进而使得这些观点更为人所知。

在发展他的逻辑学观点以及将逻辑学运用于证明逻辑和算术具有同一性(这与以下这个说法一致,即证明算术能够被还原为逻辑,而逻辑是分析性的)这个主要目标所必需的观点时,弗雷格也发展出一套语言哲学。他在这方面的成就同等重要。弗雷格是这样发展出他的语言哲学的:因为不得不解释**指称**(也即一个词如何指称对象或概念)为何是必要的,他就进而需要发展出一种**意义**理论——粗略来说,就是要想识别出一个词指称的事物,我们关于这个词所必须知道的东西。

很重要的是,要注意到弗雷格一开始就拒斥"心理主义"立场。心理主义指的是通过诉诸概念使用者心灵中的精神过程或状态来解释概念的学说。尤为重要的是这一立场意味着逻辑与数学法则不过是对心灵运作方式的概括。因此,逻辑学就是对"思维法则"的描述,而心理学就是有关我们如何思维的科学;因此这两者相互关联。从某些观点出发,譬如密尔的学说,诸如数字这样的数学概念就被认为是经验性地立足于我们有关计数的经验之中。

弗雷格反对上述立场,他强调说逻辑与一个客观领域相关,与人们如何思维没有关系,因此无法被还原为经验性或心理学的因素。他举出"自我同一性"作为其主张的证明。自我同一性是这样一个原则,它认为一切事物都与自身同一,并且它因"同一性"这个词的概念而为真,我们无须周游世界考察每个事物来分析它是否与其自身同一。如果心理主义是正确的,"同一性"的意义就会由正在思考同一性的大脑中的观念构成;或更准确地说,它由思考同一性的不同人的不同大脑中的观念构成;这些观念可能彼此不同,而且随着时间流逝人们对它的看法与先前对它的观念有所不同。但弗雷格指出,"同一性"的意义并不是主观的,也不会随风尚而发生变化,它是客观的。以另一种方式来表述,认为某个命题 p 为真的信念与 p 的确为真并不相同。弗雷格的观点是 p 的真值无法被还原为认为 p 为真的信念。这是他对心理主义的主要反驳。

在 19 世纪末、20 世纪初，有关心理主义的争论非常激烈，特别是在德国哲学家中。弗雷格说服了埃德蒙德·胡塞尔放弃其早先的心理主义立场，而正是胡塞尔的反心理主义立场推动了这一激烈的争论，其中心理主义的捍卫者主张逻辑法则是规范性的，并建立在价值因素之上。据此观点，非矛盾律，"某事物不可能既是 A 又不是 A"是一个规范性法则，是一种"律令"，在此情形中通过展示我们不能思考什么，而指引我们正确地思考。[1] 弗雷格争论说逻辑法则不是规范的而是描述的，描述了事物客观上是怎样的。因为经验主义与自然主义都是心理主义的不同形式，在反心理主义本身因经验主义和自然主义理由被 [其中包括逻辑实证主义者中的莫里茨·石里克（Moritz Schlick）以及蒯因] 拒绝后，这场争论实际上仍在延续。

如前所述，为了证明逻辑与算术的同一，弗雷格需要解释指称，也即一个词语如何指称对象或概念；同时与其反心理主义立场相一致，这些对象或概念的存在被理解为独立于我们对它们的指称或思维活动。因此弗雷格需要发展出一套语言哲学。若想了解逻辑学和语言哲学之间的关联，首先需要注意的是后者的目的在于解释一种语言中的表达如何与语言所适用的"话语世界"相关。日常语言与茶杯、人民、树木以及山川这类事物构成的世界相关；算术与数字以及加法或减法这类函数相关；物理学的语言涉及夸克、轻子、力与场域等。其中核心关系之一就是能够使得我们所说的句子为真或为假的那种关系；概略而言，它就是在我们所说的句子与事物之所是之间的符合关系（或在为假的情形中，该符合关系的缺乏）。最简单的是如下这类断言，它们指出某物具有某种属性，譬如"球是圆的"。此时我们认为主词"球"指称具有合适样态的一个对象，而引入属性的谓

---

[1] 注意：非矛盾律等价于排中律，也即"所有事物要么是 A，要么非 A"；这可由德摩根定理证成。参见有关逻辑的附录。

词"圆"则指称该对象的具体样态。要想知道这个句子是否为真，我们需要查看主词和谓词是否得到正确使用而使得它们每个都对整个句子发挥恰当的功能。句子由主词、谓词及其关联的方式（在前述例子中就是表达谓述的"是"）构成，因此整个句子的真值由其组成部分决定。这就是"意义组合性"（compositionality），它解释了为什么在语言哲学中将句子分解为其构成要素并理解这些要素对句子真值和意义的功能是一项核心任务。[1]

  这些分析对逻辑学也很重要，因为句子之间的推论关系也取决于它们的组成部分如何彼此相关。这正是逻辑学和语言哲学研究旨趣的交汇处。亚里士多德很早之前就意识到，有效的推论取决于句子中的词项如何给出；他的三段论学说区分了主词和谓词，并证明了词项的安排（以及它们所在的句子是全称还是特称命题、否定还是肯定命题）如何决定了能够从中做出的推论。但他的逻辑学的一个弱点在于无法充分处理包含一个以上量词表达的句子（量词就是诸如"一切""许多""大部分""一些""至少有一个"，以及一切自然数的表达）。这就是"多重普遍性"。一个标准的例子就是"每个人都爱某个人"。它具有以下两种含义带来的模糊性：有一个人被每一个人爱；以及每一个人都爱一个人，而这个人在大部分情况下与其他人所爱的那个个体并不相同，也即"存在某个被每个人爱的人"与"对每个人而言，有某个他或她所爱的他人"。需要注意的是，如何澄清原句子的含义要求一个解释来说明句子的部分如何对整体发挥功能。以清晰的逻辑符号来表述句子就会消除模糊性，通过合适地放置"一切"与"至少"等量词的位置很容易做到这一点：

    读作"存在一个 x，使得它对一切 y 而言，y 与 x 处于 L 关

---

[1] 提及表达谓述的"是"，是要提醒我们牢记它与表达同一的"是"之间的差别，因此：表达谓述的"是"就如"球是圆的"一样，指的是某物具有某一属性；而表达同一的"是"，就如"x 是 x"或"简·奥斯丁是《傲慢与偏见》的作者"一样，指的是"是"两边所指称的事物是同一个事物。在口语中，认为两个或更多事物是同一的，具有包含如下两种含义的模糊性：它可能指的是这些事物"是同一个事物"，也可能指的是"看上去极为类似，极为相似"；表达同一的"是"指的是第一种含义。

分析哲学 373

系中"（存在某个每个人都爱的人）

以及

读作"对所有y而言，存在一个x使得y与x处于L关系中"（每个人都有他或她爱的某人）

不过弗雷格注意到，出现在句子中的词项的指称并没有完全解释这些句子的意义以及它们能够进入的推论关系。这是因为指称词项导致了两个彼此相关的疑难。一个涉及同一陈述，另一个涉及指称词项未能依据意义组合规则对它们所在的句子的真值有所贡献的语境。

考虑如下同一陈述："1+1=2"、"简·奥斯丁是《傲慢与偏见》的作者"、"晨星 Phosphorus 等同于暮星 Hesperus"。从逻辑角度来说，它们都具有同一个形式，即"x=x"，尽管它们呈现出"a=b"（其中"a"和"b"是不同的指称表达式）的样子，并且"简·奥斯丁是简·奥斯丁"的意义不同于"简·奥斯丁是《傲慢与偏见》的作者"——其中一个（重要）的原因是，后一个句子要比前一个具有更多的信息。但是你能够仅仅通过看到"x=x"就可以确定它的真值，却无法不诉诸天文学研究而确定"晨星就是暮星"的真值。

弗雷格通过区分一个词语的**指称**与**涵义**（sense）来解决这一问题；其中指称是这个词语所指称的某物，而涵义可以非常通俗地理解为词语的"意义"（meaning），但更好的是将之理解为当我们知道如何以这个词语来定位指称对象（被指称的事物）时，我们所知道的内容。所以"晨星就是暮星"基于下述事实且是一个为真的同一陈述："晨星"和"暮星"的表达式都指称着同一个事物，但它们在涵义上有所不同。而这就是为什么当先前一直被认为是 Phosphorus 与 Hesperus 的两颗不同的星星（前者在早晨隐约可见，而后者在傍晚明亮闪烁）被发现是同一个天体（事实上，它们都是金星）时，不仅算是平淡的"x=x"的一个例示，还是一项令人激动的发现。

第二个疑难也源于同一性的一个因素,这次涉及如下事实,即如果"a"和"b"指称同一个事物,也即它们是"同指的",那么在"a 是圆的"这个句子中,你可以用"b"来取代"a",得出"b 是圆的",而原句子的真值并没有因此替换而被改变。这就是同指词保值（salva veritate,"保持真值"）替换原则。这一原则所适用的任何语言都被称为"外延语言"或真值函数语言。

不过想想下面这种情况。假设汤姆并不知道西塞罗也叫塔利（Tully,他的名字是马库斯·图留斯·西塞罗）,但他正确地相信西塞罗写作了 De Amicitia,即《论友谊》。根据同指词保值替换原则,"汤姆相信西塞罗写作了 De Amicitia"与"汤姆相信塔利写作了 De Amicitia"的真值应当是一样的。但因为汤姆并不知道塔利是西塞罗的另一个名字,他也不会相信塔利写作了 De Amicitia,因此我们也无法用"塔利"来替换"西塞罗"并保持真值不变。在此替换原则失效了。

像"相信""知道""希望""意图"等表达式都是**命题态度**的报告,也即对每种情形中"that"后所接命题的心理学态度:"汤姆相信 p""汤姆希望 p",等等,其中"p"可以是任何命题。显然,当一个指称表达式出现在一个命题性态度的语境中时,它并没有以其通常直接的方式展开指称活动,这就解释了替换原则失效的原因。该原则无效的语言或语境被称之为"内涵"语言或语境。命题态度语境是内涵语境。

不过需要注意的是,仅当我们认为指称表达式在命题态度语境之内及之外都以相同方式发挥作用时,替换原则才会无效。通过涵义/指称的区分,弗雷格指出,指称表达式在命题态度语境内以不同方式发挥作用:出现在这些语境内的指称性词项并不指称它们的指称物,而是指称它们的涵义。因为这些词项的涵义实际上就是"思维其指称物的方式",因此在命题态度报告中"西塞罗"所指称的并不是具有这个名字的那个人,而是允许我们指称这个人的思维方式。因为"西塞罗"和"塔利"的涵义是不一样的（它们是"呈现"西塞罗这个人的不同方式）,所以"西塞罗"和

分析哲学　　**375**

"塔利"这两个词项在命题态度语境中并不是同指的,它们指称不同的涵义。诸如"相信""希望"等命题态度动词产生了"指称转移"。因此替换原则并没有被违反,它在任何两个或更多词项指称同一个事物(无论该事物是一个对象还是一个涵义)的情形中依旧成立。

这些观点在语言哲学中被证明产生了丰硕的成果,特别是在激起反驳与辩护方面。试想如下事实,即似乎非常自然地,我们会认为"西塞罗写作了 *De Amicitia*"与"汤姆相信是西塞罗写作了 *De Amicitia*"中,是同一个人即西塞罗在这两个句子中得到谈论(被指称)。在日常交谈中,我们不会认为第一个情形中我们正在谈论西塞罗这个人,但第二个情形则是与其名字相关的一种"呈现模式"。此外,当我们说"西塞罗写作了 *De Amicitia*,同时汤姆相信他也写了 *De Senectute*(《论老年》)"时,认为一个名字的指称在不同语境中是一致的似乎是绝对必要的。这是一种复指的情形,在其中理解"他"所指代的人就要求明确地理解它与"西塞罗"指称着同一个事物。这就是代词发挥作用的方式:它们的工作就是保存指称。弗雷格的观点需要一种比上述直观情形更为复杂的复指理论。

弗雷格主义者对以上及其他批评都有所回应,源于弗雷格著作的论争的丰富性和技术性是弗雷格作品重要意义的最有力证明;它也是对如下事实的另一种阐述,即虽然一项事业的目标可能无法实现,但通往这一目标的旅程却可以是硕果累累的。

摩尔(Moore, 1873—1958)

我们先前已经提到过摩尔与罗素的关联。作为剑桥的一名学生以及稍后的获奖学金研究员,摩尔也与里顿·斯特拉奇(Lytton Strachey)、约翰·梅纳德·凯恩斯(John Maynard Keynes)以及伦纳德·伍尔夫(Leonard Woolf)交好。通过他们,摩尔以其主要著作《伦理学原理》而对布鲁姆斯伯里团体其他成员有很重要的影响。[1] 在这部著作中，摩尔总结说美与友谊是两个最具内在价值而值得我们因其本身去追寻的事物，该观点被认为是呼应了这个群体成员对文学及艺术的敏锐感受力。[2]

摩尔在本科时放弃了古典学而投身哲学，是受到了麦克塔格特的启发，后者当时是一位年轻且富有活力的剑桥大学教师。他成为摩尔的指导老师，在他的指导下摩尔接纳了观念论哲学。摩尔论伦理学的形而上学基础的奖学金论文，体现出他深受布拉德雷的影响；与此同时也表达出他对康德伦理学的持久批判。特别是摩尔批判康德未能在做出判断的心理学活动与这些判断是否具有客观性的真这个问题之间加以区分。这与弗雷格对心理主义的拒斥如出一辙，并成为摩尔在放弃观念论后仍然持有的两个早期立场之一。

他早期观点的另一个方面就是他所说的伦理学思考中的一个谬误，也即通过快乐或向往的事物来界定"善好"（the good），这就是说，一些事物能够在经验上被视作为善好的概念提供了内容。因为界定善好的通常选项是诸如快乐或幸福这样的自然属性，摩尔就将之称为"自然主义谬误"。与此相反，他主张善好（或"善好的事物"）是不可界定的。任何试图解释或界定"善好"的努力都类似于试图解释或界定"黄色"一样：我们除了通过黄色本身，无法用语词或其他什么来界定黄色，我们只能够向某人展示一个黄色的例示，希望他能够明白"黄色"的含义。

这一点在《伦理学原理》中得到了更充分的发展。在此摩尔对自然主义谬误的论证是"开放问题论证"。如果有人将善好界定为快乐，你可以说："这是快乐，但它是否是好的则是个开放的问题。"对任何被提出来作为"善好"而加以分析的自然属性而言，我们可以承认该自然属性的存在，但仍要探究被主张是好的东西是否确实是好的。

---

[1] 布鲁姆斯伯里团体（the Bloomsbury Group）是 20 世纪初英国的知识分子团体，参与者包括画家、美学家、作家、政治学家、经济学家、哲学家等，他们倡导"无限的才华、无限的傲慢、无限的激情"。受其启发，徐志摩等人在 20 世纪初新文化运动时期于我国发起"新月社"。——译者注

[2] 有人不禁猜测布鲁姆斯伯里团体成员通过结交俊友而为自己行方便。

这些观点被证明是有争议的。首先,"自然主义谬误"这个名称并不恰当。它并不是一种谬误,因为将善好等同于某种自然属性或状态虽然可能是错误的,但这么做并不会带来矛盾,也并非逻辑错误;同时它对善好的解释也并不局限于自然主义选项中,正如摩尔自己指出的那样,将善好等同于诸如神谕等某些先验或形而上学事物也犯了同样的错误。因此"x 是好的,因为上帝如此命令"在摩尔看来,也是该类"谬误"的一个例示。

此外并不确定的是,认为一个道德属性是一种自然属性是否确实使得"但这是否是好的?"这个问题成为开放问题。因为如果一个理论主张(并且在更好的情形下,证成该主张)善好就是快乐或幸福,那么探究"但这是否是好的?"就错失了这个理论的焦点,或者以循环论证方式来否定它。

摩尔有关自然主义谬误的立场使得他不得不去解决"当我们遇到善好时,如何能够获知或认识到它"这个问题。迫于他认为善好是无法界定的立场,他的回答是我们单纯地"直观"到它;我们有一种道德直觉能力,使得我们能够在遇到善好时,将它识别出来。

表面上看,这是不可能的。这种能力是什么,并且如何发挥作用?是像道德分歧提供的令人信服的证据所展示的那样,这种能力在不同人身上会有所不同吗?主张存在"道德直觉能力",并没有考虑什么能够证成一个道德判断;或相反,它没有考虑什么可以用来批判一个道德判断,这就使得道德分歧无法得到解决。最糟糕的结果就是一种相对主义无政府状态,不同的人以他们极为不同甚至彼此对立的方式"直观"到事物的道德价值或无价值。

在此意义上,摩尔观点的一个结果就是导致了之后伦理学中被称为"非认知主义"的立场,也即当人们做出道德判断时,他们不是在做出为真或为假的陈述,而是表达一种态度或情感回应,因为世界中不存在任何"在那里"可供人们谈论的道德事实或属性;相反,道德语句是诸如赞同或反对等心理学状态的表达,这意味着有关它们的语句都是对偏好及欲望的陈述，而非对正确和错误抑或对善恶的判断。

摩尔伦理学立场中的上述观点当然并非正统，但当涉及我们如何决定什么是应该做的、正确的事情这个问题时，他转向了一个非常正统的后果论功利主义立场，也即应该做的正确的事情就是会产生最大的善的事情。并且当我们在每个行动场合中，都试图决定什么是最佳结果时，"行动功利主义"就算不是向我们施加了不可超越的重负，也是带来了一定困难，因此摩尔选择了一种"规则功利主义"立场，认为我们应当依据那些遵守它就会产生最佳结果的规则来行动。

摩尔也发展了形而上学与认识论。在《拒斥观念论》（'The Refutation of Idealism', 1903）一文中，他将观念论理解为 *esse est percipi* 这一命题，也即"存在即被感知（或被经验）"。他认为观念论者的核心论据是否认存在即被感知会导致矛盾；与此相关，因为这里的"是"（est）是表达同一的"是"，因此存在与经验是同一个事物："黄色和对黄色的感知完全是同一的。"如果我们能够证明它们不是"完全同一的"，我们就能够拒斥观念论，这就是摩尔所试图证明的。

他提出的一个论证是如果"黄色"与"对黄色的感知"是同一的，"就没有理由坚持认为"它们是其所是了。而坚持它们是其所是，就意味着事实上它们并不是同一的。弗雷格的涵义/指称的区分作为我们解释为什么摩尔的论证并不奏效的方法之一，在此可能有所帮助。另一种方法就是考察做出同一陈述的背后原理，如贝克莱论证所言，同一陈述指的是下述主张：如果存在两个黄色的事物，一个是黄色（或激发黄色感知）的"在那里"的某物，另一个是"在这里"的对黄色的感知；前者隐匿在后者之后无法直接接触，并被设定为后者的原因，那就会造成双重实体而违背奥卡姆剃刀原理；此外，若是主张某个并非精神实体的事物（物质世界中的一个对象）是一个精神实体（感知）的原因，就会违背下述原则，即只有类似的事物才会引起类似的事物——精神原因引起精神结果，物质原因引起物质结果。摩尔忽略了这些支持**存在即被感知**的论证，而仅仅关注对**存在**和**感知**这两个词本身详尽无遗的分析，结果妨碍了他自己的理论工作。[1]

摩尔的第二个论证诉诸对有意识的意识（conscious awareness）活动和其对象的区分，如果这个区分是不可避免的，那么这足以驳倒**存在即被感知**这个命题。这一论证的核心是在对绿和对蓝的有意识的意识之中，有一些共同的东西存在，即"有意识的意识"；因此有意识的意识与意识活动所意识到的事物并不相同。这就循环论证地假设了一种对思维和经验的"行动-对象"分析，因此一位观念论者会转而论证一种"副词"分析，也即思维与经验活动都以如下方式发生，譬如"绿色地经验到某物"（experiencing greenly）以及"蓝色地经验到某物"，此时只有思维与经验活动，但每次它们都具有自己独特的、显现出绿色（greeny）或蓝色的特征。

对摩尔来说，这些论证的最终结果就是暂时对"直接实在论"的认同，认为我们可以直接知晓"在我们自己观念和感知之外"的事物、而无需任何诸如观念或感知作为表象性中介发挥作用。这与其有关善好的直觉主义相对应，并且很显然，这已不再有道理。因为当摩尔发现它提出了一个有关错误认知的问题时，他就不得不放弃他的立场：如果我们与思维和经验对象处于非中介的感知关系中，我们的认知怎么会出错呢？很长一段时间内，摩尔都尝试辩护一种感觉材料理论，这种理论认为感觉材料完完全全就是对象表面呈现的样子（surfaces），以此试图至少保留一些直接实在论立场的要素。他认为这种感觉材料理论之所以必要，是因为一旦我们让感觉材料成为世界与我们心灵之间发挥作用的**第三者**（*tertium quid*），我们就向怀疑论敞开了大门。

摩尔最终的解决方案是接受感觉材料无法与对象表面呈现的样子相等同的立场，但通过强有力地诉诸常识而阻却了怀疑论：他主张我们对许多事物的**知识**都完全具有**确定性**，诸如他有一具身体，且这具身体总是与地

---

1 当然这些评论并不构成对贝克莱的赞同，他的观点需要某种程度上更为彻底的拒绝。参见 Grayling, *Berkeley: The Central Arguments* (1986)。

球相接触或距离不远，同时这个地球也已存在了许久，以及其他常识性信念。摩尔认为我们可以知道常识性命题所表达的"日常含义"是"确定且完全为真的"，同时哲学家对它们的质疑是完全没有道理的。譬如，地球已经存在了许多年这一断言的日常含义就是不可置疑的，但哲学家在攻击它时会说："好吧，这完全取决于你说的'地球''存在'以及'许多年'是什么意思。"

在他《外部世界的证明》('Proof of an External World', 1939)一文中，摩尔将"外部对象"界定为那些不依赖于被我们经验到而存在的事物，并进而指出他能够证明两个这类事物的存在。他通过举起他的手说"这有一只手，这有另一只"，作为对怀疑论的拒斥，这当然是完全不够的，但摩尔主张说他并不是在试图**反驳**怀疑论，而是**证明**外部对象的存在。不过这可能像是用手（确实是用手）在变戏法，因为它忽视了笛卡尔的如下观点，即对任何主张而言，它要主张知道（而不仅仅是信念）某事物，就必须排除犯错的可能性，而怀疑论论据展示了即使主张知道"这里有一只手"或"我有两只手"，我们也可能出错的方式。

阅读摩尔就是在看分析哲学展开哲学工作的一个示例，分析哲学存在于对特定概念加以辛苦勤勉、谨小慎微、零敲碎打的考察之中。他指责询问"你所说的'存在'是什么意思？"这类问题的哲学家是糟糕的，但他的实践与其指责背道而驰。他的哲学技术旨在阐明悉心关注概念就会驱散哲学的疑难；这个观点又被转变为悉心关注**语言标准用法**就会驱散哲学的疑难——其实从某个角度来说，也驱散了哲学本身。该观点为后期维特根斯坦以及20世纪50年代牛津的"日常语言哲学家"所接受。不得不说，在摩尔这里，这种不慌不忙地剥茧抽丝的（oakum-picking）技术产生的成果相当微小；不过在当时和之后的其他主要分析哲学家手中，这种对概念和理论加以辛苦勤勉、谨小慎微、零敲碎打的考察方法产生了非常有意思的成果。

370

维特根斯坦（Wittgenstein, 1889—1951）：早期哲学
(Wittgenstein: The Early Philosophy)

路德维希·维特根斯坦（Ludwig Wittgenstein）因其非比寻常的个性、迥异于正统的生活方式、先知预言和格言警句式的哲学方法与写作风格，吸引了狂热的拥趸，其中许多人将他视为20世纪最伟大的哲学家。他毫无疑问是位引人瞩目的人物，他的一些贡献在其所处时代的思想领域占有永恒的一席之地，而另一些则在哲学之外的诸如神学和文学等不同领域中都具有影响力。

维特根斯坦出生在维也纳，是家中最年幼的孩子。他的父亲卡尔·维特根斯坦（Carl Wittgenstein）是一位富裕的企业家，他的家庭是维也纳文化生活的一个中心。他家的访客中就有勃拉姆斯（Brahms）与马勒（Mahler）。当维特根斯坦的哥哥保罗（Paul）在第一次世界大战中失去一只手臂后，拉威尔（Ravel）与理查德·施特劳斯（Richard Strauss）为他专门创作了协奏曲。他的母亲莱奥波迪内（Leopoldine）是一位罗马天主教徒（维特根斯坦双亲的祖先都在19世纪从犹太教改宗天主教），维特根斯坦终其一生都保持着对宗教的兴趣，尽管是非正统的宗教。

卡尔·维特根斯坦亲自设计课程，让他的孩子们在家中接受教育，但并不十分成功。最终，维特根斯坦14岁时，被送入了学校。由于他无法获准进入文理中学（Gymnasium），就去了林茨的实科中学（Realschule），阿道夫·希特勒（Adolf Hitler）当时也就读于同一所学校。虽然他们二人同岁，但维特根斯坦所在的班级要比希特勒的高两级。他不喜欢这所学校，在那儿过得并不开心，结果就是成绩不理想。因此三年后毕业时，他未能获得进入大学的资格。

这对维特根斯坦来说是一个打击，因为他一度希望追随维也纳大学著名的路德维希·玻尔兹曼（Ludwig Boltzmann）学习物理学。结果事与愿违，他父亲送他去了柏林的一个技术学院主修工程学。尽管他小时候曾经制作缝纫机，对此颇有天赋，但他在那里同样不快乐，因此仅仅三个学期

后就离开了。但此时他已对空气动力学产生了兴趣，是玻尔兹曼曾说过的一句话在一定程度上激发了他这方面的兴趣，即当时航空学作为最新的科学需要"英雄与天才"，英雄在比空气沉重的脆弱的飞行器中冒着生命危险，天才则要解决他们如何才能飞行的问题。因此，维特根斯坦前往英格兰的曼彻斯特追寻他的新兴趣。

在致力于设计螺旋桨的过程中，维特根斯坦意识到自己逐渐对数学的基础这一问题产生了兴趣。他四处打听有关这一主题的著作，有人推荐他去读罗素的《数学原理》。这本书对他产生了革命性的影响。在此之前，他几乎全无哲学基础——不过叔本华在 19 世纪末极受推崇，他的崇拜者们常常在维特根斯坦的家中谈论他，所以维特根斯坦也听说过他的观点。

受到罗素著作中的观点激发，维特根斯坦写了一篇论数学基础的文章，并把它寄给了弗雷格。弗雷格亲切地邀请他前来拜访，并与他一同开始"擦地板"的工作（维特根斯坦本人如是描述），告诉他需要首先对此主题做一番严肃的研究，并建议他前往剑桥跟随罗素学习。他这么去做了，在剑桥学习了五个学期。维特根斯坦的一位朋友戴维·平森特（David Pinsent）写道："很显然维特根斯坦是罗素的追随者之一，并且从罗素这里受益良多。"罗素则向自己的情人奥托琳·莫瑞尔夫人（Lady Ottolie Morrell）写道，维特根斯坦是"我所见过的自摩尔之后最有才华的人"。

第一次世界大战爆发的前一年，维特根斯坦在挪威度过了整个夏天，他全身心地投入到逻辑学的研究之中。在那里，摩尔拜访了他，并记录下维特根斯坦的一些观点。摩尔认为维特根斯坦是个天才，因为"他是唯一一个在我做讲座时皱眉头的人"。从维特根斯坦后期哲学的性质来看，这些讲座对维特根斯坦的影响可能比他与摩尔所意识到的还要大。

战争期间，维特根斯坦在奥地利军队中服役。他起先是在东部战线的一个炮兵队中当技工，后来战争快要结束时被任命为军官，后又成为一名炮兵观察员。在军官训练营中，他与维也纳建筑师保罗·恩格尔曼（Paul Engelmann）成为好友，并与之讨论过宗教。他阅读了托尔斯泰修订的福音书，即《简明福音书》(The Gospels in Brief)，并深受感动；之后当他阅读福音书本身时，觉得它们不如托尔斯泰的版本。

战争结束时，维特根斯坦被捕，被关押在卡西诺山，他的背包里放着《逻辑哲学论》的手稿。他想方设法写信给罗素，甚至借着约翰·梅纳德·凯恩斯的影响力，将《逻辑哲学论》手稿的一个副本送了出去。1919年末，他被释放，开始尝试出版这部著作。多方努力后，他找到了一个愿意出版此书的出版商，但其条件是请罗素撰写一篇序言。但当维特根斯坦看到这篇序言时，他非常生气。他说罗素误解了他本人，也误解了他的观点，尽管在维特根斯坦从监狱中被释放后不久，两人曾在荷兰见面并逐行阅读过这本书的手稿。

《逻辑哲学论》是维特根斯坦生前出版的唯一著作。他曾认为这部书解决了一切哲学问题，并因此放弃了哲学事业而成为一名小学教师。但这并不成功，于是他又转向园艺，同时打算成为一名僧侣。他对建筑很感兴趣，还帮他的一个姐姐设计了房子。最终，他被维也纳学派的一些成员说服，愿意同他们见面讨论自己的著作。当他与他们见面时，他意识到自己很显然并未解决一切哲学问题，因此他决心重返论战之中。1929年，他回到剑桥并提交了《逻辑哲学论》作为其博士学位论文。这是他获得的唯一一个学位。负责论文评审的是罗素和对新近流行的博士学位持反对态度的摩尔，后者在他的评审报告中写道："这是一部天才之作，但在除此之外的其他方面它都满足一个博士学位的要求。"

罗素为维特根斯坦安排了在剑桥的一个为期五年的研究员职位，在此期间维特根斯坦要主持研讨班。学生将他的讲授记录下来，其成果就是两卷本的"蓝色笔记本"和"棕色笔记本"，它们以地下出版物形式被传阅，并在哲学界引起轰动。在研究员职位到期后，维特根斯坦决定移居到俄国，但在一次俄国旅行后就改变了想法。1939年，摩尔从剑桥哲学教席上退休，维特根斯坦被推举来接任这个职位。第二次世界大战期间，他志愿做了一名医院勤杂工，大战结束后，他回到剑桥任教。（由于他有英国公民身份而没有被捕。）他并不喜欢大学教师的生活，从不参加高桌晚宴，也避免和同事接触，所以在 1947 年他放弃了教职，前往爱尔兰，在那里他继续写作最终以《哲学研究》(*Philosophical Investigations*) 为题出版的笔记。1949 年，他去美国拜访他的朋友、也是先前的学生诺曼·马尔科姆 (Norman Malcolm)，返程时他发现自己罹患了癌症。他生命中的最后两年是在剑桥与诸多朋友一同度过的，1951 年他去世于此。

如我们会从以上概述中猜测到的那样，维特根斯坦的一生并不安稳且饱受困扰，有人揣测这源于他的同性性向（在当时同性恋会遭受迫害），维特根斯坦对此可能怀有罪恶感。他也是个令他人感到不安的人，他强有力地掌控着倾倒于其魅力的学生们。他的声望始自罗素与摩尔在他早年剑桥岁月中对他的欣赏，进而是艰深且预言般的《逻辑哲学论》被认可，最终被放大为来自虔诚的学生与追随者的崇拜，他们模仿他的说话方式与姿势，认为哲学似乎完全是一个理解的问题，赞同并扩展着维特根斯坦的学说。这种魅力在其去世后整整持续了一代人，因一系列从他卷帙浩繁的笔记中整理出的著作以及众多持续解释他的观点、运用他的方法的有影响力的追随者们而得以延续。

维特根斯坦在《逻辑哲学论》中想实现的目的是与其时代紧密相关的。它试图论述哲学问题能够通过理解语言如何发挥作用而得到解决，而理解语言的作用就要理解弗雷格和罗素试图识别出的"我们语言的逻辑"。即使维特根斯坦后期哲学建立在一个对语言如何发挥作用的完全不同的观点之上，这一立场仍是其全部哲学——无论早期还是后期——的核心。

通过理解"语言的逻辑"而得以解决的，是知识、心灵、存在、实在、真理与价值领域中传统的哲学问题。在维特根斯坦看来，它们的解决之道并不在于处理问题本身，而在于证明它们实际上并非问题，而只是从对语言的误解中产生的伪问题。因此对语言如何发挥作用的正确论述，会消除这些问题的根源。

从罗素的观点出发，《逻辑哲学论》的基本立场是语言有一种潜在结构，考察这个结构能够揭示出何种内容可被有意义地加以言说。在维特根斯坦看来，能够**被言说**的就是能够**被思考**的，因此一旦我们揭示出什么内容可被有意义地加以言说，我们就揭示出了思维的界限。超越这些界限，语言和思维就是无意义的。他论证说正是在界限之外的区域内（outer zone），由于试图言说不可说的事物、思考不可思考的事物而产生了传统的哲学问题。因此在《逻辑哲学论》开篇他写道："凡是可说的事情，都可以说清楚；凡是不可说的事情，我们必须保持沉默。"同样，《逻辑哲学论》最后一句话是他的名言，"在无法言说之处，人必须保持沉默"。在写信给罗素解释这些句子时，维特根斯坦写道："(《逻辑哲学论》的）核心是这样一个有关何者能够被命题（也即语言）表达（并且这与何者能够被思考是一回事），以及何者无法被命题表达而只能被显示的理论。我相信这是哲学最基本的问题。"

对这一观点，维特根斯坦有明确的论证步骤。如果哲学的正确任务就是"除了能够说的东西——如自然科学命题，也即与哲学无关的问题——什么都不说，然后当某人想说出一些形而上学的东西时，向他指出其命题中存在着一些毫无意义的符号"，这会使得伦理学、美学、宗教以及"人生困惑"作为无意义的事物而被排除吗？并不会。维特根斯坦希望确立的是，对这些领域唯一能言说的是它们就是如此。他说："确实存在着无法用言语表达的事物。它们使得其自身得以显明。它们就是神秘的事物。"在此，"显示"（showing）而非"言说"是唯一的可能。其实维特根斯坦提到过"《逻辑哲学论》更为重要的不成文的另一半"，意思是这部著作从语言的界限之中展示了何者是重要的。在另一封信中他写道："因为伦理之事的界限可以说在本书中从内部被划出来了……很多人喋喋不休地加以议论的那一切，我在我的书里通过对之保持沉默把它们确定下来。"

包括心理学在内的自然科学与包括文献学、考古学、人类学和历史学在内的社会科学，以还原与揭露的方式，进逼伦理学、美学与宗教，用自然主义和经验主义的术语来解释它们。就对这三者形成了围困之势。心理学家会说宗教体验就是一种幻觉或错觉；文本批评家与历史学家会说《圣经》是许多人在很长一段时间内共同完成的，充满了不一致与错谬之处；人类学家会说不同文化以相当不同的方式思考伦理学问题。《逻辑哲学论》

提出的命题通过将伦理与宗教请出可被言说的领域，而保护了它们免受科学的侵蚀。

这一观点的论证如下。语言和世界都具有结构。语言由命题构成，命题由"基本命题"构成，而基本命题则由"名称"构成。名称是语言的最终构成单位。相应的，世界由事实的总体构成，事实又由"事态"构成，事态进而由"对象"构成。"名称"与"对象"、"基本命题"与"事态"是**逻辑**上得到规定的结构层次；它们在现实中对应着什么就是一个全然不同的研究所要解决的问题了。这一在逻辑上得到规定的结构是完全抽象的，它代表着语言和世界这两个相关复合物更为基础的层次中所包含的任何事物。

世界中的每一个结构层次都与语言中的一个结构层次相匹配。名称指称着对象，构成基本命题的名称的结合符合于事态，并且相应的每个基本命题或事态的结合又各自构成了命题或事实。在语言结构最基础的层次中，名称的安排"反映"或"描绘"了世界结构最基础层次中对象的安排。这就是《逻辑哲学论》中居于核心的"意义的图像理论"的基本立场。

基本命题在逻辑上是彼此独立的。因此我们不得不说出何者为真、何者为假，以提供一个对实在的完整论述。维特根斯坦的理论指出，实在是由一切可能事态（无论其现实与否）构成的；实在是一切是或不是如此情况的事物。命题由基本命题构成通过"且""或"以及其他逻辑联结词（实际上，通过一个基本的联结词，其他联结词都能够得到界定）构成，因此命题的真值就是构成它们的基本命题真值的一个函项。当然，这并不适用于始终为真的同义反复以及始终为假的矛盾情形中。逻辑学和数学中的真命题是同义反复（分析性的真）。它们并没有言说这个世界的任一事物，因为它们的真值与这个世界可以成为的任何样态（也即**任何**事态的存在或不存在）都是一致的。

当一串符号未能表达一个命题时，它就是无意义的，而不会为假。它不可能如此的原因在于它没有说出任何能够为真或为假的事物。哲学命题，包括维特根斯坦用来告诉我们这一点的命题在内，即属此列。他说："我的命题以下述方式起到阐明作用：在将这些命题用作台阶而向上爬且越过时，任何理解我的人最终都会认识到这些命题是无意义的。（可以这么说，他必须在爬上去后抛开这个梯子。）"维特根斯坦从叔本华那里借用了可废弃的梯子这个意象。

此外，伦理学、美学、宗教以及"人生困惑"的命题当然也与哲学命题同属一类；它们并非实际或可能事实的图像，因此是无意义的。

《逻辑哲学论》根据详尽的十进制计数法以 7 个编号排序的命题提出了这些主题，每一个命题又有附加其上的次级命题——次级评述本身又有次级评述，如此类推。这些命题与子命题是高度凝练的，不过它们还是详尽地阐明了结构层次的性质以及它们彼此之间是如何关联的。我们从中了解到对象的本质就在于成为事态的可能构成因素，因此如果我们知道所有存在的对象，我们就会知道可能存在的一切事态。对象本身并不会经历变化，只有它们的结合才会有变化。当它们结合在一起时，它们构成的事态就得到了确定。这就是为什么假定只存在一种对一个命题的完整分析，并且命题的每个构成名称都指称一个对象时，这个完整分析会以详述对象间的一种确定的结合方式为终点。相应地，存在的事态因此解决了何种事态不存在的问题。

"意义的图像理论"建立在以下考虑之上。"一个命题是呈现实在的一个图像"，并且"事实的一个合逻辑的图像就是一个思想"，思想由命题而得以表达。命题的总体就是语言，"真命题的总体就是科学"。图像理论的灵感源于维特根斯坦阅读一份巴黎法院有关一起交通事故案件的报告，在这份报告中玩具被用来展现实际发生的事实。玩具车及其摆放与实际车辆之间具有符合关系，因此巴黎法院的实体模型室就是真实场景的一个模型。"图像形式表述了如下可能性，即事物如同图像中的要素一样以相同的方式彼此关联……在图像与其所刻画的事物之间必然存在着某种同一性，使得一个图像成为另一个事物的图像。"之后他给出了一个更好的类比："一张留声机唱片、音乐灵感、文字记录与声波，它们彼此都处于同一个描述着语言与世界之间关联的内在关系中。"

将有意义的语言限定在描述世界中事实的现实或可能图像的命题中,使得谈论科学之外的主题都不再有意义,但如前所述,这并不意味着这些主题在维特根斯坦看来就是不重要的。关于它们,我们无法言说任何事情,并且如果我们努力去言说什么,那结果将注定是无意义的。维特根斯坦说,这就是哲学本身的宿命,即便从宽和的角度来看,哲学命题最终也是用完即可抛弃的一些澄清。因此,维特根斯坦试图达到以下双重目标,即通过论述哲学本身是虚假的、通过保护真正重要的事物免于科学还原论野心的伤害,来解决一切哲学问题。关于这一任务成功与否,他在其后期哲学中都说了什么,我们会在下文中看到。

逻辑实证主义 (Logical Positivism)

逻辑实证主义是一股主要与 20 世纪 20 年代和 30 年代维也纳学派哲学家相关的思潮。维也纳学派拥有巨大的影响力,部分原因是其中一些最为杰出的成员迫于 20 世纪 30 年代的政治压力而离开欧洲,远赴美国或英国;也有部分原因是前往其聚会的外国来访者,包括蒯因和艾耶尔在内,协助他们将讨论的内容传播给了英美世界的听众。这其中尤其是艾耶尔,他在 1936 年重磅炸弹般的畅销著作《语言、真理与逻辑》(*Language, Truth and Logic*)中提出了逻辑实证主义观点(并因此闻名)。但主要原因是通过其成员的文章、著作、会议,还有《认知》(*Erkenntnis*)这个刊物,逻辑实证主义者在一个重要时刻引领了风潮:物理学在 20 世纪头 30 年中实现了长足进步,实证主义者的疑问——为什么哲学尚未如科学那样有所发展?(这与康德在 18 世纪提出的是同一个疑问)——则由他们自身来回答:因为哲学仍然深陷于形而上学之中,尚未澄清是什么区分开了真正有意义的问题和答案与虚假的问题和答案。

维也纳学派的逻辑实证主义持有如下立场,即真正知识的唯一形态源于经验科学,源于对自然现象成体系的、有逻辑的考察。由此,一个必然结论就是拒绝将形而上学与神学作为**知识**的来源,无论它们可能具有其他何种用途(如果有的话)。如先前所述,孔德式的实证主义与维也纳学派的实证主义之间的差别在于前者是一种政治和社会理论,而维也纳实证主义者的兴趣在于科学哲学和认识论。

逻辑实证主义也被称为"逻辑经验主义",有时又被称为"新实证主义"(以与孔德的版本相区别)。维也纳学派的成员坚持认真对待经验主义,拒绝任何形而上学与**先天**的论断,在不诉诸无法得到经验确证或与逻辑和定义无关的事物的条件下,澄清传统(convention)的角色以及科学的其他框架性原则。这些主张是他们理论的核心,但从其他方面而言,逻辑实证主义与一系列确定的学说相去甚远,因为维也纳学派成员们的争论在不断演进,同时他们彼此之间在一些重要问题上也存在分歧。最终,这一理论中出现两条不同的线索,一条与鲁道夫·卡尔纳普以及维也纳学派创始人莫里茨·石里克相关;另一条则与奥托·纽拉特(Otto Neurath)相关。

莫里茨·石里克(Moritz Schlick,1882—1936)出生于柏林,并跟随柏林的马克斯·普朗克(Max Planck)学习物理学,他在1904年获得博士学位,此后很长一段时间内是一位实验物理学家。普朗克如早于他的赫尔曼·冯·赫尔姆霍茨(Hermann von Helmholtz)一样,对哲学抱有浓厚的兴趣,并且受到德国19世纪后期新康德主义复兴的影响,赫尔姆霍茨以及其他"哲学物理学家"都从这一思潮中获益良多。同样受此启发,石里克前往苏黎世学习哲学,之后在罗斯托克和基尔任教,直到1922年被任命为维也纳大学自然哲学教授。他因其《当代物理学中的空间和时间》(*Space and Time in Contemporary Physics*,1917)一书而成名。正如他写给爱因斯坦的信件中所说,这部著作旨在解释爱因斯坦对其广义相对论后果的评述,即该理论"从空间和时间中清除了物理客观性的最后一丝遗迹"。

石里克在维也纳大学被任命的讲席是为他的前任恩斯特·马赫(Ernst Mach,1838—1916)设立的,是对后者在科学和哲学领域贡献的承认。马赫的立场毫无疑问是实证主义的，这特别体现在他对形而上学的拒斥以及涉及诸如原子及其构成要素等理论实体（theoretical entities）问题时，对一种严格的经验性（并因而在他这里是工具主义的）方法的强调。他的实证主义立场影响到了维也纳学派。

当石里克在维也纳大学就职时，他应数学家汉斯·哈恩（Hans Hahn）的邀请加入了一个讨论罗素和怀特海的《数学原理》的研究小组。这进而促使石里克的学生弗里德里希·魏斯曼与赫伯特·费格尔（Herbert Feigl）鼓励他举办一个课外讨论组，来讨论更一般的哲学问题。这成了维也纳学派的核心，在早些时候，它被称为"石里克学派"。它的成员并不都是哲学家，也包括科学家与数学家，后来逐渐发展成为一个杰出的群体。除了已提及的人物外，还有数学家古斯塔夫·博格曼（Gustav Bergmann）与特奥多尔·拉达科维奇（Theodor Radakovic），物理学家菲利普·弗兰克（Phillipp Frank），逻辑学家库尔特·哥德尔，社会学家与哲学家奥托·纽拉特以及哲学家维克托·克拉夫特（Victor Kraft）和鲁道夫·卡尔纳普。其他不时参与该学派讨论的学者还包括卡尔·波普尔（但他是该学派理论的批评者）；同时它与柏林一个具有类似观点的群体，即柏林科学哲学学会有所往来。这个学会的成员中有哲学家汉斯·赖兴巴赫（Hans Reichenbach）与数学家理查德·冯·米塞斯（Richard von Mises）。总而言之，和该学派联系在一起的，都是些星光熠熠的名字。

这个学派的讨论以非正式的形式持续了很多年，直到它的主导成员决定是时候以更公开的方式来提出这个学派的观点，以推动科学与科学哲学的发展了。这个时机就是1928年恩斯特·马赫学会的成立，该学会由奥地利自由思想家协会这个举办科学与哲学主题的公众讲座的平台发起。石里克受邀成为恩斯特·马赫学会的首任主席，哈恩是副主席之一，卡尔纳普与纽拉特是学会秘书处成员。接下来的这一年中，卡尔纳普、纽拉特与哈恩出版了一个题献给石里克的小册子，标题为《科学的世界观：维也纳学派》（'The Scientific World View: The Vienna Circle'）。它的出版时间安排在恰好与第一届精确科学认识论会议的举办同时。这次会议是与柏林科学哲学学会共同举办的,算作布拉格召开的第五届德国物理学家与数学家大会的一项并不主要的议程。我们会从中感受到某种日耳曼人式的繁文缛节在发挥作用——这些以德语举办的活动的名称不仅长到令人不可思议,而且非常宏大——不过维也纳学派活动的组织工作在传播它的争论与想法方面被证明是极有效率的。20世纪30年代初,维也纳学派与柏林科学哲学学会一同接管了一个名为《哲学年鉴》(*Annalen der Philosophie*)的期刊,并将之重新命名为《认知》,由赖兴巴赫与卡尔纳普负责编辑工作。两部丛书开始启动,一部由石里克和弗兰克主编,另一部由纽拉特主编。同时,接下来的几年中,维也纳学派和柏林科学哲学学会联合主办的会议在欧洲各地先后召开。在1930年召开的第二届精确科学认识论会议上,库尔特·哥德尔提出了他的"不完备性定理",这是逻辑学理论中极为重要的成果,它证明了"逻辑主义",即如弗雷格、罗素和其他人曾希望的那样将数学建立在逻辑之上的努力,是不可能的。

纳粹主义与战争的迫近摧毁了多种多样的观点与讨论,并让其成员飘零在世界各地。不过维也纳学派及其讨论的声望已然得到确立,这正是蒯因、艾耶尔及其他人为什么会前往维也纳,亲自去进一步了解那里正在讨论的议题。

尽管在细节和解释上有巨大差异,但逻辑实证主义的基本立场是它坚信有意义的讨论要么是分析的(逻辑学或数学陈述),要么是在经验上可得到证实的(经验科学的陈述)。其他一切事物在认知上都是无意义的。形而上学、伦理学以及神学领域的主张就属于后者,因为它们都是综合性主张,无法通过观察或实验而得到验证。对此实证主义观点最为简洁的描述,实际上是由大卫·休谟在该学派出现的两个世纪之前提出的。在《人类理解研究》中,休谟写道:"如果我们随手拿起一本书,例如是神学或经院哲学著作,我们就可以问:它涉及任何有关数与量方面的抽象推论吗?没有。它包含任何有关事实与存在的经验性推论吗?没有。那就把它扔到火堆里去,因为它除了诡辩和幻觉外一无所有。"

事实与分析语句构成了科学。石里克和卡尔纳普都认为本质上科学依赖于直接的观察性报告,他们称之为"记录语句",并且在这些语句中出现的观察性词语得到实指定义(也即通过真正地或象征性地指向被言说的事物而得到界定)。石里克写道:"除非最终参照实指定义,不然就无法理解任何意义。这意味着顺理成章地参照'经验'或'证实'的可能性。"这里将"经验"与"证实的可能性"相等同很有意思,因为拥有由记录语句报告的经验,就完全等同于意识到证实的可能性,也即使得证实成真。石里克如此表述这一观点,即他认为因为记录语句就是不可修改的观察报告,所以它们本身无须证实。石里克表示赞同并且写道,记录语句是"知识和实在之间不可动摇的关联点……我们在其个体性中逐渐获知这些绝对固定的关联点,并获知对它们的证实;它们是唯一不是假设的综合语句"。

奥托·纽拉特指出了这一观点所包含的问题。该观点假设记录语句是不可修正的,因为它们直接且中立地符合独立于经验的事实。但纽拉特说,记录语句不可能是不可修正的,因为至多它只能够算是一种习惯传统,命题将之视作"基本的";并且没有任何陈述,甚至没有任何推定的记录语句可免于修正或反驳。他写道,"无法以完全确定的纯粹记录语句作为科学的起点"。"**白板**并不存在,我们就好比是必须在公海上重建船只的水手。"我们是在已全副武装了诸多假设与理论的前提下展开研究的,同时我们研究的结果有时会使我们改变其中一些假设与理论,就如在海上航行的船只中的木板被替换一样,这进一步意味着对真理的检验并不是一个给定的陈述是否符合实在,而是它是否与已然被接受和检验过的陈述相融贯。

纽拉特的观点预见了诸如蒯因后来所持有的理论,后者认为观察并不是中立的,而是具有"理论负载"的,亦即我们的观察是基于我们的先在理论做出的,它们决定了我们能够观察到什么。如科学实践实际上所展示的那样,这意味着一个观察结果若与我们所期待的结果不相符,这个结果很有可能要么被视作反常或错误而被忽略、置之不理,要么就会让我们改变理论以与之相协调。但如果在观察中运用一个理论,那么观察术语的"意义"以及对理论本身观察性证实的概念,从逻辑上来说都是在观察活动之前得到确立的，因此观察无法扮演石里克与卡尔纳普归属给它的角色。

实证主义理论中的一个核心概念是"证实"，证实的可能性就是赋予综合语句认知意义的事物。由于它在其立场中的核心地位，证实概念引发了大量争论。这一争论的背景非常广泛，出现在分析哲学不同领域之中，因此值得我们在下文中相当详细地对之加以考察。

"证实"这个概念可以有两种理解方式。它要么被理解为规定了意义的性质，要么被视作意义性（meaningfulness）的一个标准。第一种含义出现在石里克认为"一个命题的意义就是其证实的方法"这一主张中；第二种含义体现在艾耶尔认为"对一个给定的人来说，当且仅当他知道如何证实他意图表达的命题时，这个句子对他而言才是事实上有意义的"这个主张里。这里需要注意的是，如果石里克对意义性的界定是正确的，那么艾耶尔的"证实原则"就为真；但证实原则在石里克对意义的证实主义定义不为真的条件下也能够为真，因为即便对一个给定的个体而言，如果他知道如何证实一个句子（也即如果他知道何种观察能用来确定这个句子的真或假），那么这个句子对他来说就获得了实际的意义（factual significance）这一点是正确的，这也不意味着证实此命题的方法构成了这个命题的意义。因此，"金丝雀在鸟笼中"可以借由证实原则加以证实，但"金丝雀在鸟笼中"并不**意味着**（mean to）"走进客厅，掀开盖在鸟笼上的布（看看金丝雀是否在里面）"。

证实原则涉及了句子和命题之间的区分。当且仅当一个句子所意图表达的命题是可证实的，这个句子才是"实际上有意义的"。一个没有表达可证实的命题的句子，就是根本没有表达命题，它的的确确就是无意义的，也即"没有意义"。考虑如下两个句子：1."上帝在天堂之中"以及2."金丝雀在鸟笼中"。因为存在证实金丝雀是否在鸟笼中的方法（我们可以走过去看看），所以句子2表达了一个命题，并因此是有意义的；但我们没有办法来证实句子1为真还是为假，所以它没有表达命题，也因此是无意义的——或者更准确地说，是"事实上不具有意义的"，因为实证主义者承认句子1可能包含情感或审美意义，表达对世界的一种特定的非认知性态度。

至此，我们阐释了狭义的证实原则，即如果对一个给定个人而言，没有方法去证实某个句子所陈述的内容，那么这个句子实际上是无意义的。但这个原则也可以加以普遍化：如果一个句子所陈述的内容无法被任何人证实，那么这个句子在无限定的条件下是实际上无意义的。在这种形式中，证实原则本身需要限定：事实上无意义的句子是那些**原则上**没有证实方法的句子。如果我们对此不加限定，一个特定句子可能仅仅由于尚未有人证实它这个偶然事实而是无意义的，但如果有人能够证实它，它就会是有意义的。

这个观点存在明显的问题。首先，如果"证实"意味着提供证明法则为真的证据，那么科学的一般法则并不是可证实的，甚至在原则上也并非如此。它们能够得到重复实验与累积证据的强有力的支持，但它们无法得到完全证实。另一个牺牲品则是历史：对过往的断言，其真值能够以何种方式为当下或未来的观察所证实？可是科学与历史都是一系列事实上有意义的句子。更糟糕的是这一因素，即甚至对某些当下被观察到的物理对象的断言，都无法得到完全证实，因为与其证实相关的观察结果的数量可能是无限多的；并且只要存在着如下可能，即存在某个未来观察结果反驳了我们对该对象的断言，那么该断言就没有且不能算作被证实。

证实主义者的回应是倡导放宽证实原则的限制，使得它允许一切可能成为证据的情形都与一个句子的真值相关。基于这种观点，如果经验过程至少是确定一个句子真值的必要条件，那么这个句子就是实际上有意义的。

但这只不过是让问题在另一个地方，即在"相关性"的性质方面，再一次出现了。对一个经验事实的主张而言，什么是支持或反驳它的"相关"证据在很大程度上是一个策略问题。什么算作相关证据可能会因观察者的概念策略而有很大变化，但只有基于相对主义立场（"你的真理是你的，我的真理是我的，即使这两个真理是彼此对立的"），词语的意义才会随着相关证实语境而改变。譬如，假设某个偏远的国度在大旱中实施了人工降雨。在科学家看来，降雨的直接原因是飞机播撒云雾状碘化银颗粒。但在当地人看来，这场雨是由一位巫医的祈雨舞蹈带来的。每个思想派系都对什么算作证实其主张的相关证据有不同看法。当然这并不是一个非常好的例子，因为进一步的检验会解决（降水原因）这个争议，但它凸显了（相关性）这个问题。

更好的一个例子是"乌鸦悖论"。"所有乌鸦都是黑色的"这个句子在逻辑上等价于"没有任何不是黑色的事物是乌鸦"这个陈述（"所有非黑色的事物都是非乌鸦的事物"）。[1] 这意味着我们可以通过观察任何不是黑色的事物来核对它不是一只乌鸦这个方法来确认"所有乌鸦都是黑色的"。这使得我的白衬衫成为"所有乌鸦都是黑色的"的证据。但显然我衬衫的颜色与乌鸦没有任何关系：它与确定"所有乌鸦都是黑色的"这个句子的真值没有相关性。所以，使得一项经验证据对证实一个命题有用的相关性标准是什么呢？

支持证实原则作为意义性标准的更为精致的努力转向下述观点，即如果一个句子中包含着有关我们能够观察到什么的陈述，那么这个句子就是可证实的。对此观点的一个反驳是，有关某种物理事态的真句子，和任何与之相关的观察性报告为假之间并不矛盾。假设某人说"琼斯在街道的另一端"，而且我看了一下却未能看到琼斯——或许因为他刚刚走进一家商店或被一辆路过的公交挡住了。我未能看到琼斯，也即"我没有看到琼斯在街道的另一端"这个句子的真，与"琼斯在街道的另一端"这个陈述的真并不矛盾。认为未能观察到琼斯就取消了后一个陈述的真是很荒谬的。如果一个句子所说的为真，而它应当包含的观察性句子为假，我们手头就会有一组矛盾；但在这个例子中不包含任何矛盾。

证实主义的反对者很快会做出的一个反驳是，证实原则本身并不在

---

[1] 这是"所有乌鸦都是黑色的"这个命题的"逆否命题"：$(x)(Rx \to Bx)$ 和 $(x)(\neg Bx \to \neg R)$ 在逻辑上是等价的。

它所界定的有意义命题之列：因为它既不是重言式，也不是经验上可证实的。因此批评者们会问，它具有何种地位？一种回答是它在下述意义上是一种传统，也即它提供的意义性的定义，与实践中包含着经验上有用信息的命题所满足的条件相一致。再加上根据定义，逻辑学和数学的**先天**命题是有意义的这个观点，以及只有这两类句子应当被视为具有真值这个规范性因素，进而设定只有具备真值的句子能够被视作是真正有意义的——这样我们就得出了证实原则。

这个观点所遭遇到的困难是两方面的。其中规范性的因素可被挑战说不过是任意的规定；而描述性因素可以被挑战说这至多表明形而上学、伦理学、美学与神学的陈述并不属于逻辑实证主义者所青睐的陈述，这并不能推导出这些陈述缺乏真值或不具有意义。描述性因素最多不过是确认了已得到承认的如下观点：对意义以及（如果可以用这个词的话）句子真值，抑或对世界或人类经验性质的最为一般的陈述的解释，需要以一种特殊的方式被对待，既不同于对可观察现象的断言，也不同于刻画形式语言的特征。这本身并没有提供只支持对自然科学有用的研究，而排除形而上学或其他任何研究的理由。

这些反驳一直以来被认为给证实主义带来了巨大破坏，以至于至少以其最初的逻辑实证主义形式来说，该原则不再成立。不过如先前提到过的，这一争论的深长意味也徘徊在科学哲学、语言哲学、元伦理学理论之中，有关它们的方方面面下文中我们都会看到。

1936年，维也纳大学入门口主楼梯处，莫里茨·石里克遭枪击身亡，开枪的是他的一个学生，约翰·奈尔布克（Johann Nelböck）。这个故事存在诸多不同版本。其中一个版本是说石里克与奈尔布克的未婚妻有染。还有一个版本是说他给了奈尔布克一个不及格的分数。但无论两种情形中的哪一种，这场谋杀都源于怨恨。更有可能的情况为奈尔布克是纳粹的支持者，并受后者鼓动去暗杀石里克，尽管石里克除了批评德奥合并前奥地利极右翼的政治活动外，在政治领域并没有多大影响。在被监禁两年后，奈尔布克就被释放，这刚好是在希特勒兼并奥地利之后不久。

此时，维也纳学派大部分主导人物都逃离了纳粹笼罩在欧洲上空的阴影。在这些逃亡者中，实证主义立场最重要的支持者就是鲁道夫·卡尔纳普。实证主义者得到诸多讨论的观点已然开始激起丰富且有影响力的不同意见，特别是源自蒯因和卡尔·波普尔的观点，但卡尔纳普在很大程度上继续并发展着实证主义事业。

卡尔纳普（Carnap, 1891—1970）

鲁道夫·卡尔纳普正是那位试图最为详尽地，且以能够运用的最为复杂精细的技术提出逻辑实证主义方案、提出从经验中获得科学的"逻辑建构"这一观点（这同样在罗素的工作中居于核心地位）的哲学家。蒯因正是为了回应卡尔纳普的观点，才发展出一套很大程度上建立在拒绝分析-综合区分这一实证主义核心概念基础上的替代性理论——这一区分即是逻辑学和数学语句（它们的真或假完全取决于句子中词语的意义）与经验语句（世界中事物的偶然状态是怎样的）之间的区分。

卡尔纳普出生在德国的荣斯托夫，成长于巴门，现今伍珀塔尔市的一部分。[1] 第一次世界大战前的几年里，他在耶拿大学学习物理学，并听了弗雷格有关数学和逻辑学的讲座，同时也追随弗雷格的朋友兼同事、德国康德学会主导人物及《康德研究》（*Kant-Studien*）的编辑布鲁诺·鲍赫（Bruno Bauch）深入地研究康德。卡尔纳普说他与鲍赫一起曾花了整整一年来讨论康德的《纯粹理性批判》。战争期间，卡尔纳普在前线效力，之后返回耶拿完成学业。他论空间的博士论文被物理学家说太哲学化了，但又被哲学家说太物理学化了。他于1921年提交了这篇博士论文，第二年它刊发在《康德研究》上。

---

1 巴门就是1934年著名的《巴门宣言》发表的地方，它由卡尔·巴特（Karl Barth）提出，旨在拒绝纳粹基于种族主义特别是反犹主义的宗教观。

在1923年的一次哲学会议上，柏林科学哲学学会的汉斯·赖兴巴赫将卡尔纳普引荐给莫里茨·石里克，后者邀请卡尔纳普前往维也纳学派访问。他如约而至，并且随后在维也纳大学获得了一个职位。如先前有关逻辑实证主义的论述所言，卡尔纳普在维也纳学派学说形成和推动学术活动方面发挥着主导作用。1928年，他出版了两部著作，《世界的逻辑结构》(*The Logical Structure of the World*) 和《哲学中的假问题》(*Pseudoproblems of Philosophy*)（两部书的英译本出版时被合为一卷），它们都是实证主义理论与事业的经典文献。

1931年卡尔纳普执掌布拉格查尔斯大学科学哲学教席，许多人前去拜访他，其中就有蒯因。[1] 纳粹愈演愈烈的威胁迫使他在1935年前往美国，并在芝加哥大学任教，之后又在普林斯顿高等研究所和加利福尼亚大学任教。

卡尔纳普的研究领域包括逻辑学、语义学、模态（有关可能性与必然性的逻辑学）、概率论以及科学理论的性质，并在所有这些领域中都发表了富有影响力的作品。无论是直接影响还是通过激发他们有效的反对意见，他对蒯因以及其他人的影响都非常大。蒯因自己对20世纪哲学史的看法很能说明问题。当1970年卡尔纳普逝世后，蒯因写道："我将他视为20世纪30年代之后哲学中的主导人物，就如罗素之前的几十年中一样。随着有关罗素的历史重要性的证据在不断累积，罗素应得的荣誉一直在不断增长，但哲学不断发展的引领者是卡尔纳普。一些哲学家会把这个角色授予维特根斯坦，但许多人持有和我一样的观点。"

卡尔纳普指出，科学理论的语言由逻辑学和非逻辑学表达式的集合构成，其中前者取决于标准的推论公理与规则，后者则立足于一系列规定其意义的公设。符合性规则将非逻辑学表达式与一个领域关联起来，进而为

---

[1] 半个世纪之后，蒯因应布拉格哲学家们的邀请重访布拉格，那时的他已经非常年迈，堪称哲学界的耆耋名宿，激动的接待方开车带他前去拜访卡尔纳普曾居住过的房子。当汽车在房子外停靠时，蒯因从车窗看过去说，"这不是那个房子"。据在场的作者报告，当时布拉格的哲学家们极为惊愕。

理论提供了一种经验性解释。

非逻辑学表达式分为观察性表达式与理论性表达式,它们因分属于两类法则而得以区分,前者是经验性法则而后者是理论性法则。可被观察和度量的对象及其属性服从经验法则。理论法则处理从经验观察中推断得出的不可观察的对象与属性。它们之间的界限并不总是清晰的,但我们能够识别出每个类别的核心情形。譬如,气体定律预示着存在如下观察:玻璃罐中烟粒子的布朗运动可被视为构成气体的分子的行为结果。相反,由量子力学加以理论化的现象,譬如在强子中将夸克结合在一起的胶子的运动,就无法被观察。这意味着经验与理论法则之间的区分主要依赖于我们所研究现象的规模。这正如宏观现象的行为会带来越来越精致的宏观结构的理论一样,定律也会变得越来越理论化。

不过,上述区分是非常成问题的。如前所述,我们有充分理由认为,即便是看上去最中立的有关宏观实体的观察性陈述(烟粒子、大象、星球),事实上也是理论性的,或至少具有很强的理论负载。毕竟,我们大脑根据输入的感觉刺激做出解释,而世界如何在日常经验中向我们显现正是源自这些解释的建构,此外这些解释以下述理论为前提,它们涉及输入我们脑中的材料可能传达的有关实体与事件的信息,而这些实体与事件又在我们头脑之外且被我们视为刺激源。不过这个问题也能够以不同方式得到相应解决,譬如接受观察具有理论负载这一解释,但将观察与如下陈述的集合区分开来。对这些陈述而言,它们与感觉刺激的推论距离要求诸如假设这样额外的不与刺激相关的特征(假设的可能性就取决于它如何组织我们对自己经验的解释)。[1]

不过,由于其学生与朋友蒯因所提出的批评,整个卡尔纳普理论结构所依赖的分析和综合语句之间的区分似乎是更成问题的。

---

[1] 这实际上意味着具有理论负载的观察相比于纯粹不依赖于外在刺激的假设,因与外部世界关联更强而更具中立性,也即更少理论性。因此,作者将之视为卡尔纳普对其批评的一种回应。——译者注

蒯因（Quine, 1908—2000）

威拉德·范·奥曼·蒯因（Willard Van Orman Quine），他的朋友和同事口中的"范"，生于俄亥俄州的阿克隆市，当时的世界橡胶轮胎之都。他的父亲是该产业中一位非常成功的商人。或许是与车轮的这种潜在关联使得蒯因非常喜爱旅行。他的雄心壮志就是周游尽可能多的国家，即使这意味着只要他一只脚跨过国境线，他就可以宣称自己到过那里。因此有人曾说，相比于哲学，他的自传更多是关于他的旅行，如果以《行走的老范》（A Moving Van）为题可能更为恰当。

他在逻辑方面的天赋很早就显露出来。他写道："我可能在九岁时就开始忧虑天堂与永恒生命的荒谬，担忧这些邪恶的怀疑所带来的危险。现在我意识到如果怀疑是正确的，那这种危险就是虚幻的。"本科阶段时，蒯因就读于欧柏林学院，学习数学，他听闻罗素与数学哲学后完全被迷住了。另一个极为重要的影响来自行为主义心理学家沃森（J. B. Watson）。这两者形塑了蒯因的哲学立场。

因为当时怀特海正执教于哈佛大学，他与罗素的合作促使蒯因申请哈佛大学的研究生项目。自 1930 年秋天，他开始在怀特海（显然是名义上）的指导下展开研究，并在短短两年内获得了博士学位。他的博士论文题为《序列的逻辑：〈数学原理〉的普遍化》（The Logic of Sequences: A Generalisation of *Principia Mathematica*）。[1] 蒯因因此获得了游学奖学金（a Travelling Fellowship），并前往维也纳，参与了石里克的讲座和维也纳学派的聚会，在那里见到了库尔特·哥德尔、艾耶尔以及弗里德里希·魏斯

---

[1] 几十年后，大家为蒯因筹备一本纪念文集，他结交已久的朋友与同事伯顿·德雷本（Burton Dreben）选择写一些关于蒯因博士论文的东西。他发现其中有一些他没有搞懂的观点，因此写信向蒯因询问。蒯因发现自己也无法理解它们，就回信说，"无法探知一个准博士（sub-doctoral）的心灵世界"。同样的故事诗人艾略特也讲过。他在牛津大学博士论文的主题是布拉德雷的哲学。据说多年以后他出版自己的博士论文时，重新读了一遍却发现他连一个字都无法理解。艾耶尔曾说第二次世界大战期间他在塞拉利昂（他曾被派往那里做情报人员）高烧不退时读懂了康德，但身体一复原却发现他已经不记得他曾以为自己读懂了的东西。这些逸事说明有时哲学洞见源于高度投入思考问题的时刻，但当我们不再处于这种状态时，洞见就成了不见。

曼,并希望能见到"伟大的维特根斯坦"(这是他在给父母的一封信中对维特根斯坦的称呼),因为他知道,虽然维特根斯坦人在剑桥,但夏天可能会回到维也纳。不过最终他与维特根斯坦缘悭一面。

蒯因也拜访了华沙,见到了逻辑学家斯卡尼斯瓦夫·亚希可夫斯基(Stanisław Lesniewski)、阿尔弗雷德·塔斯基(Alfred Tarski)以及扬·武卡谢维奇(Jan Łukasiewicz)。他还去了布拉格,这是该旅途中最为重要的部分,因为在那里他参加了卡尔纳普的讲座,并与之交谈了好几个小时。"我渴望参加卡尔纳普的讲座,"蒯因写道,"(他)是我最伟大的老师。在六年的时间里,我是他确凿无疑的学生。在此之后,他的观点在不断演进,我的也是如此,我们就走向了不同的道路。但甚至在我们有所分歧的地方,他依旧为我划定了(研究)主题。我感受到的他的观点中包含的问题,在很大程度上决定了我的思路。"

除却在第二次世界大战期间在美国海军服役这个例外,蒯因的整个职业生涯都是在哈佛度过的。在漫长的人生中(他活了将近九十二岁,在20世纪最后一年的圣诞节当天去世),蒯因发表了二十多部著作和许许多多的论文,对知识论、逻辑学、语言哲学和科学哲学皆有贡献。他被授予诸多荣誉博士学位、奖项与勋章。他可能是其所在的世纪中获得公共荣誉最多的一位哲学家。

蒯因哲学理论的两个核心立场是**自然主义**和**外延主义**。他的自然主义指的是就实在的性质以及我们如何认识该性质这个问题而言,自然科学提供了最佳解释。因此,科学为我们提供了我们的本体论和认识论。因为他认为科学总会受到新证据的启发而面临修正,因此他是一位认识论上的**可错主义者**。他拒绝这样一种立场,即在科学外存在一个哲学领域,在其中科学的假设、方法与理论能够出于证成或批判科学的目的而得到考察。

要接受科学提供给我们的本体论,也即我们有关存在什么的看法,就要接受物理主义,即存在的事物就是可用物理词汇描述的事物。这当然意味着不存在像诸神或柏拉图的形式这类非物理性实体,并且还特别意味着在心灵哲学中,一切心灵现象只是物理现象或只因物理现象而产生。同时与之相应的是，这一观点所连带的认识论是一种彻底的经验主义。但在蒯因的自然主义中存在着一个令人惊讶的裂隙。他感到有必要在他的本体论中补充一类抽象实体，也即**集合**，它对数学而言是必需的，并且因为科学不能没有数学，所以蒯因说我们不得不承认它像物理事物一样存在。

不过这与蒯因的另一个立场，即外延主义，是相一致的。如先前提到的，与弗雷格解决同指词项无法保值替换的语境之谜相关，一个外延语境或语言正是这种替换可以毫无问题展开的情形，而内涵语境（注意拼写，*intensional* 有一个"s"，而非带有"t"的 *intentional*）[1] 则是这种替换会改变词项所在句子真值的情形。"西塞罗写作了 *De Amicatia*"为真，并且当"塔利"替换了"西塞罗"后，依旧为真；但在"汤姆相信西塞罗写作了 *De Amicatia*"中，"塔利"并不能被用来替换"西塞罗"，因为尽管汤姆相信西塞罗写了 *De Amicatia* 或许为真，如果他并不知道西塞罗和塔利是同一个人的话，他相信"塔利写作了 *De Amicatia*"就为假。

蒯因认为唯一可接受的语言就是外延语言，并且认为试图通过"意义"或"分析性"等内涵概念，或者通过"可能性"与"必然性"等模态词汇来解释逻辑学、科学或是语言学的一切事物，都是错误的。从外延角度理解一个理论或许不是充分的，但却是必要的。外延语言的典范就是谓词逻辑。通过将任何给定理论以类似于罗素处理包含摹状词的语句那样转换为逻辑词汇，谓词逻辑可以被用来确定其本体论。任何事物 x 被理论加以"量词修饰"后（也即用量词来说"至少有一个 x 存在"），就等于该理论主张 x 存在。蒯因通过下述口号来表达这一点："存在即成为变元的值。"需要注意的是，一个理论准备用量词修饰的事物仅仅告诉我们该**理论**认为存在的事物；它并没有告诉我们**事实上**存在什么。如果基于其

---

[1] 带有"t"的"intention"（意图）在日常语言中指的是"故意的"，但在哲学中它指的是"针对"，并且涉及一个人心灵中的思想与她正在思考的事物之间的关系。因此，当有人正在思考某物 X，我们会说思维意图 X；而且我们因此会认为一切思维都具有意向性内容或"关涉性"（aboutness），也即思想总是关于某物的思想。带有"s"的"intensional"（内涵）与意义相关。内涵与外延的差别就分别对应于内涵与指称之间的差别，并类似于内涵意义（connotation）与外延意义（denotation）在语法上的区别。

他理由，我们并没有接受所讨论的 x 存在的基础，那么这就是一个反驳或调整该理论的理由。我们运用我们能够获得的最佳科学理论来确定存在着什么。

此外，蒯因要求任何事物若想成为一个正当的实体，它必须具有清晰的"同一性标准"，也即如果我们要将 X 纳入到我们的本体论中，就一定能够将 X 这个事物同某个其他的事物 Y 区分开来。他通过展现缺乏清晰同一性标准的事物在我们的考察中表现如何而证明了这一点，这一次他设想的是"可能的胖子"："比如，让可能的胖子在一个门口站着；同样让一个可能的秃子也站在这个门口。他们是同一个可能（而非现实）的人，还是两个可能的人？我们如何确定呢？在这个门口有多少位可能的人？比起胖子这里会有更多可能的瘦子吗？……同一性概念完全无法适用于非现实的可能情形吗？但是谈论无法有意义地被认为与其自身同一并与其他事物不同的实体，能有什么意义呢？"蒯因用来概括此原则的口号是"没有实体是无同一性的"。[1]

蒯因对分析-综合区分的批评体现在一篇名为《经验主义的两个教条》（'Two Dogmas of Empiricism'，1951）的著名论文中。虽然蒯因自己也是位彻底的经验主义者，但他在这篇文章中提出了他认为实证主义误入歧途的几个方面。"一个（教条）是如下信念，它认为在**分析性**或基于独立于事实的意义的真理与**综合性**或基于事实的真理之间，存在着某种基本差异。另一个教条就是**还原论**，也即认为每一个有意义的句子，都等价于建立在直接指称经验的语词之上的某种逻辑建构。"

拒绝分析-综合的区分是蒯因外延主义立场的一个结果，因为分析性这个观念本质上来说依赖于**意义**这个内涵概念，而蒯因的问题正在于"意义究竟是何种事物？"蒯因识别出通常被视为分析性语句的两类陈述：它们都在逻辑上为真，包括诸如"没有一个未婚男性是已婚的"这类重言

---

[1] 有趣且抓住重点的"可能的胖子"这个例子来自蒯因《从逻辑的观点看》（*From A Logical Point of View*, 1953）中的一篇文章；这本书的标题源自于由于哈里·贝拉方提（Harry Belafonte）而著名的一首卡里普索民歌中的副歌："从逻辑的观点看，你总是应该跟一个比你丑陋的女性结婚。"

式,以及诸如"所有单身汉都未婚"这样非重言式的陈述。前者为真是因为其中所包含的"没有"与"未"这类逻辑小品词。后者虽然实际上并非逻辑上为真,但通过下述论证可被证明在逻辑上为真,该论证就是证明句子中包含的语词是同义词,或通过同义词替换其中一个词语,比如以"未婚男子"替换"单身汉",而揭示出该句子具有潜在的重言式特征。因此,现在的问题就转变为是否可获得一个清晰的"同义"概念。

或许这样一个概念可以通过定义来获得,也即两个词如果能够通过彼此来定义,那么它们就是同义词。这个方法管用吗?不错,但定义是建立在什么基础之上的呢?答案就是:词典编纂者对如下事实的经验观察,也即语言的使用者将特定表达视为同义,以至于一个表达可被用作另一个表达的定义。但此时定义通过同义而得到解释,以定义解释同义就无法避免循环论证。(不过蒯因允许下述情况发生,即在约定性引入新的技术符号时,定义可以**规定**同义。)

如果定义无法解释同义词,保值替换是否可以呢?我们可以把边缘情形放在一边,比如在"bachelor 有八个字母"中,"未婚男性"与"bachelor"就无法互换,而去关注如下更有意思的事实,即就像在"暮星是金星"中"晨星"可以替换"暮星"一样,异义词(非同义词)能够保值替换。如其所示,相互替换对同义而言并不充分。

认为分析语句(如果有的话)是必要的这个观点是否正确?因为"必然地,所有单身汉都是单身汉"为真,而且如果"单身汉"和"未婚男子"是可以保值替换的,我们就可以说"必然地,一切单身汉都是未婚男子"为真,这进而允许我们说"'一切单身汉都是未婚男子'是分析的"为真。这就意味着"单身汉"和"未婚男性"在所要求的意义上是同义的。

蒯因认为这是"骗人的把戏"而拒绝这种观点,因为当我们谈论"必然性"时,依然预设了"分析性"的概念,并且在他看来,任何情况下模态都是极为不可信的。他也拒绝了卡尔纳普的论证努力,也即分析性概念即便在日常语言中是极为模糊的,但可以构架一种精确的形式语言,它的语义学规则规定了哪些句子是分析的，这些句子**只是**由于这些规则而在该语言中为真。这个概念当然不是一个分析性的概念，而只是"一个我们所建构的语言中的分析性"的概念，因此未能应对蒯因的挑战。

如果因为分析语句的概念是不融贯的，进而得出分析和综合语句之间没有区别，这就意味着一切语句都是综合的，即使是逻辑学和数学的语句也不例外。蒯因接受这一结论。对此，他通过一个比喻加以解释：网，也即"信念之网"的观念。网的外部边缘，且只有它的外部边缘通过世界引起的感觉刺激而与世界处于直接关联之中，因此我们在其中的语句由于这些经验而是可修正的。但我们向网中走入越深，经验对我们的作用力就越小，以至于在网的中央逻辑学和数学的语句似乎屹立不倒，就像不可修正一样。但如果有一股足够强的作用力冲击这个网，冲击波的范围甚至会影响到逻辑语句。

这是一种"整体论"立场，即信念之网作为一个完整的整体紧密结合在一起，作为一个整体而维持自身。它挑战了蒯因在经验主义中发现的第二个"教条"："还原论"，即科学理论中的单个陈述会得到与之相关的特定观察的支持或反驳。蒯因的整体论通过如下论证而拒斥上述观点。他指出"我们有关外部世界的陈述，不是单个而只是作为一个整体来面对感觉经验的法庭……科学陈述并非单个地受到不利观察结果的反驳，因为只有它们结合成为一个理论时才蕴含着可供观察的结果"。

上述观点是蒯因有关意义的怀疑论的一个结果。这种怀疑论认为我们无法说"一个句子的意义就是它所表达的命题"这个在一些人看来是很自然的观点。特别是当我们在不同语言之间进行翻译工作，并以不同语言谈论"具有同样意义"的语句时，我们认为自己正在表达的是这些句子表达了同一个命题。譬如，我们通过说"雪是白的"和"la neige est blanche"而"说了同一件事"。但是蒯因指出，试想一下你在翻译另一种语言时，如果除了以该种语言为母语的人的行为和环境外，没有任何其他帮助，会遇到怎样的困难。你基于这些信息编制的翻译手册会因你收集的证据而变得不够具有确定性——如果说母语者在每次看到一只兔子时会说"gavagai"并指着这只兔子,那么这个证据并没有让你确定他们指的是"兔子""美味"还是"不祥之兆的野兽"。(因为这个例子聚焦于一个无法在翻译者语言中精准确定指称的单个词语,蒯因就将之描述为"指称的不可测知性"。)并且蒯因认为,说母语者语言中理论语句的翻译不仅是不足够确定的(underdetermined),而且是**不确定的**(indeterminate),因为它们总是能够被同等满意地翻译为翻译者语言中的两个或更多语句。蒯因指出,"翻译的不确定性表明命题作为语句意义的观点是站不住脚的"。

在《语词与对象》(*Word and Object*, 1960)中蒯因提出了另一种观点,即"语言行为主义"。他指出翻译者的任务表明通过一个语句的"意义",我们表达的是促使一个说话者赞同或反对该语句的一切感觉刺激的集合。因此,意义就是"刺激意义"。在相同刺激条件下,经过对比,你和说母语者的赞同与反对能够彼此吻合,你就完成了一次翻译(虽然是一个不确定的翻译)。这一观点适用于一切意义。

我们能够从上述对蒯因哲学理论的讨论中发现,他的理论不仅具有体系性,而且自始至终建立在先前提及的如下基本立场之上:自然主义以及唯有外延提供了因意义与模态概念的使用而变得隐而不彰的清晰性与确定性。这是一个与科学时代相处得颇为友好的哲学理论,前者在哲学看来,肇始于逻辑学的进步,为探索语言、思想和知识提供了全新的工具。

不过,正如在哲学这片生机勃勃而又富有创造性的土地上我们所预料到会发生的那样,现在又轮到蒯因的所有关键命题遭到挑战的时候了。我们会在之后篇章中处理一些对蒯因的回应。其中至关重要的一个方面就是与蒯因敌视模态概念(即"必然性"与"可能性")相反,索尔·克里普克(Saul Kripke)通过一种量词模态逻辑的语义学而赋予这些概念极高的地位,其中运用"可能世界"概念将"必然性"界定为"在一切可能世界中为真",并将"可能性"界定为"至少在一个可能世界中为真"。有关这些内容,容后详谈。

波普尔（Popper, 1902—1994）

卡尔·波普尔是逻辑实证主义的又一位批评者，他也曾以访学者身份参与维也纳学派的聚会。他对逻辑实证主义立场的回应是对科学哲学的重大贡献。他也有政治学方面的著作，因其极富争议的两卷本作品《开放社会及其敌人》（*The Open Society and its Enemies*）享有盛名。在该书中，他给柏拉图、黑格尔与马克思贴上了"历史主义者"的标签，认为他们都坚信历史由旨在实现乌托邦（更准确地说，是"优托邦"）目标的不可更改的铁律所支配。这部著作批判了极权主义并捍卫了自由民主的理念。它成书于第二次世界大战期间，纳粹主义和斯大林主义是波普尔所反对的政治秩序的现实样态，如大部分有关政治的讨论一样，它既得到了热切的支持，也激起了猛烈的批评。批评者指出他误解了柏拉图与黑格尔，并且为了支持自由主义的事业而持"派系立场先行"之论——对后一种观点他并不会否认。

波普尔出生于维也纳，当时奥匈帝国的首都。在他出生后不久，犹太人出身的父母改宗新教中的路德宗。他也因此而受洗。他的父亲是一位富有的律师和图书收藏家，拥有一个令波普尔从中获益良多的巨大图书馆。他在16岁时离开学校，作为旁听生参与维也纳大学的科学与哲学课程。他加入了奥地利社会民主党，成为一名马克思主义者并曾为维也纳的共产党效力。他的大部分党员同伴都被枪杀于1919年夏天的动乱中，该事件是第一次世界大战结束后欧洲革命活动浪潮中的一部分。此时波普尔已经开始怀疑他逐渐称之为"虚假科学"但被党员同伴接受为金科玉律的马克思主义历史唯物论，并且最终转向了一种社会自由主义立场。

和他的维也纳老乡路德维希·维特根斯坦一样，波普尔的教育也非正统。他有一段时间干着劳工和家具木工的工作，之后又接受培训成为一名中学教师，在日间托管中心照料贫困儿童的同时，在维也纳教育研究所继续着自己的学业。在获得教育心理学博士学位后，他成为一所中学的物理学和数学教师，并在工作之余的晚上写作自己的第一部著作——《科学发现的逻辑》(*The Logic of Scientific Discovery*, 1934)。法西斯主义的威胁日益迫近，他的家庭改信路德宗也无法保护他们免于当时危险的反犹主义迫害，现实迫使波普尔下定决心离开欧洲。基于这本书的分量，他在新西兰但尼丁大学获得了一个职位。在战后，他接受了伦敦经济学院（London School of Economics）的教职，并在那里一直教书到退休。

哲学似乎对一些人来说具有延缓衰老的效用，与罗素与蒯因一样，波普尔活到了九十多岁。他享有诸多荣誉，获得了数不清的国际奖章与奖项，在英国他受封为爵士并位居皇家学会成员之列。他的哲学观点引发了诸多争议，可能是在 20 世纪后半叶人们对科学哲学兴趣的最大激发者。[1]

实证主义者的证实主义是波普尔自己观点发展的触发器。基于证实主义的观点，科学假设通过观察而得到证实，并因缺乏确凿的观察结果而被削弱。譬如，你假设事实是如此这般的，并且你通过设计一个实验来检验它，看看这个假设所预测的特定结果是否会被观察到。如果这些结果确实能够被观察到，（那么你因此就会假定）它们就证实了这些假设。这看上去是有道理的。但是波普尔指出，这实际是一个逻辑谬误，更具体说是"肯定后件谬误"。上述推理中的第一个前提是："如果 p 则 q"："p"是**前件**，"q"是**后件**。第二个前提是"q"，也即对后件的肯定，意味着已然观察到所预测的结果。从这两个前提的合取，即"如果 p 那么 q"且"q"中，假定了"p"这个结果，也即假设 p 得到了证实：

$$[(p \rightarrow q) \& q] \text{ 因此 } p。$$

若想看出这并不是一种逻辑上有效的论证形式，我们只需将句子代入下述"p"和"q"的位置中，其中"p"并不由"如果 p 那么 q，且 q"推导得出。因此："(p) 如果天在下雨，那么 (q) 街道就是湿的；(q) 街道**是**湿的；因此 (p) 天在下雨。"显然，街道是湿的这个事实与天**没有**下雨并不

---

[1] 正如他在与我的通信中表现出的那样，波普尔在与他人分享自己的时间和鼓励他人方面非常慷慨。

分析哲学　　**409**

矛盾——比如，可能是发了洪水、水管破裂或者刚刚在下雨但现在不再下了。因此结论"天在下雨"并没有得到街道是湿的这个事实的证实。由此推导出，如果在任何实验中"q"被观察到，那么仍有可能"p"并非事实，因为存在诸多（对"q"的）明显证实性观察结果与"p"的谬误并不矛盾。

波普尔指出，相反我们应当看到"肯定后件谬误"的一个有效的近亲就是描述事物的正确方法。该方法为如果一个假设预测了特定结果，并且一个实验没有产生出这些结果，那么该假设就被**证伪**了："如果 p 那么 q，但非 q；因此，就非 q。"这是一个逻辑上有效的论证形式（它被称为**否定后件式** [*modus tollens*]），并且担保着波普尔对证实主义的替代方案，亦即**证伪主义**。其核心观点是虽然我们不知道有多少明显（对"q"的）证实性观察结果与"p"的谬误是一致的，但一个**与之不符**观察结果就足以证明"p"彻底是错误的。在波普尔看来，一个真正的科学理论的特征，就是它能够说出可以将其证伪的条件。如果一个理论与无论什么事物都一致（如果没有什么能够证伪它），那它就是空洞无意义的："一个解释一切的理论其实什么也没有解释。"

波普尔通过论证科学研究以谋求证伪某些假设的演绎技术展开，证明了将科学视为归纳推理的传统观点是错误的。他指出，我们应当将科学视为一系列"猜想和反驳"（这个短语成为他一部著作的标题）。我们遇到一个问题，并且通过猜想可能的解决方法试图解决它。我们检验这个猜想；一个消极的结果会反驳它，一个积极的结果会"验证"（corroborates）但并未证实它；它仍可能会被进一步的证据反驳。

可证伪性为科学与非科学的界限提供了标准。波普尔认为将科学发现的**逻辑**与科学发现的**心理学**加以区分是非常重要的。各种提示与线索都可能启发人提出猜想，就像化学家奥古斯特·凯库勒（August Kekulé）著名的梦境一样，他梦到一只蛇正咬着自己的尾巴，这启发了他的如下观点，即苯分子是一个圆环，它由六个碳原子构成，每个原子上还附着有氢原子。但心理学的、偶然的灵感来源在对假设的严格检验中并不发挥作用。

很自然会认为，当一个假设在与一个看上去不那么可能的假设竞争时，它看上去越可信，我们对它的接受就越会得到证成。但波普尔指出看似不太可能的假设是更受科学青睐的，因为在一个假设的可能性与其信息含量之间存在着负相关：它包含的信息越多，它可能犯错的方式也越多；因此如果它能够经受住证伪的检验，它对科学的价值也就越大。因为一个科学理论无法被决定性地证实为真，波普尔提出了"逼真"或"似真"的概念来描述好的科学理论——"好的科学理论"指的是那些经受住反驳它们的严格努力的理论。

在对波普尔理论的批判中，很重要的一方面是关于他的证伪理论的。反驳他的观点的一个常见方式就是认为它无法避免其理论建立在归纳推理之上，因为认为一个实验中的消极结果证伪了它正在检验的猜想，就是说这个消极结果会在任何未来对该猜想的实验性检验中出现。不过波普尔对此有所回应，他指出"我的观点建立在可证实性与可证伪性的**不对称**之上；这个不对称来自全称命题的逻辑形式。因为全称命题永远无法从单称命题中推导出来，却能够为单称命题所否定"。

更一般的问题是证伪无法确定地驳斥一个假设的事物，正如一个积极的实验结果无法被认为能够证实该假设一样。波普尔在伦敦经济学院的同事伊姆雷·拉卡托司（Imre Lakatos, 1922—1971）指出，即使是在"临界试验"中，科学理论也不是因消极结果而被证伪的，而是由于这些理论所从属的整个研究计划的失败，这种失败在该研究计划对它所解释的诸多现象不再充分时就会逐渐显露出来。试想一下这个波普尔自己喜欢举的例子：海王星的发现。天文学家一直对天王星轨道的反常现象感到困惑，其中有两位学者（约翰·亚当斯 [John Adams] 与奥本·勒维耶 [Urbain Le Verrier] 各自独立工作）基于牛顿原理假设这种反常现象能够通过第八颗行星，也即尚未发现的一颗行星的引力作用得到解释。勒维耶的计算使得柏林天文台的天文学家约翰·迦勒（Johann Galle）能够在基于牛顿法则精确预测的方位观察到海王星。波普尔将此视为验证的一个有力事例。拉卡托司问道，如果在预测的方位没有观察到行星会怎样？牛顿的理论会因

分析哲学　　**411**

此而被证伪吗？鉴于这样一种观察可能无法做出的原因有许多，答案显然是：不会。一个包含诸多有说服力的内容的重大理论，不会因单独一个与之对立的观察而被证伪，而只会由于随着观察和实验中失败的累积，该理论解释和预测力的彻底丧失而被证伪。

这一观点与蒯因的整体论是一致的，并且与任何认为科学理论是作为整体而非零散的部分被接受或反驳的观点相一致。托马斯·库恩（Thomas Kuhn，1922—1996）在《科学革命的结构》（Structure of Scientific Revolutions）一书中表达了同样的观点，并指出该观点取决于下述理念，即科学家在一个范式或理论框架中工作，当该框架被接受时这就构成了他们所认为的"常态科学"；不过当反常现象被发现时，这个整体框架有可能逐渐被一个新的且与之不同的框架取代——"范式转换"因此而出现。库恩举出诸如宇宙观从托勒密向哥白尼学说的转变作为范式转换的历史例证。

库恩的学说反对如下观点，即将科学视为一项积累性事业，随着先前的理论得到改进或调整，随着新技术和工具的创造以及随着全部知识的增长，就会有所发现。相反，他认为先前范式中的概念与理论，即便使用着同样的词语，也与之后范式中的概念和理论在内容上有所不同，因为表达的意义已经发生了改变。他的这个观点得到了保罗·费耶阿本德（Paul Feyerabend，1924—1994）的重视，并且蕴含着一种很强的相对主义立场，即我们无法在相互竞争的范式之间做出比较或裁断——比如，苏族人的祈雨舞和播撒带有碘化银的云来形成降水。费耶阿本德认为不同的范式之间是"不可通约的"，同时非但在苏族舞蹈和化学降雨过程之间无法做出裁断，甚至就连"温度"和"质量"这类词语在不同范式中也具有不同的意义。

拉卡托司试图调和库恩与波普尔的观点，他指出前者的"范式"可被重新表述为"研究计划"，并且对一个研究计划中辅助性假设的"保护带"中要素的累积性证伪，会在该理论的核心立场集合无法得到辩护时导致这个研究计划被放弃。拉卡托司观点的一个优势在于，它拒绝了库恩理论中科学发展的突然改变与转换，而更贴近于科学知识增长过程显然具有的累积性与演进性的属性。与此同时，需要解决费耶阿本德提出的这类问题："电子"在它的发现者汤姆森（J. J. Thomason）那里与在量子理论中具有相同的意义吗？当然不是，但作为回答，我们可以说存在着连续性，因为相比于汤姆森所能获知的，量子理论对电子概念发展出一套更有力且更精确的理解。

维特根斯坦：后期哲学 (Wittgenstein: The Later Philosophy)

在 1929 年回到剑桥之后，维特根斯坦勤于著述。在此前几年中，他被维也纳学派的莫里茨·石里克与弗里德里希·魏斯曼说服，而相信自己并未如《逻辑哲学论》中所主张的那样，已然解决了一切哲学问题。他撰写了一份手稿，以此为基础申请了三一学院的研究员职位，并且很显然他试图将之写成一本书，因为这份手稿以及其他一些维特根斯坦在接下来 20 年中完成的作品，他都与剑桥出版社讨论过，但从未对之满意到让其出版。

不过维特根斯坦的观点在哲学界变得为人所熟知。一部分原因是由于人们的口耳相传，一部分原因是由于他与同事和访问者的讨论，还有一部分则源于手稿的流传，特别是包含维特根斯坦分别在 1933—1934 年和 1934—1935 年于剑桥开设讲座的笔记的蓝色与棕色笔记本。这些笔记之后被一起出版为《〈哲学研究〉的预备研究》(*Preliminary Studies for the Philosophical Investigations*)，预示着这一时期出现的主要著作之一，即在维特根斯坦去世后出版的《哲学研究》。

维特根斯坦在《哲学研究》的开篇指出，这部作品应当同《逻辑哲学论》一同阅读，以便读者能够在两者之间加以对照，其隐含的意思是它会阐明《逻辑哲学论》这部早期作品中的错误观点。不过在一个相当重要的方面，这两部著作的观点之间具有连续性，即在这两个时期中，维特根斯坦都主张哲学问题的产生源自我们对语言使用方式的误解。有所变化的是他对语言使用方式的理解。

《逻辑哲学论》论述说，语言有一种特殊的潜在逻辑，依据处于语言和世界这两个对应结构底层的"名称"和"对象"之间所具有的指称性关联，一种揭示结构的分析会揭示、呈现出语言命题与世界之间的"图像"关系。《哲学研究》的核心观点是语言并不具有一个单一的潜在本质，而是由诸多不同的实践（维特根斯坦称之为"语言游戏"）构成，在每个实践中表达的意义取决于构成该语言游戏环境的语境（即"生活形式"）中表达的使用。

这就标志了《逻辑哲学论》中的方法与维特根斯坦后期观点之间的另一个差异。在《逻辑哲学论》中，他曾试图提出一套严肃的体系性解释，但现在他认为这是一条错误的路径。与构造理论来解决哲学问题不同，我们应当将我们的任务视为一种"治疗性的"工作，通过证明这些问题源于语言的误用而"消解"它们。这个治疗的比喻用在这里是恰如其分的："哲学家诊治一个问题；就像诊治一种疾病。"他将这个比喻改为："你的哲学目标是什么？给苍蝇指出飞出捕蝇瓶的出路。"

402 对语言使用的误解的一个主要来源，就是我们将一种表达从一个使用语境中拿出来，放到另一个它不属于的语境中使用。如果我们看一下表达的正确使用，就会抵挡住误用它们的诱惑（即"强烈欲望"）。正如《逻辑哲学论》已然隐秘进行的，我们是以接受如下这个欺骗性观点为起点的，即我们通过将名称与对象彼此联结而掌握了对象的名称。维特根斯坦通过引用圣奥古斯丁来描述他的前辈们如何指着事物并说出它们的名称，以便教会他如何开口说话。维特根斯坦说，基于这一理论，我们使得自己认为"每个词语都有一个意义。意义与该词语相关。它是这个词语所代表的对象"。进而我们开始假设句子是名称的组合。这正是《逻辑哲学论》的立场。它使得我们去找寻语言的**本质**（好像它是某种隐匿着的事物一样），即语言表面下的"逻辑形式"。

但现在维特根斯坦认为，事实上语言如何发挥作用取决于我们如何看待语言。只要我们在对的地方观察，我们会看到语言并不是**一个统一的事物**，而是由诸多不同活动构成。我们通过语言做出描述、报道、统治、确认、否认、猜测、发出命令、提出问题、讲述故事、开玩笑、唱歌、问候、诅咒、祈祷、回忆、演戏、感谢、警告、抱怨以及其他活动。每一个这种活动都是一个语言游戏："'语言游戏'这个词旨在突出语言的**言说**是一种活动或生活方式的一部分这个事实。"提及"游戏"并不意味着这种活动不严肃，维特根斯坦是以此表明如下事实，即没有一个事物对所有游戏而言都是共同具有的，不存在单一本质或定义性属性使得任何是游戏的事物成为一个游戏，并将一切游戏同不是游戏的活动区分开来。

想想……我称之为"游戏"的活动。我指的是棋类游戏、牌类游戏、球类游戏、奥林匹克运动会等等。它们的共同之处是什么？——可不要说："**一定会有某个共同的东西，否则它们就不会都叫作'游戏'了**"——而是**瞧一瞧再看一看**是否存在任何共同的事物。——因为如果你去观察它们，你压根儿就不会发现**一切**游戏都共同具有的事物，而只有相似性、关系以及一整个系列的这些东西……除了"家族相似"外我想不到更好地描述这些相似性的表达；因为在一个家族中不同成员之间的相似性：体型、面容、眼睛的颜色、步态、脾气等等等等都是以相同方式彼此重叠交叉的。——并且我会说："游戏"构成了一个家族。

在这些游戏中，表达具有用途、功能、目的、职务、角色、职责——维特根斯坦以所有这些词汇来表述我们通过表达所做的一切——其整体观点是表达的意义取决于表达在它们所属的语言游戏中发挥的作用。有时这被称为"意义的使用理论"，这是对该观点的过度简化。但如果我们记着如下这一点的话，这种概括也并非不准确，即维特根斯坦坚持认为"知道一个表达的意义"并不是一种"理解"的内在心理状态，而是一种**技术**：知道一个表达的意义就是掌握遵循该表达使用规则的技术。并且这些使用规则并不仅仅属于该特定表达，而是属于整个语言的，因为从整体论角度来说，成为一名语言使用者就是成为一整个语言的使用者。

维特根斯坦坚信，在"遵循规则"活动中所遵循的规则一定不能被理解为构成了这样一种结构，它就如算术中的乘法规则一样，事先强制性地确定了正确使用语言所必然产生的结果。在一种语言中，使得一条规则成为**规则**的是语言使用者对该语言的使用。所以尽管规则指引着每个个体语言使用者并为之提供正确使用语言的标准，但它们却不像不可更改的铁轨，而是使用语言的生活形式本身的产物。它们记录着习俗或实践，如同人行道上指引人们的指示牌。是什么证成它们或为之提供了基础？正是它们自身："提供基础……会有一个尽头……这个尽头……就是我们的活动，它位于语言游戏的最底层。"

通过被培养为我们语言共同体的成员，我们掌握了遵循表达使用方法的能力。这种培养发生在老师和学习者都共享的"生活形式"之中。共享的生活形式就构成了言说该语言这一实践的参照系和基础。一个必然推论就是语言**在本质上是公共性的**，不存在仅仅为一个语言使用者了解和言说的语言。或许会**偶然**存在着一种私人语言，就像塞缪尔·皮普斯（Samuel Pepys）为了保密他写入日记的内容而发明的密码一样，但这样一种密码只是用来伪装公共语言。一种"逻辑上的私人语言"首先是无法为人所知的，并且如果在任何情况下能够说一种语言就是掌握了遵循规则的技术，那么在遵循规则和仅仅认为一个人在遵循规则之间就存在着区别，同时对语言使用的核查只能由该语言使用者所在语言共同体中的其他人来完成。

《哲学研究》中立场的一个必然推论就是，为了避免哲学产生的误解，对语言的考察就要"让一切保持原样"，也即不要改变任何有关我们如何看待这个世界或我们自身的事物——当然，将我们从投身哲学的诱惑中解放出来，并因此像苍蝇一样从我们自身陷入的捕蝇瓶中飞出，并不在此列。

不过这可能并非维特根斯坦在哲学角色问题上的最终立场。他临终前所写的笔记由伊丽莎白·安斯康姆编辑整理为《论确实性》（*On Certainty*）

一书。它是如下观点的一份手稿,大意是,我们要想能够做出任何行动,就不得不持有一些不可怀疑的信念。它开始于摩尔的"这里有一只手"的论证,并提出话语依赖于一些免于质疑的命题;因为这些命题是话语所依托的枢纽,或(换一个比喻)是话语的水流所流经的河床与河岸。就像河岸一样,命题也会随着时间推移而被侵蚀,但这个过程的发生不得不足够缓慢,使得话语中表达所包含的公共意义能够保持相对稳定,以便沟通交流的目的得以实现。

《论确实性》有趣之处在于它是一部标准的认识论著作,讨论下面这个居于核心地位且是传统的哲学问题:如何处理对知识可能性的怀疑论挑战。它并没有认为这是个一旦我们关注语言日常表面形式就会自己消失的假问题。或许此时维特根斯坦已然超越了他人通过模仿他的方法,在其启发下所接受的这个不大成立的观点,即关注日常语言本身就会解决哲学问题。

如前所述,维特根斯坦吸引了大批狂热崇拜他的追随者。他的门徒们倾向于认为维特根斯坦之后的哲学只能够解读、接受并扩展维特根斯坦的观点。这远非一种健康的立场,因为它使得哲学的关切日趋狭窄,并且避开了哲学家在尝试独立思考时所产生的批判性考察与富有成果的分歧。成为某人门徒的强烈愿望是一个普遍现象,且往往并不具有建设性。不过好在维特根斯坦去世大约二十年后,他在哲学史中的地位得到了更深思熟虑的评价,并且他思想中最为宝贵的部分现在得到了更好的理解。

日常语言哲学(Ordinary Language Philosophy)

并不存在一般意义上的"日常语言哲学"学派或运动。这个词语是一个方便的称呼,用来指代这样一群哲学家,他们对做哲学的最佳方式的个人看法有诸多共同之处,而这源于他们在主要由罗素、逻辑实证主义者以及维特根斯坦所形塑的 20 世纪上半叶哲学事业整体语境中的所学所得以及赞成、反对。正如剑桥是 20 世纪头几十年的哲学中心,维也纳是两次世界大战期间的哲学中心，牛津则被认为在 1945 年后的四分之一世纪里接任了这一角色。在那段时间和那个地方，吉尔伯特·赖尔（Gilbert Ryle）、约翰·奥斯汀（John Austin）、理查德·黑尔（Richard Hare）以及（虽然并不喜欢"日常语言哲学家"这个称呼的）彼得·斯特劳森（Peter Strawson）是这个哲学人才辈出的大学城里的杰出人物。正因为如此，许多后来成为美国、澳大利亚以及世界其他地方哲学巨擘的人物当时蜂拥而至，作为研究生而跟随他们学习。从哲学上来说，1945 年后几十年中的牛津就如同中世纪教士心目中的巴黎。

那些应当被揽到"日常语言哲学"旗帜下的人物大体上共享如下有关哲学是什么以及做什么的立场。他们都同意哲学不是科学，因为它的问题无法通过观察和实验得到解决，而只能通过细致地澄清概念以及追踪概念之间的关系加以处理。尽管他们不再怀有前辈们的希望，即认为形式逻辑能够成为一种完美语言表述进而解决哲学问题，但他们同样对形而上学作为构建有关实在属性的宏大理论筹划抱持怀疑论立场。同时他们认为着手研究概念及其关联的一个好方法就是研究语言，不仅仅如批评者往往宣称的那样是研究语言本身，而是将之视为一个不错且或许是必要的起点。

作为分析哲学的一个演进结果，上述称得上正统的观点代表着从下述立场的转向，即早期分析哲学家对逻辑学过大的雄心，以及因此而认为哲学本身是科学的一部分的立场。这种对逻辑学的雄心，是在莱布尼茨的普遍语言、罗素的"逻辑上完美的语言"或卡尔纳普有关"世界的逻辑建构"的形式演算意义上的追求一种"理想语言"的雄心。形成一种理想语言的目的，在于避免日常语言因其对我们如何思考这个世界的错误表征而具有的误导性。"日常语言哲学"更为谦逊的主张是这个目标不是通过将日常语言转换为形式语言（毕竟这已被证明是不可能的），而是通过处理语言自身的错误表征来完成。不过它并没有走到后期维特根斯坦的立场，即**一切**哲学命题在我们观察语言的每天普通使用中都能够得到消除。它至多认为**一些**问题会因此而消失，但是如果我们仔细地注意语言在使用和（如果或确实这两者有所不同的话）意义中的区别与细微差异时，另一些问题会变得更为棘手。

正因为这后一种立场，及其前辈们为了形式化分析而雄心勃勃地支持语言的逻辑化，20世纪的分析哲学通常被描述为发生了一种"语言学转向"。正如这些不同哲学方法所展示的，这一描述是正确的。考察语言及其使用的方法，是我们通向考察我们如何思考以及我们的思维如何揭示我们所理解的世界，以及我们为何要以此方式理解世界的方法。因此，事实上你可以说对我们语言的考察就是对我们这个世界的考察（**我们的**世界，就是我们栖息且谈论着的这个现象实在），而将构建不同的理论来思考（可以这么说）本体意义上这个世界是怎样的这个问题，留给一个进一步且全然不同的研究项目（即科学）去考察：实在的结构与属性隐匿在日常经验之后且超出了日常经验的范围。

除了维特根斯坦，"日常语言哲学家"中最具代表性的两位人物是吉尔伯特·赖尔和约翰·奥斯汀。他们之间在理论风格与兴趣上的差异能表明"日常语言哲学"这个标签所能容纳的宽广范围。

吉尔伯特·赖尔（1900—1976）除了在第二次世界大战期间曾服兵役，整个职业生涯都在牛津度过，在这里他成为哲学界的元老，具有"拥立国王的资格"，无须经过太多其他程序，他对某个人的看法就足以使之在学术界扬名立万。他在这方面的影响力甚至远播澳大利亚。他是一位亲切的同事、终生的单身汉，并且如同比他稍晚一些的同时代人及后进艾耶尔和斯特劳森一样，是位哲学作者中的文体家，青睐体现着克制且朴素的优雅的文风。这在之后一些牛津哲学家那里，发展成为批评者有几分道理的抱怨：它演变为一种被作者当作微妙，但实际上却充满着缠绕与复杂的令人难以理解的风格主义。[1]

赖尔认为哲学是一种概念的地理格局（geography）。在他最具影响力

---

[1] 批评者指出，这种方法通常太过关注经院哲学家那种吹毛求疵的细节了，其结果就是导致哲学再次成为小圈子内才能懂的东西，保护了被选中的精英和初学者，但排除了许多可能对有关真理、意义、心灵、理由、知识与善的讨论有所关注甚至贡献的人。他们说的有道理。哲学的技术方法要求精确和细微，但在达到精确与细微的同时还不晦涩难懂总是受人欢迎的。

的著作《心的概念》(*The Concept of Mind*, 1949)的开头，他说道："本书会提出可能被有所保留地描述为心灵理论的一种学说。但它并没有提供有关心灵的新的信息。我们拥有关于心灵的诸多信息，它们既非源于哲学家的论证，也不会为之所推翻。构成本书的哲学论证并不打算增进我们对心灵的理解，而是修正我们已然具有的知识的逻辑地理格局。"在日常交往中，我们都非常方便地运用心理概念来帮助我们理解他人，并与他人联系；但知道如何使用这些概念是一回事，理解它们彼此之间的关联以及同非心理概念的关系则是另一回事。"人们能够用这些概念谈论有意义的事，但无法谈论有关这些概念的意义，"赖尔评论道，"他们知道自己使用这些概念的方式，却无法建构或理解有关这些概念使用方式的地图。"

这个制图学比喻应得到严肃对待。"确定概念的逻辑地理格局，就是揭示使用这些概念的命题的逻辑，也即证明这些命题与其他哪些命题一致或不一致，从中能够得出什么命题以及它们由哪些命题而得出。"需要注意的是，赖尔如罗素和实证主义者一样，说的是"揭示使用这些概念的命题的逻辑"，但他不是要"通过（将命题）改写为逻辑符号论"，而是通过考察命题之间的关联来揭示其逻辑。这就是分析哲学赋予其逻辑任务的新含义：从一个较为形式化的逻辑学功能观转向一个不那么形式化的观点。

赖尔在《心的概念》一书中的靶子是笛卡尔的身心二元论，即存在着心灵实体和物质实体且两者本质并不相同的观点。他将笛卡尔的二元论称为"机器中的幽灵神话"，并指出它源于将一个话语领域中的概念不正当地转变为它们所不属于的另一个领域中的概念。接受并运用这个有关心灵的神话的学说，他称之为"官方学说"，因为有如此之多的哲学家、心理学家和其他人毫不怀疑地假设其为真。

赖尔将太过常见的概念误用称为"范畴谬误"。他举出的一个例子如下：假设一个孩子被告知他将去观看一个师的部队接受检阅。当这个师的步兵、炮兵与空军在他面前走过并消失后，这个孩子马上问道："可是这个师去哪儿了？"如赖尔所说，这场检阅"并非对步兵、炮兵与空军**和**一个师的检阅；它是对一个师**的**步兵、炮兵和空军的检阅"。同样，赖尔想象了这样一种场景,一个外国人被带去看一场板球比赛,人们向他指出击球者、守场员和投球手,接着他问道:"但是还剩下谁来提供那著名的团队精神呢?"那么这就是将心灵概念看作与身体不同的实体所犯谬误的根源:存在着心灵力量、能力和倾向,但在它们之外并不同样独立存在着一个由心灵材料构成的,叫作心灵的事物。

此外,心灵和身体的概念彼此并不属于同一个逻辑范畴,以至于它们是彼此对等但相互对立的形而上学配对。身体概念属于其他物理概念,诸如空间、颜色、运动与重量所适用的范畴,并且颜色、重量等谓述的主词是**事物**。心灵的概念属于人类(以及其他动物)所做**行动**的范畴(记忆、希望、欲望、计算、思考,等等),以及他们在给定环境下**有意倾向去做**的事,譬如被火烧时"感到疼痛",脱水时"想要喝水"等。赖尔认为"当我们指称某物时,一定存在着某物被指称"这个典型错误使得我们无法看到当我们指称心理状态与过程时,我们所做的与指称物理事物时截然不同。他说,事实上谈论心理现象就是对谈论我们行为的简略表达,这种简略表达借用自物理世界中的用于指称事物的语言。

认为对思想、意图和欲望的谈论就是对行为的谈论的简略表达这种观点,被称为**逻辑行为主义**。赖尔并没有拒绝行为主义标签,不过他认为可能"现象学"更好地概括了他的观点,因为它关乎在我们使用伪装成(赖尔如此认为)指称私人心理空间中实体或事件的心灵主义词汇时,何者会显现出来(向我们显现的,即是可观察的)。"逻辑行为主义",顾名思义,是有关概念和词语意义的命题,并且不同于心理学中的行为主义理论,因为在后者中心理学状态与过程通过刺激、反应、学习和强化的概念得到描述。不过逻辑行为主义在如下方面与心理学中的行为主义又有类似之处,并且更相近于"方法论行为主义"(其大致观点是在理解我们对心理现象的讨论时,正确的方法是将我们的注意力局限在对行为的观察之上),也即通过将心灵主义语言转换成描述行为的词语,心灵主义语言至少得到了澄清,且甚至有可能变得不再有必要。

赖尔提出一个支持性论证来反驳他所说的"理智主义传奇"(the

intellectualist legend），也即一个人有理智的活动的实施是在一种有意识的规划性内在活动之后且受其指引。他的论证被称为"赖尔的无穷倒退"，指的是这种内在活动，即如果它如我们所设想的那样得到理智性的指引，它本身因此必然要后于一种规划性的内在智识活动。但如果是这样的话，那就**轮到**这个规划活动要在另一个规划活动之后……如此这般进行下去。"如果任何行为若想理智地完成，一个先在的理论行为不得不首先被完成且被理智地完成，那么对任何人来说，打破这个循环在逻辑上都是不可能的。"这个论证挑战了之后所有的"认知主义"理论，后者都为诸如预料、决定以及策略的形成等理性行为预设了先在的精神活动。

还有一点值得简略提及。如前所述，赖尔不一致地既主张存在着有关心灵性质的"官方学说"（"被如此之多的哲学家、心理学家和其他人毫不怀疑地假设其为真"的学说），又认为他的学说"既非源于哲学家的论证，也不会为之所推翻"。他这部书的目的是证明笛卡尔的身心二元论这种误导许多人的哲学观点能够通过对它的哲学考察而加以修正，因此将许多人从受它误导中解救出来。这就使得哲学要么如赖尔的论证所证明的那样会带来好或坏的结果，要么就如他所主张的那样无法改变任何事情。

可不能将 J. L. 奥斯汀（1911—1960）与 19 世纪法学家约翰·奥斯汀搞混，也不能将他的著作《感觉与可感物》(*Sense and Sensibilia*) 与简·奥斯汀的小说《理智与情感》(*Sense and Sensibility*) 混淆。奥斯汀这部著作的双关标题一直以来都是教学喜剧中出彩的部分。它与奥斯汀的另一部著作《如何以言行事》(*How to Do Things with Words*) 一同出版于他去世后的 1962 年。

如同赖尔一样，奥斯汀一开始是位古典学者，但很快便转入哲学行当。除了第二次世界大战期间从事军事情报工作这一特殊时期，以及在 1955 年作为威廉·詹姆士讲座主讲人访问哈佛大学、1968 年访问加州伯克利大学之外，他的职业生涯都在牛津度过。他生前发表的著作很少，其中最重要的工作是 1950 年翻译的弗雷格的《算术基础》。前文提到的两本书中，第一部是由其同事沃诺克（G. J. Warnock）从其论文中编辑整理并筹备出版的；第二部是由另一位同事厄姆森（J. O. Urmson）负责。威廉·詹姆士讲座最后产生了《如何以言行事》这本书；而奥斯汀自1947年起每年以"哲学问题"为题开设的讲座，经过持续修订和润色，最后被编辑成为《感觉与可感物》。

在后一系列讲座中，奥斯汀以艾耶尔的第二部作品，即倡导现象主义知识观的《经验知识的基础》(*The Foundations of Empirical Knowledge*, 1940)为掩护，并对之展开经典的"日常语言"批判。[1] 如讲座主题及该书名所暗示的那样，奥斯汀关注的主要目标是感知。

借由每周六早上与同事一同主持的研讨小组，奥斯汀在牛津有很大的影响力。尽管他总是很谦逊，但他却是一位主导人物，一些同事很怕他。在形式上，周六的聚会是非正式的，而且由参与者共同主导，但是持续不断地对"你这么说是什么意思？"的关注主导了论辩的内容，并且由此形塑了牛津今天所盛行的哲学立场。

奥斯汀哲学工作风格的一个例证是他区分**因错误**做某事和**因偶然**做某事的方式。假设你有一头驴，有一天你感到极为讨厌它，决定用枪杀掉它。你带着枪走到它吃草的牧场，瞄准后开火。假设就在你这么做时，你的驴子跑开了，你因此击杀了另一头站在它身后的驴子。你因偶然而杀了第二头驴。但假设在晚上，在威士忌酒精的影响下，你对你的驴子充满了敌意：你瞄准并射向了错误的驴子。那你就是因错误而杀了其他人的驴子。

在《感觉和可感物》中，奥斯汀以下述主张表达他想要考察的命题："我们从未看到或以其他方式感知（或'感觉'）到物质对象（或物质事物），无论如何，至少我们从来不曾直接感知或感觉到它们，而是只感知到了感觉材料（或我们自己的观念、印象、感觉项、感官感知、感知项

---

[1] 艾耶尔是我在牛津的老师之一，他对这部1940年于威尔士近卫团接受军官训练时在卡特汉姆兵营写就的作品，也即《经验知识的基础》，并不满意。不过他觉得奥斯汀并没有完全成功地摧毁现象主义，并且在1967年于《综合》期刊发表了一篇题为《奥斯汀否定了感觉材料理论吗？》(Has Austin Refuted the Sense-Datum Theory?) 的有趣论文。

分析哲学　　423

等)。"并且他指出，自己对该学说的总体看法是：

> 它是典型的**学究式**见解。这样说的理由有二：其一是它耽溺在几个特定的词语上，它们的用法被过度简单化，没有得到真正的理解，或没有得到仔细的研究，或没有得到正确的描述；二是它耽溺在几个（几乎总是那几个）"事实"中，而对这些"事实"的考察却半生不熟。（我说是"学究式的"，但我也满可以说是"哲学式的"；过度简单化、格式化、耽溺于一再重复那不多的几个贫瘠无趣的"例子"，这些并非为本论题所独有，它们十分普遍，不能认之为某些哲学家偶尔出现的弱点而放过不问。）[1]

对现象主义论证的解构，是通过如下方式展开的，即证明这种论证是建立在一系列我们对诸如"看上去像""似乎""显得"等惯用语及其彼此之间差别的误解（直棍在水中看起来是弯曲的，真实和虚假经验之间的不可分辨性）之上的。想一想区分下述语句的意义的细微差别："（1）他看起来很内疚。（2）他显得很内疚。（3）他似乎很内疚。"在讲座中（而非发表的版本中），奥斯汀举了一个遇到一头猪的例子：当我们遇到一头猪时，我们会说"看！一头猪！"，而不会说"它看上去像是一头猪，闻起来像是一头猪，听起来像是一头猪……因此它是一头猪"，也即我们不会基于我们正在经验到的感觉材料而做出判断说我们遇到一头猪。艾耶尔的回应是，他同意我们直接做出这是一头猪的判断，但在被要求**证成**我们为何如此判断时，我们能够且会诉诸我们所拥有的证据——主要来说，这指的是感觉证据：我们所看到和听到的（视觉与听觉的感官印象）。艾耶尔批评奥斯汀自己没有在事件的心理学顺序和逻辑顺序之间做出区分。心理学顺序指的是"看！一头猪！"，而逻辑学顺序则是"我有这个和那个证据，并

---

[1] 本段译文参考了陈嘉映教授的翻译。具体可见 J. L. 奥斯汀：《〈感觉与可感物〉选译》，陈嘉映译，载《世界哲学》2009 年第 5 期，第 45 页。——译者注

且证成了这儿有一头猪的主张"。同时奥斯汀也未能严肃对待我们能够拥有这些证据且它们有可能是错误的这个事实：拥有与猪相关的感觉材料和猪的不在场并不矛盾。这正是一种认识论理论试图应对的怀疑论挑战的力量。

《如何以言行事》中提出的观点一直具有巨大的影响力，因为奥斯汀在这些讲座中引入了语言中的**施事句**这个概念，也即"我承诺""我愿意同你结婚""我希望天会下雨""关上门！""你曾读过托尔斯泰吗？"等形式的惯用语句。它们并不是诸如"这个动物是一头猪"这样对事实的陈述，因此它们不能被用真或假来评价；但是它们是有意义的，而且非常重要。关键点在于这些语句构成了行动的实施：承诺、婚姻、命令等行动。说出"我承诺"就是做出一个保证；说出"我愿意同你结婚"（在合适的场合下）就是同某人结婚；"我希望天会下雨"表达了一种愿望；"关上门！"是一个命令；"你曾读过托尔斯泰吗？"是对信息的请求。它们都是**言语行为**。

用语言做任何事情，无论是做出陈述（奥斯汀将陈述句称为**述谓句**）或承诺、命令、疑问等，都属于**言内行为**。说出任何事物的这个行为是一个**言外行为**，譬如陈述、疑问或命令的行为，并且与语句的种类有关：它是否有陈述句的力量（"陈述语力"），疑问句的力量（"疑问语力"）或命令句的力量（"祈使语力"）等。通过说出某事物而**获得的效果**就是**言后行为**，指的是如果我们发出一个命令，使得某人去做某事的行为；或如果我们做出一个为真的陈述，使得某人获得信息的行为——简言之，是在听众中带来某种效果的行为。这些观点引发了激烈的讨论，其中一个非常著名的成果就是约翰·塞尔（John Searle）的《言语行为》（*Speech Acts*, 1969）这部作品。

奥斯汀试图解决困扰传统符合论真理观的问题。该真理观认为"如果一个陈述与事实相符，它就为真"。其中包含的问题是：陈述与事实中包含的要素是什么，以及它们之间被认为存在的符合关系是什么？奥斯汀回答说这种符合关系由一系列约定构成，这些约定决定了我们以何种方式将我们所说的语句与所谈论的事物加以关联。他详细说明了两类约定：其一是"描述性约定"，它将语词和句子同世界中不同类型的情境关联在一起；

其二是"指示性约定",它将陈述(特定情境中对句子的实际使用)与当下世界中正在发生的情境联系在一起。

斯特劳森(1919—2006)对此观点的一个反驳是它混淆了如下两个问题:"我们如何使用'真'这个语词?"以及"何时我们正确地将一个陈述描述为真?"第一个问题要求分析语言中"……为真"这个谓述所发挥的作用,而第二个问题要求"……为真"得到正确使用时所必须满足的条件。如果奥斯汀的观点是正确的,那么认为一个给定陈述为真,就意味着对被用来做出该陈述的语词的意义加以说明,或认为约定得到正确使用——但这两者都不是我们所做的。相反,我们是在同意或确认这个陈述所表达的内容。

奥斯汀的观点与斯特劳森的回应出现在他们二人在1950年亚里士多德学会会议上的一次争论。这场争论本身因其在被称为"紧缩论"或"最小主义理论"的真理理论发展中所扮演的角色而非常重要。这两种主张得冠此名是因为它们旨在否定真是我们述说或相信的事物的一个实质属性(诸如"符合"或"融贯"这类实质属性),相反它们主张,谈论真其实没有谈论什么内容。譬如,通过说"p陈述为真",我们并没有对"p"这个陈述增加任何内容,因此"……为真"就是冗余的(所以这一立场被称为"冗余论"真理观);或者"为真"最多只是意味着同意或强调(斯特劳森的观点);抑或它是避免重复的简略语——当某人说"珠穆朗玛峰不仅在喜马拉雅山脉而且在全世界都是最高峰"时,为了不重复全句地表达我们的赞同,我们就可以说"这是真的"。不过奥斯汀-斯特劳森有关真理理论的争论也例示了"日常语言哲学"处理的是本身具有实质意义的问题,而非如一些批评者指出的那样,仅仅"死抠字眼儿"。

斯特劳森或许并不喜欢"日常语言哲学"这个标签,而且这个标签也确实并不十分契合他后期的工作,但在他牛津职业生涯起步时为人所知的,正是同奥斯汀有关真理论的分歧以及《论指称》('On Referring',这篇使他成名的论文是对罗素摹状词理论的批评)中所呈现出来的对语言的精妙区分。

《论指称》发表于 1950 年的《心灵》杂志，其基本论点是如果我们足够细致地将诸如语词和句子等表达同表达的**使用**、表达的**言说**区分开来，罗素理论所试图解决的问题本不会产生。想象"法国现在的这位国王是睿智的"这个句子由处于不同的法国国王统治下的不同的人说出。每次都是同一个句子，但每次这个句子的**使用场合**完全不同，因为不同的国王被述说，有时这个句子被用来说真实的事情，但有时则是说虚假的事情。

以这种方式，我们能对整个句子提出的说法，就对句子中诸如"法国现在的这位国王"这一摹状词式的短语也同样适用。这个短语本身并不指称任何事物，但它能够**被用来指称**一位法国的国王，如果现在确实有一个的话。回想一下，罗素理论预设了意义即指称这一观点，并且罗素通过指出只有两个"逻辑上的专名"，即指示性的"这"与"那"，而避开了该观点的问题。斯特劳森提出的对立观点为"指称"并不是表达自身所做的行为，而是人们借助它来实施的行为。这意味着一个表达的意义"并不能等同于特定场合中它被用来指称的对象，而且一个句子的意义也不能等同于特定场合中它被用来做出的断言"。罗素混淆了摹状词及其使用；斯特劳森认为"关键在于一个句子是否有意义这个问题，与针对这个句子的一个特定使用可被提出的问题无关"。

斯特劳森很自然地将隐含在他对奥斯汀和罗素批判中的有关语言及其使用的观点加以提炼，从而形成了他的第一部著作：《逻辑理论导论》(*An Introduction to Logical Theory*, 1952)。本书的目的是区分日常语言与逻辑形式结构的语法和句法，认为前者无法完美地在后者中被表征或被后者表征。因此这同时也是对早期分析哲学"逻辑化"筹划的拒绝。在此书中，他引入了"预设"概念来解释诸如"花园中的那个男子在吹口哨"这一断言和"花园中有一个男子"这个断言之间的逻辑关系——其中前者若想为真或为假，后者需要必然为真。这一理论的结果就是在预设有误的时候，也即一个被预设的语句为假时，一个做出预设的语句就落入了"真值空缺"之中，因为二值并不存在。斯特劳森这一观点自然引发了批评。

1959 年，斯特劳森出版了他的两部重要著作之一，即《个体》

(*Individuals*),其副标题是"论描述的形而上学"(*An Essay in Descriptive Metaphysics*),鉴于分析哲学整体上反形而上学的偏见,这是有几分挑衅意味在的。在本书导论中,他通过如下区分为副标题提供了正当性证明:一方面是亚里士多德与康德倡导的"描述的形而上学",他们二人考察"就其最根本特征而言根本不发生变化",因而是我们思维的结构性特征的概念与范畴;另一方面是诸如笛卡尔、莱布尼茨和贝克莱等人所倡导的"修正的形而上学",他们试图构建一套有关世界的更好的形而上学理论。因此,描述的形而上学就是分析哲学中所进行的概念分析,但更具一般性,并且其主要目的就如赖尔的制图学一样,是刻画概念——特别是关注那些最为基本的概念——之间的关联。

《个体》有两个核心观点。首先,我们能够将指称辨识为世界中的事物,取决于我们将这个世界视为一个单一的时空体系,并且随着时间流逝我们还能够再辨识其中各项(最为基本的是个别的具体实体);其次,在这个世界中我们指称的大部分事物都是通过一个摹状词完成的,而非源自我们的直接亲知——因此,这与罗素的"描述的知识"和"亲知的知识"一致,但却有很大不同:描述的知识所必然要回溯到的事物并不是罗素所说的私人感觉材料,而是一个公共世界。

"再辨识"的要求提供了对怀疑论的一个反驳,因为如果我们要想自己的思维和语言能够发挥作用,就需要能够再辨识世界中的对象,而其条件就是这些对象在一个统一的时空领域内持续存在,因此我们能成功地再辨识出特定对象这个事实显示,怀疑独立于感知的事物不存在的观点是站不住脚的。[1] 斯特劳森通过下述论证,解决了质疑其他心灵并不存在的另一种怀疑论:将心理学状态归属于个人,譬如"我感到疼痛"等,取决于我们在一个公共语境中习得了这么做的相关语言,因此"疼痛"的意义在

---

[1] 我在牛津的博士论文就是由斯特劳森指导完成的,我讨论了这一论证并且通过修正它而去除了先前它所依赖的潜在的证实原则。这篇论文的一部分以《驳斥怀疑论》(*The Refutation of Scepticism*, 1985)为题出版,其主题又在《怀疑论与知识的可能性》(*Scepticism and the Possibility of Knowledge*, 2008)中得到进一步发展。

你将它用于自身和其他人时都是一致的；但这就意味着我们无法怀疑其他心灵的存在，否则，习得这些词汇就是不可能的。

此外，斯特劳森的另一个原创性贡献是他对身－心问题的解决。他通过考察我们在使用代词"我"时所指称的事物而触及了这一问题。他指出，"我"的指称物是如下两种具有构成意义的谓述在本质上所从属的一个实体：物理谓述**和**心理谓述。这是有关一个人的构成的"双面"理论，其特定的关注点在于斯特劳森的下述主张，即这一人的概念是**原始性的**，以至于试图将人区分为物理方面和心理方面，从本体论角度来说是一种错误。

斯特劳森在 1966 年出版了他的第二部主要著作《感觉的界限》(*The Bounds of Sense*)。这是一部对康德《纯粹理性批判》加以考察的著作，旨在将其中更具价值的内容与不那么有用的部分区分开来——在斯特劳森看来，后者主要包括康德认为存在**先天**综合判断这一立场。此时，许多人所认为的与赖尔和奥斯汀联系最为紧密的"日常语言哲学"所具有的统治地位（如果有的话）走向了终结，尽管尚有许多人仍执迷于维特根斯坦而倾向于认为"哲学"意味着"阅读、讨论并赞同维特根斯坦"。在斯特劳森著述的年代，这一观点仍颇具诱惑力，但斯特劳森的作品推动了对更广泛哲学问题的关注。

如前所述，他拒绝"日常语言哲学"这一标签，其著作《个体》和《感觉的界限》阐明了他这么做的理由。不过在以下两个方面，当时哲学的独特旨趣和最受重视的技术在他其他方面的贡献中发挥着作用。其一是他与他的老师保罗·格赖斯（Paul Grice）所写的对蒯因批评分析－综合区分的回应，指出蒯因给解释分析性所要求的概念的"澄清"设置了过高的标准，因此这种澄清必然会失败；同时在任何情况中，当一个概念通过其所属的概念家族（意义、同义、逻辑可能性等）而得到阐明时，这一澄清就是值得称道的，也是有用的。

其二是斯特劳森终其一生都对指称问题以及语法和主－谓区分逻辑之间的差异感兴趣。在他学术生涯早期，这一兴趣因对罗素的思考而被点燃，并且在发展指称理论时得以延续；指称理论是语言哲学的关注点，在

20世纪最后三十年间发展成为分析哲学的主要工作。但与此同时，他对指称的讨论依旧表明了他对"日常语言哲学"的主要工具，即对意义的细微差别的关注。

语言哲学（Philosophy of Language）

20世纪最后三十年间分析哲学的杰出贡献就是语言哲学，它在20世纪末与心灵哲学（下文中会提及）成为越来越意识到彼此相互依赖的两种研究进路。"语言学转向"由弗雷格、罗素、维特根斯坦、实证主义者以及"日常语言哲学家"以不同方式发起，但都指向了如下需求，即在逻辑学新工具的加持与协助下，充分体系化地对待语言。这一时期的分析哲学全心全意地关注这个问题。

中世纪时，经院学者就意识到了逻辑学和语言之间的关联，但只有逻辑学领域的重大发展，特别是弗雷格的贡献以及随后罗素及其他人的运用，才使得逻辑学自身以及指称和意义领域能够实现真正的进步。我们已然指出，在哲学的所有其他领域中，包括伦理学、知识论、政治哲学、美学等在内，哲学史一直都是丰富我们当下思考的一个源泉。但在语言哲学中，除了一些建议或洞见外，20世纪特别是其后半叶几乎没有非原创性的观点。

语言哲学的核心是"意义理论"，这个表达意味着两种在许多人看来彼此存在重要关联的方法。其一，意义理论被视为对意义这个概念的一般性澄清、分析或解释；其二，意义理论是为一种专门语言构建形式化理论的技术性事业，它为该语言中的每一个句子提供"赋予其意义"的定理。

第一种非形式化的"意义理论"是我们能够识别出的，对意义概念的澄清，这或许涉及说话者想要或意图向听众传达的内容。第二种形式化意义上的理论虽然与之不同，但我们同样可以通过下述特征将其识别出来，即"为语言L"构建一套逻辑计算，此时在"s在L中**意味着**（means）m"

这个图式中，L 的每个句子都有一个"意义"s 与之配对，我们将之称为"m"，这个模式中"意味着"这个词语可以被某些提供我们所寻求的配对的事物替换。思考片刻，我们就会发现这个图式指出，因为"意味着"是一个意向性概念，并且由于其外延性这个性质而偏好一种形式化的表征（参见前文在弗雷格、蒯因章节中对这些概念的讨论，边码第 357—365 页以及第 388—395 页），所以这里所需的图式应当类似于"s 在 L 中是 X，当且仅当 S"，其中"X"是一种替代物，或任何需要被放在这个位置来提出所要求的与"意味着"具有相同外延的替代性词汇的占位成分，而"S"通过上述等价就是"s"的意义。"——当且仅当——"这个支架式使得（在真值函数意义上）该语境是外延性的。

许多理论家认为形式化的方法能够澄清非形式化方法的目标，并且有些人认为形式化方法是实现该目标的唯一方法。尽管像罗素与卡尔纳普这些早期思想家认为，转向一种形式化的语言能够解释或解决由于日常语言使用中的错乱所引发的语言问题，但后来的大部分形式化方法的支持者都采纳了下述更为谦逊的立场，也即在一个形式化语境中辨识出意义的对应物，将会阐明自然语言的意义。

当然，在 20 世纪早期，"意义理论"的观念尚隐含在当时出现的诸多理论之中，未被明确提出。罗素有关"逻辑完美的语言"的雄心如同卡尔纳普的逻辑建构主义一样，都刻意与"自然语言意义"本身保持一定距离。实证主义者通过证实原则而提出一种意义理论。蒯因通过刺激条件而提出一种行为主义式的意义理论，同时质疑了从内涵角度理解"意义"的可能性。斯特劳森和其他学者从不同方面对意义与指称的构成材料提出了零敲碎打的解释，不过其中关键词是"零敲碎打"。基本上，上述所有努力都源于对其他哲学领域中问题的解决。依据从这些论辩中习得的经验，现在我们感到有必要对意义本身提出一种系统性的解释。

20 世纪 50 年代初，由奥斯汀翻译的弗雷格的《算术基础》出版，不久之后，彼得·吉奇与马克斯·布莱克编译的《戈特洛布·弗雷格哲学著述选译》(*Translations from the Philosophical Writings of Gottlob Frege*) 问

分析哲学　　**431**

世。这些著作英文版的出现推动了接下来几十年中语言哲学的发展。回想一下，弗雷格大致从亚里士多德有关逻辑学的观点着手展开研究，并为命题和谓述计算设计出一套句法及语义学。在将此新体系运用到把算术还原为逻辑的过程中，他发展出了诸多对之后的语言哲学而言非常重要的理论，譬如语义合成的概念，也即表达的意义由其所构成的更大语言单位的意义所决定，以及意义-指称的区分。

20世纪50年代结束之时，推动体系化的语言哲学发展的另一个重大事件是蒯因在1960年出版了《语词与对象》。此书是以下述方式推动这一体系化进程的，即基于以集合论为内容的一阶逻辑而提供了一整套科学的形式化理论，同时通过提出一种辨识语言或理论本体论立场的方法，证明了逻辑如何能够阐明形而上学。同样重要的影响是它促使既是蒯因的学生也是其同事的唐纳德·戴维森发展出一种被证明是其中最具影响力的意义理论。

唐纳德·戴维森（1917—2003）本科时就读于哈佛大学，研习古典学和文学，在此过程中受到怀特海的影响，于是在硕士阶段研究古代哲学。在美国海军完成战时服役后，他回到了哈佛，也回到了他喜爱的古代哲学，开始写作有关柏拉图的博士论文。但在完成博士论文时，他结识了蒯因，此时他的兴趣再次发生了转变，这一次是转向了分析传统中的当代著作。他任教于斯坦福、芝加哥和伯克利，随着他的观点以及整体上日益增长的对语言哲学的兴趣开始主导分析哲学界，他周游各国发表演讲、出席会议。

戴维森的核心观点是，一种真理学说就是一种意义理论的正确形式。它旨在证明一个句子的意义如何成为构成该句子语词的意义的函数，并相应地表明了当一种语言的说话者"知道该语言中表达的意义"时，她知道什么。对这种理论的一种粗略表述就是罗列一系列规则来说明如何将语词和短语同它们的意义联系起来，以及如何将这些语词和短语一同与其意义是由前述联系构成的结构关联起来。意义是**合成性的**，理论必须要解释这种合成是如何可能的。戴维森与蒯因都认定下述原则：意义并不是"被意指的实体"（meant entities），即对象、事态、概念甚或"意义"本身。个中缘由不难明白：如果一个句子是由表达构成的且表达"意味着"**被意指的实体**，那么"柏拉图正在思考形式"这个句子要求其中每个因素都（相应地）"意指"一个人类、一个精神活动以及一种抽象概念（每个情形都是"被意指"事物的一个**特殊**例示）；此外，"意指"这些事物的表达必须如此结合以便能够"意指"**柏拉图正在思考形式**。对此观点的主要反驳是，被意指的实体的本体论是毫无道理的一团糟（其中的一个理由是，回想一下蒯因所说的"没有实体是无同一性的"），因为其中会包括抽象概念、可能事物、共性、概念、虚拟实体等。另一个与之相关的理由是成为一名合格的（competent）语言使用者是自然而然发生的事情——小孩子通过观察他人的语言行为而习得如何使用语言；我们基于语境和一般性知识来理解他人的言语，而非将语言中的不同表达与一系列具体和抽象的"被意指的实体"关联在一起。

因此，戴维森指出，我们通过谈论更明确的事物来取代提及"意指"。试想一下用英语来解释法语句子意义的情形。我们会说"这个法语句子'la neige est blanche'意指'雪是白的'"，或更具信息性的"这个法语句子'la neige est blanche'意指雪是白的"。后者更具信息性是因为"意指"之后的语词告诉我们，通过"la neige est blanche"人们说了些什么，而不只是以无信息的方式将之与一个表达配对——而这正是我们在告诉一个既不懂法语也不懂中文普通话的人说"'la neige est blanche'这个法语句子意指'雪是白的'"时所发生的事情。

在"这个法语句子'la neige est blanche'意指雪是白的"中，中文句子整体属于**元语言**，而其中包含的法语句子是**对象语言**。需要注意的是，一种语言可以是它自身的元语言：我们可以说"这个中文句子'雪是白的'意指雪是白的"。乍看之下这并不十分具有信息性，但它预示了接下来的理论发展。

不过我们尚未摆脱毫无用处的"意指"这一用语，而这正是戴维森理论的核心观点。让我们使用外延性的"——当且仅当——"结构（为

分析哲学　　433

保持简洁,我们用"iff"作为其标准缩略语)来阐明这一点。在"当且仅当"左右两边的句子中,位居左侧的是有关对象语言中一个句子的断言(称这个句子为"s");位居右侧的是元语言中的一个句子(称之为"p"),它告诉我们在何种条件下能够做出有关"s"的断言。该断言是关于"s"具有某种属性的,我们称之为"T"。由此得到如下图示:"s 是 T,当且仅当 p"。关键属性"T"变了何种必需的魔术,使得整个元语言句子能够告诉我们关于"s"我们想要知道的一切?戴维森指出,"T"的最佳候选人就是**真**(true):"'la neige est blanche'这个句子在法语中为真,当且仅当雪是白的。"

戴维森写道:"对对象语言中任何句子 s 而言,一种可接受的真之理论都必须包含具有如下形式的句子:s 为真,当且仅当 p,其中'p'可被任何当且仅当 s 为真时它即为真的句子替换。由此,该理论由 T 语句确实为真这个证据加以检验,同时我们也放弃了一定要辨别出是否取代'p'的句子可被翻译为 s 这一观点。"因此,在陈述此图式中对象语言语句为真的条件时,对"意指"的谈论被"实质等价"(也即真值的相等)关系取代。

这里的问题在于如下句子,"'雪是白的'这个句子在英语中为真,当且仅当草是绿的",也为真——但这句话对我们毫无助益。事实上,T 图式中任何实质等价(具有相同真值)的句子对都能用"s"和"p"来替换。戴维森的回应是,任何知道一个语言的适当的真之理论的人,都会因此知道该语言的词汇项(语词和短语)具有被指派的意义,并且存在将这些成分组合为句子的原则,以及这两者中所包含的有关"s"和"p"位置中的句子之间解释上的相关性的内容。此外,该理论旨在支持一种有关意义的经验性描述,以使得解释上的相关性不是偶然的;语词使用的经验条件会产生约束以至于会比仅仅"实质等价"的约束力更强。

戴维森出于其理论目的而借用的真之理论是逻辑学家阿尔弗雷德·塔斯基(Alfred Tarski,1901—1983)为形式语言发明的。塔斯基为了给构建一种形式语言 L 建立真之概念,假设了意义概念的先在可及性,由此"s

在 L 中为真,当且仅当 p"依赖于"s"和"p"在两种语言(元语言和对象语言)中被认为是同义的。戴维森的理论是翻转这一观点,用真来解释意义,而非如塔斯基实际上所做的这样用意义来解释真。不过戴维森所做出的下述理论妥协是极为重大的,也即他的理论要想成立,就要诉诸某种比"实质等价"更强的条件。事实上,他的理论看上去好像是意义理论应当做的很多工作都在与"给词项单位指派意义"、意义的合成性原理以及替代"s"和"p"的对象语言和元语言之间解释上的相关性的关联中已然得到了完成。不过他的基本观点,即意义是真之条件,激起了成果丰硕的论战,特别是在不同意其观点的那一方中。

在其理论经验性的方面,戴维森将蒯因的"彻底翻译"发展成为"彻底解释"理论。蒯因所设想的"实地研究的语言学家"观察说母语的人的言说及其言说环境,并且在相同刺激条件下(不确定地)将其同自己语言中的表达加以匹配。戴维森的彻底解释则与之不同,他是将说母语的人的表达同语言外环境中可以使该表达为真的客观条件关联起来。解释者假设说话者是理性的,大体上试图说出为真的事物,并大体上拥有关于这个世界的真信念(这被称为"慈善原则")。在此基础上,这位解释者试图对说话者所说的内容提出融贯的解释。这并不等同于提出一种独一无二的翻译,因为语言材料可以与诸多彼此竞争的解释相容,所以解释依然是不确定的。

大体上基于相同考虑,蒯因总结说意义的不确定性意味着不存在意义。戴维森更保守地指出即便意义是不确定的,它仍旧是意义。说话者的行为模式使得下述观点成立,即对说话者行为的解释趋同时,意义存在。将这一点加以普遍化,我们都是彼此语言的"破译者",即使我们使用的是同一种语言。相应地,在同一个语言共同体中,我们在彼此语言交往时运用着差不多算是同样的解释技术。

戴维森也对心灵哲学和行动哲学有重要贡献,在每个领域中,他都像在语言哲学中一样,为整个论辩提供了基础性框架。他最早期的一些著述是有关行动哲学的。不同于维特根斯坦式正统观点,他在其中提出,解释某人以特定方式行动的理由是一种因果解释。在心灵哲学中，基于他有关行动的观点，戴维森提出一个他称之为"异态一元论"的充满争议的理论。它由下述三个命题构成："心理事件引起物理事件；一切因果关系都由自然法则支配；不存在支配着心理与物理事件之间因果关联的自然法则。"这一系列的命题似乎是彼此不融贯的——因此会用"异态"这个形容词。与此同时，戴维森并不是一个心灵-大脑二元论者，因此又有"一元论"这个名称。在解释这一理论时，戴维森引入了"随附"（supervenience）这个概念来描述心理现象如何能够"在某种意义上依赖于"物理现象，但却无法被还原为后者，也不存在支配两者间关系的心理-物理法则。尽管人们在后续讨论中为了使它不那么含混而付出了巨大努力，但随附的概念还是出了名的模糊。

戴维森有关意义的真之条件理论遭到迈克尔·达米特的反驳。达米特提出了完全不同的方法并引发了同样广泛的争论，因为其理论只说明了形而上学问题是何等密切地与我们如何理解语言这个问题相关。

迈克尔·达米特（1925—2011）在 1950 年完成本科学业后，就立刻通过遴选获得了牛津万灵学院（All Souls College）的职位。万灵学院是世界上为数不多的几个非教学性学术机构之一，其成员能够全身心地投入到他们自己的研究或其他兴趣之中。在其职业生涯的头二十年中，达米特的祖国经历了种族主义势力抬头，以及涌入了大量从曾经是其帝国一部分的各个国家中前来的移民。他和他的妻子成为反种族主义运动中的活跃人士。他卷帙浩繁的著述主要起始于他一系列重要著作中的第一部：《弗雷格：语言哲学》（1973）。在接下来的三十年中他发表了对弗雷格做出进一步讨论的作品，以及有关数学哲学、语言哲学、形而上学以及哲学史的著作。

在达米特本科毕业时，维特根斯坦的影响正如日中天，达米特也自认是他的追随者。维特根斯坦哲学在达米特的思想中留有印记的一个方面是"意义即使用"——更准确来说，就是知道一个词语的意义就是知道如何使用它。达米特对语言哲学的贡献，本质上说，是他对此观点的详细阐发。

达米特对弗雷格的研究使得他反对一个语言中句子的意义是由其真之条件决定的这个观点，因为它隐蔽地认同了一种有关于该语言域的**实在论**。在此语境中，实在论指的是给定域中的实体独立于我们的知识、经验与话语而存在。数学中的实在论者相信数学实体，也即数字或集合，独立于我们对它们的知识而存在。有关我们对世界的感知经验（我们的视觉、听觉等）的实在论者认为河流、树木与山川独立于我们对它们的知识或经验而存在。任何领域的实在论都允许我们持有下述立场，即无论我们是否知道有关该领域的主张哪一个为真，但它们都要么为真要么为假，因为事物在此领域中存在的方式十分确定地决定了该主张的真值。不过这一观点，由于它看上去似乎成立的两个特征，即一个领域的存在独立于我们对它的知识，并因此十分确定地决定了每个关于它的主张要么为真要么为假，为我们如何理解语言这个问题带来了一个十分棘手的困难。

这是因为实在论将我们许多句子的真之条件设置在了我们能力范围之外。如果句子的意义依赖于其真之条件，而该条件又超越于我们获知句子是否满足该条件的能力，那么我们如何知道句子的意义呢？在达米特看来，意义理论必须要告诉我们当说话者知道（也即理解）自己句子的意义时，他们知道什么；同时在告诉我们他们知道什么时，意义理论必须证明知识如何使得说话者能够从支配句子含义的任何条件中，推导出句子使用的每个方面。如果真被视为意义理论的基本概念，那么该理论就必须解释真之条件的知识如何与语言使用的**实用性**（practicality）相关。达米特指出，任何这种可接受的意义理论都要满足两个要求：其一是我们必须能够说出什么算作说话者对其语言中句子意义知识的呈现；其二是因为语言是一种交流工具，其表达的含义就必须是公共性的，因此说话者有关意义的知识不仅在其语言行为中是公共可观察的，在公共语境中也是可习得的。

如果从实在论角度理解真，那么基于真之理论的意义理论就无法满足上述两个条件。如果有关真之条件的知识就是能够识别这些条件是否得到满足，那么一个基于真之理论的意义理论就不会有问题，因为它构成了对确定一个句子真值过程的实践性把握。"理解一个句子"因此就等同于具备一种识别能力，因为把握一个句子的含义决定且取决于这个句子能够如何被使用。在此，**知道句子的意义**与**使用该句子**之间的关系得以明确。

但如果真值被视为一个可能超越于我们识别能力的句子属性，它与使用之间的关联就断裂了，我们也无法说出一个说话者有关真之条件的知识如何得到呈现。而如果我们无法说出这一点，那么我就无法说出含义与使用是如何相互决定的。

这并不是说真与意义理论无关，而是说意义理论需要一种不同的真之概念，这种概念不会将真视为我们言说的话语的一种实在论或超越于我们识别能力的属性。因此，它必然是与我们确定真值时使用该句子的过程相关的：这是一种**反实在论**的真之观念，与**证实**（verification）有些类似。当然，这个观点立刻就引发了争论。

达米特提出，在有关数学陈述意义的直觉主义解释中，存在着反实在论真之观念的原型。其基本观点是理解数学陈述依赖于能够识别这些陈述的证据。断言一个数学陈述，就是主张存在着该陈述的证据。因此，理解数学表达式就是获知它们如何有助于确定它们所从属的陈述的证据。相应地，对标准的二价真值的替代就是"可证明的"与"不可证明的"。接受这一点就意味着接受排中律并不对数学陈述一般性地有效，因为双重否定律（即"p"和"非非 p"是等价的）在此并不成立："p 是不可证明的这一点是不可证明的"并不等价于"p 是可证明的"。

在日常语言中，**可证实的**（verifiable）就是**可证明的**（provable），这不是基于理解一个陈述要求实际上证实它这一点，而是基于当一个证实被提出后，我们能够识别出它是该陈述的证实。在日常语言中，识别出构成一个陈述的证实的能力，必然与识别出构成该陈述的证伪的能力相伴，因为日常语言与直觉主义数学的不同在于它并没有提出构成否定的统一方式。对证实和证伪的解释必须都要在说话者能力所及范围内系统性地提出。

对达米特主张的一个直接反驳是他的理论是一种修正主义。日常思考与言说是以二值和实在论为基础的,即使(对像集合这样的抽象实体,或对像哈利·波特这样的虚拟人物来说)在追问下说话者会以"就像(为真)"来表达自己潜在的实在论立场。我们在日常实践中通常会接受经典的推论形式,因此一个要求用不同逻辑进行替换的理论并不是对我们语言实践的直接描述。通常来说,如果我们被迫在一种修正主义理论和符合现有假设的理论之间做出选择,保守的选择似乎是更可取的。达米特的回应非常强势。他指出我们没有理由事先假定日常语言就是完全井然有序的,因为弗雷格自己已然指出日常语言的许多特征使得我们很难为之发展出一套融贯的语义学——可以举出的例子就有语言的模糊、含混以及空单称词项(不指称任何事物的单称词项)。戴维森借用了塔斯基风格的真之理论,但塔斯基本人指出自然语言发挥作用的方式会产生不一致——"我现在说的都是错的"是一个正确的句子,服从一切句法和语法规则,但它是自相矛盾的。因此一种修正主义理论或许正是我们所需要的。

  不过最大的问题似乎是这种证实主义真理观所蕴含的形而上学。它意味着在语言所适用的领域中放弃实在论,而这尽管在数学情形中容易得到辩护,但在我们所处的这个日常时空世界中却不那么容易。这种形而上学认为,独立于我们的知识而存在,且即使我们不知道自己所说的句子中何者为真但能够使得其为真或为假的事实并不存在。这是非常反直觉的。如果我对一个被观测到围绕银河中其他星体运行的系外行星的内部结构做出陈述,譬如,我说它的内核主要是由铁水构成,那么认为我要么正确要么错误的观点似乎是合理的,这意味着该系外行星的内核要么是要么不是如我所主张的那样。但达米特的替代性理论似乎意味着宇宙中超越我们探测能力的任何一部分都在某种程度上是不确定的。这就好比量子物理学中薛定谔的猫这个例子一样,直到有人打开猫所在的这个盒子,观察到(因此"波函数发生坍缩"并且摆脱了不确定性)它"变为"活猫或死猫,在此之前它**既不是**死猫也不是活猫,或者**既是**死猫又是活猫。

  不过这是一个错位的反驳。达米特的观点是,理解一个句子就是理解有关它的一组事物:证实该句子的事物,以及证伪该句子的事物。这是一个有关我们要理解自己语言中的句子而必须要获知何种事物的理论，也即一个有关证实过程的理论。它并不是一个关于存在物性质的学说。这就是我们为什么可以争辩说认为该理论具有**形而上学**意味是一种误解，因为它事实上关涉的是我们的言语和我们言语所讨论的领域之间的**认识论**关联。传统的形而上学争论一直都在唯物论和观念论之间展开，它们都是有关实在性质的命题。语言哲学中实在论和反实在论之间的争辩所讨论的是为了解释意义我们应当运用何种真之概念。因此，可以说无论这么做看上去多么自然，用"实在论"这个术语来概括超越证实能力的真之概念的意涵是具有误导性的，因为这种用法已然忽略了"实在论"的形而上学意涵。

虽然有关意义理论的大部分讨论都围绕戴维森和达米特所激发的观点展开，但也有其他重要的学说。其中之一就是由保罗·格赖斯（1913—88）提出的沟通-意图（communication-intention）理论。格赖斯没有分析语言的结构，而是关注说话者有意在辨识其意图的听众或读者中产生的效果。大体来说，说话者话语的意义就是意图的内容，也即"说话者的意义"。此外还存在着"固定意义"，它源于说话者的意义，指的是一种给定形式的词汇表达的意义，说话者能够将之储备在他们的语句库中并用其来表达他们意图传达的讯息。我们可以这样来解释上述观点：说话者的实践将"一种意义"赋予一种形式的词汇表达，这一过程是通过他们在其听众中产生相似效果的相似意图而完成的，此时该形式的词汇表达就被设定来实现该目的，说话者中任何一位都可以用它来表达他们所意图说出的内容，并被其他人识别出具有该意图。"固定意义"实际上就是**句子意义**，当说话者中存在着以此句子传递它被认为用来传递的意图的实践时，这个句子就获得了这种意义。

格赖斯还引入了**会话含义**这个概念，也即一位听众认为隐含在说话者**言说方式**中的含义。譬如，假设我问一位同事一个学生是否擅长哲学，她回复说，"他的字迹很潇洒。"我可能就会合理地推断出这位学生并不是个小柏拉图。格赖斯观察发现语言是一项合作活动，说话者和听者双方都为沟通成功做出了贡献。如果一位说话者说"你可以关上窗子吗？"相比于说

"是的,我可以"然后继续一动不动地坐着,听者更有可能起身关窗。即使前述回答在字面上是正确的——他具备关上窗子的能力,他有手有脚,而且靠近窗边——但他仅仅说"是的,我可以"并没有回应该情境下说话者话语的目的。格赖斯描述了一系列支配会话含义和沟通的原则。其中"合作原则"指的是在一次会话中轮到一位说话者发言时,她要提供合适的信息量,不要太多也不要太少,同时她要相信这些信息在会话情境中为真且具备相关性。她的听者也要如此假设,并且在应答中受到相同约束。

意义理论的一条主线就是**指称**理论的发展。弗雷格假设像"亚里士多德"这样一个专名的指称是由说话者将一个或一系列摹状词同名称加以关联而得到固定的,譬如"柏拉图的学生以及亚历山大大帝的老师",其中摹状词使得说话者能够定位名称的指称物。罗素赞同这是描述知识的一般情形,但补充说在亲知某个事项的时刻,我们可以使用指示代词"这"来指称它。这些观点得到后来思想家们的修正,比较突出的是塞尔和斯特劳森的观点,他们认为语言共同体通过摹状词丛固定了名称的指称,摹状词丛的任何子集都足以识别出名称的持有者。这使得一个语言共同体会发现,比如,一个传统上与某一个体相关的摹状词事实上并不适用于它,但该名称与其所命名个体之间的关联并没有因此而丧失。举例来说,设想我们发现一份古代莎草纸,上面确定无疑地记载着亚里士多德并非亚历山大的老师。这个事实并不意味着"亚里士多德"不再能够命名亚里士多德这个人,因为若不然,"亚里士多德并非亚历山大的老师"这个句子就没有提供任何**有关**亚里士多德这个人的信息了。

换言之,上述观点是说没有任何一个通常适用于亚里士多德这个人的摹状词能够指称对他而言具有**本质性**的属性。这与基思·唐纳伦(Keith Donnellan,1931—2015)对摹状词在指称中的角色这个问题饶有意味的细微调整是一致的。他指出,我们有时通过使用一个实际上并不适用的摹状词而成功地指称某人——正如我们在想让他人注意到某人时会说"那位喝香槟的女士"而实际上此时她在喝苏打水。唐纳仑认为我们因此必须将摹状词的**指称性**用法与**归属性**用法区分开来,在后一种用法中摹状词的适用非常重要。我们可能不知道谁犯了罪，但我们可以说"杀害史密斯的凶手是个疯子"就是归属性地使用了"杀害史密斯的凶手"这个摹状词，因为我们所说的话明确地指称此人。现在假设琼斯被错认为谋杀了史密斯，因此他被描述为"杀害史密斯的凶手"并且我们再一次说"杀害史密斯的凶手是个疯子"。即使该摹状词并不真正或正确地适用于他，但足以用来在有关他的讨论中将他辨识出来。

唐纳仑认为这一区分表明罗素和斯特劳森在他们二人的论辩中都误解了摹状词。罗素认为摹状词意味着我们说"F 是 G"就是说"有且仅有一个事物，它是 F"，而这只有在摹状词的归属性用法中才是成立的（并且只有当语境使得断言的独特性具有意义时，罗素的观点才成立，这就像一个满是婴儿哭声的公寓大楼中，一对夫妻中一方对另一方说"孩子在哭"一样）。因此，罗素未能解释指称性用法。相反，斯特劳森认为所有摹状词仿佛都是指称性的，他主张如果一位说话者说"F 是 G"并且 F 不存在，那么这位说话者就没有指称任何事物。因此，斯特劳森就未能解释归属性用法。

这就使得唐纳仑以及在他之后各自独立展开研究的索尔·克里普克（1940—2022）和希拉里·普特南（1926—2016）指出，专名的指称物（以及某种其他表达，诸如像"金子"和"水"这样的"自然类别"词汇）通常并不由摹状词来确定，而是可能通过一种"因果链条"或从说话者之间传递的使用史而直接与其指称物相连。试想发现亚里士多德不是亚历山大的老师这个情形。先前理论家们假设这个情形没有使得名称与其指称物分离，因为其他摹状词依旧提供着识别出亚里士多德这个人所需的信息。但如果有人说，"亚里士多德不仅不是亚历山大的老师，而且没有跟随柏拉图学习过，也没有写作《形而上学》或任何其他著作，甚至不曾生活在雅典……"，并且这些令人惊讶的事实所呈现的对象的确是**真正的**亚里士多德。如果亚里士多德的这些标准摹状词中的某个子集对成为亚里士多德是**必要的**，这就意味着我们所谈论的并非亚里士多德而是其他某个人。但哪一个子集是必要的？为什么？任何一个摹状词都可以被个体地否认属于亚里士多德，并且如果我们不能否认所有摹状词，那么随着我们逐一削减摹状词，我们是在何时开始失去亚里士多德（的本质属性）的呢？此外，在任何情况下，如果任一摹状词被个别地否认属于亚里士多德，这就意味着没有一个摹状词是本质性的——它暗含着摹状词作为一个整体全都不是本质性的。

在克里普克看来，名称都是"严格指示词"，也即在每个存在着某一个体的可能世界中都指称该相同个体的词语。这就使得如下观点是有道理的，即与亚里士多德相关的一个、一些或全部摹状词可能都不适用，因此：存在着这样一个世界，在其中亚里士多德不是亚历山大的老师；也存在着这样一个世界，在其中他既没有跟随柏拉图学习也不是亚历山大的老师；还有这样一个世界，在其中我们通常关联在亚里士多德身上的摹状词都不适用于他。通过规定在一个或一些世界中，和一个给定事项相关的属性与该事项在其他世界中与之相关的属性不同，可能世界彼此之间正是通过这些差异而得以区分的。

严格指示词要与诸如"《哈姆雷特》的作者"这样的非严格指示词区分开来，因为"《哈姆雷特》的作者"这个摹状词事实上有可能适用于培根、马洛（Marlowe）、博蒙特（Beaumont）等人，而非莎士比亚。我们可以说，有这样一个世界，其中《哈姆雷特》的作者是培根而非莎士比亚，因此"《哈姆雷特》的作者"在不同世界中指称不同个体。

从克里普克的严格指示词概念中，可以推导出有关同一性陈述的一个有趣结论。晨星 Phosphorus 和暮星 Hesperus 都是同一个行星即金星，这是一个经验发现。在金星存在的每个可能世界中，这五个词都指称着同一个事物。现在我们看到，经验发现是以**后天**综合命题形式表述的。可是"晨星是暮星"这个同一性陈述虽然在后天意义上被发现为真且明显不是分析的，但却如同"x=x"这个例示一样是**必然**为真的。因此，它就是**后天**发现的必然真理的一种情形。

如前所述，这一有关指称的观点对自然类别词语同样重要，其中自然类别词语指称着像金子、水、老虎、百合花等自然发生的事物，与诸如自行车、帽子、教授和飞机等人造物相对。克里普克认为自然类别词语是严格指示词。"金"总是（即"在每个世界中"）指称其原子序数为 79 的元素。无论它是否是黄色且具有延展性，如果在其原子核中存在 79 个质子，那它就是金。只有当水具有 H_2O 这一分子结构时它才是水。不论它是否无色、无臭、无味，也不论它是否含盐且是黑色的都不重要，因为如果它的分子结构是两个共价氢原子同一个氧原子相结合，那它就是水。

这里的大问题是，如果指称并不是（粗略来说）通过摹状词完成的，一个名称如何与其指称物相连？已然提及的一个方案是通过因果链条将一个词语的当下使用同确定该词语指称物的历史场合加以关联，进而完成指称活动。因此名称"汤姆"指称汤姆这个人，是因为他的父母或许在一个命名仪式中这么命名了他，并且之后一直以此来识别他。只要之后的说话者如先前说话者那样意图使用这个名称来指称相同的实体，那么他们就处于正确的因果链条之中。学者还提出许多不同的理论来更令人信服地回应这个问题。譬如，唐纳仑提出一种"历史解释理论"，旨在解决"飞马"和"独角兽"这类更为复杂的情形。他认为鉴于并不存在长着翅膀或长着角的马，所以不存在一个命名的场合，只有故事和传奇。

对指称的因果理论的一个批评是我们大体上对如下情况具有合理的直觉，即一位说话者能够非偶然成功地使用名称，与其具备有关事实的相关知识密不可分，这些事实关系到指称物并辅助他辨识出后者。克里普克承认这一批评，他指出摹状词可能在一开始确定指称时有所帮助，但这与认为摹状词是名称的"意义"并不相同。相反，他论述说，一个严格的指示词指示着指称物的本质属性——想想"金"：无论任何给定使用者是否了解粒子物理学，这个词都严格指示着其本质属性是原子核中有 79 个质子的元素。其言外之意就是一个或一类事物的本质并不等同于其名称使用者用来辨识它的事物，也并不构成该名称的"意义"。[1]

克里普克第一次对上述问题提出自己观点的著作是当代哲学经典著述

---

[1] 约翰·斯图尔特·密尔持有类似指称的因果理论的立场，他认为名称"有外延但无内涵"。他对这个问题的表述并不恰当，因为在许多语言中名称确实具有内涵——甚至在英语中也是如此："Irene"意味着"和平"，"Agatha"意味着"善好"等——不过当然外延并不等同于名称的"意义"。

之一的《命名与必然性》(*Naming and Necessity*，1972 和 1980)。他是位少年天才，提出了量词模态逻辑语义学，之后又写作了有关维特根斯坦的颇有争议的著作（他对维特根斯坦的解读被称为"克里普克斯坦"），并在心灵哲学领域做出重要贡献。在 20 世纪分析哲学主要人物中，他是下述哲学风格最为推崇的典范：技术力量强、深刻敏锐、具有创造性且其思想遗产由于推动论辩前进而发挥着重要作用。

如我们所料，有关语言的哲学研究汗牛充栋且日新月异。在如此激烈的论辩中鲜有一成不变的立场。诸多例子中，下述两个源自对维特根斯坦观点重新解读的例证将会阐明这一点。

回想一下维特根斯坦有关遵循规则的主张，也即"没有任何行动过程能够被一个规则决定，因为每个行动过程都可以被解释为符合该规则"。如果这是正确的，就会对任何主张通过支配语词和句子使用的规则来解释其意义的理论带来严峻挑战。对此困境，克里普克提出一种"怀疑论解决方法"，它不仅承认说话者在使用自己语言中的表达时不存在客观约束，相反还认为正确地遵循一个规则完全等同于同一语言的其他使用者对该规则得到遵循所做出的肯定性判断。因为克里普克说过，他对维特根斯坦观点的解读以及对其中所蕴含问题的怀疑论解决方法未必是维特根斯坦自己实际的意思，因此这个观点被归属于一个叫作"克里普克斯坦"的虚构思想家，并总是在这个名字下得到讨论。

另一个例子也涉及意义即使用这个观点，并且在很大程度上是对以真之理论为基础的意义理论的不满所做出的回应，这种意义理论包括戴维森的以及任何主张语词指称或表征着事物或事态的学说，其最简单的版本为一个词项的意义就是它所指称的事物。它同时也回应了依赖下述事实而对意义即使用理论所展开的批评。这类批评认为有许多事物，譬如刀子和叉子，有使用但无意义，并且实际上有许多语词，通常还是重要的语词（诸如"这"[the]、"和"[and]、"……的"[of]）有使用但也无意义。这种最新版本的使用理论或理论丛，被冠以不同的名称，如概念（或推论）角色语义学,其核心观点为表达的意义存在于它们同其他表达的关系之中,特别是在它们的使用中所蕴含以及能够从中推断出的关系中。这一观点的首倡者是威尔弗里德·塞拉斯(Wilfrid Sellars,1912—1989),发展这一观点的人物中最为杰出的是罗伯特·布兰顿。[1]

如果曾有愿望认为语言哲学能为哲学中的重大传统问题提供解决之道的话,在 20 世纪末这个愿望尚未实现。事实上,可以说语言哲学都未曾接近提出一种获得大多数人赞同的"意义理论"。比之有关意义的讨论,有关指称的讨论(的分歧)有过之而无不及。当 20 世纪进入最后十年时,哲学对语言的兴趣开始分流向两个方面:一个是与心灵哲学日益紧密的关系,另一个是愈加聚焦于语言及语言使用的特定领域,诸如索引性表达(将一个语句同特定说话者、时间及空间关联起来的表达)、模糊性、复指、语境、语用学、虚构话语以及其他特定关切。在其中一些领域中,哲学家从语言学家的观点以及与语言学家同事的合作中获益良多。戴维森、达米特、克里普克及其他人的著作在刚刚前来研究他们观点的人那里继续得到研究探索,并在他们对这些著作加以创造性的回应中产生出了新的洞见;哲学从未止步。

心灵哲学(Philosophy of Mind)

在 20 世纪上半叶,心灵哲学并不是一个独立且自足的领域。导论书籍将身-心问题的讨论放置在有关形而上学的章节中,并将感知理论与认识论中的怀疑论问题相关联。19 世纪下半叶,运用科学方法的心理学开始在德国、奥地利以及美国出现;20 世纪上半叶,受到自然科学特别是物理学成果的推动,对一种经验性的且可观察的心理学的需求使得行为主义备

---

[1] 哲学中被非正式地称作"匹兹堡学派"的思潮是由塞拉斯在匹兹堡大学开创的,在世界各地受到他思想影响的人物中,最为重要的是他在匹兹堡大学的同事罗伯特·布兰顿和约翰·麦克道威尔。

受重视。

因此，行为主义也被纳入有下述愿望的哲学家的视野：他们要么希望将心理现象还原为行为，要么希望将心理性语词分析为行为性语词（对大多数人而言，这两者是等价的）。逻辑实证主义者、蒯因、维特根斯坦和赖尔都以自己不同的方式通过诉诸行为主义策略来免除谈论心理现象。在第二次世界大战结束后的二十年间，并没有出现一个"大马士革时刻"使得哲学家们突然放弃将任何形式的行为主义视为理解心灵的一种资源，但行为主义在心理学中的衰落肯定是一个因素。

不过，行为主义在心理学和哲学中的寿终正寝，并不意味着行为主义所蕴含的立场也芳踪无觅：心理现象归根结底来说是自然现象（主要是大脑功能）或以之为基础。哲学研究向如何能够在哲学中理解或解释心理现象这一问题的转向，与拒绝行为主义和任何形态的二元论立场相一致。神经学、生理学和生物化学领域的日益精深复杂更增进了这一信心。最初的起点自然就是假设心理现象在某种意义上**只不过是**大脑和中枢神经系统中的物理事件。这意味着：精神事件和神经系统事件是同一的。因此，首要的问题就是试图搞清楚如何能令我们满意地阐明这个观点。

早期的心灵同一性理论由普莱斯（U. T. Place）、赫伯特·费格尔和斯马特（J. J. C. Smart）在20世纪50至60年代提出。普莱斯和斯马特所提出的观点具有过渡性特征，因为他们认为**意向性**现象[1]（譬如相信、欲望等）依然最好是从行为主义角度加以理解，但**现象性**状态（譬如疼痛、饥饿导致的剧痛）可与神经系统的物理状态联系起来。费格尔同意对现象状态的看法，但认为行为主义在解释意向性状态时也是不充分的，因为有关它们的解释必须要包括不为我们所讨论的这个人（或其他有机体）所独享的因素；其他事物，譬如其他人或世界的其他方面，通常也存在于意向性解释中。特别是如果你想区分"思考一棵树"和"思考一条河"，如果不

---

[1] 再次注意这是带着"t"的"intentional"——源于 *intend*，字面意思是**指向某事物**（我们口语中使用"intend"来表示"打算或决定做某事"，但它字面意义是**指向**或**集中于某事物**）。

分析哲学　447

指称思想之外的某个事物，也即树木本身，你该如何解释"思考一棵树"这个句子呢？因此，将意向性解释等同于行为主义解释就犯了赖尔意义上的范畴谬误。

费格尔有关意向性状态的观点是后来被称为"反个体主义"立场的先声。如该立场的一位主要倡导者泰勒·伯奇（Tyler Burge）在其《心灵的基础》(*Foundations of Mind*, 2007)一书中的描述，**个体主义**在此语境中指的是个体的心理状态构成性地独立于任何与更广泛实在的关联，而**反个体主义**指的是许多这类心理状态部分上由于在此状态中的个体和更广泛实在之间的关联而成为其所是。反个体主义立场的另一个名称是**外在主义**（externalism），它的诸多版本既适用于意义理论，也适用于意向性理论。**宽内容**和**窄内容**这两个短语通常被用来分别从反个体主义或外在主义立场，与个体主义或内在主义立场描述心理状态的内容。

普莱斯认为我们所讨论的同一性并不具有"x=x"的形式，而是一种**合成**同一性：一片云**是**一系列水滴的集合，而一滴水却并非一片云。同样，一个心理事件由物理事件构成，并且当我们对两者了解得足够多时，我们就能够说明前者如何还原为后者。

费格尔与斯马特借用弗雷格的涵义－指称区分，认为心理状态和物理状态这两类状态之间的同一性就是 x=x 的同一性。因此描述相应状态的表达在意义上有所不同，但都指称同一个事物。

对同一性理论的两个主要反驳如下。首先，它将心理现象局限于大脑，那么电脑或其他不必然是生物的实体是否有具备心理状态的可能性？其次，它们对心理生活中最令人困惑的特征，也即**感受质**（qualia），未置一词——其中感受质指的是疼痛、快乐、饥饿、欲望、沮丧等经验所被感受到的质性（quality），也即心理生活的主观方面。这个问题是下文中将会讨论的有关意识的复杂争论的核心。

第一个反驳认为，如果不是大脑的事物会具有心理状态，那么心理状态和大脑状态就不具备同一性。在 x=x 这个标准意义上的同一性是**必要的**，但如果心理状态是"可多重实现的"，也即能够在不同种类的体系中得以例示，那么心理状态和大脑状态之间的关系就只是**偶然的**。对此的一种回应是将"类型与类型之间的同一性"弱化为"标记与标记之间的同一性"，也即不再认为"诸如感受到疼痛这种心理状态的**类型**与 C 型神经纤维（正是这种动物体内非有髓神经的疼痛感受纤维最先传递着剧烈痛感）的脉冲点火这种神经系统状态的**类型**具有同一性"，而只是主张"**被标记的**心理状态与**被标记的**中枢神经系统状态具有同一性"。其中对类型与标记之间差别最简单的表述是："每个人本身都是**现代智人**（*Homo sapiens sapiens*）这种动物类型（类别或种类）的一个标记（例证或例示）。"或者说，"'她在海边出售海贝壳'（she sells sea-shells on the seashore）中出现了八次字母's'的标记。"标记与标记的同一性允许心理状态的多重可实现性，同时仍保留了任何同一性理论对此基本立场的坚持，即"这一被标记的心理状态与其他被标记的状态（尽管在人类这里它是一种身体状态，但它可以指任何状态）处于 x=x 的同一性中"。

另一种方法是**功能主义**，它认为心理状态通过其所发挥的因果性作用而得以识别，与完成该因果关系的湿件（比如大脑）或干件（比如计算机）本身无关。因此，理解一种疼痛、记忆或欲望是什么，就是理解疼痛、记忆与欲望分别发挥的因果性作用是什么，而与何种体系在发挥作用无关。从多重可实现性这个约束条件来看，它是一种"黑箱"理论，并因此拒绝对之做出的多种不同解释，包括那些彼此直接对立的解释。其基本观点为心理状态是功能性状态，它们都是输入与输出关系的联结，以及输入与输入之间、输出与输出之间关系的总和。这种理论的目的是避免将心理状态仅仅局限于生物大脑之中，与此同时避免过于宽泛地将心理状态归属于几乎任何的功能性装置（比如，我们屋子里的中央供热监控器）。

对功能主义的一个直接反驳是它似乎无法让我们在太过宽泛和太过狭隘的观点之间确定一个可以满足我们有关心理生活直觉的位置。它根本没有解决心理状态具有主观性这一问题，有时心理状态根本没有产生因果性上的差异，就好像我们从"倒置光谱"这个例子中感受到的一样：无论何时你所认为的绿色在我看来都是蓝色，但这并没有在我们处理对你而言似乎是绿色但对我而言似乎是蓝色的事物时造成行为上的差别。此外，我可能对某事感到后悔，但对我后悔这个事实我没有做任何事情，此时应当如何理解"后悔"作为一种意向性状态的因果性作用呢？

约翰·塞尔通过一个非常著名的例子指出，功能主义无法充分解释这种作为理解的意向性状态。想象一个人，他拥有将许多个汉字串彼此关联组合的完全规则手册。给他一串汉字，他在规则手册中找到这串汉字所对应的那串汉字，并将之交给我们。对懂中文的人来说，他是在对一些问题或观点做出智识性回应，但他自己却对任何一串汉字的含义一无所知。我们可以假设他甚至不知道这是汉字，因为对他而言，日文和韩文可能同汉字难以分辨。从功能主义角度来说，心灵就像这个人一样，它执行着一个任务，但基于假设它并不知道自己在做什么。塞尔这一例证所针对的靶子是如下观点，即电脑中软件—硬件的关系模拟着动物身上的心灵—大脑关系，因此心灵就是大脑的软件。不过它具有了一石二鸟的效果，既反驳了功能主义，也批评了电脑类比。因为在塞尔看来，从中得出的结论是不存在没有意识的意向性。

塞尔的"中文房间论证"激起了巨大争议。对该论证的一个回应是即便在房间里的这个人不懂中文，他所从属的整个体系是懂中文的。塞尔回应说如果这个人（通过用心学习规则手册、构造汉字串且将它们与其他字串加以匹配，并给出后者）使得自己即是整个体系，他仍然是不懂中文的。

唐纳德·戴维森的"异态一元论"是反对类型与类型的物理主义同一性理论的另一个论证。如先前所言，他认为尽管心理事件引起了物理事件，而且尽管一切因果关系都受自然法则支配，却没有自然法则支配心理事件和物理事件之间的因果关联。我们已然看到，这些主张中包含的矛盾解释了"异态"这个词的含义。

戴维森引入随附这个概念来描述尽管没有心理学—物理学法则，心理状态何以"在某种程度上依赖于"物理状态，这构成了一种"非还原论物理主义"立场。一些学者将戴维森的观点描述为标记同一性理论，但这么做并不完全与他的随附概念或对还原论立场的拒绝相一致。很难将戴维森的观点放入物理主义理论的谱系中,主要是由于下述他所强调的事实,即有关理性的谈论已然本质性地进入到对心理的许多描述中,却在对物理的描述中没有容身之所,因此每个试图只以后者来解释前者的努力**注定**无法完全成功。可是,以"视角二元论"或"属性二元论"这种最自然地显露出异态一元论特征的理论为伪装而再次引入任何形式的实体二元论就不会有问题。

戴维森的一个重要贡献就是将讨论的核心从主要关注感觉而重新聚焦到**意向性**这个心理状态的表征之上,为此他援引了19世纪哲学家与心理学家弗朗兹·布伦塔诺(Franz Brentano)的观点。布伦塔诺写道:"中世纪经院哲学家将每一个心理现象理解为对象在意向性(或心理)上的非存在,但我们将这些现象理解为(虽然并非全然没有模糊性)指称一个对象、指向一个对象(这个对象在此并不理解为一个事物)或内在客观性。每一个心理现象本身都包含着某物作为对象。"这一观点使我们能够通过内容来辨识心理现象。因此,相信和欲望这两种态度,是相应地通过我们所相信和欲望的对象而得到理解的。

当我们回想一下戴维森的解释理论时,这一观点对他的吸引力就显而易见了。在一个语境中,命题性态度的归属受到解释性语言行为的影响,所以是我们将"融贯性、理性和一致性施加在了"行动者的行为及其原因之上,这实际上意味着通过运用一种心灵理论来理解行动者的行为,我们才能获知行动者话语的意义。因此,在使我们得以做彻底解释时,心理概念所发挥的作用,揭示了有关心灵我们想知道的一切。

不过,虽然戴维森版的非还原论物理主义对一些人而言具有吸引力,但它与他的解释理论的关联却不那么让人信服,这主要是因为他的如下主张,即他认为该理论揭示出了有关心灵我们所能说的一切,这隐含了一种科学心理学是不可能存在的。对一些人而言,这会使他们怀疑异态一元论终究不过是一种**附带现象论**(epiphenomenalism),认为心理现象不过是在大脑中引起它们的更具重要性的物理事件的副产品或偶然影响。不过这并不构成对戴维森的批评，因为附带现象论明确否认心理现象对物理现象施加任何因果影响，然而在戴维森看来，反常之处恰恰在于心理状态实际上引起了物理状态，却不在任何包含心理性描述的法则支配之下。

非还原论物理主义中的不够清晰之处所导致的对附带现象论的疑虑，提醒我们注意下述这个它所提出的问题：如果心理现象只是附带现象，它们还有什么意义？它们可能不过是进化所导致的一种无意义的偶然结果。如果它们在引起行为方面不发挥任何作用，它们在解释行为、语言和其他方面也没有价值；此时，心理活动不过是真正主宰者的无关紧要的副产品，这样一种生命构成的世界，和一个充斥着没有心灵的僵尸的世界并不会有什么两样。

事实上，对非还原论物理主义会很轻易地坍缩为附带现象主义的批评使前者看起来充满问题。至少它使得该理论看上去似乎是笛卡尔所面对问题的现代版本。我们还记得，如果心理和物理现象属于完全不同的实体，那么笛卡尔就无法解释这两者间何以存在因果关联。任何认为心理现象无法还原为物理现象的观点，以及不认同附带现象论的学者，都需要某种方法来解释这两者是如何彼此关联的。显而易见的是，这样一种解释在关联法则不存在这个前提下是不可能存在的。新方法并不是总能够解决老问题。

心理状态引起行为，以及通过将心理状态视为行为的内在起源而对之加以解释和预测这种观点是如此自然，以至于成为日常生活中大部分人所采纳的立场。就整体而言，我们相当擅长解释和预测其他人的行为。同时，信手拈来地使用欲望、信念、意图、饥饿、贪念、希望、痛苦、快乐以及其他内在心灵状态的概念，构成了我们自孩提时代起便接受的"民间心理学"。这是一种"隐秘的知识"，就像我们的语法知识一样，我们可能甚至没有完全意识到我们具有这种潜在的知识。它的成功可能意味着无论心理词汇指称着什么，无论神经运作是在大脑还是别的什么中，"民间理论"本身包含诸多对心灵的正确理解。

这一观点受到"取消式唯物论"（eliminative materialism）的猛烈批

判，该理论认为民间心理学错得离谱，其概念试图指称的状态和过程压根儿并不存在。任何否认某类实体存在的理论对该类实体而言都是"取消主义的"，加上"唯物论"之后的取消式唯物论指的是该理论自称唯一存在的就是物质（物理）状态和过程。实际上，任何有关心灵的**唯物论**理论，仅仅基于它是唯物论的这一事实，就已然具有了取消主义的意味。蒯因在《语词与对象》中问道，如果心理词汇被认为指称着大脑中的物理事件，那么它等同于提出一个主张心理和物理状态具有同一性的心灵理论，还是说相反，它建议我们彻底放弃指称心理状态？接着他论证说，既然心理和物理状态说的都是同样的事物，我们为什么要重复我们所说的内容呢——还是让我们取消有关心灵的语词吧。

取消式唯物论由于保罗·丘奇兰德与帕特里夏·丘奇兰德（Paul and Patricia Churchland）以及斯蒂芬·施蒂希（Stephen Stich）的著作而受到关注。后者的《从民间心理学到认知科学》（*From Folk Psychology to Cognitive Science*, 1983）与帕特里夏·丘奇兰德的《神经哲学》（*Neurophilosophy*, 1986）是这一理论发展中的重要里程碑。帕特里夏·丘奇兰德认为一旦我们完全理解了大脑，就会彻底明白我们现在所认为的心理状态和过程是什么，并将不再需要民间心理学词汇来讨论它们。她认为，我们对心理状态的认知与亚里士多德对运动的理解处于同一层次；自然科学的进展使得我们无须诉诸**灵魂**（anima）的能动性活动就可以解释运动的产生，进而取消了对后者的指称。

丘奇兰德的取消式唯物主义与早期有关心灵和大脑的物理主义理论之间的差异在于她的理论明确地将大脑结构视为发挥相关作用的实体。早期的理论并没有阐明心理状态所同一于或还原为的大脑结构或状态**实际上**是怎样的，因为它们只是指出"在大脑中的任何东西"而留待未来科学指出其中哪一个才是正确的。丘奇兰德指出，神经科学的发展使得心灵哲学与它的关系如此密切，以至于不再可能分辨出神经科学与心灵哲学之间的界限了。

不过取消式唯物主义不只是一个强立场的同一性理论，它还具有**取**

分析哲学　453

441　**消性**，认为诸如信念、欲望、希望等**这类事物并不存在**。考虑一下如下两种说法之间的差异：闪电是一种放电现象，以及魔鬼并不存在。就前者而言，一个我们熟知的现象的性质由一种合适的理论资源加以解释（因而就取代了，譬如"闪电是宙斯大发雷霆的结果"这种说法）；在后者中，并不是说有更充分的资源来解释精神疾患中的"恶魔附体"现象，而是有关魔鬼的讨论被从有关精神疾患的讨论中彻底取消了。取消主义者认为，随着脑科学的进步，这也会（在心灵哲学领域）发生。

支持取消式唯物主义的论证主要有两类：一类是反对民间心理学的论证，一类是支持神经科学解释前景的论证。其中一些观点如下。一个心灵理论应当包含这样一种研究计划，它能够对我们所讨论的现象提供解释。但是民间心理学并没有这样一种研究计划，相反，它忽略了心灵生活的全部方面，包括梦境、意识、习得、记忆、精神疾患以及那些现在我们知道是源于大脑损伤的行为。此外，它还包含着与其他有关世界不同方面的民间理论相对应的内容，譬如天气、身体疾病、动物行为等，而其他民间理论中的这些内容都已被科学取代。因此随着神经科学中知识的进步，民间心理学也会遵循这一模式。与此同时，那些在20世纪得到极大发展的知识，譬如大脑、神经生理学、内分泌学以及基因知识，进一步阐明了心灵生活，特别是功能性核磁共振成像技术（fMRI）使得我们能够实时观察大脑结构在应对不同任务和挑战时的激活状态，这极大地丰富了我们从缺乏心理状态参与的脑解剖中已获得的知识。

这些都是颇具说服力的因素。不过民间心理学作为一种日常心灵理论依旧非常强大，而且在预判行为方面颇为成功。此外，最重要的是神经哲学方法使得颇难处理的内省经验更加令人困惑而非变得简单：我们具有或貌似具有直接且特别的方式获得诸如疼痛、饥饿、欲望以及质性丰富的视觉经验（一个非常明显的事实，就是颜色）等心理状态。取消式唯物主义者会回应说，我们对自己身体内部所发生的这一切的解释，可能从文化上受到我们从小就习得的民间心理学的影响。就像先前人们说自己在驱魔仪式中"看到"被驱逐出的魔鬼一样，我们也会**认为**我们知道某些被视作内在心理状态的事物是什么,但却是错误的。

上述观点涉及意识这个重要的问题,特别是意识以某种方式自我觉察到拥有经验这个面向。谈论意识就少不了与知觉到、觉察到(awake)或意识到自己之外的事物这些概念有关,但对任何物理主义的心灵理论(或实际上是任何心灵理论)而言,核心问题就是如何解释所谓的意识"是怎样的"这个问题,这个表述源于托马斯·内格尔(Thomas Nagel)1974年发表的一篇题为《成为一只蝙蝠是怎样的?》('What is It Like to be a Bat?')的著名论文。基于观察,我们知道蝙蝠通过回声定位的方法飞行或捕食。但我们无法知道蝙蝠通过反射回来的高频吱叫声的声音模式来"看"这个世界时,其主观体验是怎样的。蝙蝠有某种对事物的经验,而只有蝙蝠知道这种经验"是怎样的"。

内格尔指出,物理主义所面对的主要挑战就是如何解释这类经验的主观特征。他如此定义"具有一种有意识的心理状态",即主观上成为"处于该状态是怎样的"这一经验的所有者。并且他认为,任何还原性心理状态理论都未能捕捉到这一点,因为这些理论都可以与主观性的缺失相容,简言之,在它们看来,我们即使是行尸走肉也无妨。此外,它们不仅未能捕捉到主观性,甚至根本来说似乎都将主观性排除在外,这主要有两个原因。[1] 其一是这种经验的性质只有从该经验所有者的视角出发才能理解。其二是无论一个观察者可获得的外在经验材料多么丰富,都不会使他获得该视角。我们可以获知**有关**蝙蝠回声定位能力的事实,但我们无法具备蝙蝠使用该能力时所具有的视角。

内格尔并不试图以此论证来反驳物理主义,而是试图阐明物理主义理论所必须克服的独特困难。不过这一论战中的另一位参与者弗兰克·杰克

---

[1] subjective 一般可译为主观的、主体的。日常语言中,"主观的"多指非客观的,多与认知谬误相关;但在认知理论中,"主观的"或"主体的"多指与认知主体(cognitive subjects)相关,强调认知过程中主体所发挥的作用。一般来说,译为"主体的"多强调认知主体的能动性,译为"主观的"则强调认知或行动主体在其行为中所具有的内在视角,与外在观察者视角相区别。——译者注

逊（Frank Jackson）认为这些论证确实否定了物理主义，并设计出"玛丽的房间"（Mary's Room）这个思想实验来解释其理由。一位名叫玛丽的非常聪明的科学家一直住在只有黑色和白色的房间中。她只穿黑色和白色的衣服，用一台黑白电视，并且她的所有藏书都是黑色和白色的。她是一位视觉科学家，了解一切有关色觉的知识，譬如眼球的结构、视觉神经、视觉皮质、人眼可见的电磁光谱频段以及视觉系统对不同频率的电磁辐射做出反应的性质等。她全盘了解这一切，但在白色与黑色之外她自己没有见过其他任何颜色。有一天她走出屋子，看到一束红玫瑰。杰克逊说，当她看到这束花时，她**习得了一些新的事物**：因为她习得了**看到红色是怎样的**。她所习得的是这类经验的质性面向。它并不包含在有关色觉的一切客观知识之中。因此，杰克逊指出，物理主义理论是错误的。

另一个有类似结论的论证是由戴维·查尔莫斯（David Chalmers）提出的。他设定了一个完全由僵尸组成的世界，这些僵尸除了在它们的经验中不具有感受质，没有质性的、"主观感受到的"特征外，一切方面都是人类的精确复制体。这是一个可想象的世界，因此也是一个在形而上学上具有可能性的世界；并且如果它在形而上学上是可能的，那么物理主义就是错误的，因为它完全将人类描述成了那个世界里的僵尸。

查尔莫斯也区分了"意识的难问题"（如何解释感受质），与易问题，譬如解释大脑中加工感知输入、整合信息等不同认知功能的运作。难问题是解释为什么这些功能的实现都伴随着实现它们时"是一种什么感觉"的现象。

物理主义理论对于解释感受质的无能为力被称为"解释鸿沟"，一些学者（包括查尔莫斯本人，以及杰克逊和克里普克等人）从中推断出存在一种本体论鸿沟，也即认为意识并非物理性的。物理主义者要么回应说不存在解释鸿沟，进而也就堵住了本体论鸿沟这个漏洞，要么承认存在该鸿沟但否认它包含着本体论鸿沟。一个主要例子就是丹尼尔·丹尼特（Daniel Dennett）。他认为不存在解释鸿沟，因为他说不存在感受质这种事物，这是一种"哲学虚构"。他如此证明自己的观点：他认为大脑实际上在任何时刻都只能抓取少数几个关键细节,只有这样它才能够展开工作,因为如果它试图同时处理太多信息项,就会导致无效率的超负荷。实验表明,即便在即刻感知情境中,我们也会遗漏大量信息——比如,著名的"大猩猩与棒球运动员"实验。在该实验中,大部分观看球员互相传球的录像,并被要求记录他们传了多少次球的被试者,完全未能看到一个穿着大猩猩服的人从运动员中间穿过、捶打着胸口并消失在屏幕中。实际上,有很多与之类似的实验表明我们所感知到的世界是一种视觉现实建构。

不过丹尼特的批评者认为这并未证明意识并不存在,因为不可能说服任何人认为当她伸手靠近火焰时感受到的温暖以及将手放入火中感到的剧烈疼痛都是虚假的。我们无法基于既有知识解释意识这个事实,还不足以让我们否定意识的存在;而意识具有不可还原的主观性这个事实,也不是我们否定意识存在的理由。此外,居于特殊地位的观察者才可获知意识的存在,这意味着意识并不具有物理基础。这个观点认为解释鸿沟是存在的,但它并不包含本体论鸿沟,而可能仅仅是神经科学知识当下非充分状态的一个函数。在争论的另一端,有人认为这个难问题实在太困难而无法解决:在这种观点看来,意识无法理解其自身就好像眼睛无法看到它自己一样。接受这一绝望的建议者不是很多。一种妥帖的立场是无论将来神经科学会揭示何种结论,民间心理学所具有的预测性与解释性功效依旧存在,并且影响相当巨大。

伦理学(Ethics)

伦理学中存在着"规范伦理学"与"元伦理学"这一常规区分。前者是指引(或在宗教伦理学中,是命令)我们如何生活的伦理学理论或体系,而后者是对伦理学概念和语言的哲学分析,通常没有任何规范性企图。20世纪中几乎所有的伦理学思考都是元伦理学,至少在最后几十年间

"应用伦理学"兴起之前都是如此。应用伦理学则旨在解决医疗实践、商业、战争、科学研究及更多领域中的困境，它随着元伦理学讨论在技术上的日趋精致而影响力逐步扩大。

鉴于世界大战中的大屠杀和非人道行径、核武器所带来的人类灭绝的威胁，世界范围内极权主义的长期统治以及在每块大陆上似乎永无休止地对个人人权的侵犯，若有人认为多半是规范伦理学问题占据了哲学家的全部思考，这是情有可原的。不过在分析哲学中，这种对非人道的纯粹恐惧似乎使得转过头去思索一些更加平和、冷静和可操作的题目变得很有必要。分析哲学家没有考察是什么使得大屠杀这种恶行（对上百万人实施工业化地谋杀）在一些人看来至少在一段时期内是道德上可容忍的，相反，他们探究（比如）"关上窗户！"这种命令与在此情境中人们服从该命令的能力之间的逻辑关联。（因为如果窗户已然关闭了，这会使得该命令在某种意义上类似于一个虚假的陈述吗？以及究竟是在何种意义上如此呢？）[1]

有一种可能的回应认为，匆忙关注道德判断而对这些判断的性质与目的一无所知，这是没有意义的，此话不假；不过还有一种可能的回应是20世纪中无比明显的恐惧不应当成为伦理学讨论的全部，以至于让我们忽略了其他议题。此外，可以进一步论证说回归到对我们如何思考伦理学问题的文明考察，也即促使我们能够**良好地**思索这些问题，才是对那些旨在让我们彻底停止思考和辩论——事实上，他们是想彻底摧毁文明——的野蛮暴行的正确回应。这也是有道理的。最后，没有理由认为同伦理暴行做斗争和澄清伦理学话语这两个工作不应当是同时可能的——甚至有时候它们应当是一体的。

或许可以这么说，20世纪分析哲学中的伦理学在20世纪之前就开始了——事实上，它的兴起可以一直追溯到亚里士多德，因为他与休谟、康德此前一直且现在仍是所有伦理学讨论中的主导人物。稍晚近些，不同

---

[1] 在第二次世界大战期间，非常杰出的分析道德哲学家黑尔（R. M. Hare）被日军关押了三年之久。据说在此期间他完成一部"最艰苦条件下的人生指引"，不过却从未将之付梓，而是将自己的工作限定在元伦理学研究中，直到学术生涯后期，他才介入有关堕胎、奴隶制和动物权利的论辩。

形式的行动、规则以及偏好功利主义（preference utilitarianism）在 19 世纪功利主义者中发轫；其中偏好功利主义是许多道德哲学家在构建理论的最后阶段不得不回答"所以，在一个给定情境中是什么帮助我们决定如何行动的？"这个问题时，都会采取的一种立场。在他们之间的伦理学前辈们如他们一样，继续界定着伦理学讨论的性质，这涉及下述彼此密切相关的问题：我们如何理解伦理学语言，是否存在客观的道德事实或属性，我们如何证立道德主张以及伦理学思考如何与人类心灵、人性以及人的境况等其他方面彼此结合——它们分别构成伦理学话语和伦理生活的语义学、形而上学、认识论以及心理学。

不过伦理学在 20 世纪分析哲学中最直接的起源，可以说是摩尔《伦理学原理》的出版（本书边码第 365—70 页讨论了他的哲学立场）。即使有像大卫·罗斯（David Ross, 1877—1971）这样的学者认为，道德生活中我们直觉到的事物并不是具有内在善好的事物（也即摩尔理论中的友谊和美），而是我们的**义务**，但摩尔对"自然主义谬误"的批评，以及直觉主义立场和对一种规则功利主义的支持成为这个世纪前三十年中的主导学说。罗斯承认义务会彼此冲突，并指出选择哪一种义务来服从要基于我们认为自己所处的情境。通过这一修正，他认为伦理学中的直觉主义进路符合大多数普通人所接受的观点，是对他们如何思考道德事物的正确描述。

逻辑实证主义者同意摩尔对自然主义谬误的批判，但却不同意他有关直觉的观点。他们认为，直觉（如果存在的话）会允诺一种实在论立场，也即伦理判断涉及对客观属性或事态的指称，而这两者的在场或缺席会决定这些判断的真值。相反，他们认为伦理学陈述并不是一种陈述，而是态度的表达，因为它们是不可证实的。这就是**情感主义**，在实证主义者之前有罗素，在实证主义者之中则是卡尔纳普持有此立场；之后艾耶尔在《语言、真理与逻辑》（1936）中使之风靡一时，并在查尔斯·史蒂文森（Charles Stevenson）的《伦理学与语言》（*Ethics and Language*, 1944）中得到详细考察。

查尔斯·史蒂文森（1908—1979）先后求学于耶鲁、剑桥，并最终在哈佛获得博士学位。在剑桥时，他参加了摩尔与维特根斯坦开设的课程，他的兴趣也因此从文学转向了哲学。他在耶鲁任教多年，但由于他支持情感主义，特别是他认为一些道德争议无法在理性基础上得到解决，因而我们不得不在这些问题上诉诸非理性理由，这导致他最终未能在耶鲁获得终身教职。不过密歇根大学向他抛出橄榄枝，他在此度过了余下的学术生涯。

史蒂文森认为自己是在"限定和补充"罗素、艾耶尔、卡尔纳普等人所支持的非认知主义道德语言立场。他的主要观点是伦理学词汇具有**情感意义**，也即这些词汇因其使用的历史而具备了一种"表达倾向"来表达说话者的态度，并唤起听者内心的情感。事实性话语同样也是表达主义的，因为它表述了一位说话者的信念；人们很少**谈及**他们的信念，就像我们不会说"我曾相信琼斯辱骂了史密斯"，而只会说"琼斯辱骂了史密斯"一样。但像"琼斯本不应当辱骂史密斯"这样的断言，就不仅仅表达了我们的信念，因为它不仅关乎发生了什么，更重要的是它传达了说话者对该事实的不认同。尽管信念只是隐含在"应然"语句中，但它们所传达的态度关乎决定以何种理由处理道德分歧以及在这些语句使用中可能产生的不确定性。

不过这并不是故事的全部。同样重要的是，在说出一个道德陈述时，说话者不仅表达了她的态度，也**意图**她对情感性词汇的选择会在她的听者中唤起相似的态度。史蒂文森在与厄姆森（J. O. Urmson）讨论后，将"唤起"（evoke）这个词改为"邀请"（invite），以便更好把握说话者交流其态度时的目的，因为尽管有时说话者表达态度不过是为了宣泄情绪，但她虽然持有赞成和反对的态度，大部分情况下却不希望有什么东西可以促进或制止引发这些态度的事情，这会是很奇怪的。

这就是道德话语的"自传"模型，关乎说话者自己的态度及其表达态度时所怀有的意图。那么像"X 是好的"这类非自传性情形是怎样的呢？与自传性情形类似，正确的分析似乎是非自传性情形表达了一个命令或劝诫，即"让我们同意 X"。史蒂文森认为，"一定要记住，在此关联中，命令只是出于类比这个目的才是有用的，并且事实上只是由于下述目的，即破除伦理学语句只能表达信念这个假定，才是有用的。"通过对比下述两个关联，我们可以明白这一点："X 是好的"与"让我们同意 X"；以及"X 是黄色的"与"让我们相信 X 是黄色的"。史蒂文森说，"与前者不同，后者完全是无意义的，因为它没有破除需要破除的假定。"因此，与自传性情形的类比阐明了伦理学判断的陈述**不仅仅**是态度的表达。

在关于道德事务的日常讨论中，人们在回应诸如"汤姆是个好人"这类陈述时，乐于说"这没错"（或"这不对"）。从像史蒂文森这种非认知主义立场出发（也即无论事实如何得到描述，这都不过是说话者态度的表达），这种情形该作何解？史蒂文森认为，当我们基于纯粹**句法上的**理由认定伦理学陈述为真或为假是完全没问题的，也即在"这是为真的，p……"中，将"这是为真的……"放在"p"之前并没有为"p"增加任何内容。因此"这是为真的……"及其余部分就如各种各样的"紧缩论"式真理观所描述的一样，其作用是表达同意、进行强调或在不重复所有原初词句的条件下对观点加以重申。它们并没有意味或要求存在道德事实作为我们所说的话语的使真（或假）者。[1]

道德陈述是态度表达这个基本观点因下述理由而招致批评，即它不过就是一种"欢呼－喝倒彩"理论，并没有解决我们为什么有时会希望"欢呼"有时又会"喝倒彩"这个问题。即使补充说我们试图把人拉进来与我们一同欢呼和喝倒彩也于事无补。有关我们个人生平的任意事实可能会解释我们在此问题上的个人倾向，但除此之外若没有任何其他"欢呼"和"喝倒彩"以及想要他人加入我们的理由（更别提是不错且有力的理由

---

[1] 通过与真理符合论立场加以比较，真理紧缩论（Deflationary Theory of Truth）立场可能更容易得到理解。譬如，有如下两个陈述："酷刑是不人道的"以及"这是为真的，即酷刑是不人道的"。真理符合论可能认为存在某种道德事实作为使真者（truth-maker），使得我们的陈述为真或为假。因此，在该使真者尚未确定之前，这两个句子的含义是不同的，因为可能前者表达了我们主观情感态度（无法用真与假来谓述），而后者才是经过使真者判定后我们所做出的判断（也即有真有假）。但紧缩论则持相反立场。它认为这两个句子之间不存在实质差异，后者只是对前者所表达的内容的重复、强调、赞同等。简言之，紧缩论抛弃了符合论所预设的实在论立场。前文边码第 413 页对此有所提及。——译者注

了），这又如何能称得上是一种伦理学理论？这类反思使得黑尔以如下方式强化他的理论：他指出，伦理学语句不仅仅是表达加邀请，它们还是表达加**规定**，而规定是**可普遍化的**。

黑尔（1919—2002）曾任牛津大学道德哲学怀特讲席教授（White's Professor of Moral Philosophy）。他在中学和牛津求学时都以古典学为专业，但在牛津念书时他的本科学业因在第二次世界大战中服役而中断。如同他那代的许多人一样，战争极大地影响了他的生活。他所在的炮兵部队被派遣到了印度和新加坡。当日军攻占新加坡时他被俘虏了，并一直被关押到战争结束。后来他一直未能讲述他作为强制劳工沿着桂河向上修筑日军泰缅铁路的经历。

黑尔返回牛津来完成学业。在被任命为道德哲学怀特讲席教授之前，他一直都是他所在学院（巴利奥尔学院）的一名职员和导师。他教导的许多学生都成为20世纪下半叶英国哲学中的杰出人物，其中包括伯纳德·威廉斯（Bernard Williams）、大卫·皮尔斯（David Pears）以及理查德·沃尔海姆（Richard Wollheim）。黑尔是一位善于鼓励学生、乐于参与学生事务的导师，他保持着与学生一同阅读的牛津读书会传统，但据说他也使得那些不大擅长哲学的学生非常泄气，因为在他们的论文报告做到一半时，他就会问出："你有没有想过去做公务员？"

除了有所保留地承认情感主义观点的说服力，以及该观点的必然推论，即不存在经验性道德事实，黑尔也接受了道德话语服从于理性并具有逻辑结构这一康德立场。尽管事实话语的意义是**描述性的**，因为其意义由真之条件所决定，但道德话语的意义是**规定性的**——依据黑尔的界定，一个规定性陈述就是至少包含着一个命令的陈述："如此这般做……不要如此这般做……"黑尔忠实于休谟的主张，即任何包含"应当"的陈述都无法从任何数量的纯粹描述性陈述中推导出来——"**是**中并不包含**应当**"，这意味着事实永远无法决定我们应当如何做出行动选择。因此，他承认仅当道德推理的前提中包含一个或更多规定性陈述时，才可能推导出规定性结论。道德话语中指引行动的方面取决于我们在如何看待其描述性方面上做出的选择。以下这个例子可以阐明这一点：假设你所站立的道路上将会驶过一辆公交车。这个**事实**本身并不足以说明**你应当离开这条道路**，因为你可能主动选择站在那里，希望以被撞飞的方式自杀。你是否离开这条道路取决于你选择何种行动方式的理由中所具有的规定性承诺。

在黑尔看来，诸如"善"与"应当"这类道德词汇让使用它们的人认为规定性陈述是可普遍化的，也即适用于任何相关类似情境中的每一个人。这里需要当心的是表达规定的判断自身必须只包含普遍的词汇，也即它们一定不能指向特定行动者。这是因为由不同行动者施为的同一行动可能会根据情境而导致不同的评价。假设当史密斯跑过琼斯身边时，琼斯绊倒了他。如果琼斯这么做是为了阻止史密斯赢得比赛，那他就错了；但如果史密斯正试图带着偷来的财物逃跑，那么琼斯这么做就是正确的。

一如既往，会有下述问题出现："我们如何判断做出何种选择、普遍化何种规定性陈述呢？"黑尔提供了一个功利主义回答：那些在给定情境下满足相关人士中大多数人偏好的选择或规定性陈述。

黑尔理论中与其他非认知主义观点相重合的一个方面是它将价值的客观性视作虚假问题。黑尔说他从未遇到任何知道"价值是客观的吗？"这个问题指的是什么的人。当人们就价值产生分歧时，他们彼此之间并无矛盾，他们只是在否定彼此的观点，而这归根结底不过是在主张其他人是错误的。他的主要论证如下：试想有这样的两个世界，其中一个存在着客观的道德价值，而另一个中则没有（举例来说，你可以想象第二个世界中曾经具有客观的道德价值，但现在它们已经被消除了）。在这两个世界中人们的言谈举止依旧会别无二致，因此他们之间没有任何差异。因此"客观价值"这个概念并没有发挥作用，它的内容是空洞的。

不过即便是赞同黑尔而认为不存在客观价值的人也会认为这种两个世界的论证是无效的，因为不同世界中居民用来解释其价值判断（也即他们为什么要做出价值判断，价值判断从何处来）的资源有很大不同，更遑论支持或证立这些价值判断的理由了（如果存在的话）。批评者也认为他的理论几乎略去了一切使得一个道德理论成为**实质性**理论的要素。可普遍性

分析哲学　　**463**

这个要求本身就应当提供道德理由来说明为何包含它的原则应当适用于任何相关类似情境。此外，确定是什么使得相关类似情境具有**相关类似性**，也要求我们掌握是什么使得它们**在道德上**具有相关类似性。

自摩尔的直觉主义遭到拒绝以来，不存在客观价值这一观点就构成了分析哲学中伦理学的基调。麦基的《伦理学：发明对与错》(*Ethics: Inventing Right and Wrong*, 1977)中第一句话就清楚地表明："不存在客观价值。"这本书的标题告诉我们非客观的价值源自何处：我们发明了它们。尽管我们如何看待价值、如何证立价值判断等问题无疑是老生常谈，但麦基的这本书却非常令人震撼，他的讨论为更清晰地阐明和论辩非认知主义与认知主义立场提供了契机，使得该论辩从只局限于形而上学（也即独立于思维的价值是否存在）转向道德话语是否具有"适真性"(truth-apt)，也即是否能够具有真值这个问题。认知主义者认为道德话语具有真值，而非认知主义者持相反态度。我们或许认为认知主义和客观主义是息息相关的，但只有在认知主义者同时也是实在论者时这才是成立，也即认知主义者认为存在独立于心灵的道德事实或属性，它们**使得**道德判断为真或为假。可是一位道德反实在论者或主观主义者也可以是一位认知主义者，因为他们认为有关态度或情感反应的命题也具有适真性，抑或他们可以持有一种"错误理论"，即传达道德判断的命题确实具有适真性，但它们都是错误的。后一种观点正是麦基的立场。

约翰·麦基(John Mackie，1917—1981)是一位来自悉尼的澳大利亚人。他的父亲出生于苏格兰，是悉尼大学的教授，并且是新南威尔士州教育领域中的一位杰出人物。他的母亲是一位中学教师。麦基在悉尼大学以哲学专业奖项得主身份毕业，之后就读于牛津大学，并正好在第二次世界大战的"假战"(phoney war)阶段结束时毕业。[1] 他应征入伍并在中东服

---

[1] phoney war，字面意思为虚假战争或非实战的冲突，这里特指第二次世界大战中英法同盟应对德国扩张的早期阶段，时间范围大概是1939年9月到1940年5月。这一时期内虽然德国已然吞并奥地利、波兰，但英法同盟并没有采取实质性的主要军事行动。在德国，这也被称为"静坐战"(Sitzkrieg)。——译者注

役，之后又在新西兰和澳大利亚任教，直到1963年作为当时新成立的约克大学的教授返回英国，不久后又回到牛津。

麦基坚持道德话语的"错误理论"的理由在于，道德话语预设了客观价值，也即它指称并谈论这些价值，断言它们的存在或缺席并对之做出假设，但因为这些价值并不存在，所以这类话语都是错误的。接着他开始提出伦理学思考和理论表述如何能够在不预设客观价值的前提下得以成功。

麦基指出，他所说的"客观价值"的最佳例示就是柏拉图的形式，它为"客观价值必然是什么样子的提供了一个令人印象深刻的图景"。客观价值除了以其自有的方式存在外，就内在而言它们也具有行动指引性，仅仅熟知它们就会告诉我们如何行动，而无须进一步的动机。不过情况为什么应当如此？也会存在不必然具有行动指引性的客观价值，因为许多人都承认他们知道什么是应当去做的正确的事情，但却没有去做。

不过在任何情况下客观价值这个概念都经不起推敲。对此麦基给出了两个主要理由。首先，道德立场中存在许多且有时是非常重大的差异，而且这些差异通常是很难处理的。对此的最佳解释是道德理论与生活方式和文化相关，而文化则彼此有别。认为一种文化能够正确或优先地具有客观道德价值而其他文化则不能，是毫无道理的。他举出的例子是不同文化对待婚姻的不同看法，一种文化认可一夫一妻制，而另一种文化则认可多偶制。相较于认为从婚姻的客观真理出发，这两种观点一个正确一个错误，更有道理的看法是这两个彼此对立的观点源于各自文化–历史因素的影响。

其次，无论客观价值指的是什么，麦基认为它们都毫无疑问的是"古怪"（queer）的事物。如果我们从形而上学角度理解，我们不得不把它们设想为一种完全不同于宇宙中任何其他事物的属性。如果我们从认识论角度理解，我们不得不赋予自身一种独特能力来探测和追踪这些古怪事物的存在，它迥异于我们对世界做正常感知时所运用的能力。简言之，认为价值是"世界构造的一部分"是毫无道理的。

对第一个论证，即"相对性论证"，批评者们回应说道德立场的差异或许事实上并非如它们乍看之下那样巨大。在西方社会，我们可能通过为年长的双亲购买海边别墅来表达对他们的尊敬和关心，但在传统社会中我们可能通过杀死并吃掉他们以便他们能够继续在我们身体内存续来表达同样的情感。表面上的差异是非常巨大的，但却表达了同样的深层道理。

古怪性的论证似乎根本不是一个论证。世界上有许多事物，我们第一次遇到时，都仅仅因为我们不熟悉它们而感到古怪，譬如袋鼠、许多长相极为另类的深海鱼、黑洞视界中的现象、量子纠缠等，因此仅仅相对我们所熟知事物的"古怪"，并不是对某物并不存在（更不用说不可能存在）的证明。更要紧的问题是如果客观价值存在，我们如何探知它们。我们可以先把这样一种观点放在一边，即在没有进一步论证的条件下，我们缺乏探知 X 的能力就意味着 X 并不存在；因为道德客观主义者当然认为我们可以探知 X，而麦基关于我们该如何探知 X 的质疑是正当的。我们可以通过引用数学这个例子来说明探知 X 是如何可能的，也即我们通过理性而获知数学中所指称的实体和属性。不过，这个观点可能会加强麦基论证的力量，因为在数学中我们有关公理和规则的共识一定会使得我们对其使用结果产生共识。而这样的一致性在伦理学领域相当少见。

麦基指出，他的理论可以被称为"道德怀疑论"或"主观主义"，但必须被理解为一种元伦理学或"二阶"立场，而非规范性的或"一阶"立场，因为在后者中有关良好生活的分歧与争议依旧存在，但也有那些对确定如何获得良好生活而言具有意义的事物。他坦率地承认良好生活就是"有效的追求个人认为有价值的活动"，这种价值既可以是内在价值，也可以是在工具价值意义上对他自身或他关心之人有益；这就意味着"在很大程度上，是利己主义和自我指涉的利他主义一同决定了个人的行为和动机"。

利己主义是不言自明的，因为我们很自然地会关心自己的福祉与未来。"自我指涉的利他主义"把握住了休谟所说的"有限的慷慨"这个概念的精髓，也即将我们的关切限定在与我们亲近之人的范围内。接受这些现实就意味着承认个人与群体之间会有随之而来的竞争与冲突。麦基指出,若不是有宗教和人文主义传统推动与其对立的观点,这些现实的立场是显而易见的;他认为这些对立的观点,也即"人类的良好生活就是具有普遍的兄弟之爱的生活,就是追求普遍幸福的生活"不仅不切实际,而且在任何情况下即便作为一种理念也是无法成立的。不过这一立场会因下述观点而得到缓和,即"任何可能且当然是可欲的人类生活,一定是在社会中的生活",这意味着从任何方面来说,合作都是一个至关重要的价值,尤其是它的这一推论:极端个人主义并不是对普遍主义之无法实现的回答。

在一开始我们提到过,亚里士多德、休谟、康德和功利主义主导着伦理学讨论,当然它们各自所影响的伦理学立场中的大体观点是极为不同的。我们能够分辨出三种立场。首先是**义务论**,它是一种**基于规则的伦理学**,试图辨识出我们的道德义务,并主张无论后果如何我们都必须遵循这些义务。康德就是一位义务论者。其次是**后果论**,它是一种**基于结果的伦理学**,主张正确的事就是那些会带来最佳结果的事,而无论我们如何界定这些结果:"大多数人的最大幸福"(或"效用")是功利主义后果论的核心。最后是**德性伦理学**,它是一种**以人为中心的伦理学**,主张基本的伦理学问题是"我应当成为何种人?"并因此强调道德品格而非行动或其结果。亚里士多德是德性伦理学的鼻祖。

前两种立场主导着现代,也即伦理学讨论在 18 世纪得以复兴以来的哲学伦理学。在此之前,基督教的统治在长达一千余年的时期内熄灭了有关道德原则的讨论,《圣经》中神圣命令的道德被假定或主张能够解决一切有关对错以及如何生活的问题。但在 1958 年发表的《现代道德哲学》('Modern Moral Philosophy')这篇具有开创性的文章中,伊丽莎白·安斯康姆(1919—2001)指出义务论与后果论都假定伦理学是以**义务**概念为基础的,而义务在缺乏施加它的立法者(诸如宗教道德中的神)时是无意义的。因此,伦理学的基础必须另觅他处,也即在美德概念中寻找。

安斯康姆的文章现在被视为打响了美德伦理学复兴的第一枪,尽管事实上它主要是解决义务论和后果论的缺憾,特别是后者的放任立场,即任何行动，只要其可预计的后果对多数人有益那它就是可接受的。她同样也批评了伦理学理论的核心概念，诸如**欲望**、**意图**、**行动**和**快乐**，缺乏清晰性。她的建议是哲学应当回到亚里士多德来重新思考人类的善好，但在此之前应当首先展开对这些概念的准备性心理学澄清。

以下三个概念是亚里士多德伦理学的核心，并因此也是德性伦理学的核心：（1）德性本身，亚里士多德将之称为 *arete*，它可以被翻译为"卓越"，特别是"品格的卓越"；（2）"实践智慧"，亚里士多德在希腊语中将其称为 *phronesis*；以及（3）繁荣（flourishing）或幸福，亚里士多德的用词是 *eudaimonia*。下面我们对这三个词依次加以分析。[1]

德性指的是诸如下述品格特征：诚实、正直、勇敢、审慎、善良、正义感、自制或节制等。从这些品格特征中产生出与之相连的德性行为。一个具备德性的人之所以会信守承诺并履行义务，不是因为这是她的责任，或其后果要比不这么做更加可欲，而是因为她是一个正直的人。

德性不是全有或全无的事物，因为一些人要比另一些人更加诚实，一些人又比另一些人更有勇气。在某一方面具备德性并不意味着在所有方面都具有德性，因为一个有勇气的人可能不是一个善良或节制的人。不过，在此情形中会有下述危险，即勇气实际上可能转变为残忍或鲁莽，因此**德性的统一性**这个概念变得很有吸引力。

这一点同实践智慧也即 *phronesis* 相关，它在当代讨论中可以被理解为在一个具有生活阅历（experience）同时又通情达理、具备反思性且成熟的人身上，我们所期待能够发现的那种清醒的良好判断。亚里士多德确实认为阅历与成熟是德性的必备要素，但很显然也会有具备实践智慧的年轻人，他们因此能够具备勇气、善良、节制等德性。

在亚里士多德看来，*eudaimonia* 与我们过一种充满德性的生活相关。将这个词翻译为"幸福"或"繁荣"并不完美，因为狗也有幸福，树木也

---

[1] Human flourishing 在中文中一般翻译为人类福祉或幸福，在此直译为"繁荣"是与下文中作者指出"树木也能够繁茂"这一点照应。——译者注

能够繁茂，而 eudaimonia 是一种理性生活的成就，理性在其中成为人性最高和最独特的特征。当然，理性在其他两种伦理学中也发挥着核心作用。对康德而言，道德法则就是理性法则；对功利主义来说，对如何行动的判断要求算出并预料行动后果。但在德性伦理学中，理性指的并不是辨识或遵从一条原则，抑或计算一种效果，而是拥有实践智慧，它对良好生活具有构成性意义。良好生活本身具有某种特征，毫无疑问对每个人来说其细节上有所不同，但都具备如下共性，即 eudaimonia 这一品质。

德性伦理学方法的优点之一，就是当我们根据义务论要求，考虑需要用什么来辨识一个人的义务并分析如何依照义务行动时；或根据规则功利主义立场（行动功利主义只有一条规则："最大化该情境中的效用"）的要求，决定遵循何种规则以实现最大化效用的愿望时，必须要应用思维、想象以及从经验中得到的教训——简言之，就是实践智慧。因此我们可以删去有关义务和后果的理论表述，并发现培育和拥有取决于 phronesis 的美德本身就已足够。这就回应了下述经常针对德性伦理学的批评，即德性伦理学只是关注行动者自身，而未关注她的行为；因此就只解决了她应当**成为**何种人的问题，而没有涉及在面对必然要做出的选择时她应当如何**行动**的问题。但正如 phronesis 这一概念所体现的那样，有关一个人**是**何种人的解释，已然包含了对通常这个人会因此做什么的描述。

德性伦理学发展中的主导人物包括菲利帕·福特（Philippa Foot，1920—2010）与阿拉斯戴尔·麦金太尔（Alasdair MacIntyre，生于 1929 年）。福特曾在一次讲座开始时说道："我认为，在道德哲学中思考一下植物是颇有帮助的。"她的理由是，在评价植物是否健康和繁茂与评价一个人是否如此之间存在诸多相似性。这其中有一种评价的概念结构在发挥着作用，也即谈论一个健康的人与谈论一个幸福的人所隐含的"语法"有诸多相似性。成为一个有效的实践推理者是成为一个幸福之人的一部分，这就如同一个人的膝盖和肠胃能够良好工作是成为一个健康之人的一部分一样。辨识德性，部分上来说就是辨识出作为人类"他们得以活下去的方式"。试想一下另一个物种的例子，比如说狼：狼成群结队地狩猎并以此维持生存。一只不去狩猎却享有猎物的狼就是吃白食的家伙，因此就狼生存所需的那种狼性而言，它有所欠缺。类似的，人们"活下去"的方式就是缔结并信守契约。这意味着违背契约是有缺陷的，也即不具有德性的事情。

麦金太尔在《追寻美德》(*After Virtue*, 1981) 中提出一种社群主义式的德性观，认为德性源于人们在构成共同体时所做的工作。他将德性描述为一种倾向，它使得拥有德性的人们能够克服阻碍而获得对自身与善的更多理解，进而有助于发现作为人类行动者以及对整体生活而言，我们最应当做的事情是什么。不过德性的社会维度是内嵌于德性自身的："如果内在于实践中的多种多样的善能够得以实现，德性就会在维持下述这些关联的必要性中找寻到自身的意图与目的……善只有在构成共同体的关联中才能够被发现，而共同体的核心纽带就是一种对善的共同想象和理解。"

作为一个公开声明自己服膺托马斯神学的罗马天主教徒（他起初是个无神论者，后来皈依了），麦金太尔很自然地将义务论和后果论的缺陷归结为它们对世俗理性的渴望。他评论说，其他哲学家像尼采一样，因为这一失败而全盘否定道德理性这整个概念。在麦金太尔看来，亚里士多德"卓越之善"的观念能够补充他们所缺失的部分。

有关德性伦理学的争论迅速增加，使得义务论和后果论的支持者开始思考如何以自己的方式表述或接纳德性伦理学的观点。这就使得现在有必要对德性伦理学和"德性理论"加以区分，其中后者包括了这三种立场中对德性的所有讨论。

20世纪下半叶伦理学讨论中发展最为迅猛的领域就是**应用伦理学**。它实践性地介入到现实生活所抛出的伦理困境之中，诸如堕胎、同性婚姻、枪支管控、干细胞研究、订制婴儿、性行为、性与性别身份、歧视、稀缺资源分配原则、宗教自由、医生协助的自杀与安乐死、言论自由、动物权利、人道主义救助、战争法等等：这张激烈且充满分歧的争论领域名单很长。其中，商业伦理学和生物医学伦理学是非常突出的领域。应用伦理学成为元伦理学和规范伦理学碰撞且常常是激烈交锋的场所，同时我们能够看到不同的伦理学理路如何提出各自的解决方案——例如，具有反思性的商人会问自己他们想要经营什么样的公司，也即作为一个实体他们希望具有怎样的**气质**或品格。他们可能会面临这样一个问题，其紧急解决方案要求他们考量不同行动方式的后果，以便他们能够做出最佳选择。他们从属的职业团体可能规定某些职责，其成员若想继续得到该团体认可就必须要履行这些职责。德性伦理学、后果论以及义务论考量都相应地发挥着作用——当然，并非所有这类情境都必然是**伦理学**情境，但我们能够想象它们是与伦理学相关的。

政治哲学（Political Philosophy）

几乎我们读到的每一个对20世纪分析传统中政治哲学的介绍，包括本部分在内，都以概述彼得·拉斯利特（Peter Laslett）在1956年为其主编的一本论文集《哲学、政治学与社会》（*Philosophy, Politics and Society*）所撰写的导言，也即《政治哲学已死》（'political philosophy is dead'）开始。六年后在此文集接下来的一卷中，以赛亚·伯林虽然反对拉斯利特的观点，但也声称20世纪并没有产生"政治哲学的鸿篇巨制"。不过就在这一卷中，收录了约翰·罗尔斯（John Rawls）《作为公平的正义》（Justice as Fairness）这篇文章的重印版，它预示着很快就有证据表明伯林的主张并非定论。因为在接下来的十年间，本世纪最经典的分析政治哲学著作问世了，它们就是罗尔斯的《正义论》（*A Theory of Justice*, 1971）以及罗伯特·诺齐克（Robert Nozick）的《无政府、国家和乌托邦》（*Anarchy, State and Utopia*, 1974）。

拉斯利特指出，英国从霍布斯到鲍桑葵的宏大政治思想传统可能由于20世纪骇人听闻的惨剧而走向终结，因为这个世纪中的战争与暴行使得政治似乎成为一项不适宜再交给哲学家的事务。不过鉴于正是动荡激发了霍布斯与洛克（以及在他们之前的马基雅维利）写出有关政治理念的著作，这是一种很奇怪的观点。此外，20世纪的战争与暴行促使卡尔·波普尔开始写作《开放社会及其敌人》（1946）一书，他将之视为自己对战争事业所做的贡献，但该书并没有引起哲学家的太多关注。最后，正当拉斯利特发出如此悲观的论断之时，以赛亚·伯林、约翰·罗尔斯以及迈克尔·奥克肖特（Michael Oakeshott）正在写作政治哲学作品，同时在欧洲大陆，汉娜·阿伦特（Hannah Arendt）、路易·阿尔都塞（Louis Althusser）、格奥尔格·卢卡奇（Georg Lukács）以及法兰克福学派成员非常活跃，不过却没有引起他们在英美世界的同仁的多少关注。

分析传统中政治**哲学**如今日趋边缘化的原因之一就是政治**科学**的兴起。政治哲学关心政治学的基本概念，譬如权威、正义、自由、权利、平等、民主以及极权主义，并分析具体的政治取向，诸如社会主义、法西斯主义、保守主义、自由主义以及马克思主义等；而政治科学则关心统治、国家、政党、制度、公民身份、权力体系、控制与监管、经济与社会资源分配等。政治哲学考察原理与正当性证成，是思辨的、批判的和评价性的；而政治科学考察实践与结构，是描述性的和经验性的。我们认为，在受到哲学中实证主义转向以及科学方法的影响，一些人发现相比于为制度与实践寻求原理和正当性证成这个更加艰巨和复杂的任务，描述制度与实践的经验性工作更合他们的心意。

不过实际发生的事情证明，政治哲学不仅没有死亡，而且特别是罗尔斯和诺齐克的著述对拉斯利特所哀叹的宏大传统做出了永久性的贡献。

约翰·罗尔斯（1921—2002）出生于巴尔的摩，他的父亲是当地的一位律师；他的母亲安娜·罗尔斯（Anna Abell Stump Rawls）是位倡导女性选举权的活动家。她与自己的同仁们见证了授予全体美国女性投票权的《美国宪法第19修正案》在1920年的通过，在此六个月后罗尔斯出生。作为女性选民联盟地方分会主席，她在支持保障女性与男性在一切社会与经济领域具有平等权利的《平等权利宪法修正案》运动中依然活跃。在写作本书的今时今日，将近一个世纪过去了，该修正案依旧没有通过。她的志趣毫无疑问影响了罗尔斯的兴趣；她的积极行动主义与罗尔斯理论工作的主题（它受到构建一种真正实践性政治理论的愿望驱动）之间呈现出一种延续性，似乎再自然不过了。

罗尔斯说在幼年时期，他四个兄弟中的两人由于从他那里感染了疾病而夭折。在1943年于普林斯顿大学毕业后，他加入美军并作为一名步兵在太平洋地区服役，在那里的经历使他遭受了严重的心理创伤，并失去了宗教信仰。大战后，他返回普林斯顿攻读博士学位，之后又作为富布莱特奖学金学者在牛津大学度过了一段时间，参与了同以赛亚·伯林、赫伯特·哈特、斯图尔特·汉普希尔（Stuart Hampshire）的讨论。在康奈尔大学短暂任教后，他来到哈佛大学并在此度过了余下的整个学术生涯。

罗尔斯反对美国军事介入越南。他为人寡言少语且有口吃，并不喜欢在公众场合抛头露面，因此也未成为一名公开的活动家；但是他有关政治的思考却由如下强烈愿望所推动：寻求避免或掌控政治冲突的方法，以能够在冲突发生时调和冲突，并能够设计出最**合乎理性的**可能的政治秩序。

最后这几句评论暗示着罗尔斯为下述争论做出贡献的目的，这个争论即是自由民主思想的核心关切之一：自由与平等之间存在的明显不一致。只有当自由得到约束时，平等才能够实现；自由会导致不平等，因为人们彼此之间在起点、天赋、能力以及运气方面具有的差异很快就会造成这一结果。以赛亚·伯林以及他的"价值多元主义"这一总体观点认为，自由与平等不可避免地处于彼此冲突之中。罗尔斯则更为乐观，相信一个公正社会能够容纳既在个体层面具有自由又在适切的方面彼此平等的个体。他有关"反思平衡"的观念在此发挥着作用，当我们有关原则和价值的权衡使得不同原则与价值之间彼此更为融贯时，我们就获得了该种平衡。

罗尔斯着手处理的第一个问题是有关方法的：我们如何完成构建一种能够被任何具有反思性的公民承认为合乎理性的正义观这个任务？他的回答是通过探究，如果人们能在他们出生之前选择自己将要进入的社会制度，他们会选择接受何种社会-政治安排，而将由洛克、卢梭与康德提出的"社会契约"概念普遍化。想象这些人在有关自己会成为怎样的人这个问题上都位于"无知之幕"背后，对自己的未来一无所知，也即不知道他们会生于哪个社会阶层,会有怎样的智识、天赋或健康水平,会进入何种社会,也不清楚自己将会从该社会中习得何种价值、信仰与目标。他们只知道"正义的环境"会适用于这个社会,并且资源的适度稀缺是该社会的境况,于是社会成员有关何为道德上与政治上正确的信念能够决定这些资源的分配。

不过,"原初状态"中无知之幕背后的居民们在选择应当构建何种社会时并不是全然无所适从,因为他们具有一种"善的薄理论",该理论告诉他们相较于更少,他们毋宁更多地拥有一系列"基本社会益品"。这些益品构成"一个被认为理性的人,无论他想要其他什么事物,都会需要的事物",也即"权利与自由、机会与权力、收入与财富(以及)自我价值感"。[1] 罗尔斯指出,无知之幕背后的人们会通过适用被称为"最大最小"(maximin)的策略来选择他们所应当建立的社会类型。这是博弈论中的一种策略,用来**最大化**一个给定情境中能够被可靠预测的**最小值**。他认为在此基础上,原初状态中的人们会选择下述两个正义原则发挥作用:其一,每个社会成员都应当拥有与其他社会成员基本自由相容的最大程度的基本自由;其二,社会中的不平等只有为社会中最小受益者可能带来最大利益时才是可被允许的,并且不应当阻碍"机会公平平等"条件下职位与职务向每位社会成员敞开。其中第一原则要优先于第二原则,并且"机会公平平等"要优先于确保最小受益者在其处境中可能拥有的最大利益。

罗尔斯的核心观念,即正义是一种**公平**(fairness),预设了这样一种社会,在其中它的制度与结构拥有一种能够确保社会益品和负担的分配得到具有反思性的公民认同的"基本结构",并且公民们能够在该社会中彼此

---

[1] 有关罗尔斯理论译名的处理,有三点值得强调。其一,在本书中,作为形容词的 good 在罗尔斯理论中被译为"善"或"善好",而作为名词的 good(s) 被译为"益品"。其二,在有关益品的界定中,罗尔斯认为它是"things which it is supposed a rational man wants whatever else he wants",也即将之定义为一个理性人在社会中得以生活的必需品,即需要(need)而非欲求(want),因此译者以不同术语处理了引号中这句话中的两个 wants。最后,reasonable 与 rational 是罗尔斯有意加以区分的一组概念,目前中文译法众多,本书将前者译为合乎理性的,侧重其具有合情合理、明智的一面;后者译为理性的,侧重其考量目的-手段有效性的一面。——译者注

协作。这源于他对如下观点的假设,即社会还算不错(well-favoured)——也即它没有受到战争的巨大破坏,或遭受洪灾和饥荒。他还假设具有任意性的有利条件,譬如生来天赋异禀或出生于富裕家庭,并不应得(merit)更大份额的(资源)分配;而且除非每个人都能够从不平等分配中获益,否则分配就应当是平等的。

如果一个社会忽视了未来世代的人们,并且耗光了它的所有资源以致没有为后世子孙留下任何东西,那它就不能算是正义的。因此,"原初状态"下的选择应当符合"正义存储"原则,确定每一代人为了将来世代的使用而必须保留的资源。

"原初状态"的理念使罗尔斯可以带领处于该状况下的人经历一系列步骤,让他们逐渐越来越理解他们将要进入的社会,逐步从最为一般性的原则过渡到确保自由与平等最大程度相容,以及特别是确保他们所预想的社会能够持存的更为具体的方案。其宗旨是获得一种**稳定的**正义观,它因"了然于我们的理性(且)一致于我们的善好"而要求(commands)我们的认同。因此在罗尔斯识别出的原则与功利主义原则之间可以做出如下比较。功利主义原则要么旨在最大化最大多数人的利益——这至少意味着忽视我们需要为最不利群体尽所能尽的最大努力这个要求,要么旨在实现对所有人的最高平均效用——这会使得我们一直在某种程度上考虑到处境最不利者,但不会获得对益品和负担的最佳可能分配。罗尔斯主张,相较于功利主义原则,公民们会青睐"无知之幕"下的原则,因为它们所基于的最大最小原则要比其他分配体系产生出更多的公平。

罗尔斯的著作不仅激发出海量的阐释性作品,也招致了诸多批评,可以说他的作品几乎单人只手地塑造了1971年之后的政治哲学。他论证中的每一个环节都位于争论的核心:"原初状态"理念、对自然能力与起点的差异作为平等之阻碍这一棘手问题的处理、独特的正义原则本身等。我们在这里只关注众多批评中的一个,但却是非常重要的靶子,也即罗尔斯赋予原初状态中居民的"善的薄观念"。无知之幕被设计用来将居民们的推理限定在不偏不倚的考量之中,因为如果他们提前知道(比如说)自己的种族、性别或宗教归属，就不会有不偏不倚的推理了。他们有关善的观念必须是"薄的"，是因为如果它因某种特定的有关善的理论（比如基督教、伊斯兰教或人文主义的）而成了"厚的"，那么推理的结果就会偏向该理论的方向，不会自动值得所有人的认同与尊重。但是什么确保了薄观念能够获得这后一种我们所希冀的结果呢？回想一下，它存在于下述观点，即拥有更多而非更少的一系列"基本社会益品"是可欲的，而这些益品就是"一个被认为理性的人，无论他想要其他什么事物，都会需要的事物"，也即"权利与自由、机会与权力、收入与财富（以及）自我价值感"。这是（每个）理性人（男人？）所需要的事物吗？这些益品在**自由个人主义**立场中具有很高价值，这毫无疑问，但将这一善观念归属于原初状态中的居民就是以丐题的方法论证了这些居民所想要居住的那类社会，因为他们恰恰被赋予了那些确保其将会做出该选择的价值。

除此之外，还有其他很多针对原初状态概念的批评。其中强有力的一个批评指出，原初状态中的居民不仅被设想为平等的，而且事实上被设想成了没有个体差异的；他们都待在同一条船上，同等地具备或缺乏有关该船只的信息、具备同样的善的薄理论以及同样的推理能力。如一位批评者（布莱恩·巴里 [Brian Barry]）所说，"面对同样的信息并以同样的方式推理，他们获得了同样的结论。这跟具有同样程序的电脑，获得同样的信息输入后得到一致的结果没有区别"。从没有什么可用来讨价还价的情境中，是如何产生出一种社会契约的呢？这背后主导一切的考虑，就是尽可能地保护自己，确保万一我们发觉自己在将要构建的社会中处于底层，也不至于过得太惨。事实上这揭示了罗尔斯下述观点中体现的非对称性，也即尽管具有任意性的有利条件不能为社会成员所应得的资源份额提供正当性证成，而只是会导致任何分配中的份额不平等，但具有任意性的**不利条件**却能够提供正当性证成。而这一点虽然在道德上是无可指摘的，但它本身显然并不是一个正义原则——尽管它可能具备公平的属性。

罗伯特·诺齐克的《无政府、国家与乌托邦》（1974）在政治光谱中所处的位置与罗尔斯相去甚远。罗尔斯的《正义论》将他稳稳地定位在自由主义传统之中，而诺齐克则将自己著作的观点描述为一种自由至上主义，这是一种诺齐克自己都承认"显然冷酷无情"（他没有为"显然"一词辩解）的立场。他指出，自己从一种更为自由主义的观点开始，而渐渐来到这一立场，是源于对支持该立场的论据的考量：这至少是一个有前途的主张，似乎反驳了休谟认为只有情感而非理性能够触动我们做出选择的观点。诺齐克本人对此的评述独有深意，因为他在学生时代曾是社会主义政党的成员，并且在之后的一部著作《经过省察的人生》（The Examined Life, 1989）中，他指出《无政府、国家与乌托邦》由于完全没有考虑"社会团结和对他人的人道主义关切"等问题，而"走入了歧途"且"视角过于狭窄"。尽管诺齐克称自己自始至终都是一位自由至上主义者，但我们也需要注意上述他对自己立场的调整。

罗伯特·诺齐克（1938—2002）出生于纽约市，他的父母是俄裔犹太人移民。他在进入大学前就读于布鲁克林自己家附近的学校，并在哥伦比亚大学完成本科学业。他在普林斯顿大学攻读博士学位，之后依靠富布莱特奖学金在牛津访学一年。根据他自己的描述，正是在普林斯顿期间，他从弗里德里希·哈耶克与米尔顿·弗里德曼（Milton Friedman）的著作以及同穆瑞·罗斯巴德（Murray Rothbard）的对话中第一次接触到为资本主义辩护的观点。他起先拒绝这些观点，之后如他在 1975 年《福布斯》杂志采访中所言，起初他认为"好的，不错，这些观点是正确的，资本主义是最优秀的体制，但只有坏人才会这么认为。但后来，在某一时刻，我的思想与心灵一致了"。这句话的一个特征及其所预示的内容引发了一个问题：资本主义和自由至上主义并不必然彼此相连，因为有一些形式的资本主义试图通过福利保障和再分配主义的国家干预来为身处不幸之中的人们送去温暖（"福利资本主义"）；也有一些形式的资本主义在经济事务中混合着国家和私人的参与。为什么要从认同资本主义而一路往下走到认同自由至上主义这一有关国家与个人之间关系的特定观点呢？

诺齐克提出其自由至上主义立场的一个主要动机，就是同罗尔斯这位他当时在哈佛的同事的观点作战。他的论证目的在《无政府、国家和乌托邦》一书的序言中得到了非常清晰且准确的表述："个人拥有权利，并且有一些事情是任何人或群体都不可以（在不侵犯其权利的条件下）对他们做的。"这些权利如此强有力，以至于它们迫使我们去思考国家权力相对于个人的界限。因此，诺齐克关注国家正当性这个问题。他的结论同样清晰且准确地在序言中表露无遗："一个最低限度的、其功能局限于保护人民免于强力、盗窃、欺诈、合同强制履行等范围内的国家，会得到证成；任何功能更广泛的、会侵犯人们不受强迫去做某些事情的权利的国家，是得不到证成的；并且最低限度的国家既是正当的，也是令人振奋的。"这呼应了19世纪"守夜人"式古典国家理论，诺齐克将其中的一个方面巧妙地归纳为，没有一个政府有权利"禁止具有共识的成年人之间展开资本主义活动"。

诺齐克指出，上述观点有如下双重意涵："国家不可以运用其强制工具来使得一些公民帮助另一些，或是运用其强制工具来为了人们**自身的**善好或为了保护他们，而禁止人们采取某些行动。"这些意涵正体现了该观点中自由至上主义的一面。我们可以推测，向个体征收足以提供福利的税金是国家强制其公民救助他人的一个例子；而禁止娱乐性毒品并要求骑摩托车者佩戴头盔是国家代表人民的善好而立法的例子。

诺齐克所主张的个体所享有的"强权利"是那些自然状态下如洛克所设想的权利。它们先于任何社会契约或任何制度而存在，并且是不可侵犯的，以至于契约或制度的创设不可废除甚或限制它们。他承认，自己没有为主张这些权利需要得到如此对待提供任何理据，尽管他反对个人为了整体社会福祉可以承担某些代价这一观点的立场能够在一定程度上提供这一理据，因为在此他称不存在这样一种社会性实体（即"社会"），它具有个人为其承担代价的利益；而只存在不同的个人。要求个人为了社会利益而承担代价，就等同于利用此人来为他人谋利益；诉诸"社会"不过是这一行为的遮羞布。"不存在对我们中的一些为了其他人而牺牲的正当性证成。"

诺齐克指出，个体是彼此分离的、以其自身方式追求自我善好的个人，并且他将这种分离性视为个人基本权利之所以不可侵犯的一个理由。用康德的话来说，他们"自身就是目的"；同时可能也是因为诺齐克赞同他从先前的政治理论家那里援引的一个观点，即人们"拥有对其自身及其劳动的所有权"。

诺齐克所设想的最小主义的国家非常类似于一个商业公司，特别是在它并不以税收来为自身提供经费这个方面，这激发了如下这个有趣的观点，即一个国家可能通过向其公民出售服务来为自身提供经费。并且这确实也是解释诺齐克有关国家最初如何形成的"看不见的手"这一观点的一种方式。自然状态中的人们会彼此联合而抵御侵袭，并从这一自我组织过程中最终会形成一个支配性的保护机构（agency），也即国家。不过，这就如同他理论的另一面一样，会提出一个诺齐克不得不面对的挑战，也即无政府主义的挑战。为什么应当存在任何形式的国家？无政府主义者认为国家运用其对强制力的垄断来惩罚那些挑战这一垄断的人。当国家使用其强制力来迫使一些人帮助另一些人时，就如税收这个例子所表明的一样，它就会侵犯人们的基本权利。诺齐克的回应是，国家存在的正当性证成，也即国家为公民免于侵袭所提供的保护，为其自身划定了权力的界限。我们可以说他笔下通过保护这些不可侵犯的权利而确保和平的"乌托邦"（他认为乌托邦既具有激励性也具有正当性），**事实上**（*ipso facto*）意味着保护这些权利免受国家自身的侵犯。

对最小主义国家理论的一种通常批评，是认为该类理论没有考虑分配正义。诺齐克反驳了这一批评中潜在的下述观点，即存在一个机构，先是收集进而公正地分配出社会与经济益品的份额。相反，他倡导自己所说的"持有的正义"。想一想洛克有关所有权的理论：我们，而非其他人，得以占有某物的方式，是通过将我们的劳动混入此物之中。这是一种公正的获取。通过公正的转让（从正当地拥有某物且自愿卖出该物的人手中购买）而获得某物，是另一种形式。第三种形式就是以获取或转让的方式矫正过往的不正义，就如使得被盗窃的艺术品或其他财产回到正确的所有者手中、对纳粹主义的受害者做出补偿一样。通过这三种方式中任何一种来占

分析哲学　　**479**

有某物都意味着赋予我们拥有该物的应享权利（entitlement）。如果每个人拥有的都是他有权所有的事物，在此国家中有关人们持有物的分配就是公正的。诺齐克举出的例子是一个篮球运动员由于其他人经常且自愿地掏出一小部分钱来看他比赛而变得极为富有。设想在他职业生涯之初，每个人都恰好拥有数量的金钱。我们可以假定这是一个公正的分配。随着这个运动员职业生涯的展开，他以正当的方式变得极为富有。此时分配变得不公正了吗？当然没有，诺齐克如此回答。

诺齐克理论中没有提及的是通过继承而获得持有物的情形。这是公正还是不公正的？这个问题涉及不同持有物之间的差异，譬如它们在医疗、教育和机会上提供的优势条件，造成了何种不同。以及诸如智力、美丽外表、运动技能等自然优势是否应被是为一种不符合应享权利概念及其推论的持有物？

诺齐克对自由至上主义立场的捍卫使得政治保守主义者颇感宽慰，同时这也是他最为知名的成就。但是他在知识论与伦理学领域中也具有突出贡献，主要体现在他的另一部主要著作，即《哲学解释》(*Philosophical Explanations*, 1981）中。

女性主义哲学（Feminist Philosophy）

政治哲学是除知识论以外，女性主义思潮最具影响力的领域。政治女性主义从马克思主义经自由主义到自由至上主义，横跨各个领域，其中并不存在单一的思潮学派。在分析哲学之外，女性主义理论中还有后结构主义和精神分析分支，它们与英美哲学界分享着共同的基本立场，也即挑战女性声音的沉默，挑战女性主义视角的缺失以及挑战女性自身社会、政治、经济方面的从属地位。有关女性社会与政治从属地位的性质，以及如何终结这一状况的不同观点，构成了女性主义政治理论讨论的主要内容。

我们可能会认为，因为正义与平等概念是政治哲学研究的核心目标，所以不再需要一种专门的女性主义方法。对此，一个直接的回应是因为几乎所有关于这些概念的讨论一直以来都是由男人们在一个男性主导的世界背景下提出的，就存在这样一个严肃的问题，即他们对这些概念的理解（特别是当生活在这些概念并不适用的环境中时），是否能够完全与女性对这些概念的看法相一致。男性的讨论假设他们的男性视角是性别中立的，并认为这些概念的适用领域就是公共领域。这两个假设自认为囊括了一切考量因素。

想一想下面这个问题。他们是否经常如此展开有关平等的讨论，即强调由于工作世界的组织方式，性别**不平等**被嵌入了社会与经济秩序结构之中？一则所谓的性别中立的工作广告假设申请者都能够一年48周、每周从周一到周五、每天朝九晚五地工作。这立刻就为那些抚养学龄或更小年纪儿童的女性造成了歧视性困难和代价。工作周组织方式背后潜在的假设是一种传统的男性主义观点，即工作与公共生活是男人的领域，而私人家庭圈子则是女人的领域。当女性在这些设定下工作时，她们所能获得的往往都是兼职工作或低薪工作；由此，歧视效应扩大了。

在有关正义的讨论中，初始假设为正义的核心关切是社会和经济益品应如何加以分配。而一种女性主义立场则是探究，在与这些有关正义的讨论所试图解决的关切相关的领域，选择使用**正义这一概念**是否恰当，因为或许**需要**（need）和**关心**（care）概念才是更为基础的。譬如，基于如下理由，即如果家务劳动和孩童养育得到恰如其分的回报，"经济"就无法承担重负，因此女性（或任何人）在家庭层面对个人以及社会福祉的贡献应当得到公正回报这一要求从未得到满足。家务劳动的地位与拒绝给予家务劳务薪水的观点是相辅相成的，它甚至会支持如下论断，即除非是**他人的家居**与孩童得到照料，否则提都不要提薪水的事。

这表明**家庭**是有关平等与正义关切的核心领域之一，并且虽然罗尔斯意识到这一点，但他却是从外在的公共视角将家庭视为一个社会单位，而非从内在的私人视角出发将家庭视为自身具有复杂性的一个社会结构。在自由主义理论中，女性所面临的有关平等、自由与机会的问题被该理论对某种私人家庭生活之愿景的关切所掩盖，如阿里森·贾格尔（Alison Jagger）所说，这种愿景通过不利于女性权利与需要的方式"包含并保护着家庭、家族、婚姻、母性、生育以及儿童养育中的个人亲密关系"。

此外，将家庭视作由生活中那些与"真正重要"之事（也即公共领域中对理性、冷静、判断和照顾公共利益的要求）不相适应的因素（包括个人身体与情感需求；以及生活不像火车时刻表和部队行进一样，太过凌乱复杂而难以管理）堆满的储藏室，进一步降低了家庭事务的价值，并因此导致女性地位相应地降低。几乎有关公共和私人领域之间区分的一切都例示着有关男性和女性各自角色强有力的传统观点，损害着女性的自主权与机会平等。只要社会的主导观念还建立在此结构之上，有关平等和正义的讨论就始终会受到它的强烈扭曲。

这些讨论只不过是透露出女性主义哲学重要程度和涵盖范围的一个方面，它的内容远不止局限于政治领域。一个重要例子，就是有关知识性质的理论表述中存在的性别偏见问题。在这方面一个重要的思想脉络涉及"情境性知识"这一观点，即一种其获得与证成都受到认知主体所处情境形塑的知识。我们很容易就能了解，在获得和使用知识的过程中，相比较于该过程中具备优势地位的人，身居边缘地位会让一个人吃怎样的亏。而这过去一直，且至今仍旧是女性的处境——在过去，她们被拒绝了受教育的机会，被拒绝了进入实验室和医学院的机会，被拒绝从事知识型职业的机会，被拒绝参与观点被提出并得到讨论的论坛的机会：这个列表还可以很长。

表面上看，这似乎让我们有理由将基于女性主义视角的考量**全部**囊括在"女性主义政治哲学"名义下，因为在与获取和使用知识相关的方面，女性所遭受的如此多的不幸都源自其在社会、政治和经济方面所处的从属地位。这些从属地位体现在女性不仅被教育拒之门外，还被视为智力低下，被情感宰制且因身体受制于荷尔蒙、妊娠以及整体上生理的弱势而被视为具有缺陷——因此一种长久以来的男性观点认为女性生来就只是为男性和孩童利益服务的，并且主要对家庭事务以及诸如时尚和闲言碎语这类社会方面的琐碎之事感兴趣。

这些诋毁性的观点一直是如下行为的标准理由，即不仅拒绝女性拥有同男性一道进行认知探索的机会，也拒绝给予女性机会来辨识和阐明男性主义认识论方法以何种方式遗漏了女性主义视角。譬如，我们如何经验外部世界会取决于一个认知主体与世界的具身性照面（embodied encounter）；我们如何与他人展开道德方面的互动并在此过程中解释他们的意向性状态，要受到我们是谁以及我们之所是的形塑；因此，一个主体在获取和评价信息中产生的经验、思维风格以及情感反应必然是与我们的关切相关的。基于可以被描述为性格、行为、语言、身份以及经验的**性别化**属性，我们有理由认为认知主体彼此之间存在足够重大的差异，使得如何通过此差异来理解认识论工作变得非常重要，这与通过女性主义视角丰富政治与道德理论具有同等的重要性。没有任何知识理论可以将这些因素抛诸脑后；正如没有任何一个政治理论可以立足，如果它只假设一个政治社会中的所有居民都拥有同样的，大体上属于男性的需求与利益。

女性主义哲学的兴起与 20 世纪下半叶社会与政治女性主义越来越强大的影响力同步，并开始成为一切有关未来的思考的重要组成部分。女性主义政治理论在处理女性主义认识论与价值理论障碍方面的成就，激发了哲学家对这两个领域的兴趣。这是哲学在 20 世纪后期最重要的进展之一。我们可以预言，当撰写 21 世纪哲学史时，女性主义视角将会在其中占据极为重要的地位。

除却前述正文中讨论过的这些人，任何 20 世纪分析哲学史至少还会提到其他一些重要人物的名字；这一时期与这一传统的更为细致的研究者将会，且应当对他们加以研究。以下是一份没有特定顺序且非常不完整的名单。

两位为语言哲学、哲学逻辑学与伦理学做出杰出贡献的哲学家是西蒙·布莱克本（Simon Blackburn）和约翰·麦克道威尔（John McDowell）。戴维·威金斯（Daivd Wiggins）也在这些领域中颇有贡献；在语言哲学、哲学逻辑学和知识论领域,有蒂莫西·威廉姆森(Timothy Williamson)与克里斯托弗·皮科克(Christopher Peacocke)。在道德、法律与政治哲学中,有罗纳德·德沃金(Ronald Dworkin)。在政治哲学中,有杰拉德("杰瑞")·柯亨(Gerald 'Jerry' Cohen)。在语言哲学、心灵哲学与认识论领域,有威尔弗里德·塞拉斯(Wilfrid Sellars)。在语言哲学和哲学逻辑学领域,有克里斯平·赖特(Crispin Wright)。在道德和政治哲学领域,有托马斯("蒂姆")·斯坎伦(Thomas 'Tim' Scanlon)。在语言哲学和心灵哲学领域,有罗伯特·布兰顿。在语言哲学、数学、认识论、伦理学和美学领域,有大卫·刘易斯(David Lewis)。在心灵哲学领域,有杰瑞·福多(Jerry Fodor)。玛莎·努斯鲍姆(Martha Nussbaum)研究社会、道德与法律哲学。彼得·辛格(Perter Singer)研究伦理学。德里克·帕菲特(Derek Parfit)研究道德哲学和形而上学中的一些问题。还有身居分析哲学核心,但之后又成为其批判者的理查德·罗蒂。我们可以很轻松地列出一个更长的名单。将来的短名单可能会与这里列出的有所不同,但在我写作本书时,几乎没有人会不同意这份名单。

欧陆哲学
Continental Philosophy

"欧陆哲学"这个标签,一如本部分开篇所言,并不精确但因使用而得以确立。它是对一系列极为不同的理论追求的概称,包括现象学、存在主义、解释学、批判理论、精神分析、结构主义、后结构主义、解构主义、马克思主义、概念考古学以及运用先前思潮中不同资源来处理科学、心灵、生命以及女性主义议题的理论进路。

20 世纪上半叶中欧陆哲学的核心人物,胡塞尔、海德格尔、梅洛-庞蒂(Merleau-Ponty)以及萨特,致力于分析哲学家所认可的哲学事业。他们所运用的哲学方法与康德和黑格尔的一脉相承,其中黑格尔的学说成为至今最为重要的理论背景。这构成了欧陆哲学与分析哲学的一个重要差异,因为后者接受了逻辑学和尊崇科学的态度所倡导的方法与旨趣,这就使得它的一系列目标议题与欧陆哲学家的理论旨趣随着时间流逝而渐行渐远,而这一情形在 20 世纪下半叶中尤为明显。

在 20 世纪下半叶中,涌现出一些杰出人物,他们是伽达默尔、德勒兹、德里达、利科、福柯,但不包括哈贝马斯,他们的著作从分析哲学的角度看变得不是那么具有哲学意味,同时这些人物彼此之间的差异就如同他们同分析哲学家之间的差异一样大。尽管对哲学史的撰写者而言——由于我正在写作的著作是一部专门的**哲学**史——存在着应该将谁包含在内或排除在外的问题,但这些人物中有哪几位算是在做"哲学"这个问题或许并不重要(有人认为他们不是在做哲学,但有人认为他们拓展了哲学的边界)。在下文中我会回答这个问题。不过下述说法是正确的,也即这些人物中有几位是在**践行一种方法**,而非**拓展或证立一种观点**,而做分析哲学的标准方式正是后者——当然，在践行的方法中也蕴含着观点，因为没有任何人类行为方式自身是不具备假设与（即使是间接的）目标的。

对分析哲学家为何如此少地关注欧陆哲学的主要原因，我们不必遮遮掩掩。个中缘由就在于分析哲学家对他们视为语言的滥/用与混/同[1]感到不耐烦（这是在最好情况下；在最糟的时候，是蔑视）。如下是我对这一点的阐释：这些对语言的滥用与混同以创造未经解释的新词、有意为之地模棱两可，语义过载、减弱或紧缩为形式（如上所示，短斜线是个他们常用的符号；如"phallus/y"这样的形式），看上去不仅不精确甚至难以理解，这是以词语的不清晰掩盖了思想的不清晰，甚或更糟，是以词语的不清晰伪装成思想的深刻。一些欧陆哲学作者会辩解说问题**恰恰是**语言，这些招数不过是意在揭示这一事实。对此我有一言可以明说：如果整个概念框架由于存在隐秘的意图、偏颇的根源或假设（它们甚至或许对那些旨在批判它们的人而言都是隐秘的）而颇具误导性，这本身就是一个需要加以

---

1 有如下两点提请读者留意。其一，滥用与混同的英文原文相应为 abuses 和 confusions，作者原文写作 ab/uses 和 con/fusions，因此中文相应以作者提到的"短斜线"加以处理。其二，这里作者对欧陆哲学所展开的批评非常辛辣但比较笼统。译者尝试以海德格尔和黑格尔的一些概念为例，以辅助读者的理解。海德格尔的一些观点比较依赖德语的构词法，词根与前缀的结合往往产生新的词汇，而海德格尔的论证方式是认为组合而成的新词的"本意"是词根和前缀语义的结合（就如作者的举例一样，ab- 在英语中有脱离、变坏的意思；con- 在英语中有共同的含义；abuse 和 confusion 成为 ab+use 以及 con+fusion 含义的组合）。试举几个例子以便读者更能领会作者对此方法的"批评"。在德语中，werfen 作为动词指的是"抛出"，其被动语态为 geworfen，即海德格尔所谓的"被抛"状态。德语中前缀 ent- 指的是"脱去"或"去除"，entwerfen 根据字典含义来说指的是"筹划设计"或"起草"，但从前缀与词根来看，指的是"去除—抛开"（ent/werfen），其名词为 Entwurf。因此筹划在海德格尔学说中指的是主体走出"被抛"状态时的一种行动（"脱去/被抛"）。同样，还有"寰世"这个概念，德语中 Welt 指的是"世界"，Umwelt 从字典来看指的是"环境"，但从构词法看，um- 指的是"周遭、周围、环绕"，因此 Um/welt 在海德格尔理论中指的是"寰世"，而非日常语言中的环境。这两个例子对应于作者所说的"短斜线"情形。有关语义的模棱两可或过载、紧缩，可以以黑格尔哲学为例，譬如在《精神现象学》中，德语 Wesen 兼具两个含义，一个对应于英语中的 essence 即本质，一个对应于 being 即存在，在论述中具体对应哪一种含义则需要读者细致辨别，不可一概而论。还有，在《精神现象学》第92节中，黑格尔认为"感觉确定性"作为一种知识类型是非直接性知识的 Beispiel。这个德语词指的是"例示"，即 instance 或 example。但在一些解读者（譬如 Michael Inwood）看来，Beispiel 这个词由 Bei 和 Spiel 构成，前者即 by，指的是"靠近、邻近"，后者指的是 play 即游戏、演奏、表演等含义。这里黑格尔通过"双关"来表明，感觉确定性也即感觉经验是一种经过中介（也即经过认知主体和认知对象的互动，即 by-play）的知识——译者注

澄清和修正的极为重要的事实。如果针对此现象，可供我们使用的补救手段只有调笑与戏弄、双关和佯装，那我们就处在了一个很不幸的境地。如果他们主张语言（以及我们通过语言而试图传达的思想也因此）改无可改且救无可救地具有误导性、不精确性，且充斥着过往信念与假定的遗迹，那么指出这一点似乎只能是昙花一现——尽管这其中颇有克里特人的意味：如果这一主张为真，那我们就没有理由接受它！[1]

分析哲学与欧陆哲学传统之间的交锋本身既是一个哲学议题，也隶属于社会学与历史反思范畴。自然界中物种形成的例子表明，随着分化不断加深，一切恢复原状的方式都已不再可能。从某种意义上说，这没有关系，因为这意味着百花齐放。但从另一个角度来看，这是一种不幸，因为如我们将会看到的，在欧陆哲学名下，有诸多极富哲学意味和重要性的议题。

由于这一标签所涵盖议题的多样性，也由于在任何情况下都难以对其核心立场加以清晰和简洁的论述，我会如介绍分析哲学部分时一样，时而以思想家为核心、时而以主题为核心展开。

胡塞尔（Husserl, 1859—1938）

埃德蒙德·胡塞尔（Edmund Husserl）是研究主观意识与经验之基本性质的"现象学"的创始人，并对我们接下来将要讨论的三位哲学家具有重要影响。

胡塞尔出生于当时奥匈帝国摩拉维亚地区普洛斯尼茨（Prossnitz）的一个中产阶级犹太人家庭。他早年就显露出数学方面的天赋，之后又就读于莱比锡大学，研究数学以及物理学与天文学。虽然他在大学中选修了威

---

[1] 这一典故是克里特人悖论或说谎者悖论：一个克里特人说，"所有克里特人都是说谎者"，这个句子如果为真则它真值为假。

廉·冯特（Wilhelm Wundt）的讲座课程，但与之后的捷克斯洛伐克首任总统托马斯·马萨里克（Thomas Masaryk）的友谊对他有更为深远的影响。马萨里克当时是一位对哲学抱有浓厚兴趣的研究者，他鼓励胡塞尔去阅读英国经验主义者的著作。他也说服胡塞尔改宗基督新教。在转到柏林大学后，胡塞尔受教于数学家卡尔·魏尔斯特拉斯（Karl Weierstrass）。后者使他萌发了有关数学基础的兴趣，并将伯纳德·波尔扎诺（Bernard Bolzano, 1781—1848）的著作引介给他。波尔扎诺的《科学理论》（*Theory of Science*, 1837）在胡塞尔心中播撒下许多思想的种子，并在其后来的学说中开花结果。

胡塞尔前往维也纳大学攻读博士学位，撰写有关微积分的博士论文，但也修读了弗朗兹·布伦塔诺有关心理学的课程。在哈勒大学他的教授资格论文主题体现出布伦塔诺带给他的改变；这篇论文题为《论数的概念：心理学分析》（'On the Concept of Number: Psychological Analyses'）。当时集合论的发明者、数学家格奥尔格·康托尔（Georg Cantor）是他的论文审阅人之一。1887年胡塞尔在哈勒大学获得讲师职位，四年后在对论文加以扩展的基础上出版了他的第一部著作：《算术哲学：心理学与逻辑研究》（*Philosophy of Arithmetic: Psychological and Logical Investigations*）。

戈特洛布·弗雷格对此书的评论似乎成了胡塞尔的一个转折点。弗雷格做出如下批评：胡塞尔将语词、概念与对象都视为"观念"，但却在不同语境中赋予"观念"不同的定义；而且有时将"对象"视为主观的但有时又并非如此；认为抽象概念具有一种心理学起源，同时主张当区分两个思想的所有属性都被去除后，它们还能够保持在数字上的不同。无论是否是这个事件导致了胡塞尔此后同弗雷格一样成为一名坚定的反心理主义者，但胡塞尔确实转向了反心理主义立场。

在1901年，《逻辑研究》（*Logical Investigations*）第一卷出版后不久，胡塞尔接受了当时世界数学研究的领航者哥廷根大学的一个职位。他同菲利克斯·克莱因（Felix Klein）与戴维·希尔伯特（David Hilbert）是同事，他的学生中则有恩斯特·策梅洛（Ernst Zermelo）、保罗·贝尔奈斯

（Paul Bernays）和赫尔曼·魏尔（Hermann Weyl）。其中魏尔在胡塞尔的启发下，尝试将现象学主题同他有关物理学的工作结合起来。在接下来的三十年间，首先是在哥廷根大学，继而是在弗莱堡大学，胡塞尔的立场呈现出了显著的演变，特别是在 1905 年后，他开始确信现象学必须是一种康德意义上的先验观念论。由于他的观点随着时间而不断发展变化，以下概述就聚焦于与之联系最为密切的概念。[1]

在我们有关世界的日常经验以及自然主义与科学化的研究中，我们会意识到外在于我们的，但实际上是内在于我们的事物与事态，譬如发痒、疼痛或一阵阵的饥饿感。这就是"自然态度"。现象学并不研究这些问题。它研究**意识**本身。仅仅聚焦于意识的性质就要求一种"还原"，也即注意力从对意识本身之外的其他任何事物中撤回，以便只有意识成为我们考察的对象。我们通过对一切非意识自身的事物加以**悬置**（epoche）或注意力的悬搁（suspension），通过对一切有关意识表象性内容或其相关事物的考量"加括号"（bracketing）而做到这一点。"加括号"并不是否认事物的实在性，而只是对之加以暂时搁置，以便它们不会使得我们的注意力偏离意识不变的性质，而这些性质正是现象学还原所试图加以展现的。这就在作为经验科学的心理学与作为康德意义上"纯粹"科学的现象学之间做出了明确的区分，也即后者仅仅处理意识本身的性质与条件，不关心任何意识所表象或关联的因素。

在感知中，我们的凝视（gaze）向外指向事物。但在反思中，我们向内凝视，指向经验自身："我们把握了主观的生活经验（lived-experience），在其中我们能够'意识到'（事物）。"胡塞尔借用了布伦塔诺的"意向性"概念来描述"生活经验"或意识的特征。我们通过还原和**悬置**来关注意识的意向性特征，而非意识意图超越其自身的行动。但这并不是我们（研究）的最后阶段。要想获得意识自身的基础性结构，就需要另

---

[1] 胡塞尔自己的概述可以参见他为《不列颠百科全书》（Encyclopaedia Britannica, 1927）中的现象学所撰写的文章，这篇文章一开始是与海德格尔合写的。

一种还原，即"eidetic"（eidos 意为"本质"）还原。该还原揭示了纯粹生活经验的先天基础，即其本质，或构成意识自身的不变且必要的条件。获得这些条件的技术就是"想象的变更"（imaginary variation），也即通过改变经验可能发生变化的次序来发现在变化中保持不变的事物。对意识的意向性特征的考察显示出意识的活动或**意向作用**（noesis）依赖活动的内容；而**意向对象**（noema）——同样，它就是意识本身，因为此时通常和所谓的外在意向性对象都已被放入括号。因此，想象的变更可以被理解为意向作用对意向对象施加的活动。

在胡塞尔看来，现象学方法揭示出尽管从"自然态度"出发，世界似乎是给定的和先在的，但当我们翻转我们的凝视而关注自身经验本身时，我们会看到世界是"为我"呈现的，也即它与意识的主观性相关。这使得我们回想起下述康德的观点：世界向我们显现的方式，取决于我们经验该世界的方式。因此在康德看来，我们的感觉形式以及**先天的**概念构造将我们经验的原始材料形塑并组织为我们所经验到的世界。对胡塞尔来说，需要回答的问题是：我们认为独立于我们的世界如何可能起源于"我们自身"？[1]

这一理论筹划的问题很快就变得非常明显：如果"生活经验"的基础性条件深深植根于主体性，主体间性又是如何可能的呢？无意识作何解？具身性（embodiment）经验这个即使在最彻底的还原中也难以消除的因素又作何解？在职业生涯后期，胡塞尔逐渐认识到意识无法唯我论地得到理解，而是在本质上具有公共性维度。因此，他转而关注"生活世界"，也即我们所处的这个先在于我们对世界或自身经验的分析与理论工作的世界。生活世界是人们彼此的交流互动所发生于其中的社会、政治与历史环境。

尽管胡塞尔的早期研究看上去比较抽象，但他认为现象学将揭示经

---

[1] 康德对此的回答如下。答案并不是本体界中存在着激发直观的因果性起源这个引发怀疑论的观点，因为因果性范畴并不适用于本体性实在，而在于范畴的先验演绎和"驳斥观念论"这两个部分，它们表明我们必须将世界视为独立于我们经验的存在，否则我们就无法拥有经验。

验心理学所试图考察的对象的根本潜在属性，因此他一直抱持着实践性的目的。他将现象学事业视为一种新科学，并希望他的学生能够同他一道将之确立为科学。但没有一个人按他说的去做，包括他的学生兼助手海德格尔。海德格尔对这一工作（在胡塞尔理解中）的偏离使得胡塞尔非常沮丧。在他生命的最后阶段，作为在20世纪30年代德国居住的犹太人后裔，胡塞尔强烈地感受到了以下这一点，即他逐渐认识到使得这个世界加速走入危机的，并非对意识基础的理解活动，而是将所有理解人性与生活世界的努力，都仅仅建立在自然态度之上的做法。在第一次世界大战中，他失去了一个儿子，而如今在弗莱堡他不得不搬家离开他一直居住的郊区，因为他的犹太人身份使得他不再能够获准居住于此。没有多少人参加他的葬礼。海德格尔，这位当时的纳粹党成员，也没有出席胡塞尔的葬礼，他后来说当时自己患了流感而未能前往。

现象学至今仍在欧陆思想中具有重要影响，尽管它已经不再是胡塞尔的"先验现象学"这一原初形态，而是和海德格尔、梅洛-庞蒂与萨特紧密相关的"存在主义现象学"。这一立场正是胡塞尔在其生命最后岁月中随着生活世界问题日趋严重而不断迈进的方向。

海德格尔（Heidegger, 1889—1976）

马丁·海德格尔（Martin Heidegger）出生于德国巴登-符腾堡（Baden-Württemberg）梅斯基尔希的一个贫寒的天主教家庭中。当地的神父帮助他进入弗莱堡和康斯坦茨的学校就读。在康斯坦茨的圣康拉德神学院中，海德格尔将未来的弗莱堡大主教孔拉德·格勒贝尔（Conrad Gröber）视为自己的精神导师。格罗贝尔送给他一本弗朗兹·布伦塔诺的《亚里士多德论"是者"的多重含义》(*On the Manifold Meaning of Being According to Aristotle*, 1862)。海德格尔说当时他尚不理解这本书，但之后此书激发了他对形而上学的兴趣，而正是形而上学促使他写作了《存在与时间》

（*Being and Time*）一书。

在转向哲学之前，海德格尔做过一段时间的耶稣会神学院学生，并在之后前往弗莱堡大学修习神学，但在两年后也即 1911 年转入哲学。在 1915 年他作为一名哲学系讲师在该校任教，并很快同他的一位学生埃尔弗丽德·佩特里（Elfride Petri）结婚。他们举行了两场婚礼，一场是为海德格尔准备的天主教婚礼，一场是为佩特里准备的新教婚礼。他们有两个儿子，同时尽管海德格尔在 1923 年前往马堡大学后与当时还是他学生的汉娜·阿伦特有过广为人知的暧昧关系，但他与妻子的婚姻维系了终生。其实，他与另一位学生，即杰出的教育理论家伊丽莎白·布洛赫曼（Elisabeth Blochmann）在更长时间内（长达几十年）保持着暧昧关系。布洛赫曼是海德格尔妻子的朋友，并且似乎从海德格尔与其妻子的往来信件中可以看出他们之间是一种开放婚姻的关系，他的妻子也与他人保持着暧昧。[1]

在海德格尔前往马堡之前的岁月中，他与胡塞尔关系密切，并且是后者的助手。他们热切地讨论着现象学，并且胡塞尔认为海德格尔会成为他在发展一种新的意识科学道路上的同道中人。海德格尔在 1919 年与天主教分道扬镳，但并没有与基督教决裂，这之后他很快就开始投入到对亚里士多德形而上学以及经院哲学评注的细致研究中去。在他的马堡讲座中，他表明自己不认同胡塞尔的立场，但却将《存在与时间》题献给胡塞尔。

胡塞尔于 1928 年从弗莱堡大学哲学教席上退休，海德格尔回来接替这一职位。五年后，海德格尔加入了国家社会主义党（纳粹党）并成为弗

---

[1] 这里谈些题外话倒是恰如其分的。私人生活一般来说不关别人的事儿，但海德格尔的私人生活与政治生活就如萨特的晚年生活一样，吸引着人们的目光，这是因为一些人认为它不仅具有新闻价值（关于如果知道作家的生平是否能够更好地理解他们，这些人认同圣伯夫立场而反对普鲁斯特的观点）。另一方面，正如露丝·伊利格瑞（Luce Irigaray）所指出的，不仅有关一个思想家的生平知识会扭曲我们对该思想家著作的理解，而且特别是在思想家是女性的时候这些知识会被用来贬低或质疑她们的著作。再从另一方面来看，这种对思想家生平的理解能够有助于打破性别主义对女性设置的藩篱的一种方式，就是有关作者生平的知识在我们接受诸如哈莉耶特·泰勒（Harriet Taylor）和弗里达·卡罗（Frida Kahlo）这样如此迥异的作者的著述时所带来的差异。这个问题没有固定的答案，不过却非常重要。

莱堡大学校长。一年后他辞去校长职位，但在担任校长期间，他堪称"狂热地"推行了一些纳粹的教育改革政策。他直到 1945 年都是纳粹党成员，并且拒绝了他先前的学生让他道歉或谴责纳粹暴行的要求。在 1945 年至 1951 年间他被禁止授课，但 1951 年时他获得了荣休身份。

在 20 世纪 30 年代，海德格尔的思想发生了转变，即以对美学——特别是诗歌且尤其是荷尔德林的诗歌以及尼采的兴趣为特征的"转向"，*die Kehre*。他开始以不同方式看待《存在与时间》中提出的学说，并且半是回应、半是发展地在 20 世纪 30 年代末写作了他的第二部重要著作《哲学论稿》(*Contributions to Philosophy*)。不过他并没有发表这部著作，直到 1988 年他去世 12 年后该著作才得以问世，而英译本则要等到他去世 23 年后，即 1999 年才出现。

当海德格尔在弗莱堡大学还是一名神学学生时，他的一位老师是卡尔·布赖格（Carl Braig）。布赖格是《论存在：本体论纲要》(*On Being: An Outline of Ontology*) 一书的作者。海德格尔第一次接触胡塞尔的思想是在此不久之后胡塞尔的两卷本《逻辑研究》出版。这两个因素促使他从神学转向了哲学。此外还有其他一些因素：亨利·柏格森（Henri Bergson）当时正在法国讲授并撰写有关时间的著作，并且当海德格尔私下结识胡塞尔后他们讨论过胡塞尔对时间意识日益浓厚的兴趣。因此，时间与存在之间的重要关联对海德格尔来说很早就是显而易见的。

不过这些影响使得他认为关键的问题涉及存在本身的基本性质。在《形而上学》中，亚里士多德罗列了存在的不同含义：作为"真"，作为潜能与现实，作为实体（substance），作为属性，作为纯粹的心灵性实存，作为本质，作为从属于依赖实体（dependent entities）的事物，作为与范畴相关的事物——但亚里士多德指出，他希望了解存在的**唯一**含义，也即存在的本质、存在**之为**存在："我们在许多意义上提及存在，"亚里士多德在《形而上学》中写道，"但总着眼于一个主导含义……只要存在是存在，一门科学来研究存在就是适当的。"海德格尔的问题与之一模一样。他写道："如下问题以非常含混的方式困扰着我：如果实存 [Seiende] 为诸多意义所谓述，那么它主导的、基本的意义是什么？存在 [Sein] 是什么意思？"他认为存在这个议题由于太难界定或太过宽泛而被哲学忽略了，但不谈这个问题，我们就无法理解在最一般意义上使得任何事物可能成为其所**是**的条件。

海德格尔以如下观点作为其理论起点，即回答"存在是什么意思？"这就要考虑问题提出的**方式**，以及这个问题对**什么**而言是个问题，或还要更具暗示意味的，对**谁**来说是个问题。什么或谁是"这个问题所问及的存在"？尽管可能看上去存在是什么这个问题是完全一般性的，并且应当告诉我们有关任何地方任何事物的存在的知识，但每当这个问题被提出时，一个特定的存在就一直在显现，这就是"提出这个问题的存在（者）"。考察这个存在（者）就可能会指引我们理解一般意义上的存在的道路。但这种考察并非以我们熟知的心理学、人类学或（例如）笛卡尔式哲学术语展开，而是以在世存在（being-in-the-world）的不确定的前理论性意识为起点，必须要现象学式地展开。这里使用连字符以表明我们所处理的存在并不是与世界分离的某种事物，也并非与之相对或处于主体–客体关系之中的事物，而是世界**之中**的或世界**的**存在。

这一存在的存在，被海德格尔称为**此在**（Dasein），字面意思就是"在那里存在"或"存在"；此在就是在那里存在，它是一个原初且**独特的**（*sui generis*）概念。海德格尔提醒我们不要将此在等同于日常意义上的"一个人"，但为了清晰起见，我们可以将此在视为"从有关其存在的本质意识的形而上学视角出发来理解，进而将之视为意识到存在于这个世界之中的一个（人类）存在"。

此在拥有**逻各斯**（logos），这个词不能按照通常方式理解为理性或语言，而是要理解为收集和记忆构成世界存在的多重显现的才干或能力。比如，当我们使用一把铁锹时，这把铁锹所从属的意义网络，亦即它能够用于的目的、为什么这些目的需要它、为什么这些目的本身会存在等，以及其他这类存在的显现，构成了"这个世界"。此在因此是一个集结点，诸多存在在此去除遮蔽而得以显现自身。**去除遮蔽**（coming out of concealment）和**显现**（present）这两个概念，是海德格尔形而上学的核心。

巴门尼德的 aletheia 观念，字面意义为"揭示"并因此而有"真理"的含义。海德格尔将之理解为"去蔽"或"自我显现"，存在以此得以呈现自身。他认为这当中包含着如下观点，即自亚里士多德以降"存在"的基本含义就是"在场"（presence）——去蔽既在"不是不在场"的意义上，也在"此时此刻"的意义上揭示了何为**在场**——因此而揭示了存在与时间的关联。事实上，存在与时间的关联是基础性的，因为此在是在生与死之间的"绵延"，在历史中的某一刻"被抛入了这个世界"，面对着一系列的可能性，他不得不出于"本真地"存在而从中做出选择，纵然这种选择不是一种可能性而是一种必然性（inevitability），也即死亡的必然性。这与获得本真性尤为相关，因为它凸显了此在的个体性，并向他袒露了恐惧或焦虑，即**畏**（Angst）。此在面对这个世界的本真方式，也即"与某事物相关，产生某事物，关心并照料某事物，利用某事物，放弃某事物并随它去，以及开始着手、完成、表明、询问、思虑、讨论、决定等"，都属于"忧"（Sorge）或对事情或他人的在意，这是"此在自身的结构"，这一关系也被海德格尔称为"上手性"（handiness）或"应手性"（quipmentality）。

《存在与时间》的核心概念是 Sein 与 aletheia，即"存在"与"敞开"或"去蔽"。有关存在基本性质的讨论正是此书第一部分的内容，而之后大部分内容则是从"存在主义"角度对此在展开的分析。"敞开"受到畏与忧的影响，需要注意的是畏并不是**害怕**（fear），因为害怕往往针对着特定事物，而畏是一种非限定且一般的恐惧或苦闷**心绪**（mood），它改变了世界向此在显现的方式。敞开就如同森林中的空旷地带一样，向此在打开了它对忧的结构的自我理解，这涉及如下三个方面：**被抛性**——我们被抛入这样一个世界，而对"我为什么会在这里，我为什么现在会在这里？"这个问题没有任何答案；**筹划**（projection）——环顾围绕我们周身的事物来找寻脱离我们的畏的可能性这个过程；以及最后是**沉沦**

（fallenness）——此在无法保证自身本真性或偏离本真性的倾向所造成的境况。但只有通过获得本真性，此在的畏才能得到克服。

鉴于《存在与时间》是一部宣称自己是对本体论基本概念加以考察为起点的著作，它对此在以及本真性需求的关注在一些批评者看来是一种离题，特别是在胡塞尔看来，这不啻将现象学还原为一种人类学。对胡塞尔来说，此在与世界相关的方式是通过意识；但是在将心绪作为世界向此在显现的一种方式时，世界不是此在注意力的对象而是其存在的视域，海德格尔坚称世界并非对立于被视为认知主体的此在的事物，而是此在自身存在的一部分。不过，正是"向死而生的存在"是本真性的核心：当此在于死亡的必然性中接受自身的有限性时，它打开也即敞开此在对其自身的存在，并通过将之作为一个整体加以理解而完成其存在。

《存在与时间》从未写完。海德格尔在保住马堡大学哲学教席的压力下，有些匆忙地出版了第一部分，但因为在接下来的时间里他的兴趣重点发生了转变，他并没有完成这部著作。他的兴趣部分上转向了先前提到的美学与尼采，但也转向了撰写一部有关"此在对存在的理解"的历史研究性著作。再之后，当他在第二次世界大战后的去纳粹化时期重获许可走上讲台时，他的兴趣就转向了更远的领域，特别是有关技术的问题，开始考察技术是什么以及"人类存在"（在此他用了这个词，而没有用此在）会与之有怎样的关系。

由于海德格尔是纳粹党成员，他的生活与著述充满着争议，在他的捍卫者、辩护者一方以及批评者一方之间并没有截然的界限，但却有如下立场之间的混战，即那些捍卫海德格尔所有立场并对之尊崇有加的人、那些因为纳粹主义而拒斥其哲学的人、那些拒斥海德格尔哲学观点本身并抨击其纳粹主义的人、那些捍卫纳粹立场但批评其哲学的人、那些抨击纳粹立场但捍卫其哲学观点的人之间缠斗不休——凡此种种，不一而足。

1966年海德格尔的一位朋友带着《明镜周刊》（*Der Spiegel*）的记者前往他家中采访他。经过很长时间的辛苦努力，人们说服海德格尔必须要对其纳粹过往加以说明。他提出的同意条件是这个访谈直到他去世才能公开。如果这看上去预示着海德格尔将要袒露心迹或做出忏悔，那么记者们肯定感到非常失望。在访谈中，海德格尔神经一直紧绷着，并不放松，而且依旧在闪烁其词。不仅如此，他似乎还对旧有立场做出了新的背叛：当被记者问及哲学是否能够影响包括政治现实在内的现实时，他首先躲闪在如下主张背后，即"需要一种崭新的思想，它尚不明确"，但它与应对旧有政治体系无法掌控的技术的降临有关；随后在被记者追问时，他又撤回来说，不，哲学无法影响现实或政治。这就与他在弗莱堡大学校长就任仪式中所发表的演说截然相反。在那场盛大的戏剧性活动中，身穿制服的行伍列队而行，达官显要到者如云，纳粹万字符旌旗蔽日。《明镜周刊》的年轻记者们说道："我们、政治家、准政治家、公民、记者等一直不得不做出这种或那种决定……我们期待来自这位哲学家的帮助，即使这种帮助当然仅仅是间接意义上的，是以迂回曲折的方式给出的。但现在我们听到的是：我没法帮助你。"海德格尔回答道："我无能为力。"

令那些像海德格尔自己那样，总是希望将思想家与其思想分开来看的人感到沮丧的是，海德格尔《黑色笔记本》(*Black Notebooks*) 在 2014 年出版后，引发了一个严峻的问题。因为这些笔记暗示，犹太人由于他们的共谋而操控着此在进而是"反此在"的，这似乎揭示了海德格尔反犹主义立场与其哲学的关联。文学理论界的阐释者们很容易就会将"反此在"这个念头，即"不在-那里-存在"，同"最终解决方案"[1]的意图联系在一起。

梅洛-庞蒂（Merleau-Ponty, 1908—1961）

莫里斯·梅洛-庞蒂出生于法国大西洋海岸港口城镇滨海罗什福尔（Rochefort-sur-Mer）。之后他们全家搬往巴黎，在这里他先后求学于两所享有盛誉的学校，即路易勒格朗中学（Lycée Louis-le-Grand）与法国巴黎

---

[1] Final Solution，最终解决方案，即纳粹所提出的屠杀犹太人的方案。——译者注

高等师范学校（Ecole Normale Supérieure）。在巴黎高师求学时，他的同学包括让-保罗·萨特、克劳德·列维-施特劳斯（Claude Lévi-Strauss）、雷蒙德·阿隆（Raymond Aron）以及西蒙娜·薇依（Simone Weil）。西蒙娜·德·波伏娃（Simone de Beauvoir）当时就读于索邦大学，是与他们会面的常客。梅洛-庞蒂论普罗提诺的毕业论文在 1929 年答辩通过，正是在这一年他参加了胡塞尔的"巴黎讲座"。该讲座向索邦大学的听众介绍了胡塞尔的学说，并成为《笛卡尔式沉思》(*Cartesian Meditations*)一书的基础。这是一次非常重要的经历，此后胡塞尔的影响贯穿于梅洛-庞蒂的整个著述之中。

在服完义务兵役后，梅洛-庞蒂获得一份有关知觉问题的研究补助，他起先是作为一名中学教师继而是作为巴黎高师的辅导教师来谋生。在 1939 年大战爆发时，他加入陆军，但很快在法国战败后便被遣返回家。回到巴黎后，他与萨特加入由知识分子抵抗者组成的略微带有无政府主义色彩的地下团体组织："社会主义与自由"。两人共同创立的战后期刊《现代》(*Les Temps Modernes*)开启了他们之间在工作上的合作关系，这一关系一直维持到 1950 年梅洛-庞蒂对共产主义感到幻灭而与萨特分道扬镳。在 1956 年两人之间的关系又部分上有所缓和。

梅洛-庞蒂以《行为的结构》('The Structure of Behaviour'，1942）这篇论文获得博士学位。他最重要的著作，《知觉现象学》(*The Phenomenology of Perception*)，出版于 1945 年。在索邦大学短暂地担任教育与儿童心理学讲师后，他在 1952 年被授予巴黎大学哲学教授的职位，是历史上就任该职位的人中最年轻的一个。1961 年他在准备一场有关笛卡尔的演讲时因心脏病去世，年仅 53 岁。

在梅洛-庞德看来，"身体主体"（body-subject）这**本质上具身的**（embodied）意识取代了笛卡尔的我思，成为克服他称之为"对象思维"谬误的起点，其中"对象思维"指的是以一种碎片化方式看待世界，将之视为一系列彼此处于外在因果关系的事物集合的观点。这种世界观产生了彼此冲突的看待现实的视角：一种视角认为，意识只不过是诸多存在的事物中的一个，并且其他事物也是独立于意识而如此存在；而另一种则认为意识构成了世界，并因此而外在于世界。他将第一种视角称为"经验主义"，第二种视角称为"观念论"。他认为这两种观点都不正确，并且正是我们在这两种彼此难以相容的观点间来回切换这个事实，导致了怀疑论的产生，并使得我们无法获得对意向性的正确理解。为了取代这两种观点，他倡导一种整体主义的观念，将世界与意识整合为彼此不可分解的相互依赖的整体。

"肉身位于世界的中心"，这是梅洛－庞蒂常被引用的一句格言。它凝练地表达出如下观点，即身体是意识的一种形态，是知觉和行动共存的场所——这两者的共存是如此紧密以至于知觉活动在自身之中已然知晓知觉会带来何种活动。我们所知觉到的事物在很大程度上受到我们能够对之采取何种行动的限定；去感知就是去观察一系列行动的可能性。因为行动是一种身体机能，行动就与知觉具有本质性关联，这意味着经验的主体本质上就是具身性的。这进一步通过情感身体性地表达自身的方式，以及对某事物的某种感受改变了我们对该事物的知觉这一事实而得以阐明——比如，看到爱人的面孔，就会让我们以某种方式来对待他。

梅洛－庞蒂观点中有趣的一点是因为它将思想视为身体性表达（他说，**个人**思想是**想象出来的**身体性表达），所以我们将舞蹈、模仿、绘画、音乐以及言谈视为思想的表达和**思考**的形式。表达的意义由使用表达的语境所赋予，而语境则是我们共享的生活形式。梅洛－庞蒂在索邦大学有关儿童教育的教育学工作使之对其表达理论中的语言习得，特别是语言既要求意义又在要求意义过程中标志着思想诞生的情境感到兴趣盎然。这就是"能表达的言语"（speaking language），即 *le langage parlant*，它是表达的初级形式；与之相区分的则是"被表达的言语"（spoken language），即 *le langage parlé*，属于次级表达，是文化以及符号与意义之间既有关系的储藏库。梅洛－庞蒂的兴趣主要在于前者。

语境概念在处理拒绝"经验主义"立场中浮现的一个问题时发挥着重要作用。经验主义有关真之理论的表述相对直接，也即真等同于我们的思维与事物之所是之间的符合。这在梅洛-庞蒂看来是不可获得的，因此他需要解释我们（的认知）如何能够具有对错之分。他通过创造"最大程度的把握"（maximum grip）这一概念来做出解释。该概念指的是存在这样一种语境，在其中我们对行动所依赖的材料的掌握是最优的，以至于如果它不是最优的，也即如果我们感到所掌握的材料与对语境的理解相去甚远，那么我们会感到一种不安。因此，他人称之为"正确"或"掌握了真理"就是对任何所讨论的事物的"最大程度的把握"，而"错误"就是未能对之加以把握。

上述学说预设了如下观点，即我们所知觉到的世界是意识与世界中事物之间互动的结果。我们的身体也是世界中的一个事物，并且就如事物一样是知觉的一个对象。因此，梅洛-庞蒂需要表明世界与意识之间相互且不可消解的彼此依赖**先在于**具身性主体自身对知觉-行动关联的觉知。可是这种先在于知觉的意识本身就是经验的一部分，就如同特定知觉与行动事件的一般性背景一样。就像重力对我们一切行为所具有的一般影响一样，意识的这种背景性呈现施加了一种我们以不同方式感受到的"牵引力"，其中重要的一种是指向他人之在场的**社会**牵引力。如果不是如此，梅洛-庞蒂的理论似乎就是唯我论的，特别是因为设若我们没有像经验者本人那样也具有直接的经验，那么很显然相比较于有关他人的经验，我们有关自身的经验与之不同且更为直接，因此这一思想对梅洛-庞蒂而言至关重要。

梅洛-庞蒂学说的另一个关键点是时间在经验中的构成既具有过往与未来在当下**不在场**的意味，又具有持续知觉着可能性成为现实这层含义——后者构成了时间流逝或岁月荏苒的感觉。就前者而言，时间提供了结构化经验的视域，因为就在界定当下的视域之上往往潜藏着一种有关过去和未来的理解，它们因此形塑了当下的经验。就后者来说，随着一系列可能性成为现实，下一系列的可能性进而产生出来，知觉作为对可能性的感知在时间中感受到自身流淌向前——如此循环不歇。

在梅洛-庞蒂思想的后来发展中，如其身后发表的著作《可见的与不可见的》(The Visible and the Invisible)，他重新考察了身体与世界如何在本体论上彼此交织但又存在充分的交往间隙这一问题，并引入了"交织"（chiasm）或交错（crossing）的概念。这个概念的典型例证就是身体，它既是被感觉到的事物，又是从事感觉活动的事物，就好像一个人在抚摸她自己的脸一样。这一可感物-能感者（sentient）的关系并不具有严格同一性，因为如果具有严格同一性，那么它们之间就不会存在彼此交互了。其中"可见的"指的是肉身；它是与在艺术、文学、音乐和情感中敞开的"不可见的"，也即"观念宇宙"中的观念，彼此交错。不过如果将这一交错视为两种秩序之间的对立，就是对此关系的一种误解，因为他在其最后的笔记中写道，"一切关系"都是一种同时的"既持有又被持有"，这与其在《知觉现象学》中所表达观点的基本直觉是一脉相承的。

梅洛-庞蒂被视为一位"存在主义者"，但在他的著作中并没有诸如死亡、焦虑与绝对自由等激动人心的传统主题。同时，在他之后的一代学者，譬如德里达、德勒兹以及其他人，也缺乏关注他著作的兴趣，尽管德里达在述中批评他通过关注肉身来强调距离上的直接性与邻近性、决裂与不可触碰性的观点，但这却是很久之后的迟到的回应。好在他的著作在其身后的出版又重新燃起学者们对他的兴趣。

萨特（Sartre, 1905—1980）

终其一生，让-保罗·萨特都过着一种公众人物的生活，同时他也是**介入政治事务的**知识分子（engagé intellectual）的典范。他的才能体现在众多领域：他写作小说、戏剧、传记以及评论，也撰写哲学著作，但在这些著述中贯穿始终的是他的哲学与政治立场，但后者随着时间而不断变化。从严格的哲学标准来看，他的主要著作是《存在与虚无》(Being and Nothingness, 1943)，同样重要的还包括《存在主义是一种人道主义》(Existentialism is a Humanism, 1946)。他认为自己最重要的著作是《辩证理性批判》(*Critique of Dialectical Reason*, 1960)，在该书中他试图为作为"我们时代的哲学"的马克思主义提供一种崭新的基础，同时又斩断它同被他视为堕落的苏维埃形态的马克思主义之间的关联。

萨特出生于巴黎，并在此求学。他在法国巴黎高等师范学校就读期间，结识了莫里斯·梅洛-庞蒂与雷蒙德·阿隆，形成了一些他最为重要的人际关系。在这段时间他也结识了西蒙娜·德·波伏娃，后者当时正就读于索邦大学。在巴黎高师时，萨特荣获了恶作剧者的名声，他的一次恶作剧，即向新闻媒体宣布家财万贯的飞行员查尔斯·林德伯格（Charles Lindbergh）将会获得巴黎高师荣誉学位，导致了巴黎高师的校长不得不引咎辞职的惨剧。所有法国男性都有义务完成一种形式的兵役，因此萨特有一段时间是军队中的气象员，之后就开始了作为中学教师的职业生涯，这是其大部分同时代人在写作博士论文时的选择。

第二次世界大战爆发后，萨特再次参军，且被德军逮捕并关押了九个月。这一经历对他来说是具有转变性的。西蒙娜·德·波伏娃记载说当他回到巴黎后，他具备了一种与之前不同的严肃。他所协助成立的地下反抗组织"社会主义与自由"，在行动上可谓深思熟虑，甚至曾计划刺杀勾结德军的政要，但由于缺乏支持而最终解散。失望之中的萨特决心投身于著书立说的事业。[1] 战火连天的岁月催生了《存在与虚无》的诞生以及《苍蝇》(*The Flies*) 和《禁闭》(*No Exit*) 这两部戏剧和一系列报刊文章的发表。

1944年巴黎解放后不久，萨特联合西蒙娜·德·波伏娃、雷蒙德·阿隆以及莫里斯·梅洛-庞蒂创立了《现代》杂志，它是以查理·卓别林（Charlie Chaplin）的同名电影命名的。[2] 创刊号中包含有萨特对该杂志宗旨的陈述，界定了介入文学（littérature engagée）这一理念。这部杂志引

---

[1] 这一有关上述事件的表述是有争议的。一直有观点认为萨特与德·波伏娃事实上是合著者。他们的声誉就摆荡在他们身后那些试图出版著作的崇拜者、敌对者、持修正论调的人们，以及时间对真相无情的揭露之间。

[2] 卓别林这部电影通常译作《摩登时代》(*Modern Times*)。——译者注

介了许多著名的作家，其中包括让·热内（Jean Genet）与萨缪尔·贝克特（Samuel Beckett）。冷战以及斯大林所引发的复杂问题使得他们彼此之间产生嫌隙；阿隆是第一位由于杂志支持共产主义而出走的创办人，他转到了《费加罗报》（Le Figaro）担任编辑；之后梅洛-庞蒂也离开了。萨特与阿尔贝·加缪（Albert Camus）的友谊也因此遭受重创。萨特极为不认同加缪对阿尔及利亚战争的态度——加缪出生于阿尔及利亚，他体会到那一丑陋时期战争双方观点的力量，并且或许有些体会过深了——因此萨特为加缪的《反叛者》（The Rebel）找来了一位充满敌意的评论者。当加缪表达不满后，萨特的回应方式使得他们之间的决裂变得不可避免。

朝鲜、古巴、苏联、阿尔及利亚、非洲其他地区和世界各地的反殖民主义运动、对美国霸权的反抗、越南战争以及一般意义上的政治事务，特别是法国20世纪60年代末动荡时期的政治，吸引着1945年后三十年间萨特的目光。他因在1968年夏天巴黎暴乱中引发内乱而被捕入狱，但因戴高乐将军（General de Gaulle）的命令而被释放。戴高乐将军的原话是，"我们不会逮捕伏尔泰"。萨特拒绝了1945年颁发给他的法国荣誉军团勋章，回绝了1949年进入法兰西学院的评选，并拒绝接受1964年的诺贝尔文学奖。他说，他不想得到与他所反对的政治体制相关联的机构的承认。不过在1976年他接受了耶路撒冷大学授予的荣誉博士学位。在他去世后，一位瑞典皇家科学院的成员据说曾经表示，在萨特拒绝接受诺贝尔奖后几年，他本人或其代表曾询问他们是否可以获得该奖金。

在1980年萨特的葬礼上，前来吊唁的人可谓人山人海，据说多达五千余人，他们跟随着他的棺椁直至蒙帕纳斯（公墓）。据传，一位年轻人告诉他的父母，他已加入反对萨特逝世的示威游行。这就如墓地的名称一样，作为萨特一生走向终结的标志，是恰如其分的。

无论人们有关萨特还了解些什么，他们肯定会知道萨特与西蒙娜·德·波伏娃之间终生相伴的关系。他们两人在其关系的早期就已结束了肉体意义上的情人关系，并且各自都有许多其他情人，对德·波伏娃而言则是男性女性情人兼而有之。他们的情人包括他们的学生与同事，他们

欧陆哲学　503

之间还会彼此共享或馈赠情人，而唯一持久不变的就是他们两人之间的关系。由于有意无意的性别歧视无处不在，德·波伏娃作为作家和思想家的地位虽然崇高，但却在他们生前以及身后一段时间内，始终被当作萨特的注脚。将来的历史或许会以不同方式排定他们的位次。

吸引萨特进入现象学领域的是现象学在既肯认世界存在的同时又承认意识的优先性中，克服实在论与观念论之间对立的承诺。萨特 1933 年在柏林的法国文化中心待了整整一年，在那里细致地研究胡塞尔的著作；之后在战争刚开始的几年，他开始研读海德格尔。他的"现象学本体论"（'Phenomenological Ontology'，《存在与虚无》一书的副标题）就以他们的这些学说为起点，但又与之不同。他认同这些学说区分本体论和形而上学的方式，也即将前者理解为专门与意识有关的描述性活动，而将后者理解为对生活以及世界提供一种根本的概览性解释框架的努力。海德格尔拒绝了这一事业的构想（idea），但萨特更为温和地指出它提出了无法回答的问题。

萨特的学说以区分存在的两种基本类型，即自在（en-soi）以及自为（pour-soi）为起点。粗略来说，自在是无意识的存在，自为则是有意识的存在。之后他补充了第三种类型，即为他（pour-autrui）。每个人都是自在与自为存在的结合体。一个人的自在面向是消极的，其存在是充满惰性和卑污的；它仅仅是其所是。但自为的面向是动态的、流动的和易变的。它取决于自在，也即无法脱离自在而存在，但却一直努力超越或"虚无化"自在，因此就创造出一种"境遇"。境遇是不确定的，它们的不确定性取决于自在与自为不同比例混合而成的函数。萨特指出这意味着我们总是试图成为超出我们自身的事物，或我们之外的事物。他举出的例子是餐厅中的一名服务生。这名服务生努力成为一个**服务生**，这就是他的自在；但他无法像盘子能够成为一个盘子那样成为一名服务生，因为作为一个人他是自为存在的，他在**作为**一名服务生的同时想要**成为**一名服务生。因此他会陷入一种"自我欺骗"（bad faith）的情况中，试图成为他所无法成为的事物。

对服务生所面临的困境解释如下：自在占据了实体或物性（thinghood）的角色，而自为并不是实体性的，并不是一个物，而可以说是对物的"违抗"。自在是一种事实性，自为是一种可能性；它们之间的关系就像过去与未来或现实与可能性之间的关系，因此自为的"虚无化"活动就正如未来虚无化过去一样。有关时间的经验，就是有关自为对抗自在作为"是者"的卑污的惰性而争取其可能性的经验。

当他人显现时，为他存在这个类型就派上用场了。一个鲁滨逊·克鲁索这样的人物无法从自在与自为这两种类型中推演出一个他人（Other）的存在，因为了解他存在的唯一方式就是与某人照面。萨特借用了某人在一个令人尴尬的情形中被人发现的例子：此人感受到的羞耻是意识到他人是一种为他存在且是经验的一个主体这样的"现象学还原"。因此，他人对象化了我们，也即我们是他人的对象：我们存在于他人的意识之中，这是我们最初如何理解自身的方式；但因为在萨特看来，个体之间相互关联的基本方式是冲突，因此同样成立的是"他人即地狱"（这是其戏剧《禁闭》的最后一句台词）。其中缘由在于我们遭遇他人之前，是自由且自足的，从前反思性自我向外观看世界。当他人出现时，他们如同一个吸水管一样将我们吸进去；由于使得我们如同他人看待我们一样看待自身，这就是一个对象化的过程，同时因为它使我们转变成为对他人而言的自在存在，这就产生了一种异化的境遇。当我们意识到诸如羞耻和自豪这类情感仅仅是对一个他人"凝视"（le regard）的反应时，就会明白这一点。凝视并不需要他人实际上在场，他名义上的在场已然足够。

当然，自我与他人之间的关系是彼此且相互的，就如同他人对象化并异化我，而我对象化且异化他一样。"当我试图将自身从他人的掌控中解放出来时，他人也试图将其自身从我的掌控中解放出来；当我试图奴役他人时，他人也试图奴役我。"这里对黑格尔"主奴辩证法"的援引是非常明显的。这是"自我欺骗"（mauvaise foi）的一个不可避免的来源，因为人与人之间关系的可能形态都会产生问题。萨特将"受虐狂"描述为做出如下举动的人，即通过让自己臣服于他人，成为其对象而增进他人的自由；而"施虐狂"则指的是这一举动，即通过拒绝他人的对象化活动而超越他人试图对自我进行的对象化。爱是通过将自我与他人这两种意识融合为一，实现"自在且自为"的存在这一整体的努力。但是由于这会消除作为一个存在的自为意识基础的他者性，而且进一步来说这一消除是相互的，所以其结果就是矛盾与冲突。但是既然我们无法脱离与他人之间的关系，那么我们唯一能够处理这一境遇的方式就是自我欺骗。

在萨特立场中居于核心地位是这样一组观点："存在先于本质"以及我们是绝对自由的，实际上是难以承受的自由的。前者意味着个人是自我创生的，因为他们来到这个世界或具备自我意识时并未具有一个等待着他们的先在目的或筹划，而是不得不通过他们自己的选择与行动成为其所是。在《存在主义是一种人道主义》中萨特写道："人首先存在着，与他自身照面，在此世界中拥有各种际遇——这之后才开始定义他自己。"这一观点的必然推论就是每个人都要为其自我创生而**负责**："自由是对人们的惩罚；因为一旦被抛入这个世界，他就要为他所做的一切负责。"有关自由的知识及其所包含的责任导致了**焦虑**（anguish）。

这里产生的问题是我们是否可能获得本真性，这个萨特伦理学中如果不是唯一也是主要的价值。就其所描述的异化且焦虑的境遇是对我们的惩罚而言，他的回答似乎认为本真性是不可获得的。他的观点如下：如果我们放弃成为"自在且自为"的存在的欲望，我们就会获得本真性，并因此将自身从把我们的自我等同于自在存在也即作为一种物中，解放出来。与此相反，我们必须允许一种自然的前-自我-意识的"自我性"的产生来取代作为自我的"客体我"。如果我不再处于"占有"的关系中，且自我认同于我的自我，同时以向外的方式关注我的目的与目标，我就不再处于自我欺骗之中。

人们广泛认为萨特的《存在主义是一种人道主义》是其20世纪40年代中期观点的一个总结，这部书源于1945年他在巴黎的一次讲座，主要是因为它的简洁和清晰，使得它成为萨特严格意义上的哲学著作中经过翻译具有广泛受众的一部作品。它招致了其他哲学家的诸多批评，并且萨特自己之后也否定了其中的一些立场。然而，它是自由及其焦虑，以及自由出于自我创生而施加的责任这些议题**经常援引的经典著作**。这些议题启发了20世纪50年代和60年代一代又一代开始具有自己的自由与责任意识的年轻人，即使他们对其了解只限于脱离了《存在与虚无》的本体论和现象学资源的口号。

在当时，将阿尔贝·加缪（1913—1960）与萨特归为"存在主义者"是很常见的，尽管加缪拒绝这一标签，且坚持将自己的立场描述为一种"荒诞主义"。他指出人类的荒谬境况就在于人性与世界之间的关系是无谓的，因为如他所言，人性与世界这两者都不具有任何内在意义是"它们之间的唯一联系"。这就带来如下三种回应中的一种：肉体自杀、以接受某种形态的宗教慰藉为形式的精神自杀以及勇敢地接受并拥抱事物的荒诞。除了他的小说外，他的文章《西西弗神话》(The Myth of Sisyphus)主要表达了这一观点。通过提及被惩罚来永远做着徒劳无用工作也即永远无法成功将巨石拱上山顶的西西弗，这篇文章总结说由于"斗争本身"赋予了意义这个事实，"我们必须设想西西弗是幸福的"。加缪的小说对此主题不仅加以例示且有诸多扩展，并使之牢牢抓住了他所处时代的想象力。

就如加缪作为哲学家的声名因其与萨特的关联而被掩盖，西蒙娜·德·波伏娃（1908—1986）可能更是有过之而无不及。她作为一位女权主义者和小说家的声名自然极为杰出，但她对哲学的专门贡献却不及她在这些领域中的成就。我们可以下述内容为例。萨特从黑格尔那里继承了这一观点，即意识通过与他者的关系而成为"自为"存在，并且通过他所发展的"凝视"观念而被引入到他有关异化的理论之中，同时借助于爱，而构成了对实际上是主奴关系的徒劳超越。德·波伏娃通过对男性与女性之间关系实际情境的具象化和阐述而化用了这些观点。具体方式是她将主导的意识形态刻画为这样一种关系，在其中**男性**是主人而**女性**是他人与奴隶；女性的角色就是承认男性的事业进而证实并服务于它。她将浪漫爱情理解为女性通过"使得男性的凝视着迷"而俘获男性主体性的努力，即便与此同时女性允许男性为之规定其可能的利益与目的。德·波伏娃像萨特那样总结说，由于他人所设定的条件，试图形成一种关系的努力注定会失败。不过，在她这里她的著述对任何读者来说都具有揭示性的意义，因为它与现实的关系是如此地紧密；但在萨特那里，他的论证就完全是以抽象术语展开的。

在这些观点之外，德·波伏娃在她的名著《第二性》(*The Second Sex*) 第二卷的开篇，提出"一个人并非生来是女性，而是成为女性"这一观点时，化用了存在先于本质的观点。尽管如此，但我们会看到她对这些主题的运用使得她跻身于一流的存在主义思想家之列。再加上她在《模棱两可的伦理学》(*Ethics of Ambiguity*, 1948——这一标题是对 *Pour une morale de l'ambiguïté* 的勉强翻译）中对伦理学的社会可实现性（possibilities）的强调，她对萨特在 20 世纪 50 年代激进主义中转而关切更普遍问题的影响也变得更为明显。

萨特晚年的重要著作是他写作的一部古斯塔夫·福楼拜（Gustave Flaubert）的传记，也即《家庭白痴》(*The Family Idiot*, 1971—1972）——尽管这远非正统的传记。这部著作尽管并不完整，但它将萨特著作中早期的存在主义与后期的马克思主义主题结合在一起，并锦上添花地加入了对其戏剧和小说颇有影响的强有力的心理学观察。其结果就如一位见多识广的评论者所指出的那样，这部著作"令人崇敬但却疯狂"，这正是萨特自己曾经对他人的评价。在这部传记中，萨特将福楼拜不幸的童年同自己极为幸福的孩提时期做出令人惊讶的对比。针对萨特，这位评论家以戏谑的口吻说道："这个中产阶级家庭使得这位未来的马克思主义者、存在主义者以及洛根丁（Roquentin）的创造者未曾经历风霜是多么自私和没有天理的不公平啊。另一方面，福楼拜的家庭就是个更为合适的中产阶级家庭，提供了萨特被剥夺的恰如其分的痛苦与不幸。"这个玩笑提出了很有意思的问题。

伽达默尔（Gadamer, 1900—2002）

现象学与存在主义主导着 20 世纪上半叶的欧陆哲学。在 20 世纪下半叶中哲学旨趣出现了分化，其中第一批思潮之一就是汉斯-格奥尔格·伽达默尔（Hans-Georg Gadamer）的解释学理论。

伽达默尔出生于德国黑森拉恩河谷马堡市小城镇中一个严格恪守新教伦理的家庭。他是家中唯一的孩子。在他四岁时母亲便去世了，将他留给他强硬的父亲来照料。他成长于西里西亚普鲁士属地的布雷斯劳（Breslau），他的父亲是当地的一位化学教授。在他进入布雷斯劳大学开始求学后不久，伽达默尔就回到了马堡大学，因为他的父亲被任命为该校的药学教授。这是一次具有重大影响的迁徙，因为在他完成其论柏拉图的论文后，伽达默尔成为刚到该校的海德格尔的一名助手。海德格尔对这位助手的能力持消极态度，因此伽达默尔从哲学转入了古典语文学。

伽达默尔的教授资格论文同样是有关柏拉图的，这篇文章挽回了海德格尔对他的赞许，进而开启了他们之间一段如果不总是轻松但却亲密的关系。在接下来的二十年中，伽达默尔先后在马堡大学、基尔大学和莱比锡大学任教，最后接替卡尔·雅斯贝尔斯（Karl Jaspers）继任海德堡大学的哲学教席。

生活在纳粹统治时期的德国，对任何不认同该制度的人来说都不容易；而生活在战争即将结束那年的德国，对所有人来说都很艰难。出于各种各样的原因，除了在 1933 年加入国家社会主义教师联盟（这一年纳粹开始掌权），并签署"德国教授对阿道夫·希特勒与国家社会主义德国的忠诚誓言"外，伽达默尔得以在无须过多妥协的前提下保全于乱世。他的第一份工作，也即在基尔大学的职位，就是取代一位已被解雇的犹太讲师。伽达默尔与其他人一样，认为在纳粹统治下保存一份工作就意味着要听话，因此他主动加入一个宣扬纳粹学说和体育运动的兵营，这个兵营以此来规训新德国所需的那类正确公民。当他在这个兵营中时，希特勒前来视察，在伽达默尔看来希特勒似乎"头脑简单，事实上是笨手笨脚，就像男孩在扮演军人"。在战争结束时,伽达默尔是占领德国的军事力量所倚重来帮助重建这个被摧毁的国家与社会的群体中的一员。

使得伽达默尔享有盛名的著作在他的一生中姗姗来迟:当《真理与方法》(*Truth and Method*, 1960)这部他提出自己解释学理论的著作发表时,他已然六十岁了。在导论中,他指出这部著作的目的是正当化那些由不同经验类型加以传达且无法得到自然科学方法证实的真理。解释学,这种"人文科学"与艺术所专属的解释与理解工作,能够获得何种知识与真理?答案就是:对栖居于理解中的真理的知识。他写道:"我认为,当下对解释学现象的兴趣建立在下述事实之上,即只有对理解现象的更加深刻的考察才能够提供(解释学的)正当性"——他认为这一信念因"当下哲学赋予哲学史的重要性"而得到巩固,这一点可以从如下事实中得到解释,即伟大思想家文本中的真理只有通过一种解释学方法才能够获知,而无法通过被自然科学奉若神明的方法获得。

对艺术而言也是如此。任何体系性和量化的表述都无法取代我们对艺术的经验,这种经验把握住了艺术以其自身独特方式传达的真理:"艺术的经验,"他写道,"是对科学意识承认其局限的最为洪亮的劝诫。"历史领域亦复如是:在此伽达默尔也反对像威廉·狄尔泰(Wilhelm Dilthey)等人的工作,即用在他看来并不适切于目的的方法论来解决人类是试图理解历史的历史性存在这一问题。狄尔泰曾写道:"历史科学得以可能的首要条件,就在于我自身是一个历史性存在这个事实,也即历史的研究者同时也是历史的创造者。"为了避免相对主义,历史学家作为解释者需要一种严格的方法来超越其文化与历史情境的局限性。伽达默尔以及他之后的哈贝马斯出于相似的理由而拒绝了这一方法。但伽达默尔同时也拒绝了解释学工作中本体论具有优先性这一海德格尔的观点。相反,他主张解释学需要将本体论与历史结合为一体来表明正是通过语言以及解释活动的鲜活语境使得存在得到完全敞开。

解释学是从文本和过往中"重新获得意义"的事业,并且起初是在18、19世纪快速发展的学术中运用于《圣经》研究和古典语文学中的技术，它是一项追求客观真理与理解（或尽可能客观的真理与理解）的启蒙运动任务。因此，对学者而言解释学方法的问题就变得至关重要。狄尔泰将解释学方法扩展到一般性人文科学领域，并指出它涉及"由外而内"的互动，即从他人的外部通过他们提供的外在符号，譬如语言、著述、行为、艺术产品、行动等，走入他们的内在意识。

海德格尔对此持有不同的立场。与他试图超越事物表面，并因此而要比解释学理论与方法更加深入到理解活动本身结构之下事物的雄心一致，他拒绝"解释学循环"这一既有的立场。该立场认为在任何意义结构中，部分与整体之间彼此且相互解释。海德格尔指出，理解任何事物的可能性都涉及必然在下述意义上"已然理解了该事物"，即恰恰是我们能够理解事物的基础要求我们与此事物共在于世界之中。因而在本体论层面，理解的可能性就"已然"存在了，所以解释学就是使得本体论基础中这一方面的结构得以清晰的过程。

伽达默尔试图深化如下观点，即人类在其本质的最基本层面来说，对理解活动以及在确定这一天赋的能力与局限方面发挥着构成性作用。他认为艺术尤其能够揭示真理的性质，因为艺术表明了真理是一个**事件**，它是当我们开始领悟到艺术呈现给我们一些超越于我们自身的事物时，所发生的事情。它并不是一个针对艺术品适用标准加以衡量并从客观角度评判其价值的问题。真理是"所发生的事情"这个观点至关重要，因为伽达默尔的关切是证明在解释过程中，"并不是我们做了什么或应当做什么，而是除了我们的需要和行为外所发生的事物"。

这一论述并非主观主义的。伽达默尔拒绝了早期解释学理论的主观主义立场。相反，他诉诸这一观点，即在与真理的照面中我们从自身中脱离而进入到更宏大的事物中，就如我们在**进行游戏**时所发生的那样——试想一下我们打网球或下象棋——当我们沉浸于游戏这一活动中时，就出现了游戏掌控着游戏者意识的情形，并且可以说是游戏通过游戏者而成为游戏。因此并不是主体的游戏，而是游戏吸纳了主体。这并不意味着游戏者在游戏实现自身时成为了无意识玩偶；相反，它意味着主体毫不费力地介入到游戏之中——这非常像打网球时的禅定模式（Zen mode），此时自我意识并不主动出击使之成为非自发性和被迫进行的活动。游戏是自行展开的，但游戏者却无疑是其中的一个行动者、一个因素，而且体验着一种伴随着放弃掌控游戏的努力的新的自由。

在游戏过程中，游戏者将自身**呈现为**一个参与者，她的想法并不是获胜而纯粹是处于游戏之中并推动游戏本身的任务。这解释了艺术的起源：当游戏者的自我呈现不再仅仅是为了做游戏本身，并且将其自身向他人呈现时，它就有可能转变为真理——它不是作为游戏者或观察者的意图而成为真理，而是由于它是"艺术品本身的存在方式"。因为艺术会说话：在与艺术的照面中，我们倾听到艺术对我们的诉说并对我们有所影响；这一经验不仅仅是理论性的，也即不**仅仅**是对一个真理的承认，也具有实践性和存在性的意味，也即对我们的生活有所影响。艺术如此对我们诉说："你一定要改变你的生活！"

伽达默尔指出，在每个思想背后都有一整套假设和背景性信念，他将之称为"偏见"，[1]但他不是在消极意义上而是在中立意义上使用这个概念，因为我们的一些假设和信念可能值得保留，但另一些可能值得拒绝。在此意义上，我们无法脱离偏见（即假设和继承下来的信念）而存在，并且它们构成了我们知识的一个来源。因此，伽达默尔反对启蒙运动"对偏见的偏见"，并赋予理解以揭示和评判偏见以及构成偏见的权威与传统的任务。传统使得我们自己的境遇可以被理解，而理解本质上说是一个历史性过程，设若不向我们自身中体现的传统以及我们所照面的艺术品及文学敞开，我们的理解活动就无法进行。

还有两个概念对伽达默尔的整体学说非常重要。其一是"视域"或知识的界限这个概念，我们不要把它做消极意义上的理解，而是理解为类似于图片边框一类的事物，它们使得我们能够恰当地观看图片。当一个人

---

[1] "偏见"这一概念在当下的通行译法为"前见"，即德语中的 Vorsicht, Vorurteil。出于照顾行文语意连贯，按照字面意译出。——译者注

自己的视域同另一个人或（比如说）文本的视域加以"融合"后，我们就能够了解到"超出近在眼前的事物——这不是为了将目光从它身上移开，而是在一个更大范围的整体和更真实的比例下更好地观察它"。其二则是人性本质上说是语言性的。语言是"我与世界照面的中介，抑或呈现出我们最初同属彼此的特征"。

  一些批评者认为伽达默尔是在抨击科学，另一些人则认为他是在反对一种实证主义理论会不明智地倡导的科学主义。于尔根·哈贝马斯就是前一类批评者中的一位，他认为伽达默尔是说真理与方法（科学方法意义上的方法）构成了直接对立。他也指责伽达默尔在讨论传统与权威时未能论及意识形态的力量。哈贝马斯认为，传统与权威需要得到批判而非接受。伽达默尔回应说这将落入现代主义谬误之中，即认为主体能够脱离于过往，而实际情况则反而是这些过往的遗产无法被全然抛开，且不得不成为我们理解过程的起点。

  即便从如此高度概括的对伽达默尔主要观点的论述中，我们也能够看到他的学说如何对有关教育、欧洲理想、人文学科以及不同文化之间相互理解的增进等论争具有广泛的实际贡献。其结果就是他的学说在学术界之外，譬如医学、建筑、法律与环境问题中，具有持续的影响力。他一直活到 102 岁，直到去世时依旧在工作。

利科（Ricoeur, 1913—2005）

  保罗·利科（Paul Ricoeur）是解释学的第二位倡导者，他是伽达默尔年轻几岁的同时代人。

  利科在很小的时候就成为孤儿。他的母亲在他出生后不久便去世了，他的父亲在 1915 年 9 月的第二次香槟战役中阵亡。他的家人是胡格诺派教徒，抚养他长大的祖父母勤奋地研习《圣经》，这培育了他热爱读书、勤奋刻苦的习惯。他进入位于雷恩市的埃米尔·左拉高中，并在该市大学完成本科学业。之后他前往索邦大学，完成了有关神学的博士论文。

战争的到来使得他有更长的时间来学习——他在被征募入伍后又被捕，因此就在监狱中学习。"军官集中营"（Offizier Lager, Oflag 11-D）这个他接下来待了五年之久的地方被组织成为一个严格的研究中心，并获得法国维希政府授予的颁发学位的资格。在此他仔细研究了精神分析学家和宗教思想家卡尔·雅斯贝尔斯，并翻译了胡塞尔的《观念 I》（*Ideas I*）。这一翻译成为他战后提交的博士论文的一部分。他的教学生涯开始于斯特拉斯堡大学的神学系（这是唯一设有神学系的法国大学），在此他一直工作到 1956 年，直到被任命为索邦大学的哲学教授。

利科三部最为重要的著作发表于在索邦大学任教期间，它们分别是一同在 1960 年出版的《易犯错误的人》（*Fallible Man*）以及《恶的象征主义》（*The Symbolism of Evil*），接着是出版于 1965 年的《弗洛伊德与哲学》（*Freud and Philosophy*）。就在这一年他错误地接受了南泰尔（Nanterre）一所新大学——坐落在南泰尔城西部郊外当时被称为"巴黎第十大学"——的校长职位。这里成为 1968 年风暴中最为暴乱的校园之一，利科自己也饱受攻击并被学生称为"年迈的小丑"。他接任该职位时对一种全新的大学教育模式充满了乐观，却被这一本来打算纾解巴黎大学体制中古板的传统主义与人满为患的现实的改革所带来的出乎意料的结果浇灭了激情。结果就是他辞职下台，前往比利时的鲁汶天主教大学任教，之后又到芝加哥大学神学院授课。在 1985 年他退休返回法国。

具有这样背景的利科似乎会与索伦·克尔凯郭尔（Søren Kierkegaard）、雅斯贝尔斯以及伊曼纽尔·列维纳斯（Emmanuel Levinas）这样的思想家，也即那些从某种形式的神学或有神论立场中寻找到他们的理论路径的思想家，同属一类。由于这种立场并非对哲学问题的解决方案，我没有将宗教思想家视为哲学家，至少不会不加限定地将之视为哲学家。因为如果存在着一个全能、全知且永恒的存在，那么无论什么事情都是可能的。但是俗话说"世事难料"，并且如果一切问题的解决方案即便难以理解但却已然唾手可得而不需继续思考，那么就连对问题本身的思考都因此是没有意义的。不过利科尽管在宗教与信仰方面著述颇丰，但并没有将神预设为一切问题的哲学答案，而是提供了一种不依赖于具有特权的启示或教义基础的深邃的伦理形而上学。

利科的主要贡献在于他将现象学与解释学结合起来以便完成他眼中解释学的主要目标，即"克服间距"，譬如克服当下与过往文化之间的间距。"通过克服这一间距，通过使得我们自身与文本处于同一时代，解释者能够使得文本的意义为自己所占有：使得陌生的意义变得熟悉，也即成为他自己的意义。这便是他通过理解他人而获得的对自身理解的进步。因此，每一种解释学或明或暗地都是借助于理解他人的自我理解。"

事实上利科将一切哲学都视为解释学，这意味着存在既表现自身又通过解释文化呈现自身的符号这一持续活动而获得意义。自我，或更准确说是自我的发现，通过逐渐占有这些意义并对之展开反思而获得。这就为回答"我是谁？"这个他认为是位于哲学根源的问题开辟了道路。反思表明我们拥有"双重本质"，处于划分我们自身中意愿与非意愿界限的任意一端。但对自我的发现永远不会完成，因为询问"我是谁？"的"我"既是追寻者又是被追寻的事物。只有解释学路径能够处理这一辩证循环。

这种路径能够使得我们明白作为具身化的存在，我们的自我无法通过笛卡尔式内省活动而得以把握，因此我们不得不将自我肯认为语言、社会与肉身的联合体。但是这种联合不是静态的，因为我们生活在一段时间叙事中，并且我们体验时间的方式正是使得自我发现得以可能所必需的要素的一部分。这一观点推动利科发展出一套时间理论，区分出"现象学时间"（我们线性体验到的从过往经现在而朝向未来的时间段）以及"宇宙时间"，即有关"时间之河"本身更为抽象的一般性观念。"人类时间"是对这两者的统合。这两种时间观预设了彼此的存在，并且两者的结合即人类时间要求叙事性地加以理解，在它所构成的叙事中我们是既被自身"书写"又被自身"阅读"的人物，而对自身的阅读构成了自我认同的基础。

不过自我认同是一种脆弱的建构，因为它的建构源于我们对自己为自己书写的叙事的"阅读"，但它也取决于他人如何看待我们、他们如何对待我们以及我们如何与之相关。自我可能会迷失，并且因为生命的伦理目的就是获得一种应得的自我价值感，所以这种迷失就是一种道德上的失败。鉴于达成这一目的依赖于自我与他人的关系，在自我与他人之间就必然存在一种善行的互惠，而且潜在于互惠之下的"关爱"态度就具有重要意义，将自我与他人通过同情（sympathy）而联系在一起。利科有关伦理学的论著，最初是1985—1986年吉福德讲座的内容，最后以《作为一个他者的自身》(Oneself as Another, 1990) 为题出版。

对利科来说，最高的价值就是友谊与正义，因为这两者保全着自我，并且当自我迷失或受到损害时，它们提供修复和弥补的方式——实际上就是"救赎"的方式；由此可见，那些在他祖父母家中孜孜不倦研习《圣经》的时光，在他有关生存问题引人入胜而充满人性的解答中留下了印记。

德勒兹（Deleuze, 1925—1995）

在与激进的精神分析学家菲利克斯·瓜塔里（Félix Guattari）于20世纪60年代末展开合作之前，吉尔·德勒兹是一位哲学史家，尽管与通常意义上的哲学史家并不相同。他同样也由于远离受到现象学以及黑格尔与海德格尔影响的欧陆哲学主流这一点而显得非常另类；因为他是一位（某种类型的）经验论者，推崇的哲学传统包含如下20世纪法国和德国哲学家不太关注的成员：斯宾诺莎、莱布尼茨、休谟（这是欧陆哲学家所不关注的学者）以及康德和尼采。尽管他深受康德的影响，但他富有感情色彩地将之视为"敌人"。正如他的思想观点构成一样，他看不上黑格尔。在他选择论述的哲学家之间，他洞悉到一种深刻的关联，他将之称为"由对否定性的批判、对快乐的培育、对内在性的厌恶、力量与关系的外显，以及对权力的谴责构成的隐秘关联"。

德勒兹出生于巴黎，并且除了由于1940年德国入侵法国而在诺曼底度过短暂而幸运的一年外，他终生居住在巴黎。这一年时光之所以幸运，是因为在此有一位老师启发他阅读并使他萌发了对知识的兴趣。在接下来的战争岁月中，他就读于亨利四世中学与索邦大学，但并未能心无旁骛地读书：德勒兹的哥哥乔治由于抵抗活动而被捕，并在前往德国监狱的途中死去。

按照法国学者的通常方式，德勒兹成为巴黎大学教师前在不同的中学，包括路易勒格朗（Louis-le-Grand）中学任教。在 1960 年代早期，发表他较具影响力的历史研究著作之一《尼采与哲学》（*Nietzsche and Philosophy*, 1962）时，他与米歇尔·福柯结识并成为好友。与瓜塔里更为重要的会面与 1968 年学生与工人暴动发生在同一时期，这标志着他开始以自己的方式而非通过研究其他思想家来提出哲学主张。他在《致一位批评者的信》（'Letter to a Critic'）中，即便不是非常文雅但也是形象生动地如此描述自己的历史研究："(我认为)哲学史就是一种兽奸或（都是一样的）圣灵感孕说。我认为自己是在从背后偷袭并强暴一位作者，然后让他怀上一个会是他自己后代的孩子，但同时也是个怪物……其怪异是因为它源于移位、滑动、错位以及隐秘的释放这一切我所真正享受的活动。"

在德勒兹与瓜塔里合著的富有影响力的著作中，两卷本的《反俄狄浦斯》（*Anti-Oedipus*, 1972）与《千高原》（*A Thousand Plateaus*, 1980）尤为突出。1968 年的事件使他成为一名激进分子，他（同福柯一道）为改善监狱条件投身运动，为同性恋者权益奔走呼吁，并撰写有关电影和艺术的著作。瓜塔里逝世于 1992 年，他们最后合作的著作《何为哲学？》（*What is Philosophy?*）在 1991 年出版。

德勒兹终身罹患肺疾，并且在 1969 年不得不做肺切除手术。这之后呼吸对他来说越来越困难，使得最简单的活动也变得极为繁重，并最终成为难以忍受的重负。自 20 世纪 90 年代初开始，他感到写作都是一件难事。1995 年他从公寓的窗户纵身跃下，自杀身亡。

德勒兹的哲学立场包含两个核心原则。一个是"一切同一都是差异的结果"，另一个是"真正的思考是与现实激烈的遭遇，是与既有范畴自然而然的决裂"。他早期投身哲学史工作受到了如下观点推动，即"哲学史"作为一种官方屏障而存在，它将专家与专业知识奉若神明，因为"你若没有读过柏拉图、笛卡尔、康德和海德格尔以及关于他们的诸如此类的著作，又如何展开思考呢？这是一所令人生畏的充满恫吓的学校"，但对哲学传统的介入则应当是一项出产新概念的充满创造性的事业。这就关联到了德勒兹倡导成为一名经验主义者（尽管这并非标准意义上的）这一主张："我总感到我是一名经验主义者。"他写道，因为他相信"抽象的理论无法做出解释而是必须得到解释；我们的目的不是再次发现永恒或普遍的事物，而是寻找到新事物得以产生的条件"。他特别强调后者，即经验主义的**创造性**功能。换句话说，他的经验主义是对任何"先验"事物的拒斥，进而关联到对一切内在事物的认同。这意味对**先天**理性的优先地位以及存在的形而上学双元性主张的挑战。

德勒兹最青睐的哲学家是斯宾诺莎，他称其为"哲学家之王……哲学家中的基督……彻头彻尾的哲学家"，以及哪怕是其他哲学家中最伟大的一位"也几乎不过是或远离、或靠近斯宾诺莎之谜的信徒"。在他看来，斯宾诺莎有如此之高的地位是因其分毫不差地将前述两个原则结合在一起，也即在拒斥先验性以及接受内在性意义上的经验主义，以及一个万物在其上加以呈现的单一"平面"——因为万物都是斯宾诺莎所说的**神即自然**这一单一实体的一种形式。此外，斯宾诺莎《伦理学》的核心，如其标题所示，是伦理学：这部书的所有论证都旨在祛除有碍我们获得自由与快乐的幻觉，也即源自幻觉和与必然性徒劳对抗的自由，以及拒绝"痛苦情感"的快乐。

德勒兹的一个核心概念是"内在性"。它意味着经验上为真的事物，并且被理解为包含如下观点，即一切真实的事物都存在于存在的同一个平面上，也即除了经验性的或构成经验性事物本质的平面外，不存在更加深入、更高层级或与经验不同的先验平面。一切存在的事物都必须通过它与其他事物的关联加以理解。这一关联中最为基本的就是**同一性**。德勒兹指出，在思考同一与差异的概念时，我们通常从同一性入手，并区分出**数**的同一和**量**的同一；其中前者意味着"x=x"，而后者意味着"x"和"y"这两个事物看上去如此相似以至于像"同卵双胞胎"一样，我们无法对两者做出分辨。但相反，我们应当将**差异**视为更为基础性的概念，因为被给定的一切事物，譬如事物、事物的属性、属性彼此之间的关系等，被给定为与其他事物**不同的**事物；并且还是"自我差异"的，因为存在是一种过程，也即生成的过程。因此，用德勒兹自己的术语说，个体性与复数性都是差异的影响或结果。

使得差异成为比同一更基础的概念就产生了有关重复的问题。通过对尼采"永恒轮回"的细致分析，德勒兹发现"回归"并不是对之前生命与情境的一种重现或精确模拟，而是轮回的**回归本身**——这一轮回活动是重复的，但每一次都回归到不同的事物，因为"差异栖息于重复之中"，并且轮回的时间不是过去而是未来："永恒轮回的主体不是同一的而是有差异的，不是相似的而是有所区别的。"

德勒兹最富影响力的论述之一（他有许多这类评论）就是他有关伦理努力目标的观点，即伦理努力是为了使得我们"变得配得上发生在自己身上的事情"，因此只有如此我们才会"成为一个人自己事件的后代子孙，并因此而得到重生"。

一如本书中提到的其他哲学家，德勒兹的哲学创造横跨诸多领域。他认为自己有关电影、艺术和小说的著作并非批评性作品而是哲学著述。它们是哲学创造的契机。并且同样的动力也推动着他的历史研究。在他看来，哲学本质上就是一项建构性的事业。他有关哲学史的著作清晰易懂，但他的主要著作《差异与重复》(*Difference and Repetition*, 1968)就很晦涩，与瓜塔里合作的著作就更是如此，以至于到了令人无法理解的境地。认为他们在没有明言的情况下就改变核心概念的含义，因而是有意文风晦涩的主张会遭遇下述主张的反驳，即德勒兹希望他的读者全身心地投入，迫使他们去思考。从这个角度来说，他的确成功了。

德里达（Derrida, 1930—2004）

萨特是知识界的名人，在全世界范围内都有名气；他经常外出旅行、上电视并接受采访。但是当时的生活节奏很慢，电视频道也少，并且远距离的旅途十分费力。但当德里达横空出世时，一切为知识界名人增加存在感的手段，也即更多的电视出镜、更频繁和便利的交通工具以及在美国大学中日益增多的授课机会，变得极为丰富，德里达之所以成名，至少在一个方面上与此有关。另一方面，他是一位反传统者，毫不夸张地说他的写作方式允许读者做出多重解读。由于这个原因，阐释德里达就需要把握住他下述原则中的真理（如果他会接受这个概念的话），即没有任何事物外在于语境。我们可以说，在他这里，语境就是一切。

德里达出生在阿尔及尔一个赛法迪犹太人家庭。法国维希政府的反犹政策使他无法在当地中学就读，并要求他与其他犹太儿童前往专门学校。因此他改为专心致志地踢了整整一年足球，并满怀雄心地想要成为一名职业运动员。学业上的这一空窗期可能在一定程度上导致他第一次考取法国巴黎高等师范学校失败。但在第二次考试中他获得了成功。他在巴黎高师的博士论文与胡塞尔有关。后来他说胡塞尔和海德格尔是对他思想有巨大影响的两位思想家，如果没有他们，他就无法言语。

在中学任教一些年后，德里达在索邦大学获得了一个职位，并成为保罗·利科的助手，之后在 1964 年他开始任教于巴黎高师并在此一直工作了二十年。不久之后，在 1967 年他便声名鹊起，这一年三本著作使得他为人所知：《论文字学》（*Of Grammatology*），《书写和差异》（*Writing and Difference*）以及《声音与现象》（*Speech and Phenomena*）。他这一生出版了四十余部著作，并且最后几十年中大部分时光是在美国度过的。他成为一个极具争议且引发分歧的人物，典型的例子就是 1992 年剑桥大学授予其荣誉博士学位这一问题引发的骚动。许多杰出的分析哲学家认为他是一个骗子，或最多只有在文学系不那么高的标准下，人们才能觉得他身上穿着皇室的华服。

根据德里达自己的原则，他的观点究竟是什么应当是无法说清楚的。下文试着完成这一不可能的任务。

德里达的**解构主义**提出如下主张，即并不存在诸如"主题"、话题或话语主旨这样一种将我们的理解带到一个焦点之上的单一事物。认为话语中存在着某种可被把握的事物，就仍然被禁锢于"在场的形而上学"之中。话语中既不存在主题也不存在"真理"，只有不同的视角及其延迟（deferral）。延迟意味着意义持续从试图固定它的努力中逃脱，以及一个文本或语句从试图稳固地赋予其确定含义的努力中逃脱。当我们试图理解时，我们所遭遇的一切就是断裂与变异，因此我们尝试理解的努力仅仅是显露出了误解。

德里达指出，西方哲学的主要思考方式就是"逻各斯中心的"，因为它赋予语言表现实在的特殊地位，语言因此成为意识与实在之间的中介。他继承了海德格尔对"在场的形而上学"的批判，因为后者使得显象位于使得显象得以可能的条件之上。并且它的理论是以设定一系列二元对立展开的，譬如积极与消极、善良与邪恶、简单与复杂，并且又偏向于这些二元对立中的一方。其结果就是哲学无视了许多事实，特别是以下这一点，即我们信以为真的二元对立实际上绝非真实的对立，而是本身就是从属关系层级的一部分。解构以"置换"这些观点构成的体系为目的，试图对以上各个方面做出解释。

《论文字学》的一个核心观点，就是意义持续的延迟使得一个符号的生产者希望通过符号来传递的意义，与符号成功传递的意义之间存在空隙。他创造了在通常是"e"的地方有一个"a"的"延异"（différance）这个词来命名这一空隙（德里达说这不是一个概念，甚至不是一个词）。当我们说出这个词时，它本身也是对该空隙的阐述，因为（在法语中）它的发音与 différence 这个常规词汇难以分辨，它表明了语言与文字在意义上的差别。它也表明在何处我们能够寻找到对文字或语言的替代性或被压抑的解读——在文本的边缘、在脚注中、在意图和结果之间的距离里、在事实上被给定语言或文本排除或未被说出的内容中。

随着德里达观点的发展,以及批评性和赞赏性回应在数量和频率上的增加,德里达的立场发生了转变。针对他的著作晦涩难懂的批评,他的回应是断言并辩护这种晦涩是有意为之的。在 2004 年 8 月《世界报》(Le Monde)进行的一次访谈中,德里达说他的方法体现出"一种不妥协的,甚至是不可动摇的写作与思考**气质**……它甚至都不会对哲学妥协,更遑论让公共意见、媒体或骇人的读者数量的幻想威胁或迫使我们去简化抑或压抑我们的表达。因此才会有对精细、矛盾以及困惑的严格偏爱"。

德里达的研究者们认为在他生命的最后几十年中,他的兴趣转向了政治学与伦理学。他撰写有关《圣经》文本、克尔凯郭尔以及列维纳斯的著作,并且像他诸多同时代人一样,开始转而关注文学批评、建筑、精神分析、有关女权主义和同性议题的论争,以及不可避免地,将目光投向了 20 世纪最伟大的文化与艺术形式——电影。

尽管德里达自己拒绝被固定在某一核心主张上,而是认为由于永恒的意义延迟,思想唯一能够选择的就是处于过程之中,但我们还是能够看到他的主张具有非常确切的影响,认识到这一点会带给我们很多信息。海德格尔曾经写到"解构性恢复"会使得文本向分歧以及通常是被压抑的解释可能性敞开。克劳德·列维—斯特劳斯对巴西南比克瓦拉(Nambikwara)部落的描述——特别是对其首领,这个看到学习写字能够在将来有机会巩固他在部落中权威的人的描述——提供了一系列有关语言和文字的知识,并隐含着某种使用语言和文字的方式可能会导致权力的扭曲这一观点。

不过最有意思的参照可能是莫里斯·布朗肖(Maurice Blanchot, 1907—2003)。他在《文学以及死亡的权利》('Literature and the Right to Death')一文中谈到了作者经验的深刻特异性,以及"文学起始于文学成为一个问题的那一刻"。布朗肖引用马拉美(Mallarmé)的《诗的危机》(Crisis in Poetry)写道,"我说:一朵花!我的声音便驱走了花的形状,而一种异于**寻常之花**(calyx)的东西从遗忘中升起,音乐地升起,理念的、轻柔的,那在任何花束中都找不到的花",并且在诗的意义上讨论了"语词的双重情境"以及"他截然区分的语言的两个方面。为了刻画这两个方面,他驻留在同一个词语,即'沉默'上。粗糙之言是纯粹的沉默:'它或许对任何想要彼此以人类语言交流、在另一个人掌心沉默地放入或取走一枚硬币的人来说已然足够。'因此,由于无意义而沉默,粗糙之言是语词的缺席,是没有任何事物得以交流的纯粹交流,在此过程中除了交流的活动外没有任何真实的事物,而交流活动本身也是虚无。"

因此,尽管——再一次尽管——我们可以拒绝承认这样一种理论,即它能在足够长时间内屹立不倒而成为德里达使出浑身解数所试图解构的一种哲学路径的经典,但我们很难看到如何能够避免这样的指控:如果德里达是正确的,那么有关这一理论的 40 本书中可能有 39 本(甚或 40 本)都是多余的。

欧陆思想:落选者沙龙
(Continental Thought: Un Salon des Refusés)

就如恒河的入海口一样,欧陆哲学在 20 世纪下半叶中产生出如此多样的变奏使得对它们的概述有演变成为一般观念史分析的危险。由于本书并不是关于观念史的著作,而是一部专门讨论哲学史的作品,就出现了包括谁不包括谁的问题。几乎每个对 20 世纪法语或德语非虚构作家的概述都把他们称为"哲学家"以及其他一些爱好的所有者——这些爱好包括譬如文化批评、文学批评、社会理论、精神分析、小说写作等——除非我们修正"哲学家"这个词语以使其外延中包含更多内容(何不如此呢?),否则这个词汇就开始变得太过宽泛而于我们毫无用处。

幸运的是,对本书作者而言,对谁应当包括进来(以及谁因此而被排除出去)这个问题的回答并不是全然武断的。在前文的导论中我指出,"哲学史"是由今天的哲学家从一般观念史中遴选出其所思虑问题的前辈与先驱们构成的。他们所选择的哲学论争是这些问题的判例法,他们研究的思想家是他们有充分理由选择作为指引的人物。因此，哲学传统本身就能够在什么算是我们称为形而上学、认识论、伦理学以及其他相关领域中的重要议题这个问题上，给予我们诸多启发。不过，这当然是在某一时间点上做出的判断，因此会有一些思想家与作者被高估了，而另一些则被忽略了，而后者则会在未来世代中得到不同的评价。

前文有关欧陆哲学的论述集中于一系列颇为重要的人物，一些人很显然身处哲学家之列，但另一些则并不那么明显。譬如，并非每个人都认为德里达是一位**严格意义上的**（*au pied de la lettre*）哲学家，同时有人会说如果他值得受到单独对待，那么即便不是大部分下述段落中提及的人物，至少其中的哈贝马斯以及福柯更有资格算作哲学家。不过下文中提及的人物并没有得到如此对待，他们因此而构成了一个**落选者沙龙**（*salon des refusés*），并且我有必要对此加以解释。因为他们毕竟在下文中占据一定地位——并且毫无疑问，其中一些会很享受以被排除在外作为他们拒斥二元论之一例。未来我们可能会发现这些人中某位或更多位要比先前单独讨论的人物更加重要。甚至，有可能是在此我们根本没有提及的人物，在将来会被视为 20 世纪真正最伟大的哲学家。但无论怎样，我对包括谁、排除谁的选择无疑是具有争议的。作为一个一般性的标准，我将下述两个因素纳入考量。首先，如果一个观点受到宗教观点的启发，并且 / 或有意终结于宗教性结论，那么讨论它的合适场所就是宗教学研究。这解释了下文中我对列维纳斯和雅斯贝尔斯的讨论。其次，如果一些作者主要持有的一系列既定的观点，可以明确被辨认为是推动这些观点自身所从属领域的讨论的——这些领域包括文化研究、社会学、观念史等——那么讨论它们的合适场所就是在这些领域中。这解释了下文中我对福柯和哈贝马斯的看法。就上述情形而言，正如以最深邃的思考投入到具有思想价值的事务时所发生的那样，这些作者中不乏具有哲学意味的资源、维度和意义，但既然我们必须划定界线，这些考量对界线的确定是具有说服力的。

现在提及的作者们分成如下两组。第一组由主要是哲学家的作者组成，第二组由主要是政治、社会与文化理论家的人构成。

第一组按照出生年代，包括亨利·柏格森（Henri Bergson, 1859—1941）、卡尔·雅斯贝尔斯（1883—1969）、加斯东·巴什拉（Gaston Bachelard, 1884—1962）、让·瓦尔（Jean Wahl, 1888—1974）、亚历山大·科耶夫（Alexandre Kojève）、伊曼纽尔·列维纳斯（Emmanuel Levinas, 1906—95）。以下概述对他们而言并不公平，不过我希望这种不公平也不是太过分。

柏格森是一位杰出的散文文体家，他在有关时间和绵延的直观经验基础上对自由意志的论证，特别是因为他似乎在许多人看来成功抵御了科学所隐含的决定论立场，使得他曾一度非常知名。他获得过诺贝尔文学奖和其他诸多奖项。他由于在 1922 年 4 月针尖对麦芒的论辩中力争修正爱因斯坦的时间观而使自己名望受损。（几个月后爱因斯坦获得诺贝尔物理学奖，但不是由于其广义相对论学说而是因为他有关光电效应的工作，因为瑞典皇家学院指出广义相对论学说受到柏格森的质疑——可见柏格森的名望大到足以影响瑞典皇家学院的程度。）在晚年，柏格森尽管想要改宗天主教，但他依旧保留了犹太人身份以作为对纳粹的反抗宣言。他没有太多哲学影响力的原因毫无疑问与他相比于科学更看重直觉和非理性主义有关。就像在他两个世纪之前的尼古拉·马勒布朗士（Nicolas Malebranche）一样，他生前享有的盛誉似乎耗尽了他的名望库存，以至于在逝世后名声沉寂。这样的事情哲学史上不是没有过先例。

雅斯贝尔斯起先是一位医师和精神病学家，并且作为精神病学家具有突出贡献，特别是在传记疗法观念方面。他提出一种高度成熟的存在主义哲学，并带有近乎宗教的意味，因为它受到他自己将对"超越"的需求视为化解存在性焦虑的良方这一观点的影响。事实上，他的学说的结论是信仰上帝具有抚慰作用。这一观点使得他在神学家中颇具影响力。

亚历山大·科耶夫在 20 世纪 30 年代的巴黎开设了一系列有关黑格尔的著名讲座，它对之后法国思想的发展具有重要影响。这些讲座的众多参与者中，就有雷蒙·格诺（Raymond Queneau）、乔治·巴塔耶（Georges Bataille）、莫里斯·梅洛-庞蒂、让-保罗·萨特、雅克·拉康（Jacques

Lacan）以及雷蒙·阿隆。在第二次世界大战后，科耶夫成为一名法国的杰出政治家，并且是欧洲经济共同体的创立者之一。

让·瓦尔在推动人们关注索伦·克尔凯郭尔的宗教存在主义方面用功颇深，并且是哲学活动中学术与制度方面富有影响力的协调人，他使得法国思想在第二次世界大战时期美国"流亡大学"中依旧富有生气，并且担任《形而上学与伦理学期刊》(*Revue de Métaphysique et de Morale*)的编辑。

加斯东·巴什拉是位科学史家，他与柏格森哲学的分歧可能导致了柏格森身后声名不显。在反驳奥古斯特·孔德时，即科学史是向孔德式实证主义这一巅峰平稳发展的过程，他预见了托马斯·库恩"范式转换"的观点。

伊曼努尔·列维纳斯是个极具魅力的人物，他的伦理学关切对一些人来说具有改变命运的影响。将他主要理解为一位宗教思想家这一观点是否正确，以及他是否倡导一种规范性学说，这些问题本身就足以解释他为何被归属于本部分概述中。他对神学家群体具有巨大影响。

于尔根·哈贝马斯（生于 1929 年）是人们思考他为何会置身于此沙龙中最多的一位成员。他是一位了不起的人物，他作为一名公共知识分子的贡献、作为一位学者对启蒙运动价值的捍卫，只有他自己在交往和公共领域研究中取得的进步能够比肩。如果划界有任何意义的话（或许这不应有任何意义），那么他的工作尽管是一种哲学化的贡献，但却属于社会学领域。尽管在英美传统中他的读者几乎局限在社会学家和政治理论家中，但他却是为数不多的能够同时与分歧日益扩大的欧陆和（宽泛而言）英美思想界对话的思想家之一。

第二组思想家大致上在此是以从属关系和活动领域为顺序，就显得更具异质性了，但它的成员可以合理地被描述为主要对社会学、政治学、社会与批判理论以及观念史感兴趣。

马克斯·霍克海默（1895—1973）、赫伯特·马尔库塞（Hebert Marcuse）、埃利希·弗洛姆（Erich Fromm, 1900—1980）以及特奥多尔·阿多诺（Theodor Adorno, 1903—1969）是批判理论法兰克福学派的杰出成员或同伴。他们十分明显都是政治社会学家和批判理论的支持者，一如那些更广泛而言的马克思主义思想家以及历经他们所处的动荡世纪而其姓名熠熠生辉的思想家们——他们是格奥尔格·卢卡奇（1885—1971）、恩斯特·布洛赫（Ernst Bloch, 1885—1977）、亨利·列斐伏尔（Henri Lefebvre, 1901—1991）、雷蒙·阿隆（1905—1983）以及路易·阿尔都塞（1918—1990）。

尽管汉娜·阿伦特（1906—1975）因其对人类境况和政治极端性的洞见而非常配得上"哲学家"这一称号，但她自己坚定地拒绝这一标签。她是兼具洞察力与勇气的知识分子的典范。她的核心关切是论证作为公民责任的政治参与的重要性，其目的是通过保有对抗她在纳粹时期所目睹的并在之后加以深刻分析的"黑暗时代"的希望，来对抗极权主义和**平庸**之恶（也即由常人以看似常态、平淡无奇的方式所作之恶）所特有的恐怖。对她而言，她在海德格尔成为一名纳粹党员之前曾是他的情人，并在第二次世界大战后原谅了他，这成为她极为辛酸的往事。

米歇尔·福柯（1926—1984）的社会学与观念史研究是任何理解现代性的努力所不能忽视的观点。他的著作一再提出的真正具有哲学意义观点的是权力，无论它具有何种形式，也即无论是制度化的、政治的、个人的、弥散的、隐蔽的、不明显的且是非制度化的以及可辨识的且是结构化的，决定了什么算作知识、疯狂、犯罪或可接受的性表达；这一观点警醒着我们有必要持久展开抵抗并具备怀疑和警惕态度。这一观点或许并非福柯原创，但这一观点在如此范围内得到普遍化则是他的功劳。

福柯指出，我们既有的有关人性和历史的观念扭曲了我们在医学、心理学和犯罪学方面获得良好理论的努力，特别是因为这些观念诉诸自然科学的模型，也即要求这些领域应当是严格的和量化的。与这一所谓正确方法论观点不同，他认为我们需要一种全然不同的人性观，以替代无论经过何种中介的主导思维方式的 *pouvoir-savor*，也即"权力-知识"所构建的理论。

有关福柯以及其他受到哲学启发且具备哲学头脑的社会学家、观念史学家以及在此提及的批判理论家的反思，使得我们注意到欧陆思想中有一大部分内容基本上即是对抗如下它在科学中所目睹或恐惧的事物：还原论、决定论、客观性、中立性、理性以及真理和认知权力的垄断。这些反科学的（或反科学主义的）思想家转而坚持**人类**（无论这个概念得到怎样的界定和理论表述）的不可还原性与中心性。从让-弗朗索瓦·利奥塔（Jean-François Lyotard）的《后现代状态：关于知识的报告》（*The Postmodern Condition: A Report on Knowledge*, 1979）中我们可以把握到"后现代"的脉动。这体现在该书的如下孪生主张中，也即现代性（有关进步、科学以及理性）的"宏大叙事"已然丧失了可信性，因此一切形态的权威，包括文化与认识论权威，都应当受到挑战。大部分20世纪下半叶的欧陆思想都是对此呼吁的回应。

我们这个沙龙的名录上不能没有文化批评家瓦尔特·本雅明（Walter Benjamin, 1892—1940）与精神分析学家雅克·拉康（1901—1981）、神秘主义者西蒙娜·薇依（1909—1943）以及精神分析学家与女权主义者露丝·伊利格瑞（生于1930年）这些同样对晚近和当下思想领域具有广泛影响的名字。仅仅提及他们，就可以看到**思想**领域的版图要远远大于严格界定的学院哲学的范畴。能说明一个更普遍事实的是，不同类型的知识分子与学者的韦恩图解表明他们之间最多只是彼此重合的关系。这很常见。

有如下两个原因使得我在刚刚结束的欧陆哲学部分以及先前20世纪分析哲学部分提及如此之多的人物。其一，这个时代相比于历史上任何时期都有更多位人物、更多所大学、更多的旅行与交往、更多的记录方式、更多的各种类型的发表——这一切都与越来越多的从事研究、写作、思考和教授哲学的人相关。和物理世界一样，话语的世界也在不断扩展之中。在现代生活中的一天，就好像在过去时代中的十年有时甚至是一个世纪一样。

其二，时代对这些写作并讲述哲学、提出自己的观点并吸引我们关注的热切的人群尚未发挥筛选作用。如果当下的哲学史，或更宽泛来说，思想史学者可以穿越到两个世纪之后，去看看最终经得起时间考验的究竟是何种著作，她的选择会非常简单：一定会有亚里士多德和康德著作，它们仿若在一群低矮丘陵之上的高山之巅。这使得我们会说：环顾四周并询问，在当下以及刚刚过去的这个世纪中，能够在将来为人知晓的伟大人物都有谁？我们曾听说过他们的名字吗？在每个人的想法背后都回荡着雪莱《奥兹曼迪亚斯》(*Ozymandias*)中的诗句[1]：

> 我遇见一位来自古国的旅人
> 他说：有两条巨大且断裂的石腿
> 半掩于沙漠之间
> 近旁的沙土中，有一张破碎的人面石像
> 它蹙着眉、抿着嘴，带有一丝不容僭越的冷笑
> 想那雕刻者，必定深谙其人情感
> 那神态还留在石头上
> 而刻绘此神情的双手与心灵已逝，化作尘烟
> 看那石座上刻着的字句：
> "我是万王之王，奥兹曼迪亚斯
> 功业盖物，强者折服"
> 此外，荡然无物
> 废墟四周，唯余黄沙莽莽
> 寂寞荒凉，伸展四方

---

[1] 诗作的翻译，主要参考了杨绛先生的译文并有所调整。——译者注

第五部分

印度、中国、阿拉伯-波斯以及非洲哲学

Indian, Chinese, Arabic–Persian and African Philosophy

如本书导言中所说，尽管本书主要包含西方哲学史，但关注印度、中国、伊斯兰世界中伟大的哲学传统以及新兴的有关"非洲哲学"的争论，与本书主旨既是相关的也是可取的。我是这些领域的观察者而非专家，至少在这些领域中的某些方面成为专家是撰写相关论述的作者所应当具备的最低限度的资格，但我只能并非自谦地说自己只是西方哲学某些领域内的专家。不过，对这些传统具有浓厚的兴趣，特别是醉心于它们同西方哲学的对比与差异，是研究这些观念（即使总是不得不借助于翻译而去了解其他传统中的观念）的必备条件。

对印度、中国和伊斯兰世界中哲学传统的全面论述，需要追踪它们在历史中的发展演变。而在此我们的研究只关注起源性的观念以及后续的核心学说。我强烈建议有关印度哲学的部分只有在读过前文中第一到四部分后才应当开始阅读，而有关阿拉伯-波斯哲学的部分只有在最起码读过第一部分后才应当开始阅读。

公允起见，我要先做如下铺垫。似乎有一份主导文明的伟大人物名单，上面有诸如佛陀、孔子、苏格拉底、耶稣以及穆罕默德等名字。这份名单是这样的：上面的人**什么也不写，但有忠实的信徒，且非常幸运**。我们要注意到这份名单并不包括任何一位**具有原创性且极为深刻**的人物。名单上的人物都不具备这些品质，尽管出于幸运他们拥有一些既具原创性又不乏深度的追随者——他们从这些人物被记忆下来的话语残篇以及记忆中有关他们丰富的传奇事迹中，构建出完整的思想与实践体系，而这些体系是这些人物自己可能都没有意识到甚或不会同意的。

xv 　如果我们认为上述观点似乎显得轻蔑，是对这些最伟大和最具代表性人物的**大不敬**（lèse-majesté），那么就要注意以下事实。这些人物中每一位在他所处的时代，都是诸多与其有一模一样行为之人中的一个：他们都在授课或传道，并广揽门徒，借用他人或先前学说的同时还表达与之不同的立场。从他们生活的时代到被归属于他们的学说得以记录下来之间，在一些人那里要历经几十年之久，而在另一些人那里则要历经几个世纪。但无论在哪种情形中，他们追随者的追随者之间很快就开始产生分歧并分道扬镳，分裂与争论构成了流传至今的对他们遗产的不同解读。

　　以被称为佛陀的乔达摩·悉达多（Siddhartha Gautama）为例。相传他是一位国王的儿子，过着安稳富足的生活，以至于当他第一次在宫墙之外遇到一个病人、一位老人和一具尸体时感到无比震惊，并因此舍弃了他的地位与家人，作为一名托钵游僧出发寻找解脱生活苦难之道。他笃信瑜伽士而尝试深刻的冥想，追随禁欲者而尝试艰苦的自我禁欲，试图以这些方式从构成存在的无尽痛苦轮回中解脱出来。但这一切都没有效果。直到有一天，他坐在菩提树下沉思时顿悟了：他成了**佛陀**，也即"觉者"，并获得了解脱；之后他在教导信徒中度过余生。

　　这一对乔达摩虚构且简短的描述使得他看上去似乎与众不同，好像他不知从何处而来并带给这个世界巨大且富有变革性的启示。但他起先追随学习的瑜伽士与禁欲者情况如何呢？事实上，他出现于印度历史上的大动荡时期，那时有成千上万的求道者与托钵僧、瑜伽士和禁欲者、教师与传道士，他们成群结队地聚集在广大的公众论辩厅堂之中，以及恒河岸旁城市的公园中，在此他们彼此论辩、向公众演讲并教导他们的信徒。当时人们普遍认为慈悲的行为有助于人们在转世轮回中获得更加幸福的来生，因此这些为数众多的托钵僧受到他们途经的共同体在食物和衣物方面的供养。在那一时期的印度，再也没有比转世轮回和因果报应这一组观点更有助于推动当时哲学和宗教的发展了。

　　在佛陀去世三到四个世纪后，他的教导开始被记录下来。被人们信奉为记录其教导的最古老的两个资源是 *Suttapitaka*（"经藏"）和

Vinayapitaka("律藏")。它们收集整理自佛陀教导中被记忆下来的口头传诵，是佛陀去世大概一个世纪后整理而成的准经典。这个第一份记录所具有的口述性质使得佛教典籍中不乏记诵所需的程式性与重复性表达，并且从口述而来的最终文本中不同的记载，部分可以归因于记忆的偏差；但当然也源于对传承下来文本的误解、篡改以及再解释，这使得成文典籍的版本更加多样。

此外，无论佛陀在他萨迦人的家乡（萨迦人居住在现在印度与尼泊尔边境恒河盆地北坡）说何种语言，它都不会是巴利语、梵语或一种帕拉克里方言（Pakritic dialects），并且佛教学说通过这些语言的传播，以及之后通过其他南亚语言以及藏语、汉语以及日语的传播，引入了许多与原初不同的增补和改动而创造了当今的佛教。

不过佛教教义中却有一个清晰可见的核心，它集中于四圣谛与八正道上。正如与之在同一历史时期出现的竞争性学说耆那教一样，佛教的一个突出特征是它不是一种宗教而是一种哲学。它不涉及一神或诸神，并且不依赖于源自超验的有关人生目的和如何生活的讯息。之后佛教在中国西藏地区、中国中原以及日本的分支杂糅了诸多迷信以及对神和非人类存在的信仰（它们是典型的人类想象力的产物），它们是原始佛教败坏后的样态。这是斯里兰卡上座部佛教严格朴素的学者，在鄙夷地看到大乘佛教的过分无度以及用在他们看来毫无意义的东西包装着"真谛"时，会很容易得出的结论。

在孔子这里事情没什么两样。他也是试图向诸侯献策并教导他们一种生活方式的"诸子"之一；他足够幸运地启迪了生活在他逝世一个世纪以后的门人，即孟子。孟子对孔子的崇敬甚至推动着之后的学者收集被归属于孔子的言论并将之记载下来。在孔子逝世大约两个半世纪后，大一统中国的第一位皇帝，秦始皇（公元前221—前210年在位），为了抹除历史的影响并确立支持其统治的法家思想在当时的主导地位，下令焚烧了先前所有哲学家的著作（并且当然也包含任何当时在世哲学家的著作）。好在他未能破坏所有先前经典的摹本，诸如《诗经》《春秋》《论语》《易经》，以及孟子的著作《孟子》得以保存下来。当之后的王朝也即"西汉"夺取政权后，孔子的声望开始上升；他被视为许多古代经典的作者或编纂者，并且帝国官僚体制中的晋升开始取决于在有关这些归属于孔子的典籍考试中取得成功。中国呈现出的儒家化特征，是在所谓孔子的学说成为科举考试的主题后，经过很多人、很长时间形成的。这一做法一直延续下来，直到 20 世纪的头十年才被废止。

在耶稣和穆罕默德这里，延续了上述模式，也即在他们去世后收集整理其话语和学说之后几十年才有最早的文字记载，并且只有在几个世纪后一部经典才得以形成。杰出如苏格拉底——柏拉图、色诺芬以及其他撰写关于他的著作的人都私下里认识他，但即便在此时，除了阿里斯托芬写作的一些讽刺作品，有关他的著述都写作于他去世后。后来的哲学家发展了苏格拉底遗产的不同部分——亚里士多德发展了他有关经过省察的生活的想法，犬儒学派发展了他对习俗的蔑视，斯多亚学派发展了他的勇气以及对原则的坚守——但在佛陀、耶稣和穆罕默德这里，他们追随者在其死后几个世纪里的差异与分裂蜕变为冲突和暴力。呜呼，这也是人类事务的一个典型特征。

不过苏格拉底在下述方面同其他人一样，他是与他具有同样行为的众多人中（在他这里就是智术师）的一个：他们都教导、影响并吸引着信众。耶稣同样是众多狂热者和传道士之一，并且他被处决的方式（罗马政权一般将这种刑罚留给煽动政治暴乱者）表明当时他被认为与那些搅乱和平之人没有多大不同。乔达摩与当时印度者那教徒、其他无神论哲学家以及有神论信徒竞争吸引同时代人的关注。为什么是孔子而非墨子在他去世后很久逐渐拥有众多以他的名义宣扬其学说的追随者，并因而使他成为中国令人尊敬的圣人呢？为什么圣保罗选择从已故的耶稣而非其他一些当时狂热的传道士那里建立起宗教呢？你可能会回答说，这是因为他们学说的内在价值。答案或许就是如此。但毫无疑问这里有很大的运气成分。受托马斯·格雷（Thomas Gray）的《墓园挽歌》(*Elegy Written in a Country Churchyard*) 启发，我们会问，曾有多少普普通通的汉普登们与籍籍无名的弥尔顿们，曾有过数不胜数的思想和教导，但现在都已被遗忘？变换一下问题，我们可以发问：为什么言情小说比纯文学小说的销量要好很多？是否有可能具有深邃洞见的导师和思想家们的学说太过深奥而难以被理解和遵循，使得更通俗的观点的遗产能够在历史中源远流长？有关哲学史的研究提出了一个解答：在哲学史中我们会看到一些思想家提出的学说相比于"名人"广为传播的观点要更为深刻。

从上述分析中我们确定无疑能够了解到的一点是"佛陀""孔子"以及其他人都是形象或偶像而非具体人的名称——或可能更好的情况是它们都属于有关观念性人物的理念，为了方便我们可以将对一种哲学或一种宗教（耶稣和穆罕默德即是如此，因此本书并不讨论他们）的灵感归属于他们。

以这种方式挑选出几位奉为偶像，是对这些偶像以及越来越多的其他人对价值、社会、善的观念提出问题并就世界和人类基本问题展开探究的整个时代的一个简称。毫无疑问，在他们之前的一千年里就已有人做过同样的事情，但在这一时期内，也即公元前8世纪到公元前3世纪之间，显而易见的是知识论辩进入了全盛时期，从人员数量以及有关其讨论的记录而言都是如此。由此之故，这段时期被称为"轴心时代"（the Axial Age，axiology 指的是有关价值的研究，它源于希腊语的 *axia*，后者意味着"价格"或"价值"）。卡尔·雅斯贝尔斯在 19 世纪学者震惊于印度和中国的哲学与希腊世界的哲学同时代出现这一事实的基础上，创造了这个术语。他将波斯的祆教以及中东的犹太教也纳入构成这一时代的运动之中，并将许多其他已然绝迹而只具历史意义的思潮也纳入其中，譬如神秘崇拜、赫尔墨斯主义以及当时埃及和美索不达米亚盛行的神话宗教等。由此可见，哲学——我们专门视为哲学的事物——似乎从越来越繁复的各种形式的思辨背景中脱颖而出；同时令人震惊的是，成为这一时期核心的伟大偶像人物，佛陀、孔子和苏格拉底，都是哲学家，而非先知或宗教领袖，更不是神明（尽管佛陀在一些佛教派别的崇拜者心中具有神圣地位）。

最后，在本部分中新兴的非洲哲学也得到了讨论。"非洲哲学"这个

518

概念有些争议，因为这片大陆上不同地区的不同历史与文化很难得到统一概括，并且其中也不存在可以辨识的学说体系、思想派别或主要人物来作为我们理解的起点。但是却有如下例外。在南非的哲学中最为重要的概念是**乌班图**（*Ubuntu*），也即人性，它强调我们所共有的人性和关联性这一本质属性："我们存在，我才存在。"它使得我们开始关注这种既隐匿又明显的伦理学传统，它曾被殖民者及其传教士忽视，但其深度却使得其他一些伦理学观点自愧弗如。**乌班图**与当下"人文主义"这个词（这是在别的场合加以处理的主题）所具有的最佳和最丰富意涵相一致。下文中我会讨论**乌班图**应有的位置。

印度哲学
Indian Philosophy

令人非常遗憾的是印度哲学传统虽然在思想上达到的丰富性与深刻性堪称无与伦比，但却由于梵语和巴利语的障碍而无法为西方哲学所知。同样，印度不同学派中的形而上学、认识论、逻辑学以及伦理学由于我们对它们性质的误解，也即认为它们只是宗教或神学观点而非哲学论述而隐而不彰。事实上，大部分学派都是非有神论的。对它们的误解源于如下事实，即解释所有印度哲学目标的一个富有启发的方式，就是认为它是一种救赎论——"救赎论"就是有关救赎的学说——因为它试图通过理解现实的真实本性而终结世上存在的苦难。因此，所有学派都提供了一整套完整的包括形而上学、认识论以及伦理学在内的体系，并且它们学说的实践目标就是脱离苦难这一事实，使得许多人易于将"宗教"这个词不加思索地扩展后用到这些学说上面。

印度哲学中的学派被称为 *darshanas*，"darshana"字面意义是"看"，在视角或立场的意义上引申为"观点"。这些学派大体上分为两派，一派是 *astika*，即"正统派"；另一派是 *nastika*，即"异端派"。两者间的区别取决于一个学派是否认可《吠陀经》（*Vedas*）具有最基本的权威。《吠陀经》是印度古经文，其中"吠陀"（Veda）意味着"知识"或"智慧"。不接受《吠陀经》权威的学派包括佛教、耆那教以及顺世派（Carvaka School），这正是它们被描述为异端的原因。

《吠陀经》由四部古经或本集（*Samhitas*）构成，它们是《梨俱吠陀》（*Rgveda*）、《耶柔吠陀》（*Yajurveda*）、《沙摩吠陀》（*Samaveda*）以及《阿闼婆吠陀》（*Atharvaveda*）。其中《梨俱吠陀》是对智慧的颂歌；接下来两部也都是颂歌，但分别专门用于祭祀和礼仪时的赞颂；而《阿闼婆吠陀》与之不同，是诸多消灾除病的方法。《梨俱吠陀》被认为是最早的一部古经，出现于公元前 1100 年左右，但在此之前长久地流传于口头传诵之中。

印度西北部在公元前 1500 年至公元前 500 年这段时期中的历史被称为"吠陀时期"，此时《吠陀经》出现，并且在这段时间后期，践行《吠陀经》仪式的指导手册《婆罗门书》(Brahmanas) 以及评注其文本和仪式内在含义的《森林书》(Aranyakas) 出现。在这两部后来出现的著作中，我们可以发现一些具有哲学意味的讨论。但与《吠陀经》相关的主要哲学文本是奥义书(Upanishads)。"Upanishad"字面含义是"聚精会神地靠近……坐着"(也即靠近一位大师或导师)，并且它们被称为《吠檀多》(Vedanta)，因为它们被视为《吠陀经》最后或终结的章节，浓缩了《吠陀经》中高深的含义和主旨。

吠陀文献被视作《天启书》(Sruti)，也即"被听闻的事物"，指的是至高实在自身直接"启示"抑或通过古代 Rishis，即"圣哲"，在其冥想中的理解而获得启示。Sruti 不同于 Smrti（忆念），即"记忆"，后者指的是其他文献。不同的《天启书》文本自称都是由圣哲们以同样技能像木匠建造马车一样"制作"而成的。

在一百余部奥义书中，有十部是最为重要的，其中《广林奥义书》(Brhadaranyaka, the 'Great Forest Teaching') 尤为重要。它大约在公元前 700 年成书，作者被认为是圣哲耶吉纳伏格亚(Yajnavalkya)。它的第一句是："唵。黎明是献祭之马的头。太阳是献祭之马的眼，风是其呼吸，一切人身上的火是它张开的嘴，年轮是它的身体。"这使得人们有如下错误的印象，即构成该书主体内容的不同观点之间的交流和讨论，是有关自我(Atman) 及其与终极实在(Brahman，梵)之间统一性（这两个问题在印度哲学传统的不同学派中得到了更加细致的表述）概念的一个重要来源。[1]

---

[1] 在有关《广林奥义书》研究中最聪明和最有趣的一位学者是女性哲学家加尔吉·瓦查卡纳维(Gargi Vachaknavi)以及耶吉纳伏格亚的妻子弥里(Maitreyi)。不过奥义书中内容也有令人难以接受的部分：在第六卷第四章中说如果女性拒绝与男性性交，那么男性就可以"用棍子或手"殴

此外，表述这些主题的方式允许极为不同的解读，但其具有的意涵却极为丰富。梵语学者中做出巨大努力使得奥义书传统得到西方认真关注的是保罗·杜森（Paul Deussen, 1845—1919）。他写道，《奥义书》"如果不是照亮存在的最后秘密的最强科学之光，也仍然是最深邃和直接的光芒"。这一观点得到将《奥义书》置于枕边的叔本华的赞同，他说道："在整个世界上，再没有如此有益和富有启发的研究了。它一直是我生命的安慰，也将会成为我死亡的慰藉。"

在对一些学派展开具体分析前，对之整体加以概述是颇有帮助的。印度哲学中有六个正派，它们是数论学派（Samkhya）、瑜伽派（Yoga）、正理学派（Nyaya）、胜论派（Vaisheshika）、业弥曼差派（Purva Mimamsa，有时只作"Mimamsa"，即弥曼差派）以及吠檀多派（Vedanta，有时作"Uttara Mimamsa"，即智弥曼差派）。三个主要的异端学派（此外还有其他小学派），如前所述，是顺世派、佛教和耆那教。

数论学派是最古老的正派，兴起于《数论经》（Samkhya Sutras）的作者圣哲迦毗罗（Kapila，公元前 7 或前 6 世纪）。它主张自性（*prakriti*）与神我（*purusha*，也有精神或自我的含义）的二元论，[1]并认为这两者是同样真实的。该学派因认为存在多个意识而持多元主义立场。

瑜伽派与数论学派有关，是后者学说的实践性运用。大约在公元 5 世

（接上页注）

打女性。——作者注

根据姚卫群教授分析，在奥义书中，梵被大多数思想家描述为一切事物的本体，宇宙的最高实在。譬如，《歌者奥义书》中说，"这整个世界都是梵"，《白骡奥义书》说，"高于这世界的是梵"。奥义书中也将梵理解为是"识"。譬如《他者奥义书》中说，"所有这些都由识指引，由识确立。世界由识指引，支撑物是识"。此外，梵既然是一种最高实在，它就不能具有任何具体属性，无法用世间一般概念来理解或语言来表达。自我或我（Atman）也音译为"阿特曼"。它指的是自我、呼吸、本性、整个身体、人生命的最高本体等。姚卫群教授认为，奥义书中这个词一般在两种意义上使用。一种指的是自我，即是在作为人的身体诸器官的主宰体或人生命活动的中心这种意义上来使用，也就是所谓的"小我"；另一种意义则是指"梵"，也即"大我"。但在不特别指明的情况下，多采用前一种含义。相关分析请参见姚卫群：《印度宗教哲学概论》，北京大学出版社 2006 年版，第 27—30 页。——译者注

1 原文中梵语为 purusha，疑为 purusa 之误。——译者注

纪前的一段时间，帕坦伽利（Patanjali）的著述提出之后瑜伽学派所发展的有关姿势、呼吸和冥想的方法。归属于帕坦伽利的瑜伽经虽然要比迦毗罗的著作晚很多，但它在接受了数论学派的本体论和认识论之外，额外增加了一种非有神论的数论学派学说所不具备的有神论思想。

正理学派有关认识论和逻辑学的学说是由阿萨帕达·乔达摩（Aksapada Gautama）于公元前6世纪在《正理经》（Nyayasutras）中提出的。在论证一种直接实在论的过程中，它强调批判性评价知识（pramanas）渊源的重要性。而在它看来，知识渊源包括现量（sense-perception）、比量、圣言量。

胜论派是正理学派的嬗变与发展。它的创始人据说是生活在公元前6世纪到公元前2世纪之间的迦那陀·迦叶（Kanada Kashyapa）。该学派倡导一种自然主义和原子论式的形而上学，认为万物都是由不可毁灭、不可拆分以及永恒的原子（paramanu）构成的。它有关关系和因果性的理论极为复杂。正理学派和胜论派通常被视为一个学派。

业弥曼差派是这些学派中最接近标准意义上宗教的一个。它具有很强的仪式性，并且要求其信徒对《吠陀经》具有不可置疑的信仰，并要奉行其中规定的献祭，特别是火祭，因为人们相信如果不这么做的话，宇宙就会遭遇劫难。因此，业弥曼差派的另一个名称就是"业报学派"（Karma Mimamsa），因为它关注行动，即 karma（业）。不过它并非直接就是有神论的，因为它早期的信众并不认为神祇具有崇高地位，只是这一学说之后的发展引入了有神论的因素。这一学派的创始人阇弥尼（Jaimini）生活于公元前4世纪。他认为言辞证据，也即《吠陀经》中的语词或 Shabda（声音）是唯一具有权威性的知识来源。该学派认为《吠陀经》是 apaurusheya（"非人为的"）"自明的""不成文的"，并认为它因此而具有了权威。

吠檀多或智弥曼差派的形而上学立场与佛教足够类似，以至于使得它似乎某种程度上在西方人看来有些熟悉。"吠檀多"即意味着"《吠陀经》的结束"，因此它从《奥义书》中获得诸多启发。它指出世界是一种幻觉，即 *Maya*（幻影）；吠檀多学派中有一个由商羯罗大师（Adi Shankaracharya）创立的分支，商羯罗据说生活在公元前 8 世纪，他倡导 *Advaita*，即不二论，重视《奥义书》中如下主旨，即自我（Atman）与梵（Brahman）是同一且一致的。但《吠陀经》强调转世轮回（*punarjanma*）的观念，以及积累的业力对转世轮回以及从中得到彻底解脱的可能性的影响。

最早的异端（nastika）学派是顺世派，也被称为"顺世外道"（Lokayata，也有可能是具有这个名称的另一个学派，它由于同顺世派的学说太过相近而融为一体）。它起始于公元前 8 世纪。它在形而上学上秉持非有神论和唯物论立场，并在认识论上持有经验主义观点，认为直接感知是知识的主要来源。

佛教由乔达摩·悉达多创立，他大约生活在公元前 6 世纪早期到公元前 4 世纪晚期之间的某个时期，并且更有可能是后者。佛教是一种非有神论哲学，像其他学派一样教导人们脱离苦海的方法，但却具有一种极为不同的形而上学立场，即否定个体灵魂与终极实在的现实性。就如几乎所有哲学体系在成为通俗的处理人生问题的学说与体系时那样，后来的佛教也逐渐随着时间推移而融入了超自然主义因素（"通俗"在此意味着"人民的"）。佛教尽管在其发源国已经不太兴盛，但它在全世界都很盛行，既吸引信众也吸引关注。佛陀的传奇经历（据说他曾是一位衣食无忧的王子，直到有一天他离开自己的宫殿并看到了世界的苦难）在各国都得到传颂。在不同佛教分支中，最为基本的学说就是通过获得 *nirvana*（涅槃）而从存在中得以解脱的四圣谛和八正道。四圣谛认为生活就是苦果，这种苦果源于欲望和无知，我们可以从这种苦果中解脱出来，而解脱之道就是通过道德的生活和冥想。八正道包括正见（正确的理解）、正思维、正语、正业、正命（不伤害他人的行为）、正精进、正念以及正定。

耆那教据说由圣哲摩诃毗罗（Mahavira）在公元前 6 世纪加以重新改革前就已存在了很长一段时间。耆那教徒将摩诃毗罗奉为第二十四代祖师（*Tirthankara*），或认为他是找到跨越无尽**生死之海**（*samsara*）的浅滩

印度哲学　　543

之人。祖师指的是那些对自我的本性获得真正理解并因此能够超越轮回的人，他们指引那些能够追随他们并因此而获得解脱（moksha）之人。它是一种非有神论学说，并且宣扬禁欲主义和 ahimsa（不杀生）。

正统学派最终都汇入了印度教中，它们是一系列彼此相关的主张与实践，于发展过程中，在"印度综合派"兴起的公元前 500 年到公元 300 年间成为有神论学派。正是在此时期《吠陀经》的权威得到宣扬，并开始整合忆念性著述，其中最有名的是《摩诃婆罗多》（Mahabharata）以及《罗摩衍那》（Ramayana），特别是前者中被称为《薄伽梵歌》（Bhagavad Gita）的部分，它在印度教中具有崇高地位以至于它有时被视为天启而非忆念，也即"被听闻的"而非"被记忆的"。

异端学派中，佛教以多样且经过演化的形态继续存在，耆那教保留下来两个主要传统形式中的一个。顺世派已失传许久。

这些学派在立场上有诸多相同之处：它们部分或全部都以苦难为主题，并认为解脱之道就是涅槃进而获知实在的真实本性，并且/或以积累足够的善业、洞识日常经验中万物本性的虚无、禁欲以及冥想作为解脱过程的增强剂。这些内容一再在不同学派中浮现，并且关系到它们所共有的核心伦理关切，即脱离苦海这个目标。它们之间的差异主要是支持上述主张的认识论与形而上学立场中微小的技术性细节。

更加详细地审视其中一些学派，能够让我们更好地体会到它们在哲学思考上的深邃。考虑一下数论学派的二元论。这并非西方传统意义上的"心灵-物质"二元论，而是意识与一切非意识事物（分别是神我与自性）之间的二元论。此外，神我是**纯粹的**意识，要比我们日常所说的"心灵"（mind）更为基础。

数论学派认为自性，也即意识之外的万物，都由三种性质或属性（"德"，gunas）共同构成，它们分别是 sattva（萨埵），即"本质"，这个概念意味着阐明、澄清、和谐、善；rajas（罗阇），即"尘埃"，这个概念意味着行动、激情、运动、变化；还有 tamas（多磨），即"黑暗"，它意味着昏沉、笨拙、绝望、混乱。当这三类属性处于平衡状态时，自性就是稳定的，处于纯粹潜藏或潜能状态。当三者处于不均衡状态时就会产生一系列事件，在其中自性通过被称为**五大元素**（*tattvas*）的 23 种独立结构呈现自身。其中最高的是觉（buddhi），即意志或智性，它虽然并非意识但却与神我如此接近而看上去就是它。其他结构——我们很快地过一下这个名单——是可以被称为"主我性"（egoity）的一系列有关个体自我的观念，包括感觉、言语、运动、饮食、生殖的生命能力，听觉、味觉、触觉、视觉、嗅觉构成的"小要素"（subtle elements）以及空间、空气、火、水与土构成的"大要素"（gross elements）。大要素的结合构成了物理世界中的日常对象。[1]

根据数论学派的认识论，知识的三种可靠来源依据重要性顺序是现量（perception）、比量（inference）以及圣言量（expert testimony）。当我们看到一团火时，我们知道那里有一团火；当我们看到远处有一股烟升起时，我们推断有一团火存在，这种知识具有某种可错性；但当我们无法看到也无法推断，而是一个可靠的消息提供者告诉我们有一团火时，我们的知识就有更高程度的可错性了。在感知中，感觉器官感知它们的对象，譬如眼睛观察颜色、耳朵倾听声音，并且这些感知相应地被末那识（mind, *manas*）组合成为一个表象，自我（ahamkara）将视角赋予其上，觉（buddhi）对之施予理解。这三者的结合就构成了知识。如其所示，末那识、自我和觉是英语中整体上被称为"心灵"概念的三个构成要素。这三重心灵并不是神我，但是神我"见证"它的活动，进而将意识赋予它。打个比方，神我是房屋的主人，三重心灵是看门人，感觉器官则是大门。

数论学派救赎论的一面，也即从苦难中解脱的学说，微妙之处源于：从本体论来看神我与自性截然不同，神我是一种与自性全然不同的存在秩序。这个学说并不认为神我作为真实自我需要从自性的束缚中得以解脱，因为神我作为一种不同的存在秩序，它除了见证活动之外，无法与自性或

---

[1] 一般这一理论被描述为，三德失去平衡后，由自性生出"觉"，由觉生出"我慢"，接着由我慢一方面生出"十一根"，即眼、耳、鼻、舌、皮、发声器官、手、足、排泄器官、生殖器官、心；另一方面则又生出"五唯"，即香味色触声，五唯又生出"五大"，即地水火风空。——译者注

源自自性的任何事物处于任何关系之中。相反，该学说认为解脱意味着意识到**我们并不受自性的束缚或未被束缚于其中**；而意识到这一点在于承认两者之间的本体论差异，以及神我**已然**是自由的，且一直以来总是自由的。印度救赎论的一个共同特征就是它们都具有诺斯替色彩：解脱是对知识的获得，而苦难的根源就是蒙昧无知。

在这些学派中，因果性是一个重要的主题。数论学派对此问题持有如下立场，即结果潜藏于其原因之中，并先在于其自身的呈现。因果性就是呈现出已潜藏在原因中的事物。这一观点对数论学派形而上学的重要性在于它意味着世界作为源自梵的流溢，在其自身得以呈现之前就已然存在于梵之中。就自性而言，这一观点似乎意味着因果性就是原因自身呈现为结果的过程。在证成这一立场时，数论学派指出该观点并不要求任何先前并不存在的事物存在，并且它解释了结果为什么总是与原因具有相同性质（奶牛总是产出奶牛）。

数论学派由于是最早的一个学派，所以被认为是几个学派中发展最不成熟或最不精深的一个。正理派－胜论派这两种哲学立场——鉴于它们的关联，也可看作同一种哲学立场——不仅更加成熟并且从中可以看到近似于西方形而上学传统中主要观点的立场。

正理派可以被翻译为"逻辑学"，[1]并且其中诸多争论都与证明的方法有关。胜论派是一种自然哲学，试图辨识出认知与语言所适用的不同事物，并因此而为认知和语言奠定客观基础。这些学派的早期解释者和发展者将它们关联在一起；很久之后（在公元头一千年的后几个世纪中）的解释者与发展者赋予其有神论因素，并将这一联合学派同湿婆神（Shiva）崇拜联系起来。[2]

正理派－胜论派最典型的立场可以被归纳为"存在是可获知性和可命

---

1 "正理"一词的梵语原意是"借助它思想能被引导出一个结论"。——译者注
2 湿婆神是"破坏者与转变者"，与梵天（Brahma）和毗湿奴（Vishnu）同属"三神一体"或印度教三相神。如其神像所示（巨蟒缠颈，前额有第三只眼，恒河从其头发中涌出，手持三叉戟等），他有诸多变形且扮演诸多角色。

名性"。在其古典时期，胜论派发展出一套复杂的因果性学说，它涉及一系列严格界定的有关实体、属性、运动、殊相、共相、内在性以及非存在的"基本存在物"，即 padarthas。梵语中的"padartha"这个词从词源上来说指的是"一个词（pad）的指称物（artha）"。[1] 此外，前三种范畴，即实体、性质和运动是基本范畴。不过所有范畴都具有 astitva，它意味着"实有"（isness），也即**存在**，这是其可获知性和可命名性所必需的要素。因此它们是真实且客观的。之后增补入上述列表中的"非存在"或"不在"，也具有类似的独立存在，因为某物的不在是可被获知和谈论的。[2]

在实体范畴中包含着九种实体，即土、水、空气、火、风、时间、空间、自我和心灵。在属性范畴包含二十四种属性，这个名单中成员各异，包括颜色、声音和气味的感觉属性，以及诸如憎恨、慈善以及亲近等抽象概念。运动范畴有五种类型：抛起、抛落、扩展、收缩以及行进。在不同范畴中，属性和实体之间会有特定关联：土与嗅觉相连、水与味觉相连、火与颜色相连等。自我与知识、快乐、欲望、沮丧和憎恨等属性相关。[3]

实体（dravya）要么是永恒的，要么是暂时的。它之所以是永恒的，是因为实体是不可毁灭的，是原子以及由原子所构成的事物。原子不仅是本体论意义上的终极元素（顾名思义，它们无法再被分解为其他事物），并且是完全个体化的或彼此不同的。Antya vishesha（终极个体）这一表达是该学派的名称"Vaisheshika"的来源。就其本性而言，原子通过组合与

---

[1] 通常认为，胜论派的基本哲学体系与"句义"（Padartha）有关，其中"句"（Pad）是言语或概念的意思，"义"（Artha）指的是事物或东西。因此，"句义"指的就是与概念相对应的实在物。正文中所涉及的"基本存在物"，一般被表述为实、德、业、同、异、和合。——译者注

[2] 这里涉及胜论派经典之间的不一致。在《胜论经》和《摄句义法论》中提及六个句义（即正文中的"基本存在物"），但在《胜宗十句义论》中则认为有十个，在前六个基础上增补了有能、无能、俱分、无说。其中无说意味着事物的非存在状态。因此作者才会有"增补"一说。——译者注

[3] 一般也称为"实"中包括地、水、火、风、空、时、方、我、意。"德"中包括色、味、香、触、数、量、别体、合、离、彼体、此体、觉、乐、苦、欲、嗔、勤勇、重体、液体、润、行、法、非法、声。"业"中包括取（向上运动）、舍（向下运动）、屈（收缩运动）、伸（伸展运动）、行（方向不定的运动）。——译者注

分离形成中等大小的实体，这些实体由于该尺寸而是暂时的。不过空间、时间与自我都完全是个体化的并在大小上是无限的（尽管每个自我在与一个肉身相连时都是有限的）。

　　这一学派区分作为属性的"白色"和作为共相的"白性"。这与其基本的基底—属性本体论模式相关：实体，也即 *dharmin*，具有内在于它的属性，即 *dharma*。其中这一"内在性"，即 *samavaya*，是该学说的一个特殊概念。将日常语言技术化地重构为 *dharmadharmin*（基底-属性）形式的语言，能够在本体论上清晰地阐明被述说的事物，因此：谈论或思维一头奶牛，就是谈论或思维在位置 X（基底）被内在性关系所例示的一个共相**奶牛性**——等同于诸如"奶牛性内在于此"的表述。这表明梵语比德语更加明显地能够通过复合与补充来增加其抽象性，进而使得抽象概念名词化以至于为这些概念的指称赋予了它们独立的实在性。这带来的一个结果就是**内在性**的关系被视为具有独立的实在性。这是必需的，因为由基底和属性复合而成的不可分的事物统一体（比如，一个平面及其颜色）要求连接它们的事物应当如它们一样具有实在性。

　　胜论派有关 samavaya（内在性）的学说在其实在论宇宙论中具有基础地位。内在性关联了部分与整体、属性与实体、行动与主体、类的特征及其个体呈现、永恒实体以及原子的终极个体性。从最细微到最宏大层面中的万事万物都因 samavaya 而关联在一起。

　　内在性是该学派承认的三种原因之一。这三种原因包括内在因、非内在因以及动力因。内在因就是结果所内在于的原因，就如衣服内在于织成它所需的线一样。非内在因是原因或结果的相关性；譬如，线所处的位置就是衣服的非内在因（线本可以通过不同排列而被编织在一起）。动力因就是将线织成衣服的织布机的工作。胜论派的学说与数论学派的观点显然不同，因为后者认为结果必须存在于其原因之中，但前者则认为结果必然是一个新的存在，它不包含在原因中而是被原因创造出来的全新事物。一个原因被界定为"结果不可更改的前提条件"，以免将任何以及一切先于结果的事物视为其原因的一部分。为了避免有关原因及其结果间间隔多长时间或可能有多少相关因素等难题，胜论派又补充了如下限定，即原因一定不能与结果"太过遥远"，并且根据相关因素链的长度和性质，胜论派以不同方式界定了遥远性和不相关性。

在正理派－胜论派中有四种类型的认知，即 *pramanas*，被认为有效。它们是现量、比量、譬喻量（comparison）和圣言量。在该学派哲学家与佛教徒的伟大争论中，佛教徒认为只有两种有效的认知形态，即现量和比量。公元 2 世纪的杰出佛教学者龙树（Nagarjuna）通过挑战正理派－胜论派的观点来解释是什么使得认知本身有效。如果一种知识主张建立在感知之上，是什么使得感知本身成为知识基础的呢？这就会有后退的危险，因为它就如归纳作为一种推理形式所具有的问题一样，它唯一的正当性证明似乎就是该推理在过去取得成功这一归纳性理由。正理派－胜论派思想家可以回应说认知是自我有效的，因为当它们使得知识主张有效时，它们表明了自身的有效性，正如灯光从它所照亮的事物中阐明了灯的光亮。龙树则回应说这个例子只有在我们一开始不把灯光看成光时才是成立的，而这是一个矛盾。

《正理经》将现量（*pratyaksa*）界定为感觉与对象之间非语言的、无偏差的关联。随着时间流逝，这一概念发生了演变，其含义重点从古典正理派－胜论派所认为的感知活动转变为感知本身。该转变受到佛教批评者的猛烈抨击，迫使其后来（公元 6 世纪）再次坚持感知活动而非感知内容这一立场。该学派认为错误和幻觉具有三种来源。其一是相信非存在的事物存在。其二是认为某个只存在于意识中的事物外在于意识存在。其三是如下情形，即被感知的事物由于得到感知而无法被认为是不真实的，但我们认为被感知的事物不是真实的而是其他的诸如在幻觉或错误知觉中的事物——比如，我们在黑暗中看到灌木丛，把它错认成了一只狗。

如前所述，正理派的独特领域是逻辑学。它的经典推论图式具有以下形式：首先有一个关于命题的陈述，并有支持该命题的证据；进而有一个对相关的一般性原则的陈述，并证明当前情形涵摄在该原则之中，之后得出结论即该命题正确。如下是一个经典的正理派例证。命题：山上有

529

印度哲学　　**549**

火。证据：山上有烟升起。原则：有烟的地方就会有火。涵摄：山上有烟升起这个特定事件与将烟和火联系起来的原则一致。结论：这证明了上述命题，即山上有火。上述推论的元理论有趣地预见了集合或类别的包含与排除中类似韦恩图或集合论技术的运用：因此，被提出的命题所指称的事物，必须包含在该原则所涵摄的事物的集合之中——或者如果一个反面情形被提及时，它必须要在该集合之外（将此例子改为从没有烟升起推断出"山上没有火"）——并且将要得到证明的命题主词所指称的事物的概念，也必须同样包含在所提出的证据理由的概念之中。诸如此类，不一而足。

正理派-胜论派是一个鲜活的哲学传统。新正理派（Navya-Nyaya）是其中一个高度发达的技术性分支，它从13世纪末至今与其古典前辈们所具有的关系就如现代西方哲学与其古代哲学之间的关联一样。它有关共相、真理以及知识的学说，作为刚刚仅是略微提及内容的基本勾勒，最有意思且最为精致，并与西方哲学中同样主题的内容形成了颇具启发和意涵丰富的对比。

印度哲学中的正统派无论是二元论还是一元论立场，都以《奥义书》中Atman（自我、灵魂）与Brahman（绝对、作为整体的实在、宇宙本身）之间的关系作为共同起点。从《奥义书》的经典立场来看，Atman与Brahman是同一实在的主观和客观两个方面；正如《吠檀多》所教导的Advaita即"不二论"一样，它们是一体的。这就是《奥义书》中 *mahavakya*，即"伟大的格言"的含义： *tat tvam asi*，"梵在个别事物中的显现"。它被翻译为包含"我是……"的意思，因此"Atman就是Brahman"。正统学派所试图达成的目标，正是阐明有关实在最终性质的学说，并提出详尽的形而上学和认识论学说以辨识出获得救赎的正确路径（也即通过克服作为苦难根源的无知而从苦难中解脱）。

但在佛教看来上述观点是一种谬误。迥异于正统学派立场，佛教认为不存在Atman，不存在Brahman，也不存在绝对实在；不仅自我不存在，就连任何永恒的事物都不存在。假定永恒自我的存在并试图阐明其性质，不仅是一个错误的目标，而且本身就是痛苦的根源。佛教思想家严格的批判性观点试图将现象性思维及其对象还原为对法界（*dharma-dhatu*），也即"事物真实样态"的具有解脱意味的理解。

佛教诸派别之间的论争非常繁复精深。对此加以阐释的一种方法就是参照《阿毗达磨》（*Abhidharma*）中所做出的区分。《阿毗达磨》源于公元前3世纪，包括对佛陀的话或教导的评述和发展。它包含着对两种存在的区分，也即第一的或实质的存在，以及第二的、概念的或衍生的存在。中观学派（Madhyamaka）认为万物都是第二存在；当我们找寻第一存在物时，我们一无所获。如果我们试图将第二存在物还原为被界定为其基础的第一存在物，这一还原就会导向空性：没有任何事物具有内在存在。颠倒一下有关真理的俗语的顺序，这不啻于认为"终极真理就是不存在终极真理"。但空性，*sunyata*，本身就是原因和条件的结果，这并不是说它们曾经是但之后不再是第一存在物，而只留下了第二存在物；而是说在我们经验中我们认为是真实的事物，只不过是没有实体的我们思维的惯性。理解到它们是空的、无意义的、非实体性的，只是一系列的虚无，就是认为它们不值得我们对之所具有的欲望或渴求。只要我们认为它们是实体性的，我们就忽略了它们的真实属性，而这正是苦难的起因。

瑜伽行派（Yogacara school）认为中观学派的理论是站不住脚的，因为如果不存在第一存在物，第二存在物就无法成为第二存在物。因此它们假定了一个第一存在物，并认为不二的意识 *cittamatra*，即"唯识"，堪当此任。顾名思义，瑜伽行派的信众对冥想尤有兴趣，这就解释了他们为什么将第一存在物与冥想中不受束缚的意识的最深层现象学层面中的事物联系在一起。不过，瑜伽行派有关唯识性质的三性说表明其论证的终点（即空性，虽然与中观学派表述不同）与中观学派的理论是一致的。第一性有关于主-客二元（正如那些迷执之人所用语言表明的那样，这是他们对世界的看法）。第二性是"依赖性"，迷执之人错误地将经验流对立为主体和客体，但经验流就是其自身全部。第三性是"圆满性"，它是在冥想中把握到的事物的真理，即空性，但又被界定为"不二"。[1]

陈那-法称（Dinnaga-Dharmakirti）学派只承认两种认知模式，即现量和比量。它们构成了被界定为"不与经验相矛盾的知识"，即"正确认知"。陈那认为只存在两种认知模式的理由是日常经验只呈现给我们两个方面的知识，即我们感知到的特殊事物，以及我们推论得出的普遍事物。共相并不是实在的，并且对殊相的感知只是瞬时发生的。在此过程中，这一瞬间存在于"未被建构的"感知之中，但接下来很快我们的感知通过解释性的归属性质与属性，也即共相，而得到"建构"。不过这一被建构的感知能够导向正确的行动，因此从它并不与经验相矛盾来说，它算作一种知识。鉴于这一观点可以被描述为"亲知知识"和"摹状词知识"之间的区分，我们可以看到它与晚近西方认识论中罗素学说的近似关系（参见前文边码第 352 页）。

陈那认为存在四种感知：感觉感知、心灵感知、瑜伽（外在于感觉的）感知以及反思性感知或自我意识。[2] 其他佛教学者批评他将最后一种也视为感知类型，因为他们认为这种感知蕴含着一种"对意识的意识"，蕴含着一个自我（算是一个更高层级的自我？）的存在，这意味着这个教导人们自我具有非真实性的学说是自相矛盾的。

陈那-法称学派的逻辑学观点如其认识论立场一样具有影响力。陈那的 *hetucakra*，即《因轮论》，包含着一个原因与其正例和反例之间一切可能的结合，并详细论述了其中哪一个构成了一个有效推论。在九种结合中，只有两者是有效的：在这两种情形中都是原因（hetu）在正例里出现于主词中，而在反例里不出现于主词中。譬如：在做出因为我们看到烟在山上升起所以山上有火的判断时，我们有关于火和烟被关联起来的正例

---

1 在中文中瑜伽行派的三性说通常被表述为遍计所执性、依他起性、圆成实性。其含义分别对应于作者较为通俗或以西方哲学术语的解释。——译者注

2 陈那对现量的区分一般被称为：五根现量（五种感官所得的感知）、意识现量（从感知向概念发展的阶段）、自证现量（对自身的了解、自己的意识）、瑜伽现量（通过修习达到心理安定和道理契合的状态下对事物的了解）。——译者注

（譬如，在我们厨房中的火），以及一个反例，即火与烟从来没有关联之处（譬如，在湖水里）。

对耆那教（它的名称源自 *jina*，即"胜利"，意味着通过超越轮回而获得不灭的自由来战胜痛苦）而言，解脱之道在于不杀生（*ahimsa*）、不执着（*aparigraha*）、禁欲以及接受如下事实，即实在是无限复杂和多面的（*anekantavada*）以至于永远不可能对任何事物提出单一确定的描述。这意味着我们思考或说出的任何事情至多只在部分上为真，只是"从特定视角出发"（*syadvada*）。每种视角都包含有一些真理；因此"从特定视角出发 X 是这样"与"从特定视角出发 X 不是这样"同时都有可能成立。耆那教的实体学说相应地允许 X 既在衰减又是稳定不变的。断言它必然是这样或那样的，就会"片面"，即 *ekanta*，甚或"极端"。它与怀疑论的对应关系很是令人惊讶。据说（参见边码第 120 页）伊利斯的皮浪曾拜访印度并从其"赤裸的哲学家"身上学到了他的学说；这些哲学家非常有可能是耆那教徒，其中最虔诚的信众确实赤裸着行走。

有关顺世派–顺世外道学派唯一的知识来源就是他们对其论敌的评论和批判。这些著述体现出该学派持有经验主义、唯物论和享乐主义立场。它在认识论上认同极端经验主义立场，认为感性知觉是唯一有效的认知形式；它在形而上学上认同极端唯物论立场，否定灵魂、神灵或来世的存在；并且它据说在伦理学上持有享乐主义立场，称颂快乐的好处。"Lokayata"意味着"人民的"，并且或许最初指的是不识字的普通民众们唯物的、此世的假设和生活方式。但它逐渐具有"怀疑的"含义，因为将感觉经验限定为唯一有效的获得知识的方式，意味着推论本身是可怀疑和具有条件的，该学派采纳了这一含义。

"Carvaka"（查伐伽）是该学派假定的创立者的名字，尽管该学派更早的一位创立者和一部佚失经文（只以残篇的形式为我们所知）的假定作者是巴哈斯蒂帕（Barhaspatya）。人们引用这部《巴哈斯蒂帕经》（*Barhaspatya-sutra*）指出现量无法告诉我们有关轮回的任何事情，无法告诉我们仪式和献祭是否有用，无法告诉我们诸如地狱和天堂等其他世界

印度哲学

是否存在，也无法告诉我们行动在此世或假定的其他世界是否会产生好或坏的结果。因此就没必要相信它们。相反，现量告诉我们自然界的事物是它们自身的原因，它们的属性存在并源于它们的物理构成。意识是身体中物理过程的结果。因为物理存在是实在，快乐以及对痛苦的躲避就是善。"美味的食物、年轻的女子、华美的衣服、香料与花环"据说（借由《全定说纲要》[Sarvasiddhanta Samgraha] 中的批判）都是顺世派有关天堂的理念，与此同时 moksha（从轮回中解脱）伴随着死亡自然而然且无法避免地产生。

在当今发达社会中人们实际上或出于实用主义（functionally）而持有的生活观正是顺世派的理念。

以上对印度哲学学派中一些思想的勾勒旨在提出以下观点，即如果我们有语言能力来详细研究它们，那么这会对不仅是西方哲学也是印度哲学本身的基本问题提供深邃洞见。人们一直猜测在印度和希腊思想家之间曾有某种交流——伟大的波斯帝国曾分别从东方和西方将这两个世界联为一体，它们之间不存在观念的联系与交流是完全难以想象的。希腊语和梵语都是一种更早的语言，即印欧语系或简单的雅利安语的后裔，同时语言的词汇和结构中携带着语言使用者的世界观，这包括有关实体和属性、因果性、知识、心灵和意识的观念，以及我们的日常经验是揭示还是遮蔽了实在的真实性质等问题——它们是印度和西方思想传统都以非常相似的方式加以处理的核心哲学议题。

中国哲学
Chinese Philosophy

儒家、墨家、道家和法家思想是中国哲学思想中的主要流派。佛教从公元 1 世纪成为有影响力的思潮后,在隋朝(公元 581—618 年)和唐朝(公元 618—960 年)成为主导思想。但除却这段时期和其他一些更为短暂的时期外,儒家思想一直是主导学说。在汉朝(公元前 206 年—公元 220 年)科举考试是以儒家经典为基础的[1];唐朝之后的宋朝(公元 960—1279 年),科举考试又重新以儒家经典为基础,并一直延续了上千年直到 1905 年(在元朝 [1279—1368 年] 中断了一段时间)。

对汉代以前的哲学学派的分类要主要归功于司马迁(公元前 145—86 年)的《史记》(*Records of the Grand Historian*)。[2] 这位伟人继承了他父亲的太史职位,但却因政治阴谋牵连而被投入监狱并遭受宫刑。人们都认为他会如所有遭受如此羞辱的士大夫一样,在走出监狱后自尽而死,但他却没有这么做,因为他要继续完成自己的伟大历史著作。他的《史记》是中国历史编纂学中第一部重要著作,并且是珍贵的历史资料(虽然有基于儒家道德立场的偏颇)。之后的学术研究,特别是基于不同学派自身的著作,对司马迁的学说多有修正,但它的观点对确立中国思想的传统分类,特别是儒家思想在之后中国历史中的地位,居功甚伟。

传统上认为孔子本人,即孔夫子(孔圣人),出生于公元前 551 年的

---

[1] 汉朝尚未有科举制,只有荐举制。——编者注
[2] 在标出中文著作的名称和标题(特别是一位思想家的名字也用作其著作名称)时,我通过拼音将汉字转变为罗马字母。现在它已经取代了令人稍微有些困惑的威妥玛体系:譬如,《道德经》(*Daodejing*)这部经典著作在威妥玛体系中写作 *Tao Te Ching*。

鲁国，去世于公元前 479 年。苏格拉底正好在他去世九年后出生，并且在一到两年内乔达摩·悉达多，即佛陀，出生或去世（这取决于你接受佛陀晚一些还是早一些的生卒年月）。鲁国是周朝（大约公元前 1046—前 256 年）的一个诸侯国，大体上在今天中国东部的山东省。鲁国在中国历史上极为重要，因为它不仅是孔子也是墨家学派创始人墨子（公元前 470—前 391 年）的家乡，还是《春秋》(*Spring and Autumn Annals*) 这部公元前 722 到公元前 481 年鲁国历史编年体著作的主题。根据儒家学派中重要性仅次于孔子的哲学家孟子（公元前 372—前 289 年）记述，《春秋》是孔子自己撰写的，因此位列归属于他的《五经》之中，其他四部则是《诗经》(*Classic of Poetry*, 有时称为 *The Book of Songs* or *Book of Odes*)、《尚书》(*Book of Documents*)、《礼记》(*Book of Rites*) 和《易经》(*Book of Changes*)。

在孔子出生之时，周王朝正在衰落，并且这种景象已然持续了一个多世纪。许多它曾经控制的小附属国开始发展成为更大的诸侯国，彼此争霸。它们之间持续的战争使得公元前 5 世纪到前 3 世纪这段时期被称为"战国"。《论语》(*Analects*) 据说是由孔子弟子和追随者编纂而成的孔子的教导（但大部分成书当然是很久之后，在公元前 1 或前 2 世纪编纂而成的）。在本书中，孔子被描述为一位充满遗憾地追忆被视为黄金时代的周朝早期历史的人。

孔子早年可能在鲁国当官，但他迫切地想要将自己的学说献给听从他的统治者，因此他周游列国寻求听从他建议的统治者。当时有许多和他一样的人，他们被称为儒生（意思是"读书人"即 literati），都有同样的追求。孔子并没有成功，但他在努力的过程中积累了一批弟子。几个世纪以来《论语》都仅仅被视为"五经"的评注，因此这一相对较轻的地位可能解释了为什么孟子引述的孔子的话中有四分之三都没有在《论语》中出现，不过它们在其他或不同编纂中的来源已经散佚。很久之后，当孔子的名望在宋朝被恢复到他在汉代所享有的崇高地位时，《论语》被视为至高的权威性文本并位列"四书"，其他三部是《大学》(*Great Learning*)、

《中庸》（*Doctrine of the Mean*）和《孟子》（*Mencius*）。其中《大学》是《礼记》中的一章，并由一位儒家学者曾子加以评注。《中庸》也是《礼记》的一章，据说是由孔子的孙子即子思所作。《孟子》是由孟子撰写的，以孟子和不同的君主和统治者的对话为形式，提出了儒家学说以及他自己对该学说的发展。"四书"和"五经"是儒家传统，并因此也是最近两千年来大部分时期内中国文化的基础。

孔子的观点是为官者若能成为有德之人，也即依礼与仁而行，他们就能够创造良好的社会。正确地遵循仪式和礼节的生活能够保证为官者有德。获得社会和谐和正确秩序的关键就是诸如君臣、父子等关系如何得到遵循。《论语》中有一篇记述了一则故事：一个村民告诉孔子他有一个老乡因为向官府报告自己的父亲偷了羊而被认为是"正直的人"。孔子回答道："在我的村庄里，'正直的人'意味着父为子隐和子为父隐。"在现代西方的道德感性中，这可能会显得很有问题，因为在这里忠诚压倒了诚实，但从宽泛解释来看（以及从恰好与孔子所说的其他内容相一致的解释出发），他指的是如果一切关系都得到正确处理，就不会有什么需要撒谎隐瞒的坏事了。

他的理论是自上而下的：如果为君者好好为君，父亲就会成为好的家长，孩子就会得到良好抚养并且恪守本分——因此社会就会和谐幸福。伦理之流的方向是**从掌权者**——为良好行为举止设定标准和模范的人——**流向**依赖于他们的人。因此，设立标准的人自己恰恰必须要遵守最高的标准。

儒家伦理中两个基础性概念是**仁**（benevolence or humanity）和**礼**，后者字面意义是"礼仪"但指的是一般而言妥当的行为。从起源来说，仁意味着"男性的"，很像梵语 *vir* 的原始含义"英雄"和拉丁语 *vir* 的阳性含义"男性"，virtue（德性）这个词就是源于后者，因此这个词曾一度仅适用于人类中的男性。

仁有诸多含义。它最核心的含义是人性或仁慈，并因此而包含善意、关心、同情和一般意义上对人类的关切。但它的正确实践则要求对人性的把握，也即分别好人与坏人的能力（知人，也即"关于人的知识"）。因此《论语》中记载，当一个学生问孔子，"以德报怨，何如？"时，孔子的回应是反问道："何以报德？以直报怨，以德报德。"

儒家黄金法则"己所不欲勿施于人"中隐含着**恕**，也即互惠的理念。这是对我们很熟悉的法则——"你们愿人们怎样待你，你们也要怎样待人"——的否定式表述萧伯纳（George Bernard Shaw）的评价：即"不要以你愿意人们怎样待你的方式对待别人，因为他们可能不喜欢这样"，表明了为什么否定的表述会更好。它要求道德想象力发挥作用，设想自己身处他人的位置，并从他人视角出发看待事物："夫子之道，忠恕而已矣。"

其他词语也用来称呼**仁者**。它们包括**圣**或**圣人**（sage or wise man），这个词在《孟子》中甚至更常见。还有**君子**（junzi 或 superior man，exemplary man），**贤者**（xian，admirable man，man of excellence）；它们都对立于小人，字面含义是"渺小的人"，是君子的反面。

存在一个一般性的词语**德**指称 virtue，但并非是我们通常所理解的含义，而是或许更类似于马基雅维利意义上的 virtù（参见边码第 189 页）。每种"德"具有它们自己的名称。忠诚就是**忠**；子女的虔敬，也即恰当地尊重并服从我们的祖先或父母这一非常重要的儒家美德，就是**孝**；诚实无欺就是**信**；勇气就是**勇**；具有礼貌、礼仪和恭敬的态度就是**让**。

如在《论语》中一样，中国哲学中经常出现的一个词是**天**，即 heaven（字面意思就是"天空"）。这不能在宗教意义上加以理解。就如斯多亚主义哲学中的**逻各斯**一样，它是一个非常复杂的概念，将下述所有观念或其中大部分或一些结合在了一起：确切而言一个包罗万象的事物之所是的独立秩序，为了正确或恰当地做事而应当遵从的事物，自然法，宿命，命运，超出个人掌控的事物，必然性。或许对一个西方头脑而言，最直接的理解**天**的方式就是将之理解为**像一个目的性实体那样行动**的"宇宙"。但**天**并不是一个神明，或任何种类的有意识的行动者。就像天空一样，天是一个方位。在曹雪芹经典小说《红楼梦》（*The Dream of Red Mansions* 或 *Dream of the Red Chamber*；在戴维·霍克斯 [David Hawkes] 的权威译本

558　第五部分　印度、中国、阿拉伯－波斯以及非洲哲学

中，它题为 The Story of the Stone）的开头，一位名叫女娲的女神用熔化的巨石补天时，剩了一块石头在大荒山下。一僧一道发现了它，它央求二位带它看看这个世界。[1] 它幻化为一个男孩儿（这就是小说的主角贾宝玉），这部小说讲述的就是他的家族、友情和爱情的故事。在这部 18 世纪清朝小说中，天和神就如西方故事中的仙境和巫师一样，抑或中土和霍比特人那样。它们并不是《论语》或其他中国哲学学派的本体论内容。

在《论语》中得到很多讨论的是**学**（study or learning），以及通过学而获得**仁**以及对人和社会的理解，即**智**。一个有智的饱学之士就会知道如何依**道**而行。

道（Dao，通常写作 Tao）是中国思想整体上的一个核心概念，它自有精微之处且与不同学派具有深厚关联。在儒家思想中，它通常被表述为君子之道、父之道以及文武之道（文与武指的是周朝两位传说中的建国君主，他们是父子关系，分别选择了文治和武功的统治手段）。但儒家思想的道一般而言指的是一般意义上的政府行为和特定关系中个人的正确、合适、人性、仁慈、彼此礼让和忠诚的行为。

要成为一个遵循**仁道**的君子，我们需要习得孔子所教导的四科，即文、行、忠、信。**文**，即文化这个词，字面含义是"装饰"或"修饰"，但用在人身上指的是构成**君子**的知识与个人魅力。"文武"之中的文，即文王（the Cultured King）之文。一个有文化的人会尊崇并遵循**礼**，而践行**礼**就会保证一切事物的完成都受到尊敬、礼貌、崇敬和纪律的约束。对孔子来说，**礼**的重要性体现在如果政府行为和日常生活的事务都能够遵循正确的程序，一切都处于有序和明确之中，因为各种关系都处于正确的状态。整本《论语》都致力于讨论礼，掌握了**礼**（还有乐、书、数、射、御）被视为成为君子的必要条件。

在孔子看来，家是社会的基础，因为正是在家中人们习得孝悌，并因

---

[1] 在英文原文中，作者写的是"两位僧侣"（two monks），但作为中文读者我们都知道更确切的表述是一僧一道。——译者注

中国哲学　559

此而具备了对人性整体即仁本身的关切和审慎。行仁道，是一个实践的问题，也是一个实用的（pragmatic）问题，这意味着它是可习得的，就如亚里士多德认为美德能够被实践而成为习惯一样。

在儒家传统中，会有仁和礼这两个基础性概念的相对重要性问题。哪一个是最重要的？这就是所谓的**内外**之争，**内**意味着"内在的"，**外**就是"外在的"。孔子本人正确地指出两者的平衡："质胜文则野，文胜质则史。文质彬彬，然后君子。"但与此同时，《论语》中的其他文本也可以被解读为认为**仁**胜过**礼**，或**礼**胜过**仁**，这就使得儒家传统中留有论辩的余地。

在《论语》中体现出来的儒家立场是理想主义和乐观主义的，特别是它对人性的看法或至少是对人性正确教化的可能性上。由孔子的孙子即子思（公元前483—前402年，生卒年本身并不支持这一说法，因为孟子出生于公元前372年）所记述的儒家传统中的亚圣孟子，认为人性本善。这意味着理想中的儒家国家和社会前景也是善的。儒家传统中的第三位圣人荀子（他的名字是荀况，生活在大约公元前310—前235年；因其著作《荀子》而闻名），并不赞同这一观点。他更偏向现实主义的态度产生了社会伦理学领域中构建得最为细致的儒家立场。

孟子有关人性的观点使他在**内外**之争中处于**内**这一边。他说，最为重要的是**心**，即内心和心灵或"内心-心灵"，由此生发出一切可以使得人们具备**仁**的因素。孟子认为错误的行为源于外力，因为在困苦的时期人们由于艰难求生而会犯罪或变得残暴。人们成为这样并非源自其自然倾向，而是由于导致他们"失其本心"的苦难。作为内在善的证明，孟子援引了诸如看到孺子将坠井时人们所具有的恻隐之心；这种恻隐之情不是因为他们想要取悦孺子的父母或得到社会的称许，而是源于他们的心。

孟子以典型的儒家方式，提出德性的四端说，即**仁、义、智、礼**。每一种德性都与表达或设立该德性的一种情感态度相连。仁源于恻隐之心，义源于羞恶之心，智源于是非之心，礼源于辞让之心。[1] 德性通过它们与

---

[1] 在此孟子的四端说并没有采取英文直译，而是以中文习惯表达译出。——译者注

情感的关联而得以表达这一观点,与休谟和其他认为情感是行为的动机的观点相一致,因为孟子理论中的一个假设是德性既源于也通过一个相关的动机性情感状态得以实践,而这些情感是人类心理的自然天赋。

孟子认为四端中仁与义是基本的。拥有这两种德性的统治者会意识到自己政策对人民的影响,并且总会以有利于人民的方式为政。他的荣誉感将会使得他鄙视在小节和大节方面的错误或腐败的行为。有一位仁义的君主,国家就会繁荣、人民就会幸福。他们幸福的原因不仅仅是他们享有和平和繁荣这个很明显的理由,也由于在这种条件下他们本性之善能够得到最完整的表达,由此就会产生良性循环:在一个好社会中人们处于最佳状态,而这进一步使得社会变得更好。这是一个德性的螺旋式上升结构。或许它更多地表述了孟子自己的内在倾向,因此就他来说,他认为这是可达到的。但下一位儒家圣人荀子的想法完全不同。

荀子生活在战国末期,那时儒家自身以及道家、法家和其他学派不仅已经拥有大量信众,而且论辩日益激烈,构成了我们现在所说的"诸子百家",也即中国哲学的黄金时代。这不是说当时正好有一百个学派,而是中国习语中使用大整数(一百、一千、一万)来指代重要的复数概念。这意味着荀子了解其他哲学家和学派的观点,并且在以他名字命名的著作《荀子》中参与了他们的论辩。

荀子认为人性本恶,且为善就需要有意识地付出努力。他说,人们根本上是贪婪的;他们寻求个人利益;将彼此视为对手,并因此而产生了妒忌与敌意,这就带来了犯罪、暴力和背叛。人们生来就有感官,这使得他们追求无节制的快乐。因此他们就需要教育以及正确的行为方式。只有有了这些,礼仪、教化与忠诚才得以发展。他写道:"固木受绳则直,金就砺则利。"

儒家学说中很有意思的一个观点,也是荀子所强调的正名(rectification of names)。它指的是因为事物的名字是约定性的,且因其有用性而依赖于使用它们时人们所具有的共识,当这一共识丧失时问题就会出现。因此荀子说,统治者应当通过法令而确立名称的意义,以至于它们能够成为所有地方所有人的标准,并且命令应当得到正确的遵守。"名无固实",他写道:"约之以命实,约定俗成,谓之实名。"这看上去极为简单,但实际上并非如此。在距离遥远、交通不便的条件下,世界上出现广播之前的任何地区中,一个山谷与另一个山谷之间语言的发音和用词都可能不一致,这就为统治带来了沟通上的困难。"正名"的理念是寻求一种每个人都能够清晰理解的官方共同语言,这不仅是为了有效的行政管理(尽管在这方面它的价值非常明显),而且也推动了作为文化规范传送中介的共享价值和标准的发展。

另一种获得社会整合的方法就是将礼加以标准化,并推动对它的践行。这里依旧涉及推动规范和标准发展的理念,因为礼的践行确立了社会的秩序和关系,以有纪律和严肃的方式将社会联为一体,成为它所期待自己成为的模样。荀子认为礼等同于烹饪中的调味和作料以及它们提供给国家的营养。一切社会都有公共的惯例、典礼和庆祝仪式,譬如美国独立日庆典、女王生日游行、感恩节、圣诞节、开斋节以及排灯节,它们的目的是增进一种身份感、一种对共享目的的忠诚以及对创立该节日事件的回忆。在阅兵时,我们会尤为注意到等级和优先次序,因为事件本身呈现出等级排序和命令秩序——在有关礼的著述中,荀子指出礼尤为体现出"差异",也即不同群体在社会中的不同地位。儒家思想在中国人的政治情感上印刻的最大德性之一就是**秩序**:无序在中国历史中被人们迷信般地恐惧着,因为每一次王朝更迭都源于此,并且通过这一视角观察晚近和当下中国所发生的一切,许多事情都可以得到解释。[1]

墨家的创始人是墨子,他是苏格拉底的同时代人。在很久之后的明朝和清朝,一些中国学者认为墨子是儒家的反对者,但不是很有影响力。其他学者,特别是更晚近的研究中国思想的学者意识到墨家哲学所具有的独立旨趣,以及墨家对数学和逻辑学的贡献。

提出墨子思想的著作就是《墨子》,它以三种方式提出了墨家的主要

---

[1] 阐明哲学如何对实践产生作用,这一点是理解中国的关键之一。

学说，这在一些学者看来代表着该学派内三个不同分支的学术进路，但（更有可能的是）其他学者认为这些不同的方式源于对墨子以降不同传统和其追随者之间论辩的不同编排方式。这些不同的解读如何加以理解，特别是哪一个更早哪一个稍晚，影响着对这些学说本身细微之处的理解。但贯穿整个学说的主要是两个立场：其一，关切他人、兄弟般的友爱，即爱；其二，具有很强的衡量利弊的功利主义色彩，即利害。

第一个原则是"尚贤"并"贵义"（follow the standards [yi] he sets）。当一个社会人口众多、经济富庶且井然有序时，就可以算作幸福的。要达到这一目标，就必须要由具备义的人来统治。明确的"指挥链"有助于确保这样的人能够在政府中。[1]

"兼爱"或政府对所有人的平等对待和关切，保证了社会安全与和谐。"兼爱"这个词意味着"像爱自己那样爱他人"。（有时被译为"universal love"——普世的爱——但兼爱被翻译为"平等"或"不偏不倚"的爱可能更好。）墨子将这一观点同如下进一步原则相连，即"非攻"，它指的是反对军国主义并且不诉诸军事侵略。两者的关联是如果你自己并不想发动战争，也就不要让他人卷入战争并战死沙场。战争之害超过了战争之利；国家彼此之间的攻伐都源于对财富或权力的贪婪，并没有价值，也即不义。"姑尝本原若众害之所自生。此胡自生？此自爱人、利人生与？即必曰：'非然也。'必曰：'从恶人、贼人生。'分名乎天下，恶人而贼人者，兼与？别与？即必曰：'别也。'"

"节用"（特别是包含"节葬"，它不仅指的是葬礼的花费，而且还包括为父母的三年服丧期，在此期间服丧者不能工作）是有关利害的冷静权衡的结果。尽管服丧期的时长可能从心理学来说是正确的——两年差不多是从失去所爱（无论是去世还是一段重要关系的结束）中完全恢复的时间——但墨子认为通过这种过度的仪式来彰显尊敬和孝顺的约定习俗源于"混淆了风俗习惯和适宜且正确的行为"。这是我们在墨家思想和

---

[1] 这里的"人"特指的就是"男性"：在中国历史上直到最近女性才被认为有机会堪当此任。

《新约》中对法利赛主义中"伪善者"批评之间发现的众多类似之处中的一个。

天的公正性对所有人而言都是一样的，并且天事实上是事物的"自然"或自然正当秩序，为了所有人的利益而存在。注重并顺从**天**，就会保证个人与社会的**义**。

墨子对所有人福祉的关切，也即"兼相爱、交相利"，是其学说的主旨。尽管**爱**这个词意味着"love"，在此语境中更好的翻译应当是"善意的关心"（benevolent concern，记住，从语源学上看 benevolent 指的是"祝福"[well-wishing]，即"希望他人得到好处"）。当个体之间存在这一关系，而且政府运作也以此为原则时，就会产生一个良好且繁荣的社会。当这种关系不复存在时，就会带来伤害。"天下之害"，墨子指出，"以不相爱生也"，即家庭成员、统治者与被统治者、国与国之间缺乏兼爱。

不过在上述思想中隐含着一种在任何伦理学反思中都很常见的张力：相比于陌生人，人们具有更关切亲人的倾向，这就与兼爱的理念相违背。在基督教道德神学中，同样的问题出现在友谊与**基督之爱**（对人类无差别的爱）的冲突之中。奥古斯丁在刚刚成年时深爱着他的一位朋友，他就在同如下情境角力，即他的这份深爱与基督之爱并不一致。墨子以如下方式解决这一问题。他问道，如果我们不得不让其他人来照看自己的孩子，我们是愿意交给一个不偏不倚的人还是有所偏爱的人呢？他说："我以为当其于此也，天下无愚夫愚妇，虽非兼之人，必寄托之于兼之有是也。"

在思考墨子思想时我们感受到的这种熟悉，譬如有关兄弟般的爱或关切的理念，以及增进集体福祉的誓言，被他如下有关与此对立状态的描述加强了：这是一个无政府状态，存在多种不同标准，并且人们只是寻求最大化自己的利益——这有些像霍布斯式的自然状态。墨子说，我们共同的价值和标准不允许这种状况发生，所以如果我们能够"尚贤"并且每个人都尊崇他所设定的标准（**法**），就会出现良好的秩序。但这意味着统治者不得不是义与仁的典范，而其他人则要听命于他。在霍布斯那里主权并不要求是德性的典范，但在墨子里则需要如此。

此外，墨子详细论述了如何确定统治者必须设定的标准的性质。这主要有三种方法。其一是我们可以通过追溯过往来看伟大统治者的典范，他们具备德性与仁，并因此使得国家繁荣。其二是我们可以运用经验性检测，因为统治者的行为很明显地体现在它们对社会的影响上，而"以众人耳目之情"会记录这些行为。其三则是可以运用利益大于损害（**利和害**）这一权衡——这是一种可以适用于任何行动和情境的决策的功利主义原则。

墨子的追随者发展出一个有关逻辑学和形而上学的学派，它后来被称为"名学"。它最为知名的是有关"白马非马"这一命题的论辩。这一谜题引出了古代汉语最为精妙的部分以及对**白马非马**（白意味着"white"，马意味着"horse"；所以整句话是"white horse not horse"）这一表达中否定性的非（"不"或"不是"）的理解。由墨家逻辑学家公孙龙所撰写的《白马论》所提出的论证如下。"马"描述了一种形态，"白"是一种颜色，而一种颜色的名称无法用于描述一个形态，因此（这一论点的持有者主张）我们可以断言**白马非马**。中国哲学研究者葛瑞汉（A. C. Graham）指出，这一命题表面上的矛盾源于未能做出下述区分，即包含意义上的"是"（x 是 y 的一部分）——非或"不是"中的"是"，与同一意义上的"是"（x 是 y，x 与 y 是同一个事物）。这意味着有一种可能的解读使得该主张免于沦为单纯的错误、范畴谬误或混乱：这就是将该表达视为"**白马**这个概念并没有穷尽**马**这个概念"的缩写，也即，不是所有的马都是白的。

墨家伦理学提出了一个具有吸引力且富有同情心的主张。道家思想（Daoism 或 Taoism，这个词的老式英语化方法中没什么用处地以"t"来代表"d"这个音）虽然在主张方式上相当不同，但也具有这一特征。或许许多读者都会认同这一谚语，即"夫唯不争，天下莫与之争"。禅宗对实践持有类似的态度——以禅的方法游戏并不是专注于你正在做的事情上，因为这会阻碍和干扰你，而是（如谚语所说）顺其自然。这一观点很有可能源自道家，即道家哲学或道。事实上，有许多思潮、团体和学说可以被宽泛地归属在"道家"这一标签下,它们所共有的是这样的想法:存在一条道路或路径能够通往某个想要到达的目的地,这个目的地可以是仁,可以是获得宁静,可以是逃离无意义的社会要求,抑或任何被视为正当目标的事物。不过有一个被视为对此学说至关重要的文本,即《道德经》(老式英文拼写为 Tao Te Ching),它有时也以它可能的作者老子这一名称为题。

如其名字所示,老子可能是一个传说中的人物——这个名字的意思只是"年长的圣人"——也可能是一个名叫老聃、生活在公元前 6 世纪的人,在一些传统中他是孔子的一位老师。道家学说的倡导者认为他们的学说从远古流传下来,甚至可能源于传说中生活在公元前 3000 年、被视为中华文明创造者的黄帝。根据司马迁《史记》记载,孔子很敬畏老子,称他是天上的"龙",也即把他比作中国神话动物中最伟大和最受称赞的动物。儒家和道家彼此对立这一观点可以追溯到汉代之前的时期,后来的一部道家经典《庄子》推动了这一观点的发展。这部书在发展道家思想时指出,智慧在于一种无拘束的、灵巧的以及敏锐的灵活性之中,而孔子缺乏这一品质。

研究表明《道德经》并不是由一个人完成的。它提出了一系列以**道德**为核心的观点,司马迁将践行这些观点的人称为**道家**,其中"家"意味着"家庭"或(象征性的)"家族"。实际上有许多不同的道家,现在被分为"黄老""哲学道家"和"宗教道家"。但它们都依赖如下道家的核心概念:意味着"道路"的**道**,意味着力量、潜能和德性的**德**,不作的**无为**等。《道德经》(**经**意味着"经典")本身分为两个部分:**道经**和**德经**。

道的概念极为复杂、丰富和多样。《道德经》的第一句话说,"道可道,非常道"(The dao that can be explained is not the eternal dao)。这似乎关上了我们理解它的大门。但更加糟糕的是,英文中在最后一个"dao"之前的"the"表明只有一个永恒的道。一些人持有这种解释。但另一些人认为中文原文——道可道,非常道,其字面含义是"可能说出的道不是一直持存的道"——使得道有诸多存在方式成为可能。此外,道甚至无法命名：《道德经》第二句说，"名可名，非常名"——意思是"一个可被命名的道的名称，并不是（它或它们的）名称"。道是**万物**，"万般事物"——这意味着道是超越于任何能够被理解事物的实在；它是不可穷尽、保持中立且不可把握的。或者说它是一切事物的起源或源泉，无法为我们所知。它是承载一切事物的事物，是存在及其延续的源泉。鉴于道的难以名状，以上形而上学立场都是假设性的。之后的学者补充了他们个人认为道可能或应当具备的含义，一些人赋予它宗教意味，将之与占卜、宇宙论和冥想联系在一起。

德在上文中被翻译为"德性"，善或道德，但在《道德经》的描述中它通常意味着"潜能"，一种以自我实现为目的的生命力量。从这一观点出发，遵道就是运用、指引或发挥我们的生命潜能。"遵道"主要体现出早期将道理解为一种教导或道路。中文中"道"这个字由两部分构成，一部分与行走或旅途相关，另一部分与遵循相关。但《道德经》中有关应当被遵循的道的观点的本质是，它更加深刻且优先于其他学派所教导的"道"或美德："大道废，有仁义；智慧出，有大伪；六亲不和，有孝慈；国家昏乱，有忠臣。绝圣弃智，民利百倍；绝仁弃义，民复孝慈。"这里隐含的劝告就是采纳**无为**。它意味着在社会和社会组织出现之前，人们自然且自发地生活，并因此而毫不费力地获得德性。但随着社会的出现，就需要努力变得具有人性、变得诚实、变得孝顺。[1]

无为指的是"不行动"。它并不是说人们为了遵从道而应当真的什么也不做；如前所述，对它更加准确的解读是"毫不费力的"，"无须争取的"。这与《庄子》中非常明确的有关**无为**的观点相一致。在《庄子》中，它与不依赖于某物和获得宁静相关。后来的法家向统治者推荐**无为**——政治家有时将之视为"巧妙的不作为"（masterly inaction）——任由事物自己发展而不加干涉。道家大师们通过不同的类比来解释**无为**，认为它像

---

[1] 因此道家的自然状态对立于霍布斯的，而更像是洛克的：对道家观念而言，很容易在那些不受食物链顶端捕食者打扰的动物的生活中寻找到生活模式。

水一样环流过事物而不惊扰自身。"是以圣人居无为之事，行不言之教，万物作而弗始也，为而弗志也，成功而弗居也。夫唯弗居，是以弗去。"我们可以通过遵循自然，遵循其自发性与韵律而习得如何**无为**。"希言，自然。故飘风不终朝，骤雨不终日。孰为此者？天地。天地尚不能久，而况于人乎？"其中"自然"与"自然性"的观念就是"自然"（ziran），**自**意味着"自我"，**然**意味着"因此"，"如其所是"。它指的是一个人之所是及其行动源于其自身，源于事物（包括其自身）的内在本性。

道家另一部伟大经典是以其作者命名的《庄子》（庄子生卒年为公元前399—前295年，非常长寿；他出生于苏格拉底去世那一年）。这部书要比《道德经》更具嬉笑怒骂的意味，它更具批判性，更具怀疑性，充满了有关动物和昆虫的轶事，它提出了诸多困惑与难题，但却可能没有给出答案。它所包含的故事富有趣味且给人启迪，有一些的知名度甚至超出《庄子》和道家哲学本身的语境。譬如，有一个故事是一个人梦到他成了一只蝴蝶，快乐地飞来飞去；之后他醒了过来，困惑于他到底是一个人曾梦到自己是一只蝴蝶，还是一只蝴蝶曾梦到自己是一个人。

一些学者认为《庄子》要比《道德经》更加精深，并且它当然并不怎么关心出于此世的目的而遵道，相反它强调内在历程，即对道加以体证时的个人体验。我们还不完全清楚《庄子》和《道德经》之间准确的关系是什么，更不用说它们各自的成书日期，所以上述比较可能是有所误导的，因为两者间的差异可能不是学说发展上的不同，而是风格、内容或侧重点的不同。

《庄子》教导我们应当远离政治与现实生活，应当与道一致并自然地遵循其引领，无欲无求。分析地或过多地思虑事情是误入歧途。**曳尾于涂**才是理想状态。尽管《庄子》所体现的道家思想具有反理性主义和无政府倾向，但之后在公元1世纪，有一种名为"上清教"的道家思想在精英中非常盛行。很有可能正是对这一形式的道家思想的熟知，使得佛教在大致同一时期更易被接受。

战国时期的诸侯国被一位意志坚定、性格残暴的君主通过武力统一起来，这位君主成为大一统中国的统治者，自称秦始皇（公元前259—前210年），他创造了皇帝一词来指称"帝王"。他因此也是中国第一位皇帝。他的王朝非常短命，仅仅从公元前221年存续到公元前206年，但它改变了整个中国的历史。他起先是秦朝的统治者，一步步地由蚕食邻近诸侯国开始扩张。著名的兵马俑现今守护着他在西安城外的陵墓。

除了统一中国和修建令人惊异的陵墓外，秦始皇还因另一件事而闻名或臭名昭著：在公元前212年他焚烧了上千本著作并活埋了460位儒生。因此司马迁说，无论怎样，也无论秦始皇的行为是否极为残忍，幸存典籍中引述内容的其他来源的佚失（比如，孟子对孔子的引述）以及秦阿房宫于公元前206年汉朝夺取政权时被付之一炬这个事实，证明了中国诸多先秦典籍的丢失。每部会被秦始皇焚烧掉的书，阿房宫据说都以专为宫廷使用为目的收藏着它的两个副本。如果确实如此，那么一次有意为之、一次无心之失的两次焚书真可谓是巨大的悲剧。

从儒家和墨家思想来看，秦始皇似乎必然与中国政治与伦理思想立场截然相反。事实上他也确实如此，不过他并非没有思想资源的支撑。相反，他严刑峻法的统治方式的理论背景，正是由韩非（大约公元前280—前233年）在以其名字命名的《韩非子》一书中提出的法家思想。该学说认为统治者的当务之急并不是行仁政，因此也反驳了有效政府的目标就是人民的福祉这一思想。相反，它指出统治者的首要任务在于他对权力的掌控以及维持国家的秩序。这一观点同马基雅维利的思想（参见边码第189—190页）非常类似。"法律"这个词，就如早先所说的"标准"这个词一样，都是**法**（fa），它指的是通过法律运作施加的惩罚来维持秩序。韩非自己从道家思想中借用了如下观点，即统治者应当（看上去）在法的屏障之后"什么也不做"，隐秘且遥远。

有许多法家人物都身居高位。譬如，李斯（大约公元前280—前208年）曾是秦始皇的丞相。法家人物的著述都非常讲求实际，并且完全以政府政务为主。以下三个概念对其学说至关重要，即法、术、势。"故以法治国，举措而已矣"，韩非写道。在法家看来，"标准"与"法律"的混同是自然而然的，因为（譬如）在说重量和尺度时除了"标准"的含义外别的意义都是无关的。法家哲学家商鞅（公元前390—前338年）曾是秦朝的大臣，帮助秦始皇统一了中国，他认为严刑峻法，也即要比罚当其罪更为严苛的刑罚，能够保障社会秩序，因为人们会非常害怕而不敢越雷池一步。《商君书》(*Book of Lord Shang*)中写道："行罚重其轻者。轻者不至，重者不来。此谓以刑去刑，刑去事成。"

如商鞅著作进一步表明的那样，法家关切国家运作中准确的行政干预。贸易、市场、价格（特别是有关食物的价格）的规制以及军事组织都得到了详细讨论。准备与组织要严密周全，统治者不能措手不及。要知道在秦朝中国人口将近三千万，在当时来说数目非常庞大；而且秦朝北至渤海湾北部，南至今天与越南的交界处，西至今天四川省的成都——地域也非常辽阔，尽管大部分人口主要生活在黄河和长江沿岸，且秦朝首都是咸阳，大致与今天陕西省的西安毗邻。管理这么大一个国家和人口需要冷静地处理政府事务，并保证政府运作的稳定性。因此，有效的掌控社会等级秩序就变得至关重要。统治者必须紧紧盯住他的大臣，大臣相应地要紧紧盯住整个国家的官员，而官员则相应地要紧紧盯住人民。那些只是其谋士傀儡的诸侯被视为解释战国时期国家并不稳定的事例，他们的弱点正是秦始皇能够横扫六合的原因。尽管过去政府一直建立在个人忠诚和家族联系之上，法家认为制度性的安排能够通过管理制度运作的规则的运作而约束个人的恣意。大臣与官员本身都有准确的职责定位，并且由严密的监察来确保他们严格地完成了职责——同时也没有超越职责。

如果一个统治者不识字且没什么能力，该怎么办呢？法家建议我们要依靠制度、规则和法律的运作，它们确保国家免受不胜任的统治者之害。韩非相信圣君明主的时代一去不复返，希冀另一个圣君出现是没有意义的。他讲述了如下这个故事：一个农夫正在田里耕作，这片田中有一棵树。一只野兔穿过田野撞到树上脖子折断而死。农夫因此享受了这只野兔的美味，并将农活儿抛在一旁，坐在树下等着另一只野兔过来撞死。韩非说，不言而喻，希冀另一个圣君出现与此一样荒唐。

这就与法家有关一般意义上的权力或权威（**势**）的分析联系在了一起。早期一位名叫慎到（公元前 350—前 275 年）的法家与道家哲学家有关权力的观点，在《韩非子》和《庄子》中都得到了讨论。他相信权力要么源于对人民的爱，要么源于对人民的征服。他还指出，地位具有权力只是因为势（position）本身，因此统治者的权力归属于他只是因为他作为统治者的这个角色。韩非借用了这一点："吾所以为言势者，中也……抱法处势则治，背法去势则乱。"因为好的统治者自然很稀少，权力和法律的制度性安排就变得很有必要，以便国家即使在平庸的统治者治理下也能够运转。不要再想着通过德性来治国，特别是当统治者的道德水平很一般时。只有运用权力才能够保证人民处于有序状态。

这种程度的现实主义贯穿了整个法家理论：法家虽然与荀子不同，不是讨论人性问题而是关心处理人性黑暗面的实际方法，但他们赞同荀子的观点，即民众基本上都是自私且邪恶的。法家思想事实上对小人，即普通人（这个词字面含义是"不大的人"），毫不掩饰其冷嘲热讽的态度：韩非认为他们具有小孩般的心智，并说一个明智的统治者不会希望他的人民对他做好事，而是应当保证他们不会危害到他。其他法家建议采取措施来**削弱**人民反抗统治者的能力；譬如商鞅认为人民应当完全投入到农业生产或战争之中，这除了让他们没有时间惹麻烦之外，也会保证国家在其他方面的强大。

韩非同样也建议虽然**法**，即法律，应当尽可能广泛地公之于众，但政府的统治策略（**术**）则应当秘而不宣。策略和计划只有当不会遭遇反对或反对力量最小化时才是有效的，并且如果人民并不知道政府在想什么时，他们在政治上就是很脆弱的。人民是统治者权力的工具，他们为增加统治者的财富和权势而服务，并且一定要小心以确保他们不会获得能够削弱其可用性（serviceability）的优势。这扩展为确保私人手中不能拥有过多的财富，因为财富也是权力。

法家思想得到全然贯彻的朝代就是秦朝。秦朝严酷统治的支持者会说这就是为什么秦朝统治者最终能够成为整个中国君主的原因。当荀子在公元前3世纪早期拜访秦国时，他发觉人民并未开化而且充满恐惧，官员僵化而且没有人情味，整个社会表面看来在后退，而且残忍愚钝。并且当法家观点付诸实践后，易于发生的事情是那些倡导法家观点的人在其所效忠的君主那里失去欢心后，成为自己学说的牺牲品：商鞅被绑在四驾马车上遭到车裂；李斯被公开处斩；韩非为免于同样的酷刑而在狱中自杀。

或许，这些不幸的哲学家及政客本应当通过问卜《易经》这部被认为成书于公元前1000年左右的著名占卜著作，而对自己的命运有所准备或避免这样的命运。这部书在公元前1000年末时成为现在的形态（它有诸多版本）。它由八卦和爻构成，每一卦象和爻都附带有解释，有点儿像幸运饼干上的签语。《易经》的哲学意味体现在理解它的一系列评注中，即"十翼"。作为惯例，它们的作者传统上被归为孔子。《易经》所具有的预言性和神秘性使得有关它的意义存在诸多解释，有关它的起源和目的存在诸多理论，它如同罗夏墨迹测验一样，任何看到它的人都能够从中解读出一整套的重大意义来。或许这正是其真正价值所在。

553　　现代学术研究对待《易经》的一种态度是，一些学者那些认为《易经》建立在对自然及其变化的系统性观察，以及由此而生的共情性感受之上，并且成为之后中国哲学基础。是如何对待这部著作的。他们认为这部书中有关现实的思考是以图像的方式展开的，而卦象就描绘了"一切基本的人类境况"。在这两者之间，对自然的观察和对人类境况的描绘构建出一个无所不包的体系，容纳着宇宙的起源、人与人之间关系以及人与环境之间关系的伦理学，以及有关社会的哲学思考。从诸如"未济，亨"这样附加在一系列爻上简短、重复且神秘的评论而言，这是一个非常具有实质性的主张，但它却源自写于几个世纪以后的"十翼"，对撰写后者的学者而言，原始的《易经》是其思想的启发因素而非主旨。评注中的大量内容都是对在卜问《易经》一个问题时如何理解蓍草的样态提供的解释，因此认为其中蕴含着哲学思想的主张是偏颇的。

对比儒家、墨家与道家思想，并将这三者同法家加以比较，进而将这四者同《易经》在中国思想中的地位加以对比，此外还要注意到我们还没有提及儒家思想在后来的宋朝发展成为"理学"（Neo-Confucianism）（与西方中世纪鼎盛时期一致，公元 10—13 世纪）并在此后受到道家和佛教思想的影响，我们会看到中国的思想史是多么丰富。前文中的讨论可能且应当被当作鼓励进一步探索的初步尝试。不过我不得不承认的是（与印度哲学的情况一样）语言障碍，特别是这一部分中古代汉语的障碍（它甚至比已经够难的梵语还难），妨碍了我研究的深度，但对此进行研究肯定将会被证明是既富教益又令人神往的。

阿拉伯－波斯哲学
Arabic–Persian Philosophy

554 我们很容易发现，对各个哲学传统的讨论（西方哲学、印度哲学、中国哲学）是按地理或民族来划分的，而对一个传统中的各个细分部分（古希腊哲学、中世纪哲学、分析哲学、欧陆哲学）则是按历史时期或类型来划分的。在我们为这些哲学史片段所贴的标签中，有一个标签与一种宗教有着明确的对应，那就是"伊斯兰哲学"。这个标签会产生误导，就像给在欧洲产生的哲学贴上"基督教哲学"的标签一样。这种标签会遇到的问题不只有"如何区分神学和哲学"这种界限问题，也不只有（更要紧的）"如何区分宗教教义和哲学"的问题，更重要的是，参与这些哲学论争的人们所生活的地区（中东、波斯、北非、西班牙）虽然在伊斯兰教创立之后的一千年中被信仰伊斯兰教某个教派的人所征服了，但有些参与论争的人并不是穆斯林。他们是犹太人、基督徒、袄教徒、无神论者等，当时在这些地区思考和写作。

而且，当时当地的哲学思考，有许多内容继承自希腊罗马世界的哲学，其实这些地区在之前的几百年中就属于罗马和（拜占庭）希腊。选择一个能够反映以上事实的标签，十分重要。一个可选的标签是"阿拉伯－波斯"，这是最贴切的民族－地理标识。但这个标签也远非完美，因为哲学史的这一阶段中一些最重要的成果是在西班牙产生的，而且某个哲学家实际属于哪个民族其实无关紧要。摩西·迈蒙尼德是塞法迪犹太人，阿威罗伊是个安达卢西

555 亚的阿拉伯人，阿维森纳的父母则分别是乌兹别克人和阿富汗人，他生在波斯帝国的最北端。

因此有人会把哲学史的这个片段标记为"伊斯兰世界的哲学"。虽然

这个称呼还是把哲学与一种宗教联系了起来,这就像把欧洲的哲学称为"基督教世界的哲学"一样。这个称呼对一半的西方哲学史来说都是不对的,但这个标签确实更准确一些,我们可以将其采纳为一种权宜的历史地理标签。我所选择的标题"阿拉伯-波斯"同样如此(或许更加如此),但它关涉的是哲学写作所使用的语言。这样做的好处是,它可以提醒我们古代的一些关键文本是经由阿拉伯语而保留下来并被恢复的,这对西方哲学传统来说也是个重要的事实。

接下来记述的是伊斯兰世界中最伟大的思想家们,其时间跨度是从铿迪(al-Kindi,约801—873)到伊本·鲁世德(阿威罗伊,1126—1198年)。这部分重点讨论的是严格意义上的哲学问题,尤其是这些问题在当时更广域的哲学共同体的论争中所产生的间接影响。这种影响传到欧洲的途径是从阿拉伯语到拉丁语的翻译,以及欧洲大学对一些文本的使用,如使用阿威罗伊对亚里士多德的评注等。这些思想家的成果无疑是哲学本身更广域的历史的一部分,而伊斯兰教神学则是另一个话题,但我们常常很难划出一条界限,因为穆斯林历史学家坚持认为"伊斯兰哲学传统深深地植根于《古兰经》所启示的世界观,在其所处的宇宙中,预言和启示被承认为光芒夺目的实在,它们不仅是伦理之源,也是知识之源"。[1]这种说法存在问题。如果思考的起点是接受某种宗教教义,那么随之而生的思考就是神学,或神义论,或解经学,或决疑论,或护教学,或解释学,但唯独不是哲学。

你可能会觉得这个界线划得过于绝对,那么试想:如果你承认了有一位全能、仁慈、永恒且超自然的造物主在持续地干预世界,并以此为确定无疑的基础来思考,那么你马上就会有一些不容讨论的信念(例如,世界在时间上有个起点),也会有一些棘手的问题要解决(例如道德之恶和自然之恶的存在,这一点从表面上看必须最终由这个终极存在来负责,因为

---

[1] 这是赛义德·侯赛因·纳斯尔(Seyyed Hossein Nasr)在他的《伊斯兰哲学史》(*History of Islamic Philosophy*)一书的导言中提出的说法,此书是他与奥利弗·利曼(Oliver Leaman)合编的。

是他导致了万物的存在，但这与终极存在的善意和仁慈相矛盾，而这种善意和仁慈一般被认为是完全的）。另一个问题是，如果这个存在是一，因为一是完美、完满、自我一致和自我持存的，那么为什么有这么多事物？为什么这样一个存在要创造或者散发出混杂而多样的东西？还有一个问题是，如果实在是由神圣的存在因其本质的某种必然性而产生的连续的散发物（在伊斯兰思想中称为"流出"[*fayd*]），这是否会导出一个结论：宇宙中没有自由意志？如果那个存在是靠它的自由意志而流溢出了宇宙，那么既然杂多之物是不完美的，而且产生宇宙就会导致恶的出现，它为什么要这么做？解决这些问题，是神学和神义论的任务。而如果采取哲学的进路，我们首先就会问，导致了这些疑难的那种本体论（某个物的存在或某一类物的存在）本身在概念上是否坚实可靠。

阿拉伯语中的"哲学"和"哲学家"分别是 *falsafa* 和 *faylasuf*，这两个词都借自希腊语。哲学、数学、物理、天文和医学被称为"外来科学"，其资料得自希腊化地区，这些地区在伊斯兰教兴起后的一百年中被伊斯兰所征服。这些希腊资料都有哪些呢？我们可以参考巴格达书商伊本·纳迪姆（Ibn al-Nadim）的书目，这位书商在公元 988 年调查了在伊斯兰世界可以找到的书籍，从这份清单中我们可以看到有哪些用古典语言写就的著作被翻译成了阿拉伯语。书单中没有荷马和修昔底德，也没有奥维德和维吉尔，没有埃斯库罗斯和西塞罗。书单中只出现了古典世界的一部分遗产，因为在古典时代和伊斯兰教的兴起之间，存在一段基督教时期：叙利亚是基督教聂斯托利派的势力范围，而罗马帝国中讲希腊语的东方地区则是正教的领域；基督徒们不但不想保存古典时代的人文文化，而且采取了积极措施来消灭它。基督徒们保留下来的主要是技术文献：数学、医学、逻辑学论文、天文学。其中有柏拉图和亚里士多德，有欧几里得、盖伦和托勒密，但没有诗人，没有剧作，也没有书信和演说。

一个有趣但徒劳的猜想是，如果古典时代的人文文化大量流传下来，会对伊斯兰文化产生怎样的影响。我们知道这些古典文化的再发现对欧洲文艺复兴的作用。那么古典文化可能对伊斯兰文化产生类似的作用吗？无论如何，伊本·纳迪姆的书目表明，当时最突出的古代作者就是亚里士多德。对几乎所有穆斯林学者来说，亚里士多德就是哲学（柏拉图主义者法拉比是个例外），甚至一些新柏拉图主义著作也被归到亚里士多德名下。

到希腊化的基督教世界被阿拉伯人征服的时候，这一地区的哲学中心有雅典（辉煌的过往只留下苍白的残影），还有重要得多的亚历山大里亚，这座城市在642年9月被伊本·阿斯（Ibn al-As）率领的穆斯林军队攻陷。历史诡异地倒转了，亚里士多德的哲学在之前几个世纪中只剩下了一鳞半爪（见前文边码第81—82页），他却在亚历山大里亚被攻陷之后的一段时期成了最受崇拜、被研究得最多的人物，而相较之下，柏拉图则黯然失色。不管怎样，保存了柏拉图思想的新柏拉图主义在当时已经成为一种统合性的神智学（即一类认为"可以直接通过直觉而接触和认识神"的观点），吸收了其他思想立场，强调《蒂迈欧篇》中较为神秘主义的那种柏拉图思想。因此当时的阿拉伯学者对希腊哲学史的看法是相当特异的。

哲学进入伊斯兰世界的另一条渠道是波斯。查士丁尼皇帝在公元529年关闭了雅典学园，没收其财产，并驱逐了其中的哲学家。他们逃难到波斯，到了萨珊王国的国王科斯洛埃斯·阿努什鲁万（Chosroes Anushirvan, 即霍斯劳一世 [Knosrow I]，501—579）宫中，这位国王有智慧之名。对这些雅典人在那里的活动，我们知之甚少，但在之后的几十年中，一批希腊哲学文本被收录进了祆教的文集《阿维斯塔》（Avesta）之中，为他们的到来留下了一些印记。但他们所引介的东西，波斯的学者们一定都很熟悉了，因为到那个时代为止，希腊世界和波斯世界之间的交流已经持续一千多年了。因此他们所做的，大概就是增加了人们对他们所代表的哲学传统的兴趣，从而使他们所带来的一些文本受到了《阿维斯塔》编纂者们的注意。

558

在此还有必要做一些最后的铺垫，介绍一下哲学本身在伊斯兰世界兴起时所处的神学背景。作为准备，先简要了解一下时间线。先知穆罕默德死于公元632年，由他的岳丈阿布·伯克尔（Abu Bakr）继位。长老们在麦地那选定伯克尔为继承人，这让那些支持穆罕默德的堂弟和女婿阿里

（Ali）继任哈里发的人们愤怒了。阿里最终成为第四任哈里发，但裂痕已经造成，由继承问题引起的这个长久的分歧，使逊尼派从什叶派中分裂出来。伍麦叶（Umayyad）部落反对阿里继位，阿里在 661 年被杀，继任的是他的儿子哈桑（Hasan），而哈桑在同年退位，于是伍麦叶家族掌权。在伍麦叶王朝治下，帝国急速扩张，最后西至大西洋岸边，东到中国边境。

伍麦叶王朝在大马士革统治帝国一个世纪，之后被阿拔斯王朝推翻。阿拔斯王朝定都巴格达，并在 750 年到 1258 年的五百年中统治着大部分伊斯兰世界。在此期间，阿拔斯王朝对学术和文化的扶持，使伊斯兰教进入了黄金时代。王朝在首都建立了一座图书馆——智慧宫（Bayt al-Hikmah，*hikmah* 的意思是"智慧"），这是研究希腊和叙利亚手稿并将其翻译为阿拉伯语的中心。早期的阿拔斯哈里发哈伦·拉希德（Harun al-Rashid，786—809 年在位）、阿布·阿拔斯·马蒙（Abu al-Abbas al-Ma'mun，813—833 年在位，他做了一个著名的梦让他决定必须进行翻译）还有穆阿台绥姆（al-Mu'tasim，全名阿布·伊斯哈格·穆罕默德·本·哈伦·拉希德 [Ab Ishaq Muhammad ibn Harun al-Rashid]，833—842 年在位）都赞助了学者和翻译者，并让这些人做自己的廷臣。

在这种学术环境下，官方所鼓励的神学（*kalam*）是穆尔太齐赖派（Mu'tazilite），它宣扬以理性和证据来辅助信仰。"穆尔太齐赖"的意思是"退出者"，也就是不做判断的人，他们理解问题的两面，运用理性和证据检验来评价不同的观点。在穆尔太齐赖神学占优势的时代，什叶派与逊尼派之间的分歧还不是特别严重，因此思想家们可以质疑正统观点，没有顾虑地相互争辩，并自由地辩论《古兰经》中的疑难。穆尔太齐赖派的这种理性主义和证据主义的方法有一个重要的方面是，它提供了一种手段来辨别真的教义和假的教义，真的教师和假的教师，并辨别对的信仰和错的信仰，这一点很重要，因为只有对的信仰能让信仰者上天堂。

从 9 世纪早期开始，穆尔太齐赖派开始受到三群人的反驳：原教旨主义的罕百里派（Hanbalite，此派追随艾哈迈德·伊本·罕百里 [Ahmad ibn Hanbal，780—855]）要求不加质疑地按字面直解《古兰经》，还有扎希里派（Zahiri，追随达乌德·扎希里 [Dawud al-Zahiri，815—884]）和最重要的艾什尔里派（Ash'arite），此派得名于阿布·哈桑·艾什尔里（Abu al- Hasan al-Ash'ari，874—936）。相比于穆尔太齐赖派，这些派别都更支持文本直解（liberalism），也更为教条主义。艾什尔里派成为逊尼派神学流派中最为重要的一派，直到今天仍是如此（它有时被称为"逊尼正统派"）。穆尔太齐赖派在什叶派穆斯林中保持了相当的影响力，今天逊尼派的宰德（Zaydi）教法学派推尊穆尔太齐赖派为权威。因此，伊斯兰哲学主要与伊斯兰什叶派有关，而逊尼派中的诸教派，其理想是遵循"穆罕默德的传统和穆斯林共同体（ummah）的共识"，因而很不欢迎哲学思考，而是紧跟正统学说。

广有声名的第一个穆斯林哲学家是铿迪（约801—873，全名艾布·优素福·叶尔孤白·本·伊斯哈格·本·萨巴赫·铿迪 [Abu Yusuf Ya'qub ibn Ishaq al-Kindi]）。他不是穆斯林中第一个研究希腊哲学思想的人，穆尔太齐赖派教义学就已经借鉴了希腊哲学，艾什尔里派对穆尔太齐赖学说的批评也指出了这一点。艾什尔里本人就说，穆尔太齐赖派的一些错误学说是得自亚里士多德。然而，铿迪所热衷的不只是把希腊哲学应用到神学中。他热切地想要学习所能找到的全部希腊哲学，并写了众多的论著，本·纳迪姆的书目中就有260部他的著作。这些论著涵盖了从医学、天文学、星相学到数学和哲学的各种主题。不幸的是，这些手稿只有一部分流传下来，这或许是因为哈里发穆塔瓦基勒（al-Mutawakkil，822—861）对他怀有敌意，并收缴了他的书籍。这位哈里发还迫害什叶派，摧毁了纪念什叶派第三位伊玛目侯赛因·本·阿里（Husayn ibn Ali）的圣地，强迫犹太人穿上识别身份的衣服，并砍伐了祆教的圣柏树用于建造一座新宫殿。

铿迪生于库法（Kufa），是库法的埃米尔之子。据说他是肯达（Kinda）诸王的后裔，其中一位国王曾是穆罕默德的战友。他受到了马蒙和穆阿台绥姆两位哈里发的赞助，并把自己的主要著作《论第一哲学》（*On First Philosophy*）献给了后一位哈里发的儿子艾哈迈德，而他曾是这位艾哈迈德的导师。两位哈里发委任他监督智慧宫的翻译工程，这使他可以随意阅读

560

阿拉伯-波斯哲学　　579

其中的藏书。他的成就之一，就是引入了今天通用的印度计数系统（0，1，2，3……）。

铿迪热心于证明他所称的"古人的哲学"与穆斯林的教义相一致，而且哲学内部也自我一致。他关注的重点主要是几何学、逻辑学和物理学，在这些部分，兼容性问题并不严重。下一个挑战，则是要反对无条件地接受传统或者教条，支持理性的主张。于是他论证说："对追寻真理的人来说，没有什么优先于真理……真理和说出真理的人不会贬损人，没有人会因为真理而受到贬抑，相反，真理使所有人都变得崇高。"铿迪使用了当时唯一存世的亚里士多德《论灵魂》版本（这是一个重述版），来证明希腊人相信灵魂不朽，从而也相信二元论的本体论，即易朽的身体和不朽的灵魂是分别存在的。这还涉及论证灵魂是有实体的。铿迪的办法是援引亚里士多德关于本质的理念，他的论证如下："因为身体会死亡，所以'活着'不是身体的本质属性。然而'活着'是作为一个人的本质属性。人是活物。因此人（灵魂，我们在本质上'活着'的部分）是实体。"这一论证的问题是，亚里士多德所说的实体，是形式和质料的复合体，这要求实体的灵魂要含有某种无形的质料。这要如何解释？铿迪没有提出答案。

对穆斯林神学而言，真主的一性（oneness）是关键的信条，因为统一性和单一性是完美的属性，而最伟大的实在与最伟大的统一相联系。伊斯兰教对基督教的三位一体神学深恶痛绝，因此铿迪很倾心于普罗提诺关于原始太一的学说，这个学说反过来支持了他的主张，即哲学和教义学是一致的。如果一个事物是一，不是由各个部分组成，那么它就不会变化和衰败，因此就是永恒的。这也恰好为铿迪提供了弹药来反驳罕百里派的原教旨主义。罕百里派执着于原文直解，说真主行事就像《古兰经》记载的一样，是坐在王座上，但这就导致他会有变化而不是永恒的。而且，由这个一性所构成的实在的完满体解释了创世的过程：真主从他的完满的实在中流溢出了这个宇宙，宇宙从他满溢的实在中产生，就像水从满溢的水池中溢出。

法拉比（阿布·纳斯尔·穆罕默德·本·穆罕默德·法拉比 [Abu

Nasr Muhammad ibn Muhammad al-Farabi]，约 872—950）也接受了一种流溢论（emanationism）的观点，他被称为"第二教师"，不是铿迪之后的第二，而是亚里士多德之后的第二，由此可见法拉比的盛名。对他的生平，我们知之甚少，但有一种流传至今的说法是，他生于中亚。这使得哈萨克斯坦的国家大学以他命名，而另一种传说认为他生在波斯。他的大部分人生是在巴格达度过的，也曾旅行到埃及、摩洛哥等地，最后在大马士革去世。

法拉比的观点是，作为达到真理的方式，哲学高于神学。他在巴格达和一些基督徒交往，作为学生或是同事，跟他们学习逻辑学。他的逻辑学研究很精深。他以亚里士多德的《工具篇》为典范，又评注了此书以及《修辞学》和《论解释》，也评注过波菲利的《导论》。

对有效的推理形式的研究，对法拉比意义重大：它使法拉比相信，逻辑是普遍的，因此也是一切语言和思想的基础。这与一种观点相违背。这种观点认为，既然《古兰经》中真主的命令是用阿拉伯语写成的，阿拉伯语的文法就囊括了语言和思想的根本结构。而在法拉比看来，逻辑要高于文法，这似乎也意味着，文法与神学的紧密联系，更导致（一般哲学的）逻辑要高于神学。翻译希腊哲学文本并创制一套阿拉伯语哲学术语的工作让反对哲学的人们怀疑，哲学家是想要用希腊语的文法代替阿拉伯语的文法。法拉比为了缓和这种怀疑，指出"文法的技艺"对逻辑学家也是不可或缺的，因为他们要借助文法来阐述逻辑的原理。但在《问学录》（*Book of Letters*）这部书中，法拉比一再讲到，阿拉伯语文法在剖析逻辑结构时是不够用的，并说用日常的语言来表达哲学真理，只是为了让一般人能够理解而选用的一种通俗化的方法。

法拉比沿用了亚里士多德对灵魂的论述，说它的主要功能（按照从高到低的等级顺序）是理性、想象、感觉和营养。像亚里士多德一样，他认为"常识"（common sense）是感官把五种感官所把握的一切整合成一个统一的认知，且常识居于心脏之中。想象在法拉比的理论中处于特殊的地位，因为它与占卜和预言有关。亚里士多德曾认为，想象是在事物不在场时得到事物的图像，而想象力则是重新排布这些图像的能力，比如人可以把鹰的头和翅膀与马的后半身结合成一种名为"骏鹰"（Hippogriff）的神话生物。在这两种功能之外，法拉比又加入了第三种：模仿力，这种能力使人不仅能再现图像还能再现情感和欲望。这符合他的另一个观点，即诗歌不仅使人想到一些图景，也激发人的情感。模仿力的理念也解释了预言，预言就是在想象中接受了一些对非哲学的大众有感染力的感官图景以及相关的感情，这些图景和感情所包含的思想本来只有最高级的知性才能把握，只有这种知性能够与真理和实在共鸣。

法拉比也论及了政治，在政治问题上他不是亚里士多德主义者，而是柏拉图主义者。他追随柏拉图，认为最好的统治者是哲人王，但他也很现实主义地承认，哲人王不可能经常出现。因此他转而讨论了社会为什么以及如何从理想状态败坏。他说，原因是以下三者之一：因为无知、因为恶行或因为犯错。无知的城邦没能把握人类的真正本质以及人类存在的理由。邪恶或犯错的城邦曾经知道，或甚至仍然知道人类存在的理由是什么，但它们未能依照这种知识来行动。邪恶的城邦未能照这种知识行动，是因为它们是邪恶的，而犯错的城邦则是因为误用了这种知识，或者因为统治者领导无方。

后世伊斯兰世界的哲学家一致推崇法拉比的逻辑学著作，其中一些哲学家（例如阿维森纳）承认他对他们哲学观点的影响比单纯的逻辑学更为广泛。迈蒙尼德称法拉比为"一位伟人"，并说"他的所有著作都杰出无瑕"。虽然阿维森纳和阿威罗伊的著作在传到欧洲之后产生的影响更大，但确实是法拉比的著作让欧洲哲学家们惊觉亚里士多德思想中含有宝藏。

阿维森纳（980—1037，原名阿布·阿里·侯赛因·本·阿卜杜拉·本·哈桑·本·阿里·本·西那 [Abu Ali al-Husayn ibn Abd Allah ibn al-Hasan ibn Ali ibn Sina]）生于邻近布哈拉（Bukhara）的阿夫沙那（Afshana），这个地区位于今天的乌兹别克斯坦，当时是波斯帝国的一部分。他的父亲是来自阿富汗的一位受人尊敬的伊斯玛仪派（Ismailism）学者，在政府中任职。阿维森纳在他的自传中讲到（他是少数几个写过自传的穆斯林哲学家之一），他十岁时就读了《古兰经》，从一位印度店主那儿学到了数学，又跟一位游方的医生学到了入门的医学。后来他研习的是伊斯兰教法学（Fiqh）。他从十几岁时就开始学习哲学，并说自己把亚里士多德的《形而上学》读了四十遍才读懂，这还是在他看了法拉比论《形而上学》的短文之后。这篇短文是市场一个摊位上的书商缠着他让他买下的，只花了一点点钱。他非常高兴自己误打误撞获得了这把钥匙来理解亚里士多德，于是第二天早上他冲出家门给穷人布施，以表达感激之情。

阿维森纳一开始的职业是医师，为了磨练技术，他免费为家乡的穷人诊疗。他得到的第一个任命是做本地埃米尔的医官。在埃米尔的宫廷中有大量的藏书供他阅读，于是他善加利用。在父亲死后，他在里海地区到处迁居，寻找工作，有时（因为这个地区时局动荡）还必须躲避抓捕和囚禁。他最后定居在吉巴尔（Jibal），做了阿拉·道莱（Ala al-Dawla，1008—1041年在位，本名穆罕默德·本·罗斯塔姆·杜什曼齐亚尔 [Muhammad ibn Rustam Dushmanziyar]）的医师。阿拉·道莱当时在伊朗西部开创了一个独立而短命的王朝。阿维森纳最有影响的著作之一，一部波斯语著作，就是为道莱讲解哲学学说的，题目就简单叫作《为阿拉·道莱所写的哲学》（Philosophy for Ala al-Dawla）。阿维森纳人生的最后十年住在吉巴尔，在五十七岁时去世。当时正是道莱连年征战中的一场，阿维森纳正在道莱军中。当他抱恙之后，他的伙伴劝他在家休养，他回答说："比起一个长而狭隘的生命，我更喜欢短而宽广的生命。"

阿维森纳写道，他认为哲学的任务是"在人类所能做到的限度内，断定事物的真实"。哲学家则面对着两个任务，一是理论上的任务，即找到真理，一是实践上的任务，即找到善。追寻真理，能使灵魂借助知识本身而变得完满，追寻善，则能使灵魂借助对必做之事的知识而变得完满。理论知识关涉的是那些独立于我们的选择和行动而存在的东西，而实践知识关涉的则是我们如何选择和行动。

这两种知识都各有三个分支。理论知识的三个分支是物理学、数学和形而上学。实践知识的三个分支是管理城邦、管理家庭和管理自己。实践

阿拉伯-波斯哲学　583

知识的前两个分支关涉的是分配事物所依照的诸原则。第三个分支关涉的则是逐渐了解德性，从而约束灵魂，并逐渐了解恶，从而能避免恶，最终净化灵魂。真主和先知教给我们实践知识，有两个途径：一是通过神圣的教法（sharia），即从《古兰经》衍生出的法律，二是通过圣训，即人们记载下来的穆罕默德的格言。

阿维森纳认为，逻辑是哲学的基础，也是通往幸福的坦途。这是因为，它使我们能通过推理和求异，从已经知道的东西到达未知的东西。它为我们确定了正确思维的规则，使我们能够有效地思维，有效可靠的思维导向知识，而不可靠的推理则导向虚假。（阿维森纳承认，真主很少会无端地赐予我们知识。）逻辑处理的是概念，因此我们必须理解表达概念所用的那些词汇，并理解与概念有关的各种有效的证明。

物理学处理的是有形物体的三个本原：质料、形式和知性。知性使质料和形式结合在一起，因此是物体存在的原因。天体做环行运动，不会生成也不会消灭。生成和消灭只发生在四种元素（土、气、火、水）所构成的物体上，元素的不同组合产生了月下世界里不同的物体：矿物、植物和动物。动物中最高的是人类，人的形式是灵魂。

阿维森纳特别关注灵魂，他说如果灵魂的功能只限于营养、生长和繁衍，那就是植物的灵魂；如果加上运动和感觉，就是动物的灵魂；在这五种功能之外，再加上理性，就是人的灵魂。理性有两部分，理论理性和实践理性，而对理论理性的培养使一个人达到他本身的完满，这是十分亚里士多德式的观点。

最完美地应用理论原理的研究领域是形而上学。它研究的主题是存在，是存在本身。这就是说，它所审思的是，什么对存在而言是必不可少的：统一与多元、原因与结果、普遍与特殊、潜在与实在、可能与必然、完满与不完满。存在者或是实体或是偶性，区别在于，前者不是实体之中的存在者，而后者是。一个物的存在或是必然的，或是偶然的。否认必然之物的存在，就会导致自相矛盾，而否认偶然之物的存在就不会导致矛盾。一样东西可以就其本身就必然存在，也可以通过另一样东西而必然存在。这一学说运用了必然性和可能性这对模态概念（modal notion），使阿维森纳可以做出如下的重要论证：

我们可以看到，一件东西 x 必须有某种属性 F 才能成为它所是的东西，F 对 x 而言是必不可少的（essential）。这一点为真，而不论 x 是否存在。"x 本身是否必然存在"是另一个问题。事物只有在被引起的时候才存在。构成世界的事物是偶然存在的，因为如果没有其他事物导致它们存在，它们就不存在。那么，导致事物存在的因果链条不可能无限回溯，因而必然有一个并不由外物引起的、非偶然的、亦即必然的存在作为万物的第一因。阿维森纳说这个存在就是真主。因此真主是必然的存在，但他导致其他的万物存在（通过他充足而满溢的实在所必然发生的流溢），这就是说万物也是必然的，它们的存在是"通过另一个必然之物而产生的必然性"。那个必然之物的创造活动使得其他的万物必然存在，并使得它们就其本身而言就是必然的。

这个论证让阿维森纳满意的地方在于，从亚里士多德那里承继的观点中有个潜在的疑难，即最高的知性（只）思考最高的存在物，亦即普遍和必然的真理。这本来会导出，真主不思考（或者更坏的情况是，不能思考）个别的事物。然而，如果万物接受了从真主那里传递出来的必然性，从而都是必然的，那么真主就可以思考它们。这样就解决了一个神学上的困难。

这也解决了神学上的另一个相连的困难（或者说是有不同外观的同一个困难）。个别的事物会变化，因此如果真主了解它们，那么真主的知识就也会变化，从而真主本身也会变化。但真主是为一而完美的，他不会变化。为了保护真主的这种永恒不变性，真主的知识必须限制在那些不变之物的范围内：即共相和本质。但这就让真主不再是启示宗教的神，那个关心个人的罪过与美德的神。现在万物都变成了必然的，因为真主流溢出了万物，也把他的必然性传递到了万物上，于是这个困难就也解决了。

阿维森纳的真主非常接近亚里士多德的抽象的、非人的、"在思考自身的一个思想"这种神。阿维森纳的真主是单纯的，没有组成部分，不会

阿拉伯-波斯哲学　　585

变化。因为它没有属也没有种差，因而不能被描绘或定义，而只能被命名。因为它是无实体的，所以全然是善的，这是因为恶只能来自质料，阿维森纳已经把质料定为负面属性的根源或"匮乏的根源"。它是绝对的美，因为没有东西比绝对的知性更美。它是最高的快乐，因为它所做的是最高的事——思想。作为最高的善、美和快乐，它是最可欲也最可爱的存在物。其他的万物，则按照从天上之物到尘世之物的阶序，持续而永恒地从神之中流溢出来，因为如果有一个时刻流溢停止了，这就会是先前从未发生过的事，就会扰动所有这些完满性。但可喜的是，这是不可能的，这是由真主这个存在的本质所决定的。这种真主的观念催生了两个相关联的思想：一是斯宾诺莎的"神即自然"，二是如果我们把阿维森纳的描述中的真主换成自然宇宙，也不会有什么影响。这就是下面这个思想的要旨：如果我们能构想出一个东西引起了它自身，那为什么不认为宇宙引起了自身呢？为什么不说宇宙诞生之后万物的必然性，就是自然物理法则的必然性呢？

阿维森纳的思想对东西方的思考都产生了巨大影响，这种影响既有积极的方面，也有消极的方面。穆斯林中的安萨里（al-Ghazali）就感受到了这种消极影响，于是对阿维森纳展开攻讦；西方的托马斯·阿奎那和奥弗涅的威廉（William of Auvergne）也感受到了这种消极影响。二人极其反对阿维森纳关于神之本质、神与世界关系和宇宙的永恒性的观点。两个宗教中的正统观念都要求有一个在时间中进行的创世行动。即便是阿维森纳后世的支持者，包括阿威罗伊和穆拉·萨德拉（Mulla Sadra），都不认为他正确理解了亚里士多德，并且不同意他的一些观点。但上面的概述已经表明，他有着强有力的哲学头脑，尤其是，阿维森纳的思考和写作的地方远离大城市中的学术和权力中心，而且他主要是在人生的动荡中写作，但其影响力却仍是非凡的。

安萨里（1058—1111，全名阿布·哈米德·穆罕默德·本·穆罕默德·加扎里 [Abu Hamid Muhammad ibn Muhammad al-Ghazali]）不喜欢哲学，也不把自己当成是哲学家，不喜欢别人叫自己哲学家，还写了一本题为《哲学家的矛盾》的书。他是个法学家，并以法学家的身份而出名，也是个艾什尔里派的神学家，以及受苏菲派（Sufism）启发的神秘主义者。他在逊尼派伊斯兰教中被视为一位穆贾迪德（Mujaddid），即"信仰的复兴者"，每一百年就有一位这样的人物出现，再次启迪穆斯林共同体。但他仍是伊斯兰世界中一位重要的哲学家，其著作之一曾在欧洲的经院学者中很有影响。

安萨里生于呼罗珊（Khorasan）地区邻近中亚的塔巴兰城（Tabaran），他先在内沙布尔（Nishapur）和伊斯法罕（Isfahan）求学，之后在巴格达极负盛名的内扎米亚清真学院（Nizamiyya Madrasa）任教。他的声望使他成为许多苏丹和维齐尔的座上宾，但与政治和军事权力的接近，以及宫廷生活的腐化，都让他厌恶。在巴格达任教四年之后，他突然离职，去了大马士革和耶路撒冷，并发誓从今以后不再当别人的门客。去往麦加朝圣之后，他回到内沙布尔，在当地公共的内扎米亚学院讲学。他对自己的追随者们说，他回来讲学是因为人们在神学上头脑混乱了，也是因为当政者们央求他继续教导人们。

安萨里写了一篇自传，其中说到，当他在巴格达任教时，曾花了两年研究哲学，以驳倒它，第三年他就写成了《哲学家的矛盾》，完成了这个计划。一些评注者认为，这种说法是为了避免别人指责他从年轻时就开始学习哲学，因为《矛盾》一书在哲学上和文学上都很知名，而且读起来是一部经过长期沉思而写成的成熟作品。在他的其他著作中，有一篇无题的手稿，他在其中抄写了其他哲学家著述的许多段落，他还有一本书题为《诸哲学家的学说》（*The Doctrines of the Philosophers*），是用阿拉伯语大略地翻译和改编了阿维森纳的波斯语著作《为阿拉·道莱所写的哲学》。人们原先认为，这些文摘汇编是为《矛盾》一书所做的准备工作，但后来的研究表明，这些材料的编成要晚于《矛盾》一书，而且有着不同的目的。

在安萨里死后的一个半世纪里，他所翻译的阿维森纳的《为阿拉·道莱所写的哲学》被多次翻译为拉丁文，也曾被翻译为希伯来文。第一个拉丁文译本出现在公元12世纪下半叶，译者是多米尼库斯·贡狄萨维（Dominicus Gundisalvi，卒于1190年）和约翰内斯·伊斯帕努斯（Iohannes Hispanus，盛年约在1190年），后者可能是托莱多（Toledo）的莫扎拉布人（Mozarab，即阿拉伯人基督徒）。在12、13世纪的欧洲，这是哲学家们唯一知道的安萨里著作，由于这部书是对《为阿拉·道莱所写的哲学》的翻译和改编，所以当时的人们推断安萨里是阿维森纳的学生。大部分拉丁文译本更略去了序言性的内容，而在其中安萨里在他所翻译的内容和自己的观点之间划清了界限，这部分被删去，就更增强了"安萨里是阿维森纳的学生"这种印象。

因为安萨里说他的《哲学家的矛盾》是对哲学的观点的"反驳"，我们可能会推断他拒斥了和亚里士多德思想有关的一切。但实际情况更为复杂。他的首要攻击目标是哲学家们的"逻辑和理性作为知识来源要高于源自启示和信仰的神学"这个观点。安萨里说，这个观点侵蚀了伊斯兰教的基础，并且会促使哲学家中的一些人忽视自己的宗教职责。他反驳的过程是，选取一些主要的哲学学说，并证明哲学家们未能按照他们自己方法中的标准来证立这些学说，而这主要是因为他们作为出发点的那些前提，是他们未加批判就接受了的。他所使用的反论证并不都是原创的，他运用了亚里士多德在基督教中的反对者们的成果，这些成果从9世纪开始就在伊斯兰教义学辩论中广泛使用了。

在讨论哲学家们关于因果的观点时，安萨里预示了休谟的看法。他问，既然在因果关系中没有任何"必然联系"在起作用，那么我们为什么会认为有呢？在思考中受神学约束的那些思想家们会困扰于一个典型的问题，那就是能否存在某种"次级原因"，即自然之中除了神的因果力之外的其他原因。安萨里给出的解答是，认为不存在这样的次级原因，万事万物的发生都是真主意志的产物。而人类之所以会觉得在因果之间有某种联系，并且人们都认为这种联系能把因果相连的事件和单纯偶然并列在一起的事件区分开，这只是因为我们经常看到这些事件接连发生，而产生了一种习惯性的期待。

安萨里所质疑的大部分学说，他都不看作是异端邪说，但他认为有三个学说严重挑战了伊斯兰教义。三者都来自阿维森纳的哲学，分别是宇宙的永恒性、真主的知识仅限于共相和否认肉体复活。伊斯兰的教义恰恰相反：宇宙是真主在某个时间所造的，真主知道共相也知道殊相，死者的灵魂有一天会和他们的肉体重新结合。因为阿维森纳的学说危害了信仰，并且会使得接受这些学说的人离经叛道，安萨里在《矛盾》一书的结尾处签署了一道教令（fatwah），说教授这些学说的人都是卡菲勒（kafir，即不信神者）和叛教者，应当被处死。

被安萨里攻击为异端和叛教者的，不只有带着阿维森纳印记的哲学家，还有伊斯玛仪派。在攻击后者时，他似乎误解了伊斯玛仪派的观点，说他们信仰两个神。他的著作从教法的角度划定了宽容的界限，规定了一个测试标准，来判断一个学说是否构成叛教或不信真主。这个标准就是，有三条根本教义是不能挑战的：一神论、穆罕默德的预言以及《古兰经》中关于死后生活的教义。抵牾这些原则的一切东西都应该被禁绝，并受到死刑的惩罚。其他的东西则应该根据其品性来评价，即便是错误的，也应该被容忍。

他还提出了一个方法，来调和确实有效的推理所导出的结果和启示之间的冲突。由于二者都是对的，这种冲突只可能是表面上的冲突。安萨里的办法是，当《古兰经》上的说法看起来与可靠的论证相矛盾时，就把这些说法当作是象征性的。例如：可靠的论证说明了，真主的本质决定了他不可能有手，也不可能坐在王座上。因此《古兰经》中提到手或者坐在王座上的那些段落就是象征性的。但不能把《古兰经》中那些和有效的证明并不矛盾的段落也解释为象征性的。安萨里之后的大部分穆斯林神学家和教法学家都接受了这些观点，但其中一些人主张，当理性和启示相冲突的时候，应当总是把启示视为优先。

在伊斯兰世界中，安萨里最重要的著作是他的《圣学复苏》（Revival of the Religious Sciences）。此书写的是信徒日常生活的伦理学，涵盖了各种仪轨和习俗，写到了把人引向万劫不复的诸事和把人引向天堂的诸事。他批判了唯物主义，并推崇一种节制和行善的生活，并说教义学和教法学所带来的好处，其重要性远不如内在的纯洁和美德所带来的好处。苏菲派的入圣之法吸引了安萨里，他写了一篇论文来宣扬"属灵的自我实现"和"与真主相融为一"的理想，有人认为这是《圣学复苏》一书面向大众的改编版，题名为《幸福的炼金术》(The Alchemy of Happiness)。他在自传中写道："神秘主义者，而非精通文墨者，才是真正经验了世界的。我在学识的道路上已经尽己所能地前行了。剩下的东西不能靠学习来获得，而是要靠直接的经验，要在神秘之路上行进。"

安萨里无疑为逊尼派艾什尔里学派在伊斯兰教中确立优势地位做出了重大贡献，也为伊斯兰教中这个信众最多的支派确立了正统学说及其宽容的边界。

虽然他远未禁止使用逻辑数学中的理性，也未曾禁止援引天文学和物理学中的经验证据，但他所做的三件事——他对哲学的攻击（虽然仅限于攻击抵触了神学的那些形而上学），在《圣学复苏》一书中提出的教义，以及他本人倾向于神秘启示——其实际效果就是增加了教义上的严苛和信仰主义(fideism)，而贬抑了反思和批判性的思考。这个变化还有政治的维度。由于逊尼派和什叶派在其他教义方面的差别，其结果上文已经提及，那就是哲学在什叶派中还可以作为一种副业而存在，但在逊尼派中就远非如此了。

伊本·鲁世德，在西方称为阿威罗伊（1126—1198，全名阿布－瓦利德·穆哈默德·本·艾哈迈德·本·鲁世德[Abu al-Walid Muhammad ibn Ahmad ibn Rushd]）。他在《矛盾之矛盾》(The Incoherence of the Incoherence)一书中回应了安萨里的《哲学家的矛盾》。这本书未能在逊尼派中挽回哲学的声誉，实际上阿威罗伊的其他学说也未能做到这一点。但他对亚里士多德的评注使他在欧洲的经院学者中间成为一个重要人物，其中一些经院学者出于各自的理由而对他持批判态度，就像对与他同一宗教的其他思想家一样。

阿威罗伊生于安达卢西亚（Andalusia）的科尔多瓦（Cordoba），他的祖父是一位著名而富有影响的法官和法学理论家阿卜杜尔-瓦尔德·穆罕默德（Abdul-Walid Muhammad，卒于1126年）。阿卜杜尔的儿子阿卜杜勒-卡西姆·艾哈迈德也是法官，但在1146年穆瓦希德王朝（Almohad dynasty）取代穆拉比特王朝（Almoravid dynasty）时被解职了。阿威罗伊承袭了家族的法学传统，以法学家的身份而出名。他在医学上也负有盛名，他的医学论著《通论》（*Generalities*）在几个世纪的时间里都是欧洲和伊斯兰世界主要的医学教科书。穆瓦希德王朝的哈里发阿布·亚库布·优素福（Abu Yaqub Yusuf）请求阿威罗伊为自己讲解亚里士多德，于是阿威罗伊着手评注亚里士多德的（除了《政治学》之外的）全部文本，这个工作持续了三十年。他也撰文研究了柏拉图的《理想国》和波菲利的《导论》等著作。他的主要关切是要去除先前的伊斯兰哲学家们加在亚里士多德作品上的新柏拉图主义的修饰，发现亚里士多德的真意，从而理解哲学本身。他的解读偶尔也有问题，但他研究亚里士多德全集的广度和深度，是欧洲经院学者们重新重视亚里士多德的最主要原因。

阿威罗伊从亚里士多德那里借鉴了宇宙永恒的思想，这就导出了一个结论：宇宙不是真主创造的。经他解读的亚里士多德拒斥了个人不朽的思想。在阿威罗伊看来，只存在独一的普遍的理智（真主的理智），而这就与"人有灵魂，而其中有理智和意志"这种观点相悖。这些信条既不符合穆斯林的教义，也与基督徒的信条不合。于是当阿威罗伊的评注被译成拉丁文在经院学者中间面世时，就引起了骚动。人们选边站队，有人热情支持亚里士多德，他们被称为阿威罗伊主义者，还有人反对他们。一批学院和大学禁止讲授亚里士多德，在1231年，教宗格里高利九世（Gregory IX）设立了一个委员会来调研他的著作。当时亚里士多德的文本已经开始直接从希腊语翻译成拉丁文，而不再经过阿拉伯语和叙利亚语的中介。托马斯·阿奎那的贡献不止在于调和了亚里士多德和基督教信条（这主要是通过把亚里士多德与阿威罗伊对他的解读分离开来），而且使得亚里士多德思想（经他解读之后成为"托马斯主义"教义）成为了教会的官方哲学。

阿威罗伊对哲学的辩护的起点是，他主张《古兰经》要求人们研究哲学。为此他引用了《古兰经》中的几章（sura），包括第 3 章："他们站着，坐着，躺着记念真主，并思维天地的创造。"[1]以及第 59 章："思考；你们会看见。"他说，要做到这些，最好的办法就是效仿法学家们的做法，从事实和公认的前提出发，小心地推理。任何人只要有能力如此思考，都应该这么做，也要依靠前人的成果，而不论他们是否与自己同一信仰。这不是不做批判，但要接受一切被确认为真的东西。一切想要研究哲学的人都应该得到允许，因为他们所造成的坏处都只是偶然，就像从杯子里喝水时洒在了自己身上。然而，不是所有人都有能力研究哲学，因此《古兰经》才说，人们有三条途径可以到达真理：确证性的途径（逻辑和证明），辩证性的途径（论辩和阐释）以及修辞性的途径（日常的言说）。阿威罗伊把这三条路分别描绘成哲学之路、神学之路和大众之路。

因为《古兰经》包含了终极的真理，因此证明性的推理所产生的知识不可能与之抵牾。表面的矛盾必定只是表面的，因此如果哲学与经文相左，经文就必须被解读为象征性的。阿威罗伊说，人们也一直是这么做的，因为真主把显明的含义和隐藏的含义混合起来，以鼓励人们专心地研读经文。我们可以认为，这是他把哲学知识视为更高级的知识的另一个原因。他也承认，如果穆斯林共同体就某个文本的含义达成了共识，那么这就是这段文本的含义，而另做其他解读是不允许的；但如果没有公认的解读，那么对文本的讨论就应该是自由的。既然极少有经文有公认确定的含义，那么就有很大的争论空间。阿威罗伊说，这尤其意味着安萨里错误地禁绝了下面的三种观点：宇宙是永恒的、肉身不会复活以及真主的知识只涉及共相。这三个观点都仍可讨论。

真主的存在可以通过观察宇宙中的目的和设计而得到证明，阿威罗伊说，但他不同意流溢论的学说，而是认为真主超越了宇宙。与他调和哲学与宗教的意图相一致，他主张说，关于宇宙是永恒的还是在某个时刻被创造出来的，这个争论可以靠亚里士多德的本原学说来解决，即认为宇宙确

---

[1] 据《古兰经》马坚译本第 3 章 191 节。——译者注

实是永恒的，但形式是在某个时刻被加诸其上的。

经院学者中那些被阿威罗伊的观点所惹恼的人，认为他接受了自己观点的一个潜在结论，即如果对神的知识和意志的言说至多只能是隐喻性的，那么神与世界的关系中就不可能存在天命（providence）——"天命"指的是真主在世界之中行动，来指引、改变或干预个人生活和社会生活。而《圣经》的说法恰恰相反，但阿威罗伊以及一些经院学者的著作中有"双重真理"的学说（即哲学与神学各自有其通往真理的途径，或者 [让步一点说] 是以不同的方式看待同一个真理），这可以解决或者避免这个疑难问题。在创世问题上直接回应安萨里时，阿威罗伊主张，永恒的主体和尘世的主体行事的方式迥乎不同。尘世的主体可以做出一个决定，却推迟对它的执行，但对真主来说，即时与不即时之间没有差别，在意欲和行动之间没有间隔。真主为什么要在某个特定的时刻创世，而不是在别的时刻？但无论如何，在世界出现以前，根本无法区分各个时刻，因此这个争论是没有意义的。

阿威罗伊的一个独特的学说是"理智的独一性"。他认为理智是一个单一而永恒的实体，人类分有这个实体，就好像许多笔记本电脑在运行同样的、甚至是同一个程序，而每台笔记本电脑都能各自获取这个程序用这台电脑在做的东西。阿威罗伊用这个学说来解释普遍的知识如何是可能的。他认为亚里士多德在《论灵魂》中已经详述了这个学说，但阿奎那在他的论文《论独一理智：驳阿威罗伊主义者》(*On the Unity of the Intellect: Against the Averroist*) 中主张这是一种误读。《论灵魂》的这一部分出名地隐晦，部分是因为它很短，但也是因为亚里士多德本人承认，这个问题极其困难。但看起来亚里士多德确实认为心灵的"主动理智"这个部分是不朽而且非物质的。

安萨里向哲学在伊斯兰世界的声名泼了冷水，上文已经说到，其结果是哲学消失了，或者更正确的说法是它在伊斯兰教逊尼派中完全被吸收进了教义学，而逊尼派占了今天伊斯兰信徒的百分之九十。在阿威罗伊的时代之后，哲学即便在什叶派中，也依然没有像它在 9 世纪到 13 世纪的黄金时代那样兴盛，这表现在，它再也没有产生出能在一般的哲学史中做出重大贡献的思想家。原因很简单：宗教信条不欢迎哲学审思，而哲学审思本身也有极强的倾向去挑战、扰动和破坏教义的确定性。安萨里想要对哲学展现的那种宽大态度，以后人的眼光来看，已经非常宽宏大量了，但这仍然不够。

非洲哲学
African Philosophy

欧洲、印度和中国都有传统、宗教、民俗、诗歌、艺术和格言辑录来承载经验教给人们的智慧。它们也都发展出了各具特色的哲学思想，表现为形而上学、知识论、伦理学和政治理论与思想上诸多广泛的论争，其中绝大多数还有书面记载。

欧洲、印度和中国都是广阔的地理区域，其内部的各个地区有多种不同的民俗和传统。当我们使用"印度哲学"和"中国哲学"这些标签时，它们并不是要囊括这一地理区域中所有的民俗、传统或宗教，而是要包括这一地区历史上各个成熟的思想流派，例如不二论、儒家和佛教。要了解或研究这些思想流派，我们可以去读一系列著作，去了解确定的一些参与讨论者，二者共同构成了对一些主题的脉络清晰、记载明确的讨论。这些主题肯定是大部分人都会不时地好奇、疑惑和烦扰的问题：其中就有真理、意义、存在和价值。在哲学中，这些问题都要以智识上严谨的方式加以广泛、深入而彻底的探究。

在这个意义上，"非洲哲学"这个词和"印度哲学""中国哲学"的效果一样吗？非洲有没有成熟的哲学流派，可以区别于那些承载了经验智慧的传统、宗教、民俗、神话、诗歌、艺术和格言辑录？

要回答这个问题，必须先做一个区分。如果希波的奥古斯丁，以及埃及亚历山大里亚的新柏拉图主义者，可以被看作"非洲哲学家"，那么答案就直接是"有"。但如果我们认为埃及和东北非洲这两个地理区域在历史和文化上与欧洲和中东相连，那么把它们归入"非洲哲学"就会产生误导。如果"非洲哲学"指的是关于形而上学、知识论、伦理学和政治问题的、在论争中演进的、专属于非洲的思想体系，那么我们必须在西非和撒哈拉以南的非洲来寻找。

在非洲这些区域广袤的土地上，有着丰富多样的民俗、故事、口传智慧、传统、艺术和宗教。这些构成哲学吗？其他大陆上类似的材料同样丰富，但人们不认为那是哲学。但对后殖民时代的非洲，有一种观点坚决认为，我们可以从这些材料中提炼出哲学思想。这种观点的要旨是，民俗、传说、智慧格言、传统、艺术和宗教包含并表达了世界观，然后这种观点又加上了一条主张，认为只要是一种世界观，就是一种哲学。这对吗？这些材料其实并没有包含非洲不同地方的各个民族和语言所关联着的各种世界观——从尼日利亚和贝宁的约鲁巴人（Yoruba）到夸祖鲁-纳塔尔（KwaZulu-Natal）的祖鲁人（Zulu）。如果有人给"哲学"这个标签加上了宽泛而不严格的含义，并因此把任何的世界观归入这个标签之下，那么（例如）荷马史诗中奥利匹斯诸神与人类的交往方式所隐含的世界观，或者澳大利亚原住民古老而精密的传统中所隐含的世界观，就都可以算作是哲学了。这可行吗？

这是个关键的问题，回答了这个问题，才能决定从非洲传统中识别出来的世界观能否和柏拉图、康德的成果（"哲学"无可争议的基准）放在同一个类别中。我们至少必须说，二者之间有着巨大的差别，而且在本书这样的著作中，"哲学"这个词必须指代更为明确的对象。如果我们接受了对"哲学"更为宽泛的定义，这本书除了写到柏拉图和康德所代表的那种哲学，还不得不变成一部人类学、民族学、民俗、传说、传统、格言和比较语言学的百科全书。

必须说明的重点是，这样坚持词汇用法的明晰，并不应该被视为延续了过去白人殖民者普遍持有的那种可鄙的观点，即非洲文化是"低等的"。爱德华·威尔莫特·布莱登（Edward Wilmot Blyden）为"非洲心智的去殖民化"所做的宝贵贡献，本来是军医后来成为商人的詹姆斯·比尔·霍顿（James Beale Horton）的政治活动，大律师约翰·萨巴（John Sarbah）和约瑟夫·黑福德（Joseph Hayford，"西非的无冕之王"）对阿坎族法

（Akan law）和宪政原则的法典化，这些事件本身就能证明殖民者的观点是谎言。最后三位人物都在英国受教育，却和其他许多人一样，因为对他们土生土长或移居而至的故土的归属感而受到感召，他们对布莱顿骄傲地提出的"黑人性"饱含感情，而积极抓住机会表达自己在政治和文化上的修养，这份热忱本身就揭穿了上述的谎言。

这些思想者只是为非洲殖民地的政治自觉做出重大贡献的许多人中的四个例子。[1] 从这个角度，他们可以和印度的甘地相比。说他们的思考构成了一种独特的"非洲政治哲学"，而不是把政治思想应用于非洲的实况，这就说错了他们的贡献。更成立的说法是，从非洲的传统中产生了加纳的夸梅·恩克鲁玛（Kwame Nkrumah）所倡导的"良心主义"（Consciencism），以及坦桑尼亚的朱利叶斯·尼雷尔（Julius Nyerere）所提出的"家庭"（Ujamaa）概念，二者都借鉴了非洲传统部落社会的组织方式。由此来说，二者都潜在地假定了人类社会中的相互依存性，就像一般的社群主义或社会主义所假定的一样，因而它们不是非洲独有的理念，而是普遍的理念。

我们也可以用类似的视角来看待"非洲人的哲学"（Africana philosophy），亦即由非洲人或非洲人的后裔所作的哲学成果，而不论创作地点是否在非洲。把18世纪的安东·阿莫（Anton Amo）的成果称为"非洲哲学"就是一种错误，因为他虽然生在加纳，但三岁时就被带到了尼德兰（虽然他在普鲁士维滕贝格大学的学界同僚在记述他时，既赞誉了他本人，也称赞了他所出生的那个大洲）。把有着非洲血统的杰出哲学家如夸梅·安东尼·阿皮亚（Kwame Anthony Appiah）的成果称为"非洲哲学"也一样是错误的，因为他生在英国又在美国任教。如果这样描述本书生于非洲的作者，也同样不对。[2]

如果要挑战"非洲没有书面的成体系的哲学"这个看法，可以引用

---

[1] 即便是在这里，我们也能看到分类所起的作用：像纳尔逊·曼德拉这样的伟大人物会被列在政治活动家典范名单的前列，而不会和布莱登处于一类，更不会和洛克或卢梭居于一个名单。
[2] 本书作者生于赞比亚的卢安夏（Luanshya）。——译者注

17世纪埃塞俄比亚思想家扎拉·雅克布（Zara Yacob）和他的著作《哈塔塔》（*Hatata*）作为例证。我们有理由怀疑这部书的真实性。它的发现者是19世纪的传教士帕德雷·奎斯托·杜尔比诺（Padre Giusto d'Urbino），人们一直怀疑此人伪造了这本书。[1] 但为了目前的叙述，先让我们假定它是真的。

雅克布主张一种理性主义的方法来发现真理和道德的普遍本质。他说，对世界和人的观察可以揭示上帝的意图，而上帝的意图就是故意把人造得不完美，因而他们为了"配得上奖励"就必须努力变得完美。雅克布从小就被教导成一个科普特基督徒（Coptic Christian）。后来当埃塞俄比亚的苏森约斯（Susenyos）国王在葡萄牙耶稣会士的影响下要求全体臣民改宗天主教时，雅克布拒绝了。他非常喜爱大卫的诗篇，因此他转而在这些诗篇的影响下发展出了自己的有神论道德观。他有一位学生瓦尔达·黑瓦特（Walda Heywat）又撰文补充了《哈塔塔》。

我们会注意到，雅克布和黑瓦特来自一个有成熟文字的社会，这个社会长期接触基督教、犹太教和伊斯兰信仰与思想（在《哈塔塔》的论述中，雅克布引用了全部三种宗教中的代表思想）。因此两人应当与奥古斯丁和亚历山大里亚的思想家们归为一类，于是他们也就是中东和欧洲神学与哲学传统的继承者。在雅克布上过的学校中，课程包括了经文解读（sewasewa）。可能是这种课程导致他认为，解读上的差异（也可以扩展到宗教之间的整体差异）会使贯穿所有这些解读的真理变得模糊。而雅克布在根本上认为，存在着这样的普遍真理。从出生地和生活地点来说，雅克布是个非洲哲学家，但他的哲学源于和奥古斯丁哲学一样的总体背景。

认为那些被叫作"非洲哲学"的东西大部分都不是哲学，这种看法之所以引起争议，就是因为它拒绝给予非洲的思想和文化传统一种重要的地位。持有这种看法的人如果脾气尖刻，可能会说："在这个时代，我们为了满足尽可能多的人和事物的自我肯定，就开始大量批发那些予人以地位

---

[1] 我的同事大卫·米歇尔博士提醒了我有这种可能性。

的词汇，最后面临的危险就是，这些词再也没有什么实际的用处了。"如果"哲学"指的是任何人所想所说的任何东西，而不是指那些就其所讨论的主题和讨论的方式而言达到了高标准的东西，那么我们就失去了一个有用的词语，就必须转而用别的方式来称呼哲学，或许会用一个冗长的称呼如"形而上学、知识论、伦理学和逻辑学研究"，或者简称为"M（etaphysical）E（pistemological）E（thical）L（ogical）S（tudy）"。于是我们留在"哲学"这个尊荣的（但在这种情况下信息量变得很小的）标签之下的，就会是其他一切的意见和各种各样的传统看法。[1]

"非洲哲学"这个概念的支持者们说，这种观点否定了"非洲哲学"的存在，这反映了"一种隐含的对非洲的忽视"，甚至是"一种隐含的侮辱"。但是持有这种充满戒备的看法，就失去了应对一个关键问题的机会：在非洲的文化和传统中，有没有独属于非洲而且根本上是哲学的东西呢？亨利·奥德拉·奥鲁卡（Henry Odera Oruka）把非洲文化和思想事业的分为以下几类：传统世界观、文学性的哲学以及对非洲语言语法的"阐释学"研究，以发掘其中所潜藏的那些在哲学上有意义的信念。前文已经提出，这并没有说服力，其主要原因可以通过比较来说明：（例如）印度和中国哲学中可以明确称为哲学的那些东西并不需要满足"必须是印度独有的"或"必须是中国独有的"这样苛刻的标准。因此"印度哲学"指的是"在印度的哲学，或印度哲学家所作的哲学"。而"非洲哲学"所想要指的是不同的意思，它追求这个意思，不是为了真实或理解本身，而是为了后殖民时代的身份认同。这一争议并非源于世界其他地方的哲学家出于哲学议题和方法之外的原因拒绝非洲加入他们的俱乐部；杰出的非洲哲学家如保林·洪通吉（Paulin Hountondji）、夸西·威雷杜（Kwasi Wiredu）和夸梅·安东尼·阿皮亚，都反对这种民族哲学的进路，而且后两者都认为那是"贤者哲学"（sage philosophy）。

---

[1] 这个评论也可以用在第四部分中落选者沙龙中的思想家们身上，其中有社会学家、政治理论家、人类学家、思想史家和"批判理论"的倡导者，这些人都会有时被冠上"哲学家"的标签。

更有说服力的观察是，为社会和社会关系提供结构的那些传统和立场，以及为这些传统所提供的理据，都可以说是构成了一种伦理观点。在这个意义上，非洲有许多值得发现的东西，例如内涵丰富而富有吸引力的"乌班图"（*Ubuntu*）概念（见下文）。现在关于这个观念及其推论的讨论和著作越来越多，因此它逐渐成为一个显著的哲学贡献。毫无疑问，非洲哲学家们（从事教学或写作的非洲裔哲学家，不论身在非洲还是别处）可能会在某种非洲独有的宇宙学传统、历史传统或传统智慧中找到一些材料来阐发形而上学和知识论的理论，并对逻辑学做出贡献。但它不能是伪装成哲学的人种论。

如前所述，乌班图这个概念就是这样一个有贡献的主题，这个概念与人文主义传统中的伦理思想有重大的关联。它从界定互利性的角度定义了人的道德存在，确认了人与人之间的必要的，从而也构成人性、定义人性、塑造人性的那种相互依存关系。在恩古尼语族如祖鲁语、科萨语（Xhosa）和恩德贝莱语（Ndebele）中，*ubu-ntu* 的意思就是"人性"（humanity）（明确地结合了"人性"和"人道性"这两层含义）：*ntu* 是"人"而前缀 *ubu* 的作用就像英语中的后缀"ity"一样，即把一个具体名词变为一个抽象名词。它与前述的"良心主义"和"家庭"的理念相呼应，并在班图族其他部族的观念中有直接的对应物，如修纳族的 *Hunhu* 理念。

乌班图所涵盖的理念群包括了仁慈、善良、慷慨、友好、同情、关爱、人道、富有爱心的态度和行动，以及对相互依存性的承认，这授予了人们一种可以随意主张的资格，但同时也自愿承担互利的义务。对这些人文价值最简单的概括就是"因为你，所以我存在"。虽然乌班图是个古老的概念，但它在当代广受关注，这要归功于作家乔丹·库什·恩古班（Jordan Kush Ngubane）在20世纪50年代对它的宣扬，也要归功于南非结束种族隔离之后，大主教德斯蒙德·图图（Desmond Tutu）在真相与和解委员会任主席时对这个概念的引介。[1]

慷慨和友善的美德当然不是乌班图所独有的，它们是一切道德观念的核心，不论是人文主义的道德观还是宗教的道德观。墨家（一种非宗教的哲学）和基督教（一种宗教）呼吁兄弟般的友爱和关怀，不是直接要求慷慨和友善（并非所有人都可爱，因此这是个很难做到的诫命），而是提出更实际也更适中的要求，因为这样所有人都更容易做到，这种要求无疑也源自人本质上的社会性，这种人性使得互利成为一种有利的进化策略。而乌班图强调的是人的社会性的积极方面，这是对消极方面的有益补充，消极的方面是说"不要害人"，它甚至也补充了那种更弱的积极版本："效用最大化"。为了有资格被称为"乌班图"（就像被称为"人"[Mensch]，但含义更加全面），就要具备这个词汇所指的那些品格：而这正是伦理（来自 ethos，品格）想要实现的东西。乌班图处在志存高远的"爱你的邻人"和目标过低的"不要害人"之间，是一种现实可行的积极伦理原则。而它本身就包含了自己的理据，即我们作为相互需要的社会性动物，应该依据这一事实所导出的诫命来生活。它消除了"是"与"应是"之间的界限，说"应是"（即价值）就隐含在"是"（即事实）之中，这个事实就是，人类本质上必然需要人性的美德以互相塑造（因为人类的关系是内在的，而又会改变关系双方）。

人类本身就是从非洲走出的，因此在非洲产生出关于"人类如何能够兴盛"这个问题最好的思想之一，实在是合适。

---

[1] C. B. N. 吉德（Gade）在《乌班图的书面论述的历史发展》(*The Historical Development of the Written Discourses on Ubuntu*)中追溯了这个概念自1864年以来的用法。恩古班对这个概念的讨论出现在他的几部小说以及杂志《非洲鼓》(*African Drum*)中。对这一概念明确的哲学讨论则是 S. J. T. Samkange and T. M. Samkange, *Hunhuism or Ubuntuism: A Zimbabwe Indigenous Political Philosophy* (1980)。

结语
Concluding Remarks

583　　回顾哲学的伟大历程，我们可以得出两个结论。第一个结论是哲学立足于如下两个深刻而又基本的问题。第一个问题是，存在着什么？第二个问题为，什么是重要的？

　　第一个问题关乎实在的性质。存在着什么？什么是存在？何种事物存在？什么是最终和终极的实在？这就提出了知识的问题。对实在、对世界和我们自身以及对我们与世界之间的关系，我们如何能够知晓并加以述说？什么是知识？什么是获得知识的最佳方法？这就涉及在理解知识、理解如何获得知识时，我们不得不掌握的如下概念：理性、经验、真理和意义——因此这也就涉及逻辑、感知、思维、理论表述、对语言的理解以及心灵和意识。

　　这表明"存在着什么？"这一问题是形而上学、认识论、逻辑学、语言哲学和心灵哲学的源泉。

　　第二个问题，"什么是重要的？"与价值相关——它关乎伦理学，以及在亚里士多德看来与伦理学具有一致性的政治学；它关乎良好生活和良好社会，涉及我们的义务和责任问题，以及我们对错误与伤害和如何对之加以补救的判断，还有关于不仅就个体而言而且从社会来说，我们应当如何生活、应当成为何种人。它事关最为根本、最为深刻的问题。同时它还涉及美学，与生活经验的品质相关。将所有这些因素考虑在内，这一关乎价值的问题就是关乎人性、关系、社会和生活意义的问题。

　　回顾这一伟大哲学历程所得出的第二个结论就是哲学是一项具有高度延续性的事业。它起始于对万事万物严肃且具有反思性的探究，并且随着它的成熟，一系列核心主题（它们正包含在方才讨论的两个重要问题里）开始浮现。为了解答这些问题，人们付出了各种各样的努力。所幸我们有所进步。在公元16和17世纪，像哥白尼、伽利略、牛顿这样醉心于物质世界的结构、属性以及行为的哲学家，开始寻找提出并解答他们疑问的好方法，而其结果就是现代科学的诞生。在18和19世纪，对我们现在称之为心理学、社会学、语言学、文字学和历史研究感兴趣的哲学家创造了社会科学。在20世纪，哲学与逻辑学在信息科学与认知科学的兴起中发挥了相当重要的作用。

不过我们依旧不了解到底存在着什么。我们依旧在全力以赴地探讨如下问题，即什么是善与正确、社会应当如何组织、意义与价值，以及特别是对良好生活和有价值生活的追寻。许多人压根儿不会思考这些问题，而是青睐采纳源自某种传统（典型而言是宗教）的一系列既有立场，从中他们遴选出简便实用的，而将劳心费事的抛在一旁。但哲学拒绝这种在重要问题上的懒惰。它盘旋于那块名叫知识的一小片光亮四周，紧盯着无知之夜以探寻其中的地形。尽管大多数人都怯于接受思考所带来的挑战（如罗素所说，"大部分人宁愿死也不愿思考，他们就是如此"），但他们却常常会发现自己面临着如下哲学困惑：什么是对与错，什么是某个关键时刻中要做出的选择，以及生活中这一切真正意味着什么？因此，每个人在某些时候都是哲学家；每个人都从事着哲学活动。而这就使得我们都成为了哲学史的积极参与者。

附录：逻辑学概要
Appendix: A Sketch of Logic

正如数学是科学的工具一样，逻辑学是哲学的工具。概略性地了解逻辑学的进展，也即熟悉其中的一些术语和概念，对我们领会哲学中的许多争论颇有帮助。以下就是这样一份概要。

逻辑学研究推理和论证。它有三个彼此不同的分支。首先是形式演绎逻辑，讨论演绎推理的有效形式；其次是归纳逻辑，讨论日常生活和一些科学领域中具有代表性的研究和推理形式；最后是非形式逻辑，它涉及在论辩中、在法律、政治中所运用到的多种推理形式；事实上，它还涉及任何以提出和捍卫命题为特征的推理性研究领域中，以及这些领域的论辩所包含的谬误和修辞策略中的多种推理形式。在非形式逻辑中，演绎推理和归纳推理都可适用，但它的一个重要特征是辨别并避免非形式推理谬误，也即那些并非由于论证自身的、独立于内容的形式或结构导致的谬误。

在形式演绎逻辑中，**形式**这个概念，顾名思义，至关重要。形式演绎逻辑并不研究个别论证，而是研究论证**类型**。它旨在辨别在前提为真的条件下，哪一类论证的结构或形式能够确保其结论不仅为真且独立于主词。这就是论证"有效"的含义——它是一个仅用于论证**结构**，而非其内容的概念。一个论证如果在具备有效的形式外其前提也为真，也即如果它的内容**和**其形式**都**为真，那么它就是**可靠**的。因此，论证的可靠性一部分取决于事实，也即论证前提中所表述的内容；一部分取决于论证的结构。但我要再次指出，形式演绎逻辑只关注后一个问题，即论证的形式和结构，其目的是辨别出何种论证类型就其形式而言是有效的，以至于**如果**它具备为真的前提，该论证形式就能够确保一个为真的结论。

相反，归纳论证如果是好的论证，只能使得其结论具有某种程度的或然性。尽管该论证表现出的或然性能够通过最简单的归纳形式，也即"简单枚举归纳法"，得以例证，但其或然性程度依然可能非常低，因为在该归纳法中，一个完全一般性的结论是从有限数目的特定前提中归纳得出的。譬如："这只天鹅是白色的，那只天鹅是白色的，下一只天鹅是白色的……所以一切天鹅都是白色的。"事实上，一些天鹅是黑色的，还有一些甚至是黑白相间的。

归纳推理总是超出前提的范围，但演绎推理的结论中则不包含任何新的信息，它只是将前提所含信息重新排列。譬如："所有人都会死；苏格拉底是人；因此苏格拉底会死。"这一推理中所发生的不过是论证中出现的词汇被重新排列以得出结论。

不过演绎推理尽管在结论中可能没有包含新信息，但从心理学角度来说它可能是信息丰富的。如下这个公爵和主教的故事可以表明这一点。一位知名的主教是一位公爵乡村宴会上的贵宾。宴会中当这位公爵离开客人吩咐他的仆人时，这位主教加入到客人当中，告诉他们，很久之前当他还是一个刚被任命的牧师时，他所听到的第一次忏悔的主人公是一位极其邪恶的连环杀手。这时这位公爵转过身来，拍着主教的肩膀说道："主教和我相识已久。事实上，我是第一位向他忏悔的人。"其余的宾客，显然都足够有逻辑，匆忙地离开了宴会。

亚里士多德是第一位系统性研究逻辑学的人。通过补充和扩展，特别是借由中世纪各学派逻辑学家的发展，亚里士多德的逻辑学直到 19 世纪显然仍是完备的科学。但在此之后，通过数学家奥古斯都·德·摩根、乔治·布尔（George Boole）以及特别是戈特洛布·弗雷格的发展，它演变为一种数理或"符号"逻辑，成为远比亚里士多德逻辑学适用领域广泛且有力的工具。使得这一切得以可能的创新之一，就是发展出一种表达越来越复杂的概念的符号。（现在的标准符号源于最早由伯特兰·罗素和阿尔弗雷德·诺斯·怀特海在《数学原理》中的设计。）

亚里士多德的逻辑学建立在如下所谓的"思维三律"之上：表达"A

是 A"的**同一律**，表达"不可能既是 A 又是非 A"的**非矛盾律**，以及表达"要么 A 要么非 A"的**排中律**。（奥古斯都·德·摩根证明后两者不过是对同一件事的不同表达。）[1]

"对当方阵"（Square of Opposition）例示了在亚里士多德逻辑学框架下进行推理的方式。我们设字母 S 和 P 分别代表主词和谓词（在"马是棕色的"这个句子里，主词是"马"而谓词是"棕色的"），我们可以将该命题的四个标准形式描述如下：

A: 全称肯定命题"所有 S 都是 P"
E: 全称否定命题"没有 S 是 P"
I: 特称肯定命题"一些 S 是 P"
O: 特称否定命题"一些 S 是非 P"

我们对之做出如下排列：

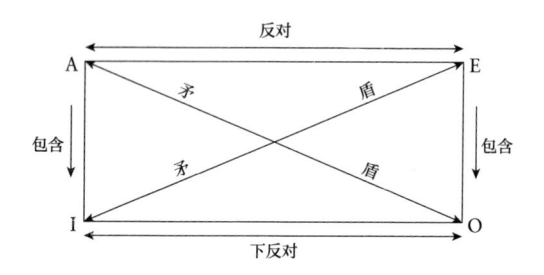

```
            反对
    A ←——————————→ E
    │ ↖         ↗ │
    │   矛   盾   │
 包含│      ✕      │包含
    │   矛   盾   │
    │ ↙         ↘ │
    I ←——————————→ O
            下反对
```

从这个图中我们可以读出如下"直接"推理：A 包含 I，E 包含 O；A 和 O 是**矛盾关系**，E 和 I 也一样；A 和 E 是**反对关系**（它们可以同为假，但无法同为真），而 I 和 O 是**下反对关系**（它们可以同为真，但无法同为假）。构造一个陈述句的正确形式来放到 A 和 E 以及其他命题的位置上，能够迅速地证明它们的含义，譬如，A：所有人都是高个子，E：没有人

---

1 所谓"思维三律"（laws of thoughts）源于摩根同名著作。该著作也被翻译为《思维的规则》或《思维的定理》。——译者注

是高个子，I：一些人是高个子，O：一些人不是高个子。

对亚里士多德及其逻辑学传统而言，其主要研究对象就是三段论逻辑。在这种论证形式中，结论从两个前提中推导得出。在他的《前分析篇》中，亚里士多德将三段论推理界定为这样一种论述，在其中"某些事物得到预设，其他一些事物必然从中推导得出，因为它们就是如此"。如下三段论，即"所有人都会死；苏格拉底是人；因此苏格拉底会死"就是一个标准的例子。这是一个"直言"三段论，它由两个前提构成——大前提是"一切人都会死"，小前提是"苏格拉底是人"，结论就可以从它们中得出，即"苏格拉底会死"。需要注意的是在这一三段论中，大前提是一个普遍命题，而小前提和结论是特称命题。亚里士多德传统将所有形式的三段论根据量（所有，一些）和质（肯定，否定）以及词项在前提和结论中的分配而加以分类，设计出诸如"Barbara""Celarent""Darapti"等形式的记忆术用来识别出256种三段论形式。其中"Barbara"是AAA（bArbArA），"Celarent"是EAE（cElArEnt），"Darapti"是AAI（dArAptI）等。在这256种三段论形式中只有19种是有效的（就连这19种中的一些也是有争议的）。[1]

新的"符号逻辑"是比传统三段论逻辑更为有力、应用更为广泛的一种工具。它对符号的使用使得不喜欢一切带有数学色彩的人们感到恐惧，但对其基本内容稍加关注就会发现它远非令人生畏，而是极为有用和清晰的工具。

---

1 三段论的**式**取决于其中所包含的三个命题（大前提、小前提、结论）的类型，即正文中的A、E、I、O四种类型。从这四种类型出发，三段论的三个命题有64种可能的组合（比如，AAA、AAI、AAE等），因此三段论有**64式**。三段论的**格**是其逻辑形式，也即中项在前提中的不同位置。它有四种变化：第一格的中项是大前提的主项、小前提的谓项；第二格的中项在两个前提中都做谓项；第三格的中项在两个前提中都做主项；第四格的中项是大前提的谓项、小前提的主项。每个式都有四个格，所以**标准式直言三段论的形式**（取决于式与格）**就是64*4=256种**。这些形式中大部分都是无效的，只有一些是有效的，古典逻辑学家为每个有效形式都起了独特的名称，这就是所谓Barbara、Celarent、Darapti等的由来。有关这些有效式的进一步推导和解释，显然既非译者注中可以解释清楚的内容，也超出了作者有关逻辑学的介绍。有兴趣的读者可以参考欧文·匹克、卡尔·柯恩：《逻辑学导论》（第11版），张建军、潘天群等译，中国人民大学出版社2007年版，第6章。——译者注

用符号表示逻辑的标准方式为字母表中靠后的小写字母，譬如 p、q、r 等用来代表命题，一系列创造出来的符号表示命题之间的关系，譬如 & 代表着"且"，∨ 代表着"或"，→代表着"如果……就……"，¬ 以及代表着"非"，因此就有：

p & q（读作"p 且 q"）
p ∨ q（读作"p 或 q"）
¬ p（读作"非 p"）

其中"&"和其他算子可以通过"真值表"得到简便但内容丰富的界定（其中"T"代表着"为真"，"F"代表着"为假"）：

p	q	p&q
T	T	T
T	F	F
F	T	F
F	F	F

在"p"和"q"下面列出的是这两个命题的为真或为假的可能情况——在第一排中两者都为真，第二排中"p"为真但"q"为假，往下以此类推。在第三列中是"p & q"的结果。代表真的"T"只有在"p"和"q"分别都为真这一排中出现；在所有其他情形中，"p"和"q"中有一个为假或都为假时，"p & q"为假。这就描述了逻辑算子"&"（"且"）的含义："且"命题只有在构成它的命题都为真时才为真。

对"∨"（"或"）命题则有：

p	q	p∨q
T	T	T
T	F	F
F	T	F
F	F	F

这表明当"p"和"q"中至少一个为真时,"p∨q"为真;以及只有当两者都为假时,为假。这就在逻辑运算中界定了"∨"的含义。

根据这些简单的要素,以及为了清晰而从直觉出发使用括号,能够让我们探究论证形式的有效性及其他问题。譬如,从前提"p→q"和"p"中,无论将何种真值分别赋予"p"和"q",我们总能推导出"q"。我们将此论证写为:

p	q	p→q	(p→q) & p	[(p→q) & p]→q
T	T	T	T	T
T	F	F	F	T
F	T	T	F	T
F	F	T	F	T

在最后一列四行中"T"都出现这个事实表明无论"[(p→q)&p]→q"这一命题的构成要素各自为真还是为假,它整体上都为真。这是一个"逻辑真理"或重言式;它进而表明任何具有如下形式的论证都是有效的,即:

前提1:p→q
前提2:p
结论:q

它被称为**肯定前件式**(*modus ponens*)。
我们可以用真值表来检验如下论证的有效性:

590

附录:逻辑学概要 609

前提 1：p → q

前提 2：q

结论：p

以及下述论证的有效性：

前提 1：p → q

前提 2：¬p

结论：¬q

我们会发现第一个论证是一个**谬误**，它被称为"肯定后件谬误"（在"p → q"中，"p"是"前件"而"q"是"后件"，并且"q"在此由于被用作前提 2 而得到了"肯定"），因为在"[（p → q）& q] → p"这一列下的一行中出现了一个"F"，真值表如下：

p	q	p→q	(p→q) & p	[(p→q) & q]→p
T	T	T	T	T
T	F	F	F	T
F	T	T	T	F
F	F	T	F	T

当"F"出现在最后一个算子的**每一**行时，此时不仅出现谬误，还出现了一个**逻辑谬误**。

不过第二个例子如其真值表所示，是一个逻辑上有效的推论形式；它被称为**否定后件式**（*modus tollens*）。

这些都是"命题演算"的大致内容，该演算处理与整体命题相关的论证。但只有当我们在此演算中补充一些有力的工具，进入命题内部而将该演算转变为"谓词演算"时，真正的工作才算开始。鉴于命题断言了所有、许多、一些、几个或至少某一特定事物具有某一属性，因此该演算至关重要；并且我们希望通过借助量词（"多少"）表达这一更精致的结构来理解命题的有效性。

为此目的，字母表末尾的小写字母 x、y、z 被用来指代个体事物，量词符号（x）和（∃x）被用来相应地指代"所有事物 x"和"至少有一个事物 x"（后者的作用是代替除了"所有"之外其他一切量词表达，譬如"一些""许多""大部分""几个""三个""四个""一百万"等）。字母表中开头部分的大写字母 F、H、G 代表谓词表达，诸如"……是棕色的"以及"……属于女王"。因此如下句子，"这个桌子是棕色的"可以用符号表达为（∃x）(Fx & Gx)，读作"存在一个 x，x 是 F 且 x 是 G"，在此它代表"存在一个 x，x 是一匹马且 x 是棕色的"。

根据补充性规则，具有 (x)Fx 形式的**普遍**表达"例示"了具有 Fa 形式的个别表达（以字母表开头的小写字母来代表特定个体），如先前一样这些论证我们也能够检验其有效性。因此上述为代表的**肯定前件式**以量词加以表达会是这样：

(x){[(Fx → Gx) & Fx] → Gx}

例示规则使得我们可以将之改写为：

[(Fa → Ga) & Fa] → Ga

我们可以清楚地看到它是**肯定前件式**的一个例示。

对归纳逻辑的讨论常常与有关科学方法论的讨论联系在一起，其显著的原因就是科学研究会涉及偶然的事实问题、形成一个假设或预测的过程，并且除了在一个假设被证明确定无疑是错误的时候，对该假设或预测的经验性检验永远无法具有演绎逻辑中所期待的那种确定性。

归纳逻辑中有意思的一点是从演绎逻辑的角度来看，它总是无效的。如前所述，它的结论总是超出前提的范围。因此，有关归纳的大多数争论涉及它在何种意义上能够被视为具有正当性。但一个巨大的障碍似乎是归纳唯一可获得的正当性证明本身就是归纳性的，也即该证明在以往能够发挥着良好作用。如果这并不仅仅具有循环论证的意味，那么如下潜在假设，即世界是一个融贯的领域，在其中事件发生的法则和模式不仅稳定不变而且可信赖地会重复自身，就要被作为一个一般性前提而加以接受。证立这一前提的努力本身只能够是归纳性的，所以如果做出这一证成，它们就算是重新引入了该假设试图使之成为好的而非坏的循环论证。

归纳推理可以有诸多形式。简单枚举法已然为人知晓，但还有其他同时一般而言也是更有效的形式，譬如因果推断的归纳、统计和概率推断的归纳，以及类比论证归纳。当可靠地加以控制这些推理形式并解释清楚它们的可适用性时，它们都能够在实践领域和科学研究中发挥作用。民意检测从人口的代表性样本中推断出整体人口的观点，且一般而言具有合理程度的可信性，这就是有关得到控制的归纳推理会发挥何种效用的具有说服力的例子。

一种支持归纳推理的论证可能会诉诸理性概念：一个并不认真对待诸如"我最好带上一把伞，因为看上去天要下雨"这类推理结论的人就是在非理性地行动。如果认真对待归纳性推理的结论是理性的，那么这一事实就证立了归纳推理。

美国哲学家纳尔逊·古德曼（Nelson Goodman）非常著名地翻转了有关归纳的争论。他指出这个问题可以被重新表述为我们如何证成如下观点，即认为我们对将来事物的描述取决于我们对它们现在的描述。譬如，我们认为我们将有理由把在未来遇到的祖母绿描述为绿色的，因为迄今在历史中我们见到的一切祖母绿都是绿色的。但试想如下情况：假设一个人构建了一个新词"grue"，它的意思是"直到现在都为绿色，但在未来日期 X 后会成为蓝色"。那么"grue"这个词就正如绿色这个词一样，能够正当地适用于祖母绿，因为祖母绿直到现在都是绿色，且"grue"的定义只是要求它在未来变为蓝色。但现在很显然我们认为将"绿色"视为对未来祖母绿的描述要比"grue"更具正当性。但基于何种理由我们这么认为呢？毕竟，这两种描述的证据基础都完全一致，也即，所有过去和现在的祖母绿都是绿色的。

在归纳逻辑和形式演绎逻辑之外，逻辑科学中还有其他领域，在其中逻辑学原理和概念被用来探究彼此混合的观念。因此就有了处理包含模糊的词汇和不精确概念的"模糊逻辑"；处理超出逻辑学日常工作语境（比如，通过干涉特定词语的指称）的"内涵逻辑"；处理主要是伦理学领域中涉及义务观念（由"必须""应当"等词表达）推理的"道义逻辑"；不只有"真"和"假"两个真值的"多值逻辑"；包含、认可并处理矛盾的"弗协调逻辑"；出现"相信……"和"知道……"这类算子的"认知逻辑"，以及种种其他逻辑。

非形式逻辑的谬误（Fallacies of Informal Logic）

顾名思义，"非形式逻辑"不仅关心推理形式这一技术问题，也关注现实生活中讨论和论证中的一切问题，它们包括诸如修辞、说服、劝告、分歧、研究、透彻思考事物、完全解决问题、做出决定，以及在法庭、议会、教室或市场上提出理由，等等。

非形式逻辑中一个重要且有趣的关切是对**谬误**的探讨和避免。对日常使用而言，识别谬误具有重要价值。世界上存在着诸多谬误，且这诸多谬误中有许多是政客、广告商甚至朋友与情人所使用的典型修辞策略，他们以此来试图说服他人而实现其目的。

首先，回想如下观点是颇有帮助的，即一个论证要么因为其一个或多个前提为假，要么因为它犯了逻辑谬误，使它在形式上有效但却并不可靠。以下述三段论为例："没有事物（Nothing）比太阳更亮；一支蜡烛要比无（nothing）更亮；因此一支蜡烛要比太阳更亮。"这一推论是有效的但却是不可靠的，因为它犯了一个逻辑谬误，即偷换概念谬误（the Fallacy of Equivocation）。这个谬误指的是以两种不同含义使用同一个词，

附录：逻辑学概要　　**613**

就如在前提 1 和前提 2 中的"无"一样，不可靠地导致了无意义结论的得出。

一些最常见的谬误如下，其中有许多是故意误导人的。

两难推理谬误（The Fallacy of False Dilemma）通过提出替代性方案而发挥作用，比如，"我们要么拥有核武器，要么我们国家就会处于被攻击的危险之中"。它自称是排他性的，也即没有其他选项是可能的，但实际上还有许多其他选择存在。

滑坡谬误（The Slippery-Slope Fallacy）指的是认为如果 X 发生或得到允许，Y 和 Z 等就必然会发生。"如果你给你儿子一部手机，他接下来将会想要在他卧室里放一台电视机，之后就是一辆车。"

稻草人谬误（The Straw-Man Fallacy）指的是当某人批评其论敌或观点时，以最薄弱、最糟糕的形式呈现出该论敌或观点，或呈现出其最消极的样态，以至于很容易将之驳倒。

丐题谬误（The Fallacy of Begging the Question），它更明确为人所知的名称是循环论证（Circular Reasoning），指的是在前提中假设了该论证主张加以证明的结论。譬如，"上帝之所以存在，是因为受上帝启发的《圣经》中是这么说的"。当下人们用"丐题"这一表述来表示"促使、邀请或催促我们提问"的意思是一种典型的误用。如果人们想要表达这些意思，就应当使用这些表达方式；但"丐题"应当保留其"循环论证"这一正确含义。

许多谬误都非正当地使用情感来使得某人接受一个无法从已知前提中得出的结论。其中一种就是"诉诸武力"："相信我所说的（按照我告诉你的去做），不然我会揍你"（argumentum ad baculum；[1] 它要比通常我们对这个问题的表述更为直率，但却是神圣命令道德观的本质）。

第二种是"诉诸同情"："如果你不相信我说的或不按照我说的去做，我会不安、受伤、苦恼、难过"；"我感到不舒服"；"我来自少数群体"；

---

[1] argumentum ad baculum，即恐吓论据。——译者注

"我受到了歧视"（*argumentum ad misericordiam*[1]）。该谬误的一则玩笑事例是一个谋杀父母的男子基于他是孤儿的理由而请求法庭的宽大处理。与之相连的一个观点是受到伤害或遭受痛苦的人，是善良的、正确的，抑或做坏事是情有可原的。

第三种是"语言的偏误性使用"，它指的是使用情绪性的或倾向性的词语来"描述"对某事的看法。种族主义和性别歧视性的语言即是一个例证，另一个例证是通过使用委婉表达来隐藏某事的真实目的，所以伊迪·阿明（Idi Amin）的杀人小队被称为"公共安全部门"，美国中央情报局（CIA）将暗杀不友好的外国领导人的行动称为"极端终局处理"（extreme prejudice）。

还有诉诸"每个人的想法"的谬误（*argumentum ad populum*，群众论据），诉诸具有权威人士观点的谬误（*argumentum ad populum*，权威论据），或者主张没人知道答案所以我们可以或多或少地相信自己想要相信的事物（*argumentum ad ignorantiam*，无知论据）。这些都不是接受一种观点或相信任何事物的好理由。

一种非常常见的谬误是人身攻击谬误（*ad hominem*）。它是对一个人本身而非他或她的观点展开的攻击。它具有不同的形式：可以是直接对一个人展开谩骂，可以是含沙射影并暗示此人与糟糕的人或事有关联，可以是嘲弄此人以及将攻击反弹回此人（*tu quoquo*，"你也一样"）。

同样常见的是对有偏统计量的使用、引入不相干的论点而使得人们的注意力从一个论据的真正要点上转移开来、做出如果 y 在 x 后发生则 y 发生的原因是 x 这类推理（*post hoc ergo propter hoc*，后此谬误），以及从仅仅一个或非常小的某事物样本中得出普遍化结论。这些都属于谬误范畴。

最后是将整体中部分的一个属性归属为整体本身的属性——我们知道这是不正确的，因为我们明白一群白鲸本身并不是一只白鲸。这一谬误被称为合成谬误（the Fallacy of Composition），它一直都被用在群体和民

---

[1] argumentum ad misericordiam，即诉诸怜悯的论据。——译者注

族身上："我遇到一个不讲礼貌的法国人，所以法国人就是一个没礼貌的民族。"

尽管非形式推理谬误通常被有意用来赢得基于诡计的论证，因此而说服并强迫人们以某种方式思考或持有一种信念，但如下情况也同样非常常见，即我们每个人的推理都非常糟糕，因为我们犯了一个或多个这种谬误而不自知。一门有关"正确与错误的思考"（straight and crooked thinking，借用罗伯特·索勒斯 [Robert Thouless] 有关非形式推理的一部知名著作的标题）的课程会使每个人都受益——同时它没有落入合成谬误，也即没有认为作为整体的世界会因此而受益。

哲学家年表

Timeline of Philosophers

公元前

| 600 | 500 | 400 | 300 | 200 | 100 |

泰勒斯 Thales (*fl.* 585 BCE)
阿那克西曼德 Anaximander (*fl.* 570 BCE)
孔子 Confucius (551–479 BCE)
阿那克西美尼 Anaximenes (*fl.* 546 BCE)
色诺芬 Xenophanes (*fl.* 540 BCE)
毕达哥拉斯 Pythagoras (*fl.* 532 BCE)
赫拉克利特 Heraclitus (*fl.* 495 BCE)
阿那克萨哥拉 Anaxagoras (*fl.* 470 BCE)
巴门尼德 Parmenides (*fl.* 465 BCE)
埃利亚的芝诺 Zeno of Elea (*fl.* 450 BCE)
恩培多克勒 Empedocles (*fl.* 450 BCE)
留基伯 Leucippus (*fl.* 5th cent BCE)
德谟克利特 Democritus (*fl.* 415 BCE)
苏格拉底 Socrates (470–399 BCE)
柏拉图 Plato (c. 425–347 BCE)
庄子 Zhuangzi (399–295 BCE)
亚里士多德 Aristotle (384–322 BCE)
孟子 Mencius (372–289 BCE)
荀子 Xunzi (*c.*310–*c.*235 BCE)
韩非子 Han Feizi (*c.*280–233 BCE)

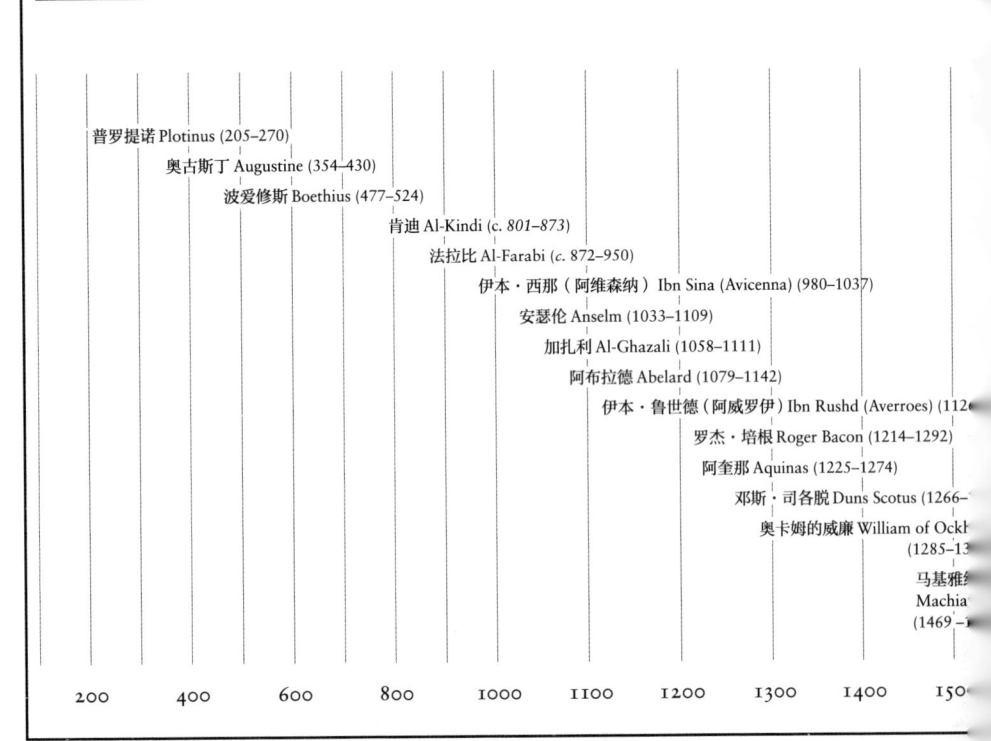

普罗提诺 Plotinus (205–270)
奥古斯丁 Augustine (354–430)
波爱修斯 Boethius (477–524)
肯迪 Al-Kindi (c. 801–873)
法拉比 Al-Farabi (c. 872–950)
伊本·西那（阿维森纳）Ibn Sina (Avicenna) (980–1037)
安瑟伦 Anselm (1033–1109)
加扎利 Al-Ghazali (1058–1111)
阿布拉德 Abelard (1079–1142)
伊本·鲁世德（阿威罗伊）Ibn Rushd (Averroes) (112
罗杰·培根 Roger Bacon (1214–1292)
阿奎那 Aquinas (1225–1274)
邓斯·司各脱 Duns Scotus (1266–
奥卡姆的威廉 William of Ockh
(1285–13
马基雅维
Machia
(1469–

| 200 | 400 | 600 | 800 | 1000 | 1100 | 1200 | 1300 | 1400 | 150

弗西斯·培根 Francis Bacon (1561–1626)
霍布斯 Hobbes (1588–1679)
笛卡尔 Descartes (1596–1650)
斯宾诺莎 Spinoza (1632–1677)
洛克 Locke (1632–1704)
莱布尼兹 Leibniz (1646–1716)
贝克莱 Berkeley (1685–1753)
休谟 Hume (1711–1776)
卢梭 Rousseau (1712–1778)
康德 Kant (1724–1804)
边沁 Bentham (1748–1832)
黑格尔 Hegel (1770–1831)
叔本华 Schopenhauer (1788–1860)
约翰·斯图尔特·密尔 John Stuart Mill (1806–1873)
马克思 Marx (1818–1883)
尼采 Nietzsche (1844–1900)
弗雷格 Frege (1848–1925)
胡塞尔 Husserl (1859–1938)
罗素 Russell (1872–1970)
摩尔 Moore (1873–1958)
维特根斯坦 Wittgenstein (1889–1951)
海德格尔 Heidegger (1889–1976)
卡尔纳普 Carnap (1891–1970)
赖尔 Ryle (1900–1976)
伽达默尔 Gadamer (1900–2002)
波普尔 Popper (1902–1994)
萨特 Sartre (1905–1980)
梅洛-庞蒂 Merleau-Ponty (1908–1961)
史蒂文森 Stevenson (1908–1979)
蒯因 Quine (1908–2000)
奥斯汀 Austin (1911–1960)
利科 Ricoeur (1913–2005)
麦基 Mackie (1917–1981)
戴维森 Davidson (1917–2003)
黑尔 Hare (1919–2002)
斯特劳森 Strawson (1919–2006)
罗尔斯 Rawls (1921–2002)
德勒兹 Deleuze (1925–1995)
达米特 Dummett (1925–2011)
德里达 Derrida (1930–2004)
诺奇克 Nozick (1938–2002)
克里普克 Kripke (1940–)

1600　　1700　　1800　　1900　　2000

参考文献
Bibliography

古代哲学

通论

Algra, K., J. Barnes, J. Mansfeld and M. Schofield (eds.), *The Cambridge History of Hellenistic Philosophy*, Cambridge: Cambridge University Press, 1999

Burnet, J., *Early Greek Philosophy*, 3rd edn, London: A&C Black, 1920. Available online: https:// archive.org/details/burnetgreek00burnrich/page/n5

Frede, M., *Essays in Ancient Philosophy*, Minneapolis, MN: University of Minnesota Press, 1987 Gerson, L. P. (ed.), *The Cambridge History of Philosophy in Late Antiquity*, 2 vols., Cambridge, UK and New York City, NY: Cambridge University Press, 2010

Gill, M. L. and P. Pellegrin (eds.), *A Companion to Ancient Philosophy*, Oxford: Wiley—Blackwell, 2009

Guthrie, W. K. C., *A History of Greek Philosophy*, 6 vols., Cambridge: Cambridge University Press, 1962–81

Long, A. A. and D. N. Sedley, *The Hellenistic Philosophers*, 2 vols., Cambridge: Cambridge University Press, 1987

Sedley, D. (ed.), *The Cambridge Companion to Greek and Roman Philosophy*, Cambridge: Cambridge University Press, 2003

前苏格拉底时期

Graham, D. W. (ed.), *The Texts of Early Greek Philosophy: The Complete Fragments and Selected Testimonies of the Major Presocratics*, 2 vols., Cambridge: Cambridge University Press, 2010

Barnes, J., *The Presocratic Philosophers*, 2nd edn, London: Routledge & Kegan Paul, 1982

Hussey, E., *The Presocratics*, London: Duckworth, 1995

Kirk, G. S., J. E. Raven and M. Schofield, *The Presocratic Philosophers*, 2nd edn, Cambridge: Cam—bridge University Press, 1984

Osborne, C., *Presocratic Philosophy: A Very Short Introduction*, Oxford: Oxford University Press, 2004

苏格拉底

Ahbel—Rappe, S. and R. Kamtekar (eds.), *A Companion to Socrates*, Oxford: Wiley—Blackwell, 2005

Annas, J., *Ancient Philosophy: A Very Short Introduction*, Oxford: Oxford University Press, 2000

Benson, H. H. (ed.), *Essays on the Philosophy of Socrates*, New York City, NY: Oxford University Press, 1992

Rudebusch, G., *Socrates*, Oxford: Wiley—Blackwell, 2009

Taylor, A. E., *Socrates*, Boston: Beacon Press, 1932

Taylor, C. C. W., *Socrates: A Very Short Introduction*, Oxford: Oxford University Press, 2000

Vlastos, G., *The Philosophy of Socrates: A Collection of Critical Essays*, Notre Dame, IN: University of Notre Dame Press, 1980

Vlastos, G., *Socrates: Ironist and Moral Philosopher*, New York City, NY: Cambridge University Press, 1991

Vlastos, G., *Socratic Studies*, Cambridge: Cambridge University Press, 1994

柏拉图

Jowett, B. (trans.), *The Dialogues of Plato (428/27–348/47 bce)*. Available online: http://webs.ucm.es/info/diciex/gente/agf/plato/The_Dialogues_of_Plato_v0.1.pdf

Annas, J., *Plato: A Very Short Introduction*, Oxford: Oxford University Press, 2003

Annas, J., *Virtue and Law in Plato and Beyond*, Oxford: Oxford University Press, 2017

Dancy, R. M., *Plato's Introduction of Forms*, Cambridge: Cambridge University Press, 2004

Fine, G. (ed.), *Plato 1: Metaphysics and Epistemology*, Oxford: Oxford University Press, 1999

Irwin, T., *Plato's Ethics*, Oxford: Oxford University Press, 1995

Kraut, R. (ed.), *The Cambridge Companion to Plato*, Cambridge: Cambridge University Press, 1992

Ryle, G., *Plato's Progress*, new edn, Cambridge: Cambridge University Press, 2010

Vlastos, G., *Studies in Greek Philosophy*, vol. II: *Socrates, Plato, and their Tradition*, ed. D. W. Graham, Princeton, NJ: Princeton University Press, 1995

亚里士多德

Aristotle, *The Nicomachean Ethics*, rev. edn, ed. H. Tredennick and Jonathan Barnes, trans. J. A. K. Thomson, London: Penguin Classics, 2004

Barnes, J. (ed.), *The Complete Works of Aristotle*. Available online: https://searchworks.stanford.edu/view/5975805
Ackrill, J. L., *Aristotle the Philosopher*, Oxford: Oxford University Press, 1981
Anagnostopoulos, G. (ed.), *A Companion to Aristotle*, Oxford: Wiley—Blackwell, 2009
Barnes, J. (ed.), *The Cambridge Companion to Aristotle*, Cambridge: Cambridge University Press, 1995
Ross, W. D., *Aristotle*, London: Methuen, 1923
Shields, C., *Aristotle*, 2nd edn, London: Routledge, 2014

伊壁鸠鲁

Bailey, C., *Epicurus: The Extant Remains*, Oxford: Clarendon Press, 1926
Clay, D., *Lucretius and Epicurus*, Ithaca, NY: Cornell University Press, 1983
Rist, J. M., *Epicurus: An Introduction*, Cambridge: Cambridge University Press, 1972
Wilson, C., *Epicureanism: A Very Short Introduction*, Oxford: Oxford University Press, 2015
Wolfsdorf, D., *Pleasure in Ancient Greek Philosophy*, Cambridge: Cambridge University Press, 2013

斯多亚学派

Inwood, B. (ed.), *The Cambridge Companion to the Stoics*, Cambridge: Cambridge University Press, 2003
Long, A. A., *Epictetus: A Stoic and Socratic Guide to Life*, Oxford: Clarendon Press, 2002
Long, A. A., *Stoic Studies*, Cambridge: Cambridge University Press, 1996
Rist, J. M., *Stoic Philosophy*, Cambridge: Cambridge University Press, 1969
Sellars, J. (ed.), *The Routledge Handbook of the Stoic Tradition*, London: Routledge, 2016

新柏拉图主义

Plotinus, *The Six Enneads*, trans. S. MacKenna and B. S. Page. Available online: http://pinkmonkey.com/dl/library1/six.pdf
Porphyry, *Life of Plotinus*, trans. S. MacKenna, and *Isagoge*, trans. O. F. Owen. Available online: https://www.sacred—texts.com/cla/plotenn/enn001.htm; http://www.tertullian.org/fathers/porphyry_isagogue_02_translation.htm
Gerson, L. P., *Plotinus*, London and New York City, NY: Routledge, 1994
Remes, P. and S. Slaveva—Griffin (eds.), *The Routledge Handbook of Neoplatonism*, London and New York City, NY: Routledge, 2014
Wallis, R. T., *Neoplatonism*, 2nd edn, London: Duckworth, 1995

中世纪哲学

Abelard, P., *Ethical Writings*, trans. P. V. Spade, Indianapolis: Hackett, 1995

Aquinas, T., *Selected Philosophical Writings*, Oxford: Oxford University Press, 2008.

Augustine, *City of God*, trans. H. Bettenson, London: Pelican Books, 1972

Bacon, R., *Opus Majus*, Oxford: Oxford University Press, 1931

Boethius, *The Consolation of Philosophy*, trans. V. Watts, London: Penguin Classics, 2003

Bosley, R. N. and M. M. Tweedale (eds.), *Basic Issues in Medieval Philosophy: Selected Readings Presenting the Interactive Discourses among the Major Figures*, 2nd edn, Peterborough, ON: Broadview Press, 2006

McGrade, A. S., J. Kilcullen and M. Kempshall (eds. and trans.), *The Cambridge Translations of Medi—eval Philosophical Texts*, vol. 2: *Ethics and Political Philosophy*, Cambridge: Cambridge University Press, 2000

Pasnau, R. (ed. and trans.), *The Cambridge Translations of Medieval Philosophical Texts*, vol. 3: *Mind and Knowledge*, Cambridge: Cambridge University Press, 2002

Spade, P. V. (ed. and trans.), *Five Texts on the Mediaeval Problem of Universals: Porphyry, Boethius, Abelard, Duns Scotus, Ockham*, Indianapolis: Hackett, 1994

Gracia, J. J. E. and T. B. Noone, *A Companion to Philosophy in the Middle Ages*, Oxford: Wiley—Blackwell, 2005

Grayling, A. C., *The God Argument*, London: Bloomsbury, 2013

Koterski, J. W., *An Introduction to Medieval Philosophy: Basic Concepts*, Chichester: Wiley—Blackwell, 2009

Luscombe, D., *Medieval Thought*, Oxford: Oxford University Press, 1997

Marenbon, J., *Medieval Philosophy: An Historical and Philosophical Introduction*, London: Rout—ledge, 2006

文艺复兴哲学

Machiavelli, N., *The Prince*. Available online: https://www.victoria.ac.nz/lals/about/staff/publica tions/paul—nation/Prince—Adapted2.pdf

Machiavelli, N., *The Prince*, ed. Q. Skinner and R. Price, Cambridge: Cambridge University Press, 1988

More, T., *Utopia*. Available online: http://www.gutenberg.org/ebooks/2130

Pico della Mirandola, G., *Oration on the Dignity of Man*. Available online: http://bactra.org/Mirandola/

Blum, P. R. (ed.), *Philosophers of the Renaissance*, Washington, DC: The Catholic University of America Press, 2010

Copenhaver, B. P. and C. B. Schmitt, *Renaissance Philosophy*, Oxford: Oxford University Press, 1992

Grayling, A. C., *The Age of Genius*, London: Bloomsbury, 2016
Hankins, J. (ed.), *The Cambridge Companion to Renaissance Philosophy*, Cambridge: Cambridge University Press, 2007
Nederman, C. J., *Machiavelli: A Beginner's Guide*, Oxford: Oneworld Publications, 2009
Rice, E. F., *The Renaissance Idea of Wisdom*, Cambridge, MA: Harvard University Press, 1958
Schmitt, C. B. et al. (eds.), *The Cambridge History of Renaissance Philosophy*, Cambridge: Cam—bridge University Press, 1988

现代哲学

笛卡尔

Descartes, R., *Meditations on First Philosophy*, trans. E. S. Haldane, Cambridge: Cambridge University Press, 1911. Available online: http://selfpace.uconn.edu/class/percep/DescartesMeditations.pdf
Cottingham, J. et al. (trans.), *Philosophical Writings of Descartes*, 3 vols., Cambridge: Cambridge University Press, 1984–91
Cunning, D. (ed.), *The Cambridge Companion to Descartes' Meditations*, Cambridge: Cambridge University Press, 2014
Curley, E. M., *Descartes against the Skeptics*, Cambridge, MA: Harvard University Press, 1978
Gaukroger, S., *Descartes: An Intellectual Biography*, Oxford: Oxford University Press, 1995
Grayling, A. C., *Descartes: The Life of René Descartes and its Place in his Times*, London: The Free Press, 2005
Kenny, A., *Descartes: A Study of his Philosophy*, New York City, NY: Random House, 1968

斯宾诺莎

Spinoza, B., *Ethics Demonstrated in Geometrical Order*, 2004. Available online: https://www.earlymoderntexts.com/assets/pdfs/spinoza1665.pdf
Spinoza, B., *Political Treatise*, 2008. Available online: https://www.dascolihum.com/uploads/CH _70_Spinoza_Political_Treatise.pdf
Spinoza, B., *The Collected Works of Spinoza*, 2 vols., trans. E. Curley, Princeton NJ: Princeton University Press, 1985–2016
Allison, H., *Benedict de Spinoza: An Introduction*, New Haven, CT: Yale University Press, 1987
Garrett, D. (ed.), *The Cambridge Companion to Spinoza*, New York City, NY: Cambridge University Press, 1996
Huenemann, C. (ed.), *Interpreting Spinoza: Critical Essays*, Cambridge: Cambridge University Press, 2008

James, S., *Spinoza on Philosophy, Religion, and Politics*, Oxford: Oxford University Press, 2014

Popkin, R. H., *Spinoza*, Oxford: Oneworld Publications, 2004

洛克

Locke, J., *An Essay Concerning Human Understanding*, Book ii: *Ideas*, 2004. Available online: https://www.earlymoderntexts.com/assets/pdfs/locke1690book2.pdf

Nidditch, P. H. (ed.), *The Clarendon Edition of the Works of John Locke: An Essay Concerning Human Understanding*, Oxford: Oxford University Press, 1975

Ashcraft, R. (ed.), *Locke's Two Treatises of Government*, London: Routledge, 2012. Available online: http://www.yorku.ca/comninel/courses/3025pdf/Locke.pdf

Lowe, E. J., *Routledge Philosophy Guidebook to Locke on Human Understanding*, London: Rout—ledge, 1995

Mackie, J. L., *Problems from Locke*, Oxford: Clarendon Press, 1976

Tipton, I. C. (ed.), *Locke on Human Understanding: Selected Essays*, Oxford: Oxford University Press, 1977

Yolton, J. W., *John Locke and the Way of Ideas*, Oxford: Oxford University Press, 1956

贝克莱

Berkeley, G., *A Treatise Concerning the Principles of Human Knowledge*, ed. D. R. Wilkins, 2002. Avail—able online: https://www.maths.tcd.ie/~dwilkins/Berkeley/HumanKnowledge/1734/HumKno.pdf Berkeley, G., *Philosophical Works: Including the Works on Vision*, ed. M. Ayers, London: Dent, 1975 Fogelin, R. J., *Routledge Philosophy Guidebook to Berkeley and the Principles of Human Knowledge*, London: Routledge, 2001

Foster, J. and H. Robinson (eds.), *Essays on Berkeley: A Tercentennial Celebration*, Oxford: Clarendon Press, 1985

Grayling, A. C., *Berkeley: The Central Arguments*, London: Duckworth, 1986

Urmson, J. O., *Berkeley*, Oxford: Oxford University Press, 1982

莱布尼茨

Leibniz, G. W., *The Principles of Philosophy Known as Monadology*, 2004. Available online: https:// www.earlymoderntexts.com/assets/pdfs/leibniz1714b.pdf

Leibniz, G. W., *Discourse on Metaphysics*, 2004. Available online: http://www.earlymoderntexts.com/assets/pdfs/leibniz1686d.pdf

Hooker, M. (ed.), *Leibniz: Critical and Interpretive Essays*, Minneapolis, MN: University of Minnesota Press, 1982

Jolley, N. (ed.), *The Cambridge Companion to Leibniz*, Cambridge: Cambridge University

Press, 1995

Mates, B., *The Philosophy of Leibniz: Metaphysics and Language*, Oxford: Oxford University Press, 1986

Mercer, C., *Leibniz's Metaphysics: Its Origins and Development*, Cambridge: Cambridge University Press, 2001

休谟

Hume, D., *A Treatise of Human Nature*, ed. L. A. Selby—Bigge, Oxford: Clarendon Press, 1896. Available online: https://people.rit.edu/wlrgsh/HumeTreatise.pdf

Hume, D., *An Enquiry Concerning Human Understanding*. Available online: https://socialsciences.mcmaster.ca/econ/ugcm/3ll3/hume/enquiry.pdf

Hume, D., *An Enquiry Concerning the Principles of Morals*, ed. H. Lewis, 1912. Available online: https://www.axiospress.com/wp—content/uploads/Hume—An—Enquiry—Concerning—the—Principles—of—Morals.pdf

Millican, P. (ed.), *Reading Hume on Human Understanding: Essays on the First Enquiry*, Oxford: Clarendon Press, 2002

Pears, D., *Hume's System: An Examination of the First Book of his Treatise*, Oxford: Oxford University Press, 1990

Penelhum, T., *Hume*, London: Macmillan, 1975

Stroud, B., *Hume*, London: Routledge & Kegan Paul, 1977

Wright, J. P., *Hume's 'A Treatise of Human Nature': An Introduction*, Cambridge: Cambridge University Press, 2009

卢梭

Bertram, C., *Rousseau and the Social Contract*, London: Routledge, 2004

O'Hagan, T., *Rousseau*, London: Routledge, 1999

Zaretsky, R. and J. T. Scott, *The Philosophers' Quarrel: Rousseau, Hume, and the Limits of Human Understanding*, New Haven, CT: Yale University Press, 2009

康德

Kant, I., *Critique of Pure Reason*, ed. and trans. P. Guyer and A. W. Wood, New York City, NY: Cambridge University Press, 1998. Available online: http://strangebeautiful.com/other—texts/ kant—first—critique—cambridge.pdf

Kant, I., *Groundwork for the Metaphysics of Morals*, ed. and trans. A. W. Wood, Binghamton, NY: Yale University Press, 2002. Available online: http://www.inp.uw.edu.pl/mdsie/Political_Thought/Kant% 20—%20groundwork%20for%20the%20metaphysics%20 of%20morals%20with%20essays.pdf

Gardner, S., *Kant and the Critique of Pure Reason*, London: Routledge, 1999

Guyer, P. (ed.), *The Cambridge Companion to Kant and Modern Philosophy*, Cambridge: Cambridge University Press, 1992

Luchte, J., *Kant's 'Critique of Pure Reason': A Reader's Guide*, London: Bloomsbury, 2007

Scruton, R., *Kant: A Very Short Introduction*, Oxford: Oxford University Press, 2001

Strawson, P. F., *The Bounds of Sense*, London: Methuen, 1965

Uleman, J. K., *An Introduction to Kant's Moral Philosophy*, Cambridge: Cambridge University Press, 2010

18 世纪启蒙运动

Gay, P., *The Enlightenment*, 2 vols., 2nd edn, New York: W. W. Norton, 1995

Horkheimer, M. and T. Adorno, *Dialectic of Enlightenment*, reprint of 1st edn (1944), Stanford, CA: Stanford University Press, 2002

黑格尔

Hegel, G. W. F., Preface to *The Difference between Fichte's and Schelling's Systems of Philosophy*, in R. Bubner (ed.), *German Idealist Philosophy*, London: Penguin Books, 1997

Hegel, G. W. F., *Phenomenology of Spirit*, trans. A. V. Miller, Oxford: Oxford University Press, 1977 Hölderlin, F., 'The Oldest System—Programme of German Idealism', trans. T. Cowan, *European Journal of Philosophy* (August 1995) 199–200

Baur, M. (ed.), *G. W. F. Hegel: Key Concepts*, Abingdon: Routledge, 2014

Forster, M. N., *Hegel's Idea of a Phenomenology of Spirit*, Chicago IL: University of Chicago Press, 1998

Houlgate, S. and M. Baur (eds.), *A Companion to Hegel*, Oxford: Wiley—Blackwell, 2011

Moyar, D. and M. Quante (eds.), *Hegel's Phenomenology of Spirit: A Critical Guide*, Cambridge: Cambridge University Press, 2008

Rosen, M., *Hegel's Dialectic and its Criticism*, Cambridge: Cambridge University Press, 1984

Stern, R. (ed.), *G. W. F. Hegel: Critical Assessments*, 4 vols., London: Routledge, 1993

Taylor, C., *Hegel*, Cambridge: Cambridge University Press, 1975

Westphal, K. R. (ed.), *The Blackwell Guide to Hegel's Phenomenology of Spirit*, Oxford: Wiley—Blackwell, 2009

叔本华

Schopenhauer, A., *The Basis of Morality*, ed. and trans. A. B. Bullock, London: Swan Sonnenschein, 1903. Available online: http://www.archive.org/stream/basisofmorality00schoiala/

basisofmorali ty00schoiala_djvu.txt

App, Urs, 'Schopenhauer's Initial Encounter with Indian Thought', *Schopenhauer—Jahrbuch* 87 (2006) 35–76

Gardner, P. L., *Schopenhauer*, London: Penguin, 1971

马克思

Marx, K., *Karl Marx: Selected Writings*, 2nd edn, ed. D. McLellan, Oxford: Oxford University Press, 2000

Online texts: https://www.marxists.org/archive/marx/works/download/pdf/Selected—Works.pdf

Bottomore, T., *Karl Marx*, Oxford: Wiley—Blackwell, 1979

Elster, J., *Making Sense of Marx*, Cambridge: Cambridge University Press, 1985

Singer, P., *Marx: A Very Short Introduction*, Oxford: Oxford University Press, 2000

Wolff, J., *Why Read Marx Today?*, Oxford: Oxford University Press, 2002

尼采

Online texts: http://www.openculture.com/2014/11/download—nietzsches—major—works—as—free—ebooks. html

Came, D. (ed.), *Nietzsche on Art and Life*, Oxford: Oxford University Press, 2014

Cate, C., *Friedrich Nietzsche*, London: Hutchinson, 2002

Gemes, K. and J. Richardson (eds.), *The Oxford Handbook of Nietzsche*, Oxford: Oxford University Press, 2013

Higgins, K. M., *Nietzsche's Zarathustra*, Philadelphia, PA: Temple University Press, 1987

Janaway, C., *Beyond Selflessness: Reading Nietzsche's Genealogy*, Oxford: Clarendon Press, 2007

Leiter, B., *Nietzsche on Morality*, London: Routledge, 2014

May, S., *Nietzsche's Ethics and his War on 'Morality'*, Oxford: Clarendon Press, 1999

Welshon, R., *The Philosophy of Nietzsche*, Montreal: McGill—Queen's University Press, 2004

观念论

Connelly, J. and S. Panagakou (eds.), *Anglo—American Idealism: Thinkers and Ideas*, New York City, NY: Peter Lang, 2009

Dunham, J., I. Hamilton Grant and S. Watson, *Idealism: The History of a Philosophy*, London: Routledge, 2010

Mander, W. J., *British Idealism: A History*, Oxford: Oxford University Press, 2014

Sprigge, T. L. S., *The Vindication of Absolute Idealism*, Edinburgh: Edinburgh University Press, 1983 Sweet, W. and S. Panagakou (eds.), *The Moral, Social and Political Philosophy of the British Idealists*, Exeter: Imprint Academic, 2009

实用主义

Dewey, J., *The Essential Dewey*, 2 vols., ed. L. A. Hickman and T. M. Alexander, Bloomington, IN: Indiana University Press, 1998
Goodman, R. B. (ed.), *Pragmatism: A Contemporary Reader*, London: Psychology Press, 1995
Haack, S. (ed.), *Pragmatism, Old and New: Selected Writings*, Amherst, NY: Prometheus Books, 2006.
James, W., *Pragmatism*, Cambridge, MA: Harvard University Press, 1975
James, W., *The Will to Believe*, London: Longmans, Green, 1896. Available online: https://archive.org/details/willtobelieve00jamegoog/page/n8
Menand, L. (ed.), *Pragmatism: A Reader*, New York City, NY: Random House, 1998
Peirce, C. S., *The Essential Peirce: Selected Philosophical Writings*, 2 vols., ed. N. Houser, C. J. W. Kloesel and The Peirce Edition Project, Bloomington, IN: Indiana University Press, 1992–8
Bacon, M., *Pragmatism: An Introduction*, Oxford: Polity, 2012
Malachowski, A. (ed.), *The Cambridge Companion to Pragmatism*, Cambridge: Cambridge University Press, 2013

20 世纪哲学

分析哲学

Austin, J. L., *How to Do Things with Words*, Oxford: Clarendon Press, 1975
Austin, J. L., *Sense and Sensibilia*, London: Oxford University Press, 1962
Ayer, A. J., *Language, Truth and Logic*, New York City, NY: Dover Publications, 1952
Ayer, A. J., *The Problem of Knowledge*, New York City, NY: Penguin Books, 1957
Beaney, M., *Analytic Philosophy: A Very Short Introduction*, Oxford: Oxford University Press, 2017 Boundas, C. V. (ed.), *Columbia Companion to Twentieth—Century Philosophies*, New York City, NY: Columbia University Press, 2007
Brentano, F., *Psychology from an Empirical Standpoint*, London: Routledge, 1973
Churchland, P. S., *Neurophilosophy: Toward a Unified Science of the Mind—Brain*, Cambridge, MA: The MIT Press, 1989
Davidson, D., *Essays on Actions and Events*, 2nd edn, Oxford: Clarendon Press, 2001
Davidson, D., *Inquiries into Truth and Interpretation*, 2nd edn, Oxford: Clarendon Press, 2001
Dummett, M., *Frege: Philosophy of Language*, New York City, NY: Harper & Row, 1973

Dummett, M., *Truth and Other Enigmas*, London: Duckworth, 1998

Evans, G. and J. McDowell (eds.), *Truth and Meaning*, Oxford: Oxford University Press, 1976

Grayling, A. C., *An Introduction to Philosophical Logic*, 3rd edn, Oxford: Blackwell, 1998
– provides an elementary introduction to many of the themes in Part IV, 'Analytic Philosophy'

Grayling, A. C. (ed.), *Philosophy 1: A Guide through the Subject*, Oxford: Oxford University Press, 1995

Grayling, A. C. (ed.), *Philosophy 2: Further through the Subject*, Oxford: Oxford University Press, 1998

Hare, R. M., *The Language of Morals*, Oxford: Clarendon Press, 1952

Kneale, W. and M., *The Development of Logic*, Oxford: Oxford University Press, 1962

MacIntyre, A., *After Virtue: A Study in Moral Theory*, London: Bloomsbury, 2011

Mackie, J. L., *Ethics: Inventing Right and Wrong*, London: Penguin Books, 1990

Martinich, A. P. and D. Sosa (eds.), *Analytic Philosophy: An Anthology*, Oxford: Blackwell, 2001

Moore, A. W., *The Evolution of Modern Metaphysics*, Cambridge: Cambridge University Press, 2012

Moore, G. E., *Principia Ethica*, Cambridge: Cambridge University Press, 1903

Moran, D. (ed.), *The Routledge Companion to Twentieth Century Philosophy*, London: Routledge, 2008

Nagel, T., *Mortal Questions*, Cambridge: Cambridge University Press, 1979

Nozick, R., *Anarchy, State, and Utopia*, New York City, NY: Basic Books, 1974

Popper, K., *Conjectures and Refutations: The Growth of Scientific Knowledge*, London: Routledge, 2002

Popper, K., *The Logic of Scientific Discovery*, London: Routledge, 2002

Putnam, H., *The Many Faces of Realism*, Chicago, IL: Open Court, 1988

Putnam, H., *Representation and Reality*, Cambridge, MA: The MIT Press, 1991

Quine, W. V. O., *From a Logical Point of View*, 2nd edn, Boston, MA: Harvard University Press, 1961

Quine, W. V. O., *Word and Object*, Cambridge, MA: The MIT Press, 1964

Rawls, J., *A Theory of Justice*, Oxford: Oxford University Press, 1999

Russell, B., *Human Knowledge: Its Scope and Limits*, London: George Allen & Unwin, 1948

Russell, B., *The Problems of Philosophy*, London: Williams & Norgate, 1912

Ryle, G., *The Concept of Mind*, London: Penguin Books, 1990

Searle, J. R., *Speech Acts: An Essay in the Philosophy of Language*, Cambridge: Cambridge University Press, 1969

Sluga, H. and D. Stern (eds.), *The Cambridge Companion to Wittgenstein*, Cambridge: Cambridge University Press, 2010

Stevenson, C. L., *Ethics and Language*, New Haven, CT: Yale University Press, 1958

Strawson, P. F., *The Bounds of Sense*, London: Methuen, 1966

Strawson, P. F., *Individuals: An Essay in Descriptive Metaphysics*, London: Routledge, 1959

Wittgenstein, L., *Philosophical Investigations*, Oxford: Blackwell, 1967

Wittgenstein, L., *Tractatus Logico—Philosophicus*, London: Routledge & Kegan Paul, 1974

欧陆哲学

Blanchot, M., *The Space of Literature*, trans. A. Smock, Lincoln, NE: University of Nebraska Press, 1982

Boundas, C. V. (ed.), *Columbia Companion to Twentieth—Century Philosophies*, New York City, NY: Columbia University Press, 2007

Camus, A., *The Myth of Sisyphus*, trans. J. O'Brien, London: Penguin Books, 2013

Crowell, S. (ed.), *The Cambridge Companion to Existentialism*, Cambridge: Cambridge University Press, 2012

de Beauvoir, S., *The Second Sex*, London: New English Library, 1970

Deleuze, G., *Difference and Repetition*, London: Bloomsbury, 2014

Deleuze, G., *The Logic of Sense*, trans. M. Lester, London: Continuum, 2004

Deleuze, G. and F. Guattari, *Anti—Oedipus: Capitalism and Schizophrenia*, trans. R. Hurley,

M. Seem and H. R. Lane, London: Continuum, 2004

Deleuze, G. and F. Guattari, *A Thousand Plateaus: Capitalism and Schizophrenia*, trans. B. Massumi, London: Continuum, 2004

Deleuze, G. and F. Guattari, *What is Philosophy?*, trans. H. Tomlinson and G. Burchell, New York City, NY: Columbia University Press, 1994

Derrida, J., *Of Grammatology*, trans. G. C. Spivak, Baltimore, MD: Johns Hopkins University Press, 2016

Derrida, J., *Speech and Phenomena: And Other Essays on Husserl's Theory of Signs*, trans. D. B. Allison, Evanston, IL: Northwestern University Press, 1973

Derrida, J., *Writing and Difference*, trans. A. Bass, London: Routledge, 2001

Gadamer, H.—G., *Philosophical Hermeneutics*, trans. J. Weinsheimer and D. G. Marshall, London:

Bloomsbury, 2013

Gadamer, H.—G., *Truth and Method*, New York City, NY: Continuum, 2004

Heidegger, M., *Being and Time*, New York City, NY: Harper & Row, 1962

Husserl, E., *Ideas: General Introduction to Pure Phenomenology*, London: Routledge, 2012

Moore, A. W., *The Evolution of Modern Metaphysics*, Cambridge: Cambridge University Press, 2012

Moran, D. (ed.), *The Routledge Companion to Twentieth Century Philosophy*, London: Routledge, 2008

Ricoeur, P., *Fallible Man: Philosophy of the Will*, New York City, NY: Fordham University Press, 1993

Ricoeur, P., *Freud & Philosophy: An Essay on Interpretation*, New Haven, CT: Yale University Press, 1965

Sartre, J.—P., *Being and Nothingness*, New York City, NY: Washington Square Press, 1993

Sartre, J.—P., *Critique of Dialectical Reason*, London: Verso Books, 1976

Sartre, J.—P., *Existentialism is a Humanism*, New Haven, CT: Yale University Press, 2007

Wrathall, M. A. (ed.), *The Cambridge Companion to Heidegger's Being and Time*, Cambridge: Cam—bridge University Press, 2013

印度哲学

Buddhist Sutras. Available online: http://buddhasutra.com

Paramânanda, Swâmi (trans.), *The Upanishads*, Boston, MA: The Vedânta Centre, 1919. Available online: https://www.vivekananda.net/PDFBooks/The_Upanishads.pdf

The Vedas. Available online: http://www.cakravartin.com/wordpress/wp—content/uploads/2008/08/ vedas.pdf

Fosse, L. M. (trans.), *The Bhagavad Gita.* Available online: http://library.umac.mo/ebooks/b17771201.pdf

Chatterjee, S. and D. Datta, *An Introduction to Indian Philosophy*, New Delhi: Rupa, 2007

Dasgupta, S., *A History of Indian Philosophy*, 5 vols., Cambridge: Cambridge University Press, 2009

Deussen, P., *Outlines of Indian Philosophy*, Collingwood, Victoria: Trieste, 2017

Deussen, P., *The Philosophy of the Upanishads*, trans. A. S. Geden, New York City, NY: Cosimo, 2010

Hamilton, S., *Indian Philosophy: A Very Short Introduction*, Oxford: Oxford University Press, 2001

Perrett, R. W., *An Introduction to Indian Philosophy*, Cambridge: Cambridge University Press, 2016

Radhakrishnan, S., *Indian Philosophy*, 2 vols., Oxford: Oxford University Press, 2009

Sharma, C., *A Critical Survey of Indian Philosophy*, London: Rider, 1960

Williams, P., 'Indian Philosophy', in A. C. Grayling (ed.), *Philosophy 2: Further through the Subject*, Oxford: Oxford University Press, 1998

中国哲学

The Analects of Confucius. Available online: http://www.indiana.edu/~p374/Analects_of_Confucius_(Eno—2015).pdf

Chan, W., *The Way of Lao Tzu*, Indianapolis, IN: Bobbs—Merrill, 1963 de Bary, W. T. et al. (eds.), *Sources of Chinese Tradition*, vol. 1, 2nd edn, New York City, NY: Columbia University Press, 1999

Ivanhoe, P. J. and B. W. Van Norden (eds.), *Readings in Classical Chinese Philosophy*, 2nd edn, Indianapolis, IN: Hackett, 2005

Kirkland, R., *The Book of Mozi (Mo—Tzu)*. Available online: https://faculty.franklin.uga.edu/ sites/ faculty.franklin.uga.edu.kirkland/files/MOTZU.pdf

Lau, D. C. (trans.), *Mencius*, New York City, NY: Penguin Books, 1970

Legge, J. (ed. and trans.), *The Chinese Classics*, vol. II: *The Works of Mencius*, Hong Kong: Hong Kong University Press, 1960. Available online: http://starling.rinet.ru/Texts/ Students/Legge,%20James/The%20Works%20of%20Mencius%20(1960).pdf

The Original I Ching (Yi Jing) Oracle. Available online: http://www.downloads.imune.net/ medicalbooks/I%20Ching%20—%20Introduction.pdf

Watson, B. (trans.), *Han Feizi: Basic Writings*, New York City, NY: Columbia University Press, 2003. Available online: https://www.jstor.org/stable/10.7312/wats12968

Xunzi. Available online: http://www.iub.edu/~g380/2.9—Xunzi—2010.pdf

Chan, A. K. L. (ed.), *Mencius: Contexts and Interpretations*, Honolulu: University of Hawai'i Press, 2002

Creel, H. G., *What is Taoism? And Other Studies in Chinese Cultural History*, Chicago, IL: University of Chicago Press, 1970

El Amine, L., *Classical Confucian Political Thought: A New Interpretation*, Princeton, NJ: Prince—ton University Press, 2015

Garfield, J. L. and W. Edelglass (eds.), *The Oxford Handbook of World Philosophy*, Oxford: Oxford University Press, 2011

Graham, A. C., *Disputers of the Tao: Philosophical Argument in Ancient China*, La Salle, IL: Open Court, 1989

Grayling, A. C. and Xu Youyu (jointly writing under the pseudonym 'Li Xiao Jun'), *The Long March to the Fourth of June*, London: Duckworth, 1989

Hsiao, K., *History of Chinese Political Thought*, vol. 1: *From the Beginnings to the Sixth Century,*

A.D., trans. F. W. Mote, Princeton, NJ: Princeton University Press, 2016

Lai, K. L., *An Introduction to Chinese Philosophy*, 2nd edn, Cambridge: Cambridge University Press, 2017

Shun, K., *Mencius and Early Chinese Thought*, Stanford, CA: Stanford University Press, 1997

Slingerland, E., *Effortless Action: Wu—wei as Conceptual Metaphor and Spiritual Ideal in Early China*, Oxford: Oxford University Press, 2003

Van Norden, B. W., *Introduction to Classical Chinese Philosophy*, Indianapolis, IN: Hackett, 2011

阿拉伯—波斯哲学

Adamson, P. (ed.), *Interpreting Avicenna: Critical Essays*, Cambridge: Cambridge University Press, 2013

Adamson, P., *Philosophy in the Islamic World: A Very Short Introduction*, Oxford: Oxford University Press, 2015

Adamson, P. and R. C. Taylor (eds.), *The Cambridge Companion to Arabic Philosophy*, Cambridge: Cambridge University Press, 2004

Arnaldez, R., *Averroes: A Rationalist in Islam*, Notre Dame, IN: University of Notre Dame Press, 2000

Fakhry, M., *Averroes: His Life, Works, and Influence*, Oxford: Oneworld Publications, 2001

Fakhry, M., *A History of Islamic Philosophy*, New York City, NY: Columbia University Press, 1983

al—Farabi, *Book of Letters*, Beirut: Dar el—Mashreq, 1969

al—Ghazali, *The Incoherence of the Philosophers*, Provo, UT: Brigham Young University Press, 2000

Griffel, F., *Al—Ghazali's Philosophical Theology*, Oxford: Oxford University Press, 2009

al—Kindi, *The Philosophical Works of Al—Kindi*, ed. P. Adamson and P. E. Pormann, Oxford: Oxford University Press, 2012

McGinnis, J., *Avicenna*, Oxford: Oxford University Press, 2010

Nasr, S. H. and O. Leaman (eds.), *History of Islamic Philosophy*, New York City, NY: Routledge, 2001

Street, T., *Avicenna: Intuitions of the Truth*, Cambridge: The Islamic Texts Society, 2005

Urvoy, D., *Ibn Rushd (Averroes)*, London: Routledge, 1991

非洲哲学

Boundas, C. V. (ed.), *Columbia Companion to Twentieth—Century Philosophies*, New York City, NY: Columbia University Press, 2007

Brown, L. M. (ed.), *African Philosophy: New and Traditional Perspectives*, Oxford: Oxford University Press, 2004

Eze, E. C. (ed.), *African Philosophy: An Anthology*, Oxford: Blackwell, 1998

Gade, C. B. N., 'The Historical Development of the Written Discourses on *Ubuntu*', *South African Journal of Philosophy* 30 no. 3 (2011) 303–29

Kidane, D. W., *The Ethics of Zär'a Ya'eqob: A Reply to the Historical and Religious Violence in the Seventeenth Century Ethiopia*, Rome: Editrice Pontificia Università Gregoriana, 2012

Mawere, M. and T. R. Mubaya, *African Philosophy and Thought Systems: A Search for a Culture and Philosophy of Belonging*, Bamenda: Langaa, 2016

Ngũgĩ, wa Thiong'o, *Decolonising the Mind: The Politics of Language in African Literature*,

Woodbridge: James Currey, 1986

Nichodemus, Y. N., *African Philosophy: An Introduction*, Scotts Valley, CA: CreateSpace, 2013

Odera Oruka, H. (ed.), *Sage Philosophy: Indigenous Thinkers and Modern Debate on African Philosophy*, Leiden: E. J. Brill, 1990

Samkange, S. J. T. and T. M. Samkange, *Hunhuism or Ubuntuism: A Zimbabwe Indigenous Political Philosophy*, London: Graham, 1980

Serequeberhan, T., *African Philosophy: The Essential Readings*, Walton—on—Thames: Paragon House, 1991

Wiredu, K. (ed.), *A Companion to African Philosophy*, Oxford: Wiley—Blackwell, 2004

索引

Index

611 排列条目时阿拉伯名称中用作前缀的定冠词（al）忽略不计。

A

阿拔斯哈里发 Abbasid Caliphs 558
阿布德拉 Abdera 47n, 48, 52
彼得·阿伯拉尔 Abelard, Peter 148–50
    和亚里士多德 and Aristotle 149
    《哲学家、犹太教徒和基督教教徒之间的对话》
        A Dialogue between a Philosopher, a Jew and a Christian 150
    和爱洛伊丝 and Héloïse 148, 149
    和康德 and Kant 150
    逻辑学 logic 149–50
    唯名论 nominalism 149
    和感知 and perception 150
    实在论 realism 149
    经院哲学 Scholasticism 149–50
    和语义学 and semantics 149–50
    《是与否》 *Sic et Non* 149
    和共相 and universals 149
《阿毗达磨》 *Abhidharma* texts 530
抽象概念 abstraction 230, 420, 527
    与贝克莱 and Berkeley 162, 230
    与奥卡姆 and Ockham 165
荒诞主义 absurdism 491
阿布·伯克尔 Abu Bakr 558
阿布·亚库布·尤素福 Abu Yaqub Yusuf 571
西西里岛阿克拉加斯 Acragas, Sicily 10, 39
行动哲学 action, philosophy of 422
约翰·达尔伯格-阿克顿，即阿克顿一世勋爵
    Acton, John Dalberg-Acton, 1st Baron 72
人身攻击谬误 *ad hominem* argument 594–5

亚当 Adam 129, 149, 181, 225
约翰·亚当斯 Adams, John 399
特奥多尔·阿多诺 Adorno, Theodor 510
    《启蒙辩证法》（与霍克海默合著）*Dialectic of Enlightenment* (with Horkheimer) 276–7
不二 Advaita 522
埃奈西德穆 Aenesidemus 121–2
埃斯基涅斯 Aeschines 58
埃斯库罗斯 Aeschylus 4
美学 aesthetics xvii, 583 也参见艺术；美 *see also* art; beauty
    和伽达默尔 and Gadamer 494, 495–6
    和海德格尔 and Heidegger 478
    和尼采 and Nietzsche 319
    和减轻苦难 and relief from suffering 300
埃提乌斯 Aetius 6
非洲哲学 African philosophy 518, 575–81
    和良心主义 and Consciencism 577, 580
    和家庭 and familyhood (*Ujamaa*) 577, 580
    "非洲哲学"一词的功能与合适性 function and appropriateness of term 'African philosophy' 575–9
    非洲语境中的政治思考 political thinking in an African context 577
    和乌班图精神 and *Ubuntu* 518, 580–81
阿伽塞美鲁 Agathemerus 7
阿加托克勒斯 Agathocles 189
阿格里帕，"五式" Agrippa, 'Five Tropes' 122
自我 *ahamkara* (ego) 524, 525
阿卜杜勒-卡西姆·艾哈迈德 Ahmad, Abdul-Qasim 571

艾哈迈德，穆阿台绥姆之子 Ahmad, son of al-Mu'tasim 560
阿坎族法 Akan law 576
意志力薄弱 akrasia 64
莱昂·巴蒂斯塔·阿尔伯蒂 Alberti, Leon Battista 135
大阿尔伯特 Albertus Magnus 149, 151, 154, 158, 179
炼金术 alchemy 134, 158, 159, 170, 195
阿尔喀比亚德 Alcibiades 59
让·勒朗·达朗贝尔 Alembert, Jean le Rond d'
　和《百科全书》and *Encyclopédie* 269, 272–3
　和卢梭 and Rousseau 252–3
阿芙罗狄西亚的亚历山大 Alexander of Aphrodisias 6
亚历山大大帝 Alexander the Great 83–4
　和亚里士多德 and Aristotle 83–4
　去世 death 98
　和犬儒学派第欧根尼 and Diogenes the Cynic 101
亚历山大里亚 Alexandria
　和亚里士多德 and Aristotle 557
　作为哲学论辩的中心 as a centre of philosophical debate 10, 126, 557
　基督教众 Christian gangs in 556n
阿尔及利亚战争 Algerian war 487
阿里（伊斯兰第四任哈里发）Ali (fourth Islamic caliph) 558
异化 alienation
　和费尔巴哈 and Feuerbach 297
　黑格尔左派与作为一种异化的宗教 Left Hegelians and religion as a form of 296
　和马克思 and Marx 313
　和萨特 and Sartre 489, 490, 491
　灵魂的异化（黑格尔）of the soul (Hegel) 291
路易·阿尔都塞 Althusser, Louis 458, 510
利他主义 altruism 107
　自我指涉的 self-referential 453
　阿弥尼俄斯 Ameinias 31
　美国实用主义者 American pragmatists 279, 280, 333
亚历山大里亚的安莫尼乌斯 Ammonius of Alexandria 125
安莫尼乌斯·萨卡斯 Ammonius Saccas 126–7

安东·阿莫 Amo, Anton 577
阿姆斯特丹 Amsterdam 211
阿明塔斯三世 Amyntas III 82
阿纳克里翁 Anacreon 19
分析-综合区分 analytic-synthetic distinction 348–9, 380–81, 386
　蒯因的批判 Quine's attack on 386, 388, 392–4
分析哲学 Analytic philosophy 335, 339–470
　和亚里士多德的逻辑学 and Aristotle's logic 85
　也参见亚里士多德：与逻辑学（"分析篇"）*see also* Aristotle: and logic ('Analytics')
　卡尔纳普**参见**鲁道夫·卡尔纳普 Carnap *see* Carnap, Rudolf
　特征、影响和推动理念 characteristics, influences and motivating idea 335
　戴维森 Davidson 336, 419–23, 437–9
　与欧陆哲学的不同 divergences from Continental philosophy 471, 472
　伦理学／道德 ethics/morality 444–57;
　"自传性"道德话语 'autobiographical' moral discourse 447–8; 黑尔 Hare 448–50; 直觉主义式的进路 intuitionistic approach to 366–7, 446; 麦基 Mackie 450–53; 规范性的道德话语 moral discourse as prescriptive 449–50; 作为态度表达的道德陈述（情感主义）moral statements as expressions of attitude (emotivism) 356, 446–8; 和非认知主义 and non-cognitivism 367, 447–8, 450–51; 和客观价值的不存在 and non-existence of objective values 450–53; 规范性道德 normative morality xvii, 444–5; 史蒂文森 Stevenson 446–8; 美德伦理学**参见**美德伦理学 virtue ethics see virtue ethics; 维特根斯坦对可言说领域之外的观点 Wittgenstein's placement outside realm of the discussable 374–6
女权主义 feminist 466–9
奠基人与主要人物 founders and major figures 335–6, 469–70
弗雷格**参见**戈特洛布·弗雷格和黑格尔 Frege *see* Frege, Gottlob and Hegel 287
有关语言 of language 417–33; 卡尔纳普和科学理论的语言 Carnap and language of scientific theories 387–8; 沟通-意图理论 communica-

tion-intention theory 427; 合作原则 Cooperative Principle 428; 和戴维森的真之理论 and Davidson's theory of truth 419–22, 432; 实在论和反实在论之争 debate between realism and anti-realism 427; 和达米特 and Dummett 336, 358, 423–7; 和外延/真值函数语言 and extensional/truth-functional language 363, 390–91, 418; 和弗雷格参见戈特洛布·弗雷格：语言哲学 and Frege see Frege, Gottlob: philosophy of language; 和克里普克 and Kripke 395, 429–32; 和逻辑学 and logic 347, 361–5, 405–6, 417; 语言的逻辑分析 logical analysis of language 347; 和意义参见意义; and meaning see meaning; 和形而上学 and metaphysics 423; 走向系统性的学科 move towards systematic discipline 417, 418, 419; 道德语言的非认知立场 non-cognitive view of moral language 367, 447–8; "日常语言哲学"参见"日常语言哲学"（牛津）'ordinary language philosophy' see 'ordinary language philosophy' (Oxford); 和命题态度 and propositional attitudes 364; 塔斯基形式语言的真之理论 Tarski's truth-theory for formal languages 421; 指称理论参见指称：理论 and theories of reference see reference: theories of; 维特根斯坦早期语言逻辑学 Wittgenstein's early logic of language 373–7; 维特根斯坦的语言游戏 Wittgenstein's language games 401, 402–3

逻辑实证主义参见逻辑实证主义 Logical Positivism see Logical Positivism

逻辑主义参见逻辑主义 logicism see logicism

和意义参见心灵的意义 and meaning see meaning of mind 433–44; 异态一元论（戴维森）anomalous monism (Davidson) 422–3, 437–9; 反个体主义 anti-individualism 435; 和行为主义 and behaviourism 434 也参见行为主义 see also behaviourism; 和意识 and consciousness 442–4; 和戴维森的解释理论 and Davidson's theory of interpretation 438; 功能主义 functionalism 436–7; 心灵的同一理论 identity theories of mind 434–41; 和意向性参见意向性：分析哲学中 and intentionality see intentionality: in Analytic philosophy; 心理主义 psychologism 360–61; 和感受质 and qualia 435, 443–4; 和赖尔 and Ryle 407–9; 和随附（戴维森）and supervenience (Davidson) 423, 437–8

摩尔参见 G.E. 摩尔 Moore see Moore, G. E.

和物理主义参见物理主义 and physicalism see physicalism

政治的 political 457–66; 女权主义的 feminist 466, 469; 随着政治科学兴起而边缘化 marginalization with rise of political science 458; 诺齐克 Nozick 458, 462–6; 和波普尔 and Popper 395, 396; 罗尔斯 Rawls 457–62

波普尔 Popper 395–400

蒯因参见 W. V. 蒯因 Quine see Quine, W. V.

罗素参见伯特兰·罗素 Russell see Russell, Bertrand

和证实参见证实/证实主义 and verification see verification/verificationism

维特根斯坦参见路德维希·维特根斯坦词条下 Wittgenstein see under Wittgenstein, Ludwig

分析的托马斯主义 Analytical Thomism 157

回忆 anamnesis 69

无政府 anarchy 73, 295, 309, 465, 544, 548

相对主义的 relativistic 367

阿那克萨哥拉 Anaxagoras 43–7

和阿那克西美尼 and Anaximenes 43

和亚里士多德 and Aristotle 45

和雅典 and Athens 43

生平 birth details 43

宇宙论 cosmology 44–6

和德尔维尼纸草 and Derveni Papyrus 8n

科学家的声名 intellectual reputation 43

努斯 nous 45–6

种子 panspermia 45, 46

和巴门尼德 and Parmenides 44–5

和伯里克利 and Pericles 44

和柏拉图 and Plato 44

感知理论 theory of perception 46

阿那克西曼德 Anaximander 10, 14–16

和本原 and the arche 14, 15–16

世界地图 map of world 14

《论自然》'On Nature' (Peri Phuseos) 14

和巴门尼德 and Parmenides 31
阿那克西美尼 Anaximenes 10, 16–18
　和阿那克萨戈拉 and Anaxagoras 43
　和本原 and the *arche* 16–17, 33–4
　和凝聚 and condensation 16–17, 33–4
　和稀薄 and rarefaction 17
隐居者 anchorites 182
露·安德烈亚斯-莎乐美 Andreas-Salomé, Lou 316
罗德岛的安德罗尼库斯 Andronicus of Rhodes 82, 97
异态一元论（戴维森）anomalous monism (Davidson) 422–3, 437–9
伊丽莎白·安斯康姆 Anscombe, Elizabeth 157, 404
　与分析哲学 and Analytic philosophy 335, 454
　"现代道德哲学"'Modern Moral Philosophy' 454
　坎特伯雷的安瑟伦 Anselm of Canterbury 132, 145–8
　上帝存在的证明 arguments for existence of God 146;
　本体论论证 ontological argument 146–8
　《独白》*Monologion* 146
　《宣讲》*Proslogion* 146
　经院主义 Scholasticism 146
　和真理 and truth 146
　《论真理》*De Veritate* 146
反个体主义 anti-individualism 435
反犹主义 anti-Semitism
　弗雷格尔的反犹主义 of Frege 359
　与海德格尔 and Heidegger 482
　纳粹参见纳粹主义 Nazi *see* Nazism
　与波普尔 and Popper 396
　和对尼采著作的曲解 and twisting of Nietzsche's works 316
马其顿国王戈努斯人安提柯二世 Antigonus II Gonatas of Macedon 112
阿什凯隆的安条克 Antiochus of Ascalon 79
安提帕特 Antipater 83
安提丰 Antiphon 56
安提西尼 Antisthenes 58, 99, 100–101 不动心（冷漠）*apatheia* (indifference) 61, 101, 108, 112, 113, 114, 120–21
阿佩利康 Apellicon 82
阿芙罗狄特 Aphrodite 55
阿波罗崇拜 Apollo worship 19
雅典的阿波罗多洛斯：《历代记》Apollodorus of Athens: *Chronicles* 7
不确定性 *aporia* (inconclusiveness)
　与德里达 and Derrida 505
　和怀疑论参见怀疑论 and scepticism *see* scepticism
　苏格拉底的 Socratic 62, 66, 71, 77, 80, 115
夸梅·安东尼·阿皮亚 Appiah, Kwame Anthony 577, 579
托马斯·阿奎那参见托马斯·阿奎那 Aquinas, Thomas *see* Thomas Aquinas
阿拉伯-波斯哲学 Arabic-Persian philosophy 133, 554–74
　阿威罗伊参见阿威罗伊（伊本·鲁世德）Averroes *see* Averroes (Ibn Rushd)
　阿维森纳参见阿维森纳（伊本·西那）Avicenna *see* Avicenna (Ibn Sina)
　流溢说 emanationism 556, 561, 565
　伦理学 ethics 570
　和存在 and existence 565
　法拉比 al-Farabi 561–3
　安萨里参见安萨里 al-Ghazali *see* al-Ghazali
　铿迪 al-Kindi 559–61
　逻辑学：阿维森纳 logic: Avicenna 564; 法拉比 al-Farabi 561; 铿迪 al-Kindi 560
　和穆斯林神学参见伊斯兰：神学 and Muslim theology *see* Islam: *kalam*
　和《古兰经》and the Qur'an 555, 559, 561, 564, 569–70, 571–2
阿拉伯数字 Arabic numerals 21
阿克西劳斯 Arcesilaus 78, 116–18
　和西塞罗 and Cicero 116, 118
本原（宇宙的原理）*arche* (principle of the cosmos)
　阿那克西曼德 Anaximander 14, 15–16
　阿那克西美尼 Anaximenes 16–17, 33–4
　和原子论 and atomism 50
　与赫拉克利特 and Heraclitus 29–30
　作为无限 as infinite 15–16

和唯物一元论和巴门尼德的学说 and material monism 12, 16, 29–30 vs Parmenides' One 32–4
和斯多亚主义 and Stoicism 109
泰勒斯 Thales 12–13
汉娜·阿伦特 Arendt, Hannah 458, 477, 510
上帝存在的证明 arguments for existence of God
　亚里士多德 Aristotle 89
　阿威罗伊 Averroes 572
　宇宙论的 参见 宇宙论证明 cosmological see cosmological argument
　笛卡尔 Descartes 202, 204, 206
　莱布尼茨 Leibniz 238–9
　奥卡姆和证明的不可能性 Ockham and impossibility of proofs 164–5
　本体论的 参见 本体论证明 ontological see ontological argument
　作为信念的事后论证 as post facto justifications for faith 148
　目的论的 teleological 156n
无知论据 argumentum ad ignorantiam 594
群众论据 argumentum ad populum 594
权威论据 argumentum ad verecundiam 594
约翰·阿尔吉罗波洛斯 Argyropoulos, John 172
阿里乌派 Arianism 139
阿瑞斯提普斯 Aristippus 58
贵族制, 与柏拉图 aristocracy, and Plato 72
阿里斯托芬 Aristophanes 4
　和克里昂 and Cleon 44
　《云》 The Clouds 59
　和苏格拉底 and Socrates 59
亚里士多德 Aristotle 80–97
　和阿伯拉尔 and Abelard 149
　和亚历山大大帝 and Alexander the Great 83–4
　亚历山大里亚的研究 Alexandrian study of 557
　和阿那克萨戈拉 and Anaxagoras 45
　和阿那克西美尼 and Anaximenes 17
　《论灵魂》 De Anima 152, 573
　和阿奎那 参见 托马斯·阿奎那: 和亚里士多德 and Aquinas see Thomas Aquinas: and Aristotle
　和艺术: 和"闲暇的良好运用"和 art: and 'noble use of leisure' 94, 95, 191; 政治作为最高的艺术 politics as highest art 91; 技艺 techne 84–5, 170
　在雅典 in Athens 82, 83–4
　和原子论 and atomism 47, 48, 49–50
　和阿威罗伊 参见 阿威罗伊(伊本·鲁世德): 和亚里士多德 and Averroes see Averroes (Ibn Rushd): and Aristotle
　和信念 and beliefs 117
　生平 birth details 82
　《范畴篇》 Categories 81, 85, 142
　和教会 and the Church 133
　和公民权 and citizenship 94
　评注: 对阿芙罗狄西亚的亚历山大; commentaries on: Alexander of Aphrodisias 6; 阿奎那 Aquinas 152, 153; 阿威罗伊 Averroes 133, 153, 555, 571; 阿维森纳 Avicenna 133; 波爱修斯 Boethius 133, 142; 法拉比 al-Farabi 561; 勒菲弗 Lefévre 184; 迈蒙尼德 Maimonides 133; 和"政治科学" and 'political science' 186; 文艺复兴 Renaissance 184; 司各脱 Scotus 162; 辛普里丘 Simplicius 7; 维罗内西 Veronese 177
　手稿和亚里士多德的比较研究 comparative studies of scripture and 183
　宇宙论 cosmology 95–6
　《论解释》 De Interpretatione 142, 561
　去世 death 82, 84
　旧路和新路之争 and debate between via antiqua and via moderna 166–7
　和德谟克利特 and Democritus 48
　和教育 and education 91, 94 也参见 逍遥学派 see also Peripatetic school
　和恩培多克勒 and Empedocles 42
　和经验主义 and empiricism 89
　和伊壁鸠鲁 and Epicurus 104–5
　认识论 epistemology 87–8, 115–16
　伦理学 ethics 81, 91–5, 445; 和阿奎那 and Aquinas 182; 与政治学的一致性 as continuous with politics 84, 94–5, 178–9, 583; 和工具论 and doctrine of the mean 93–4; 和幸福 and eudaimonia 92–4, 454, 455; 路德对经院主义运用的批评 Luther's attack on Scholastic use 183; 和节制 and moderation 83, 93–4; 理性和智慧作为伦理学的基础 reason and wisdom as basis

640　企鹅哲学史

of ethics 61; 和文艺复兴 and the Renaissance 178–9, 184; 和美德 and virtue 92–3, 453, 454

《伦理学》*Ethics* 133

和幸福 and *eudaimonia* (happiness) 92–4, 454, 455

《欧德谟伦理学》*Eudemian Ethics* 81, 9

家庭背景 family background 82

《论生灭》*On Generation and Corruption* 80

《格吕洛斯》*Gryllos* 81

《论天》*On the Heavens* 80, 95

和海德格尔 and Heidegger 478–9

和赫拉克利特 and Heraclitus 28

和想象力 and imagination 89, 562

和无限 and the infinite 15–16

对中世纪哲学的影响 influence on medieval philosophy 132;

罗杰·培根 Roger Bacon 159

《论解释》*On Interpretation* 81

和闲暇 and leisure 94, 95, 191

和沉思的生活 and the life of contemplation 94

和逻辑学（"分析篇"）and logic ('Analytics') 85, 110, 586, 587–8; 和阶级 and classes 86–7; 和分为"五词" and classification into 'five words' 86; 和解释和原因的认识论问题 and epistemological matters of explanations and causes 87–8; "思维法则" 'laws of thought' 587; 与麦加拉学派 and the Megarian school 96; 与奥卡姆论三段论逻辑 and Ockham on logic of syllogism 165; 与命题 and propositions 85–7

失传的对话 lost dialogues 81

与皮西厄斯结婚 marriage to Pythias 82

形而上学 metaphysics 84, 88, 90; 和存在 and Being 90, 478; 和变化 and change 88; 和第一因 and first cause 89, 163; 和四因说 and four causes 88, 163; and Scotus 162; 和灵魂 and the soul 89; 和实体 and substance (*ousia*) 90, 560

《形而上学》*Metaphysics* 26, 49, 78, 80, 115–16, 133, 478

天象论》*Meteorology* 80

和穆斯林神学 and Muslim *kalam* 559, 560

《尼各马可伦理学》*Nicomachean Ethics* 81, 91–2, 107n, 153, 156, 184; 和文艺复兴人文主义 and Renaissance humanism 178, 179, 184

《工具论》*Organon* 85, 351; and al-Farabi 561

和巴门尼德 and Parmenides 31, 33

逍遥学派 Peripatetic school 26, 65, 81, 83

和哲学的理论/实践区分 and philosophy's theoretical/practical division 84–5

《物理学》*Physics* 15–16, 84, 104–5, 133, 152; 奥卡姆的评注 Ockham's commentary 165; 辛普里丘的评注 Simplicius' commentary 7

和柏拉图 and Plato 65, 77, 88; 特拉布宗的吉奥尔吉 George of Trebizond on 172; and 库撒的尼古拉 Nicholas of Cusa 174; 卜列东 Plethon on 172

在柏拉图的学园 at Plato's Academy 81, 82

《诗学》*Poetics* 81, 84–5

和政治学：与伦理学的一致性 and politics: as continuous with ethics 84, 94–5, 178–9, 583; 厌恶王国和帝国 dislike of monarchy and empire 94; 和政府满足对"富足生活"的需求 and governmental provision for a 'sufficient life' 186; 和国家的和谐 and harmony within the state 94; 作为最高艺术 as highest art 91; 人类作为"政治动物" humans as 'political animals' 94; 和"政治科学" and 'political science' 186; 和文艺复兴意大利城邦 and Renaissance Italian city states 185–6; 小共和政体 small republican polities 83; 国家为人提供最好的生活 and the state's provision of best life for man 94; 和良好运转的国家 and a well-run state 94

《政治学》*Politics* 11, 91, 133, 178; 和意大利城邦国家 and Italian city states 185–6; 莫尔贝克的威廉的拉丁语翻译 William of Moerbeke's Latin translation 185

《后分析篇》*Posterior Analytics* 81, 115–16

和实践智慧 and practical wisdom (*phronesis*) 61, 92–3, 454, 455

《前分析篇》*Prior Analytics* 81

心理学 psychology 89–90

和毕达哥拉斯主义 and Pythagoreanism 18, 22

和理性 and reason 61, 81, 94, 455

著作在中世纪得到重新发现 rediscovery of work in Middle Ages 132, 154, 185

《修辞学》*Rhetoric* 28, 81, 84–5, 169, 170; 法拉比

索引　　**641**

的评注 al-Farabi's commentary 561 and 和怀
疑论 scepticism 115–16
和经院学者 and the Schoolmen 570, 571
和司各脱 and Scotus 162
《论自然诸短篇》*Short Treatises on Nature* 81
和苏格拉底 and Socrates 63, 516
《驳智术师》*Sophistical Refutations* 81, 85
《论灵魂》*On the Soul* 81
和灵魂 and souls 89
和空间 and space 162
文体 style 81
和实体 and substance 90, 560
总结前苏格拉底思想家 summarizing Presocratic thinkers 5
三段论学说 syllogism theory 165, 362, 587
知识的体系化 systemization of knowledge 80–81
和技艺 and *techne* 84–5, 170
《诸艺汇编》*Technon Sunagoge* 81
和泰勒斯 and Thales 11, 12
和"第三人"问题 and 'Third Man' problem 76
和时间 and time 162
《论题学》*Topics* 81, 85
翻译：阿拉伯语 translations: Arabic 133; 波爱修斯 Boethius 133; 拉丁文 Latin 133, 154, 160
与理解 and understanding 87–8
与共相 and universals 143
与色诺芬尼 and Xenophanes 26, 27
与埃利亚的芝诺 and Zeno of Elea 35, 37, 43
阿里斯多塞诺思 Aristoxenos 20
安托尼·阿尔诺 Arnauld, Antoine 333
雷蒙·阿隆 Aron, Raymond 482, 486, 509, 510
阿里安 Arrian 113
艺术 **也参见** 美学 art *see also* aesthetics
和阿波罗—狄奥尼索斯式的张力 and Apollonian-Dionysian tension 319
和亚里士多德 **参见** 亚里士多德：和艺术 and Aristotle *see* Aristotle: and art
和德勒兹 and Deleuze 502–3
作为思想的表达 as expression of thought（梅洛–庞蒂）(Merleau-Ponty) 483–4
和伽达默尔 and Gadamer 494, 495–6
和大众文化 and mass culture 277–8

和尼采 and Nietzsche 319
和悠闲（发展艺术的优雅闲暇）and *otium* (graceful leisure for cultivation of arts) 187
政治作为最高的艺术（亚里士多德）politics as highest art (Aristotle) 91
和普罗泰哥拉 and Protagoras 53
文艺复兴 Renaissance 168–9, 181
和真理 and truth 495–6
人工智能 artificial intelligence xx
禁欲主义 asceticism
和安提西尼 and Antisthenes 101
和犬儒学派 and the Cynics 101, 102
隐士 hermits/anchorites 27, 102, 182
在耆那教中 in Jainism 523, 532
和解脱 and liberation 523–4
阿斯克勒庇亚德（医师公会）Asclepiads (medical guild) 82
阿布·哈桑·艾什尔里 al-Ash'ari, Abu al-Hasan 559
艾什尔里派 Ash'arites 559, 567, 570
阿索斯 Assos 82
阿伯拉尔之子阿斯托拉布 Astrolabe, son of Abelard 148
星盘 astrolabes 160
占星术 astrology 158, 159, 160, 170, 173, 195, 559
天文学 astronomy 5, 9, 258, 266, 269–70, 399
和罗杰·培根 and Roger Bacon 158, 159, 160
内心的平静 *ataraxia* (peace of mind) 99
和犬儒主义 and Cynicism 99, 102–3
和伊壁鸠鲁 and Epicurus 107
《阿闼婆吠陀》*Atharvaveda* 519–20
无神论 atheism 211, 516
贝克莱和"神学怀疑论" Berkeley and 'theological scepticism' 227
和自然神论 and deism 211n, 227
休谟 Hume 240
洛克 Locke 224
马克思 Marx 311
尼采 Nietzsche 317–18
与普罗迪科斯 and Prodicus 55–6
斯宾诺莎 Spinoza 211, 235
阿提诺多罗斯·卡乌斯 Athenodorus Calvus 112

雅典 Athens
  和阿那克萨戈拉 and Anaxagoras 43
  和安提西尼 and Antisthenes 100
  亚里士多德在雅典 Aristotle in 82, 83–4
  作为哲学中心 as a centre of philosophy 10, 557
  克拉特斯 Crates in 102, 108
  被斯巴达击败 defeat by Sparta 66
  被苏拉占领 defeat by Sulla 82
  雅典的民主 democracy of 66
  犬儒派的第欧根尼在雅典 Diogenes the Cynic in 101
  伊壁鸠鲁在雅典 Epicurus in 103–4
  伊壁鸠鲁的"花园学派"'the Garden' school of Epicurus 10, 104
  和高尔吉亚 and Gorgias 55
  在伯罗奔尼撒战争中 in Peloponnesian War 66
  和伯里克利 and Pericles 60
  逍遥学派 Peripatetic school 26, 65, 81, 83
  和柏拉图 and Plato 65–6
  剧作家 playwrights in 4
  雅典学园 参见 柏拉图学园 School of see Platonic Academy
  和苏格拉底 and Socrates 58, 60
  和斯多亚主义 and Stoicism 108, 112
  和季蒂昂的芝诺 and Zeno of Citium 108, 112
自我 Atman 300, 520, 522
  和整体的永恒存在 and Brahman 529–30
  佛教徒否认自我 denied by Buddhists 522, 529–30
原子论/原子主义者 atomism/atomists 10, 47–51
  也参见德谟克利特；留基伯 see also Democritus; Leucippus
  和本原 and the arche 50
  和亚里士多德 and Aristotle 47, 48, 49–50
  和变化 and change 49–50
  和伊壁鸠鲁 and Epicurus 50, 104–6, 107
  休谟的心理学原子论 Hume's psychological atomism 244–6, 321
  和正义 and justice 50
  和卢克莱修 and Lucretius 50–51
  和运动 and motion 49–50, 104–5
  和多元主义 and pluralism 50
  卢梭的逻辑原子论 Russell's logical atomism 355–6

和辛普里丘 and Simplicius 49
胜论派 Vaisheshika 521, 526–7
和埃利亚的芝诺 and Zeno of Elea 50
无蔽（头脑清楚）atuphia (clarity of mind) 102
希波的奥古斯丁 Augustine of Hippo 132, 137–42
  和基督之爱 and agape 544
  生平 birth details 137
  和西塞罗 and Cicero 137
  《上帝之城》The City of God 140–41
  《忏悔录》Confessions 137
  去世 death 98
  和除了怀疑本身外对一切的怀疑 and doubt of everything except doubt 206
  我被骗故我在 fallor ergo sum idea (if I am deceived, I exist) 142
  和自由意志 and free will 139–40
  和"正义战争" and a 'just war' 138, 141
  《论自由意志》De Libero Arbitrio 139
  和摩尼教 and Manicheism 137, 139
  新柏拉图主义的影响 Neoplatonist influence on 130, 132
  和柏拉图的《蒂迈欧篇》and Plato's Timaeus 132–3
  和恶的问题 and problem of evil 139–40
  论时间 on time 140–41
  《论真宗教》De Vera Religione 139
  和维特根斯坦 and Wittgenstein 142, 402
奥古斯都·恺撒 Augustus Caesar 112
马可·奥勒留 参见 马可·奥勒留 Aurelius, Marcus see Marcus Aurelius
约翰·奥斯丁 Austin, John (1790-1859) 283, 302
约翰·奥斯汀 Austin, J(ohn) L(angshaw) (1911-60) 283, 409–13
  和艾耶尔 and Ayer 410, 411–12
  和真理符合论 and correspondence theory of truth 412–13
  《如何以言行事》How to Do Things with Words 410, 412
  和"日常语言哲学" and 'ordinary language philosophy' 410–13
  和感知 and perception 410, 411
  现象主义解构 phenomenalist deconstruction 411–12

索引　**643**

《感觉和可感物》Sense and Sensibilia 409–10, 411–12
  和言语行为 and speech acts 412
  和斯特劳森 and Strawson 413
  弗雷格《算术基础》的翻译 translation of Frege's Grundlagen der Arithmetik 410, 418
奥地利自由思想家协会 Austrian Free Thinkers Association 379
自足 autarkeia (self-sufficiency) 102
本真性 authenticity 480–81, 490
自主 autonomy
  选择自己的生活方式 choosing one's way of life 272, 305, 319
  和启蒙运动 and the Enlightenment 272
  和康德的道德学说 and Kant's moral theory 263–4, 265, 268
  道德 moral 255
  和对传统道德的拒绝（尼采）and rejection of conventional morality (Nietzsche) 319
阿威罗伊（伊本·鲁世德）Averroes (Ibn Rushd) 154, 554–5, 563, 570–73
  和阿奎那 and Aquinas 153
  和亚里士多德 and Aristotle 571, 573; 评述 commentaries 133, 153, 555, 571
  和阿维森纳 and Avicenna 567
  《通论》Generalities 571
  和安萨里 and al-Ghazali 570, 572, 573
  和上帝 and God 571, 572–3
  《矛盾的矛盾》The Incoherence of the Incoherence 570
  和医药 and medicine 571
  和新柏拉图主义 and Neoplatonism 153
  和柏拉图的《理想国》and Plato's Republic 571
  和波菲利的《导论》and Porphyry's Isagoge 571
  和经院学者 and the Schoolmen 570–71, 573
  和"独一理智"and 'unicity of the intellect' 573
《阿维斯塔》（袄教文本）Avesta (Zoroastrian texts) 557–8
阿维森纳（伊本·西那）Avicenna (Ibn Sina) 153, 555, 563–7
  和阿威罗伊 and Averroes 567
  对亚里士多德的评注 commentary on Aristotle 133

  和法拉比 and al-Farabi 562
  和安萨里 and al-Ghazali 566, 569; 翻译《为阿拉·道莱所写的哲学》translation of Philosophy for Ala al-Dawla 568
  阿维森纳的经院哲学批判 Scholastic criticism of 566–7
阿维农教宗法庭 Avignon, papal court 164
轴心时代 Axial Age 517
A.J. 艾耶尔 Ayer, A. J. 354, 377, 406
  和奥斯汀 and Austin 410, 411–12
  和情感主义 and emotivism 446
  《经验知识的基础》The Foundations of Empirical Knowledge 410
  康德轶事 Kant anecdote 389n
  《语言、真理与逻辑》Language, Truth and Logic 377, 446
  和现象主义 and phenomenalism 353, 354
  证实原则 verification principle 382
  和维也纳学派 and Vienna Circle 377, 389

B

加斯东·巴什拉 Bachelard, Gaston 509
弗朗西斯·培根 Bacon, Francis 159n, 197–200
  《论学术的进展》The Advancement of Learning 198
  作为一位经验主义者 as an empiricist 196, 198–9
  《伟大的复兴》Instauratio Magna 197, 198–9
  《新大西岛》The New Atlantis 197
  对经院哲学的拒绝 rejection of Scholasticism 196
  和科学：与合作 and science: and cooperation 197–8, 199; 科学方法 scientific method 198–9; 物理学体系 system of physics 197
罗杰·培根 Bacon, Roger 158–61
  亚里士多德的影响 Aristotle's influence 159
  和《圣经》and the Bible 158
  历法改革 calendar reform 158–9
  和教育 and education 159–60
  作为一名经验主义者 as an empiricist 158, 159
  和语法 and grammar 159
  和道德 and morality 160
  和秘术 and the occult 160–61

和光学 and optics 158, 159, 160
《大著作》*Opus Maius* 158, 159–60
语言哲学 philosophy of language 159, 160
和修辞学 and rhetoric 159, 160
和《秘中之秘》and *The Secret of Secrets* 159
和塞涅卡 and Seneca 160
斯多亚的影响 Stoic influence on 160
巴格达 Baghdad 558, 561
    智慧宫 Bayt al-Hikmah 558, 560
    内扎米亚学院 Nizamiyya Madrasa 567
亚历山大·贝恩 Bain, Alexander 329
米哈伊尔·巴枯宁 Bakunin, Mikhail 308, 309
"野蛮人" 'barbarians' 3–4
理发师悖论 Barber Paradox 350
《巴哈斯蒂帕经》*Barhaspatya-sutra* 532–3
乔纳森·巴恩斯 Barnes, Jonathan 51
布莱恩·巴里 Barry, Brian 462
凯撒利亚的巴西流（圣大巴西流）Basil of Caesarea (St Basil the Great) 130
    《就希腊文献对年轻人的讲话》*Address to Young Men on Greek Literature* 182
巴塞尔大学 Basle University 315
乔治·巴塔耶 Bataille, Georges 508
布鲁诺·鲍赫 Bauch, Bruno 386
布鲁诺·鲍尔 Bauer, Bruno 308
皮埃尔·培尔 Bayle, Pierre 123
拜罗伊特艺术节 Bayreuth Festival 315
美也参见美学 beauty *see also* aesthetics
    绝对（阿维森纳）absolute (Avicenna) 566
    作为最高的快乐 as highest pleasure 566
    和智识 and intellect 566
    美的内在价值 intrinsic value of 365
    对美的爱 love of 69
    自然之美 natural 275
    作为一种柏拉图的理念 as a Platonic Form 74, 76
    和文艺复兴艺术 and Renaissance art 181
    和浪漫主义 and Romanticism 275
西蒙娜·德·波伏娃 Beauvoir, Simone de 482, 486, 491–2
    《模棱两可的伦理学》*Ethics of Ambiguity* 492
    存在主义 existentialism 492
    作为女权主义者 as feminist 491–2
    和他人 and the Other 491–2
    和萨特 and Sartre 482, 486, 487–8, 491–2
    《第二性》*The Second Sex* 492
贝克修道院 Bec, abbey of 145
切萨雷·贝卡利亚 Beccaria, Cesare Bonesana- 281
萨缪尔·贝克特 Beckett, Samuel 487
丐题谬误 Begging the Question Fallacy 594
行为主义 behaviourism
    在心理学和哲学中的衰落 demise in psychology and philosophy 434
    语言行为主义 linguistic 394–5
    逻辑行为主义 logical 408–9
    方法论行为主义 methodological 409
存在**也参见**存在（existence）；本体论；实在 Being *see also* existence; ontology; reality
    亚里士多德 Aristotle 90, 478
    "向死而生的存在" 'Being-towards-death' 480–81
    上帝作为绝对存在 God as absolute being 156
    海德格尔和**此在** Heidegger and *Dasein* 478–81, 482
    必然的 necessary 165, 213, 239, 565, 566
    和黑格尔辩证法中的无与转变 and Nothingness and Becoming in Hegel's dialectic 293
    和基本存在物（胜论派）and padarthas (Vaisheshika) 526
    柏拉图的存在世界和生成世界 Plato's realms of Being and Becoming 68–9, 125
    和存在与本质的关系（阿奎那）and relation of existence and essence (Aquinas) 154–5, 162
    和萨特 and Sartre 488–9
    和司各脱 and Scotus 162
信念 beliefs
    和亚里士多德 and Aristotle 117
    和卡尼阿德斯的"有说服力的印象" and Carneades' 'persuasive impressions' 118–19
    证成的融贯论 coherence view of justifying 331
    和取消式唯物主义 and eliminative materialism 440–41
    方便 expedient 330
    整体论和蒯因的"信念之网" holism and Quine's 'web of belief' 393–4

休谟的信念理论 Hume's theory of 245–6
假设性信念 hypothetical 119
作为知识来源的继承下来的信念 inherited beliefs as source of knowledge 496
"本能的"信念 'instinctive' 354
知识和真信念 knowledge and true belief 69, 77
与信念相区别的知识 knowledge differentiated from 69
穆尔太齐赖派和真/假信念 Muʿtazilites and true/false beliefs 559
和感知 and perception 117
柏拉图论错误信念如何可能 Plato on how false belief is possible 77
实用主义和稳定且持续的信念的获得 pragmatism and acquisition of stable and enduring beliefs 329
理性与信念的张力 reason in tension with faith 154
信仰上帝的抚慰作用 soothing beliefs in God 508
迷信的**参见**迷信 superstitious *see* superstition
搁置意见 suspension of belief 116, 117
季蒂昂的芝诺论信念 Zeno of Citium on believing 111
瓦尔特·本雅明 Benjamin, Walter 511
杰里米·边沁 Bentham, Jeremy 279, 280–86
　　和教会：天主教封杀他的著作 and the Church: Catholic banning of his books 284; 和教育 and education 285–6
　　和科尔斯 and Colls 286
　　和迪蒙 and Dumont 282
　　"幸福计算法" 'felicific calculus' 286, 306
　　和权利 and franchise 285
　　和法国大革命 and the French Revolution 283
　　和希腊宪法 and the Greek constitution 284
　　哈兹里特论边沁 Hazlitt on 280, 286
　　和人性 and human nature 286
　　和休谟 and Hume 282
　　和兰斯多恩 and Lansdowne 282
　　和法律 and law 283–4
　　作为一名法律实证主义者 as a Legal Positivist 283, 302
　　和麦迪逊 and Madison 284
　　和马克思 and Marx 286
　　和詹姆士·密尔 and James Mill 284
　　和约翰·斯图尔特·密尔 and John Stuart Mill 286
　　《不是保罗，而是耶稣》*Not Paul, But Jesus* 285
　　和政治改革 and political reform 284–5
　　《国际法原理》*Principles of International Law* 282–3
　　《司法证据原理》*Rationale of Judicial Evidence* 286
　　和宗教自由 and religious freedom 285–6
　　和南美 and South America 284
　　《立法理论》*The Theory of Legislation* 282
　　和伦敦大学学院 and University College London 285–6
　　功利主义 utilitarianism 281–2, 283
塞缪尔·边沁 Bentham, Samuel 281
古斯塔夫·博格曼 Bergmann, Gustav 379
亨利·柏格森 Bergson, Henri 508
乔治·贝克莱（"贝克莱主教"）Berkeley, George ('Bishop Berkeley') 226–32
　　对形而上学中抽象观念的批判 attack on abstraction in metaphysics 162, 230
　　生平 birth details 226
　　作为一位经验主义者 as an empiricist 226, 228–9, 230
　　认识论 epistemology 227–9, 242
　　和依赖于神/精神/心灵的存在 and existence as dependent on deity/ spirit/mind xxi, 227–31
　　观念论 idealism 227, 321; 与现象主义的对比 compared with phenomenalism 353; 以及作为无限心灵的上帝 and God as infinite mind 227, 232, 353
　　和观念 and ideas 228–9
　　和同一陈述 and identity statements 368
　　非唯物论 immaterialism 227
　　工具主义 instrumentalism 231
　　和洛克 and Locke 218, 226, 227–8
　　作为新教优越阶级中的一员 as member of Protestant Ascendancy 226–7
　　论感知和感知者 on perception and the perceiver 227–30
　　《人类知识原理》*Principles of Human Knowledge* 227, 228, 230
　　作为实在论者 as realist 229–30

驳斥怀疑论 refutations of scepticism 227–9
和科学 and science 231
《海拉斯与菲洛诺斯对话三篇》Three Dialogues between Hylas and Philonous 227, 228, 232
以赛亚·伯林 Berlin, Isaiah 457, 458, 459
和消极／积极自由 and negative/positive liberty 210
柏林 Berlin
柏林科学院 Academy of 234
柏林科学哲学学会 Society for Scientific Philosophy 379, 386
柏林大学 University 298–9, 308
保罗·贝尔奈斯 Bernays, Paul 474
主教巴西琉斯·贝萨里翁 Bessarion, Basilios, Cardinal 172
《薄伽梵歌》Bhagavad Gita 523
圣经批评学／研究 biblical criticism/scholarship 176, 320
和解释学 and hermeneutics 494
和施特劳斯的《耶稣传》and Strauss' Life of Jesus 296, 314
二值 bivalence 110, 342–3, 344, 414, 426
马克斯·布莱克,《戈特洛布·弗雷格哲学著述选译》(与彼得·吉奇合译) Black, Max, Translations from the Philosophical Writings of Gottlob Frege (with Geach) 357–8, 418
西蒙·布莱克本 Blackburn, Simon 469
莫里斯·布朗肖 Blanchot, Maurice 505–6
恩斯特·布洛赫 Bloch, Ernst 510
伊丽莎白·布洛赫曼 Blochmann, Elisabeth 477
布鲁姆斯伯里团体 Bloomsbury Group 365
爱德华·威尔莫特·布莱登 Blyden, Edward Wilmot 576
乔万尼·薄伽丘 Boccaccio, Giovanni 175
《十日谈》Decameron 175–6
《异教诸神的谱系》Genealogia Deorum Gentilium 176
阿尼修斯·曼里乌斯·塞维利诺·波爱修斯 Boethius, Anicius Manlius Severinus 133, 142–5, 154
阿奎那的评注 Aquinas' commentaries on 152
《论算术》De Arithmetica 184
对古代哲学的评注 commentaries on ancient philosophers 133, 142
《哲学的慰藉》Consolation of Philosophy 142, 144–5
和自由意志 and free will 143–4
和逻辑学 and logic 142–3, 145
《神学短篇集》Opuscula Sacra 143
和波菲利 and Porphyry 142
和共相 and universals 143
约翰·冯·波伊尼堡男爵 Boineburg, Johann von, Baron 233
西蒙·玻利瓦尔 Bolívar, Simón 284
路德维希·玻尔兹曼 Boltzmann, Ludwig 370–71
伯纳德·波尔扎诺 Bolzano, Bernard 473
乔治·布尔 Boole, George 586
豪尔赫·路易斯·博尔赫斯 Borges, Jorge Luis 297
伯纳德·鲍桑葵 Bosanquet, Bernard 320
马蒂欧·博索 Bosso, Matteo 183
詹姆士·鲍斯威尔 Boswell, James 242
夏尔·德·博维尔:《智慧书》Bovelles, Charles: Liber de Sapiente 180–81
罗伯特·波义耳 Boyle, Robert 234, 270
波焦·布拉乔利尼 Bracciolini, Poggio 175, 177
草写小字 minuscule 178
《论人类境况的悲惨》De Miseria Humanae Conditionis 179
和瓦拉 and Valla 176
加括号 bracketing 474, 475
F.H. 布拉德雷 Bradley, F. H. 320, 323–5
《显象与实在》Appearance and Reality 323
艾略特论布拉德雷的博士论文 Eliot's doctoral thesis on 389n
《伦理学研究》Ethical Studies 325
伦理学和道德 ethics and morality 325
整体论 holism 325
观念论 idealism 320–21, 323–5
和麦克塔格特 and McTaggart 326
和摩尔 and Moore 323
对关系概念的反驳 rejection of concept of relations 323–5
拒绝多元论 rejection of pluralism 323, 325
拒绝实在论 rejection of realism 323
和罗素 and Russell 323
和自我实现 and self-realization 325

索引 **647**

和斯普里格 and Sprigge 328
"布拉德雷倒退" 'Bradley's Regress' 324
绝对 Brahman 300, 520, 522, 525
 和自我 and Atman 529–30
 佛教徒否认绝对 denied by Buddhists 522, 529–30
约翰内斯·布拉姆斯 Brahms, Johannes 370
 卡尔·布赖格 Braig, Carl 478
大脑 brain
 和意识 and consciousness 204–5
 和附带现象论 and epiphenomalism 438–9
 功能性核磁共振成像扫描 fMRI scanning 441
 和同一性理论 and identity theories 434–41
 和心灵现象 and mental phenomena xviii, 434
 和身–心问题 and the mind–body problem 204–5
 松果体 pineal gland 205
 心理状态和大脑状态之间的关系 relationship between mental states and brain states 435–6
罗伯特·布兰顿 Brandom, Robert 333, 433, 470
弗朗兹·布伦塔诺 Brentano, Franz 473
 和意向性 and intentionality 438, 474
 《亚里士多德论"是者"的多重含义》On the Manifold Meaning of Being According to Aristotle 476
布雷斯劳（弗罗茨瓦夫）Breslau (Wrocław) 493
《广林奥义书》Brhadaranyaka ('Great Forest Teaching') 520–21
英国观念论者 British idealists 279, 280
 和黑格尔 and Hegel 287
F. A. 布洛克豪斯 Brockhaus, F. A. 298
李奥纳多·布鲁尼 Bruni, Leonardo 135
 和公民权 and citizenship 187
 人文主义 humanism 187
 《弗洛伦萨城颂》Laudatio Florentinae Urbis 187
 和文艺复兴 and the Renaissance 170, 187
 和行动生活 and vita activa 187
焦尔达诺·布鲁诺 Bruno, Giordano 96n, 135
 受火刑而死 death at the stake 184
佛陀 Buddha 513–15, 516, 518, 522, 523
觉（意志／智性）buddhi (will/intellect) 524, 525
佛教 Buddhism 514–15, 519, 522–3
 在中国 in China 534
 否认自我和绝对 denial of Atman and Brahman 522, 529–30
 陈那-法称学派 Dinnaga–Dharmakirti school 531–2
 八正道 Eightfold Path 515, 523
 四圣谛 Four Noble Truths 515, 523
 和脱离苦海 and liberation from suffering 300, 522, 523
 大乘佛教 Mahayana 515; 中观学派 Madhyamika 530;
  瑜伽行派 Yogacara 530–31
 和摩尼教 and Manicheism 138
 和叔本华 and Schopenhauer 300
  和空性 and sunyata (emptiness) 530, 531
 经藏 Suttapitaka 515
 小乘佛教 Theravada 515
 转变成为宗教 transformation into a religion 130
 律藏 Vinayapitaka 515
 禅 Zen 545
雅各布·布克哈特 Burckhardt, Jacob 315
泰勒·伯奇：《心灵的基础》Burge, Tyler: Foundations of Mind 435
让·布里丹 Buridan, Jean 166
"布里丹的驴子" 'Buridan's Ass' 166
埃德蒙·柏克 Burke, Edmund 274
约翰·伯内特 Burnet, John 24
拜伦勋爵 Byron, Lord 298
拜占庭 Byzantium 4n, 5n, 172

C

卡巴拉秘教 Cabala 130, 170, 173, 174, 195
 基督教卡巴拉秘教 Christian Cabalism 174–5
 和皮科 and Pico 173, 174
爱德华·凯尔德 Caird, Edward 321
演算／微积分 calculus 38, 110, 359, 589–90
 和"算术化" and 'arithmetization' 348
 卡尔纳普的用于"世界的逻辑建构"的形式演算 Carnap's formal calculus for the 'logical construction of the world' 406
 微积分发明者之争 controversy over inventor of 234
 "幸福计算法"（边沁）'felicific' (Bentham) 286,

306
和胡塞尔 and Husserl 473
和莱布尼茨 and Leibniz 233, 234
逻辑计算 logical 589; 意义理论中"语言 L"的逻辑计算 'for a language L' in theory of meaning 417–18
和牛顿 and Newton 234
谓述 predicate 359, 419, 590
命题演算 propositional 110, 419, 590
培根历法改革 calendar reform, Bacon 158–9
卡利斯提尼 Callisthenes 83–4
加尔文主义 Calvinism 181, 195
剑桥柏拉图主义者 Cambridge Platonists 218, 219
阿尔贝·加缪 Camus, Albert 491
《西西弗神话》'The Myth of Sisyphus' 491
《反叛者》The Rebel 487
和萨特 and Sartre 487, 491
格奥尔格·康托尔 Cantor, Georg 38, 473
曹雪芹：《红楼梦》Cao Xueqin: The Dream of Red Mansions 538
资本主义 capitalism 311
和马克思 and Marx 310, 314
鲁道夫·卡尔纳普 Carnap, Rudolf 335, 386–8, 418
和鲍赫 and Bauch 386
生平 birth details 386
和情感主义 and emotivism 446
和科学理论的语言 and language of scientific theories 387–8
逻辑建构主义 logical constructionism 386, 406, 418
和逻辑实证主义/维也纳学派 and Logical Positivism/the Vienna Circle 378, 379, 380–81, 385, 386
《世界的逻辑结构》The Logical Structure of the World 386
《哲学中的假问题》Pseudoproblems of Philosophy 386
和蒯因 and Quine 386, 387, 389–90, 393
卡尼阿德斯 Carneades 118–19
弗朗切斯科·德·卡拉拉 Carrara, Francesco da 187
笛卡尔主义者 Cartesians 218

顺世派–顺世外道 Carvaka-Lokayata 519, 522, 523, 532–3
和感知 and perception 522, 532–3
恩斯特·卡西尔 Cassirer, Ernst 271
绝对律令 categorical imperatives 264–5
范畴谬误 category mistakes 408
卡图卢斯 Catullus 177
因果性 causality
本原作为内在原因 arche as inherently causal 45
和亚里士多德：解释和原因 and Aristotle: explanations and causes 87–8; 目的因 final cause 88; 第一因 first cause 89, 163; 四因说 four causes 88, 163
和观念的联结（休谟）and association of ideas (Hume) 244–5
罗杰·培根和错误的原因 Roger Bacon and the causes of error 159
指称的因果理论 causal theories of reference 429, 431
和宇宙论论证参见宇宙论论证 and cosmological argument see cosmological argument
第一因参见第一因 first cause see first cause
和安萨里 and al-Ghazali 568–9
以及上帝参见上帝：神圣因果性 and God see God: divine causality
和内在性 and inherence 526, 527
爱和冲突的因果性 of Love and Strife 41, 42, 45
新柏拉图主义最终因 Neoplatonist ultimate cause 124
和阿那克萨戈拉的努斯 and the nous of Anagagoras 45
和实在 and reality 124
在数论学派 in Samkhya 525
次级原因 secondary causes 568–9
在胜论派中 in Vaisheshika 526, 527–8
肯索里努斯：《论生辰》Censorinus: On Birthdays 7
审查 censorship 266
和《百科全书》and the Encyclopédie 273
和密尔 and Mill 305
凯俄斯 Ceos 55

索引 **649**

凯勒丰[1] Chaerophon 59
喀尔基斯 Chalcis 82, 84
戴维·查尔莫斯 Chalmers, David 443
变化 change 16–17
 和阿奎那 and Aquinas 154–6
 本原状态的变化 of *arche* states 16–17, 33–4
 和亚里士多德 and Aristotle 88
 和原子论 and atomism 49–50
《易经》**参见**《易经》Changes, Book of *see Yijing*
查理二世 Charles II 218
艾米丽·沙特莱侯爵夫人 Châtelet, Emilie du 218
中国哲学 Chinese philosophy 534–53
 佛教的影响 Buddhist influence 534
 儒家学说**参见**儒家 Confucian *see* Confucianism
 道家学说**参见**道家 Daoist *see* Daoism
 中国思想中"道"的核心地位 *dao*'s key place in Chinese thought 538
 法家**参见**法家，墨家**参见**墨家 Legalism *see* Legalism, Chinese Mohism *see* Mohism
 和天（上天/天空）and *Tian* (heaven/sky) 537–8, 543
科斯洛埃斯·阿努什鲁万（霍斯劳一世）Chosroes Anushirvan (Khosrow I) 557
基督教和教会 Christianity and the Church
 阿里乌争论 Arian controversy 139
 和亚里士多德 and Aristotle 133
 基督教狂热信徒对过往的攻击 assault by Christian zealots on the past 3, 129, 556–7
 道德基础 and the basis of morality 182–3, 243
 和边沁 and Bentham 284, 285–6
 和圣经研究**参见**圣经批评/研究 and biblical scholarship *see* biblical criticism/scholarship
 和卡巴拉秘教 and the Cabala 174–5
 天主教**参见**罗马天主教 Catholicism *see* Roman Catholicism
 基督教异端和希腊哲学 Christian heresies and Greek philosophy 6
 教父 Church Fathers *xxi*, 132, 182 **也参见**每位的

名字 *see also* individuals by name
 和宇宙论**参见**宇宙论：和教会 and cosmology *see* cosmology: and the Church
 和人的尊严 and the dignity of man 172–3, 180
 和神圣命令的道德 and divine-command morality 454
 多纳图派争论 Donatist controversy 139
 和《米兰敕令》and Edict of Milan 3, 137
 和教育 and education 285–6
 和启蒙运动的批判/拒绝迷信/宗教 and Enlightenment criticisms/rejection of superstition/religion 270, 271, 272
 隐士生活 eremitic life 102, 182
 诺斯替基督教 Gnostic Christianity 138
 上帝**参见**上帝 God *see* God
 和黑格尔 and Hegel 291, 294–5
 和赫尔墨斯主义 and Hermeticism 173–4
 圣灵作为伦理选择的基础 Holy Spirit as basis of ethical choice 182–3
 被教会采纳的灵魂不朽学说 immortality of soul doctrine adopted by 182
 在教会权威下的智识活动 intellectual activity under Church authority 131
 耶稣**参见**耶稣基督 Jesus *see* Jesus Christ
 和莱布尼茨 and Leibniz 233
 托钵修会**参见**多明我会修士 mendicant orders *see* Dominicans;
 方济各会修士 Franciscans
 修会生活**参见**修会生活 monasticism *see* monasticism
 和新柏拉图主义 and Neoplatonism 124, 129, 182
 和尼采**参见**弗里德里希·尼采：和基督教 and Nietzsche *see* Nietzsche, Friedrich: and Christianity
 不服从国教者 nonconformists 285, 304
 作为罗马帝国的官方宗教 as official religion of Roman Empire 3, 98, 137, 182
 和原罪**参见**原罪和人的堕落 and original sin *see* original sin and Fall of Man
 和异教**参见**异教：和基督教 and paganism *see* paganism: and Christianity
 和柏拉图 and Plato 133, 183 **也参见**新柏拉图主

---

[1] 原文为 Chaerophon，疑为 Chaerephon 之误。——译者注

义 / 新柏拉图主义者：和基督教 see also Neo-platonism/Neoplatonists: and Christianity
"成功福音" 'Prosperity Gospel' 130n
新教徒 参见 新教主义 Protestant see Protestantism
宗教改革 参见 宗教改革 Reformation see Reformation
和宗教对道德有害（康德）and religion as harmful to morality (Kant) 266, 268
和文艺复兴人文主义 and Renaissance humanism 181-3
对第二次降临的期待 Second Coming expectations 181-2
教会与国家的分离 separation of Church and state 166
和熄灭有关道德原则的讨论 and silencing of discussion of moral principles 454
教会所使用的迷信（斯宾诺莎）superstition used by (Spinoza) 216
叙利亚人 Syrian 133
神学 参见 神学 theology see theology
英国国教会的39条信纲 Thirty-Nine Articles of Church of England 285, 304
一位论 Unitarianism 252
和伏尔泰 and Voltaire 270
克律西波斯 Chrysippus 108, 110
阿隆佐·丘奇 Church, Alonzo 357
基督教教会 参见 基督教和教会 Church, Christian see Christianity and the Church
帕特里夏·丘奇兰德 Churchland, Patricia 440
马库斯·图留斯·西塞罗 Cicero, Marcus Tullius xvii, 5-6, 119
和阿克西劳斯 and Arcesilaus 116, 118
论亚里士多德的文体 on Aristotle's style 81
和希波的奥古斯丁 and Augustine of Hippo 137
和伊壁鸠鲁主义 and Epicureanism 103
《致友人书信集》Epistulae ad Familiares 176
和伊拉斯谟 and Erasmus 182
《霍腾修斯，或论哲学》Hortensius, or On Philosophy 137
和休谟 and Hume 249
和学习如何去死 and learning how to die 114

《论义务》De Officiis 187, 190
和柏拉图的学园 and Plato's Academy 78
论柏拉图的文体 on Plato's style 81
文艺复兴时期对西塞罗的崇敬 Renaissance admiration for 182
论修辞学 on rhetoric 81, 169
和萨卢塔蒂 and Salutati 176
和斯多亚学派 and Stoicism 114
《论题学》Topics 142
《图斯库路姆论辩集》Tuscan Disputations 103
维罗尼西的评注 Veronese's commentary on 177
和行动生活 and vita activa 187
循环论证 circular reasoning 594
塞浦路斯的季蒂昂 Citium, Cyprus 108
公民权 citizenship
和亚里士多德 and Aristotle 94
和布鲁尼 and Bruni 187
这个世界的世界公民权 cosmopolitan citizenship of the world 102
和柏拉图 and Plato 53, 72
公民自由 civil liberties 210-11
公共行政 civil service 285
公民社会 civil society
和洛克 and Locke 225
和卢梭 and Rousseau 251-2, 254-5
阶级 / 类 classes
和亚里士多德 and Aristotle 86-7
罗素和悖论概念 Russell and paradox of concept of 349-50
克拉佐梅奈 Clazomenae 43
克里安提斯 Cleanthes 108
教宗克雷芒四世 Clement IV, Pope 158
亚历山大里亚的革利免 Clement of Alexandria 6
斯巴达的克里昂米尼三世 Cleomenes III of Sparta 112
克里昂 Cleon 44
克莱托马库斯 Clitomachus 118
认知把握 cognitive apprehensions 116
认知科学 cognitive science xx, 584
杰拉德（"杰瑞"）·柯亨 Cohen, Gerald 'Jerry' 469
冷战 Cold War 487
塞缪尔·泰勒·柯勒律治 Coleridge, Samuel Taylor

257
约翰·科尔斯 Colls, John 286
科隆 Cologne 151, 161
克洛丰 Colophon 25
克里斯托弗·哥伦布 Columbus, Christopher 175
共产主义 Communism
    和法西斯主义 and Fascism 310–11
    国际工人协会 ("第一国际") International Workingmen's Association ('First International') 309
    和《现代》and Les Temps Modernes 487
    和马克思 and Marx 309, 312–14 也参见马克思主义 see also Marxism
    和梅洛-庞蒂 and Merleau-Ponty 482–3
同情 compassion 252, 301, 302, 318, 357, 540, 580
合成谬误 Composition, Fallacy of 595
信息（科学）computing 584
奥古斯特·孔德 Comte, Auguste 279
    实证主义 Positivism 297, 302–3, 377–8
    和人道教 and Religion of Humanity 303
自然倾向 conatus 215
儒家 Confucianism 515–16, 534 也参见孔子 see also Confucius
《论语》Analects (Lunyu) 516, 535–6, 537, 538, 539
儒家经典 classics 516, 535
和道家 and Daoism 546
和教育 and education 541
伦理学 ethics 536–42;仁 benevolence (ren) 536–7, 538, 539–40;儒道 the Confucian Way 538–9;黄金法则 Golden Rule 537;内外之辩 nei-wai debate 539–40;恕 reciprocity (shu) 537;和礼 and rites (li) 537, 538–9, 540, 541–2;和德 and virtue 537, 540
和家庭 and the family 539
《五经》Five Classics 535, 536
《四书》Four Books 536
和人性：本善（孟子）and human nature: innate goodness (Mencius) 540;仁 ren 536–7, 538, 539–40;荀子 Xunzi 541
"诸子百家" 'Hundred Schools of Thought' 540–41
和秩序 and order 542
和秦 and Qin 515–16, 549

和"正名"and 'rectification of names' 541
礼 rites (li) 537, 538–9, 540, 541–2
转变为宗教 transformation into a religion 130
和荀子 and Xunzi 539, 540–42
《易经》Yijing 516, 535, 552–3
孔子 Confucius 513–14, 515–17, 518, 535–6, 539
归属于他的《五经》Five Classics attributed to 535, 536
和老子 and Laozi 546
良心主义 Consciencism 577, 580
意识 consciousness
    和分析哲学 and Analytic philosophy 442–4
    和大脑 and the brain 204–5
    宇宙的 cosmic 292
    和丹尼特 and Dennett 443–4
    和伽达默尔论游戏与艺术 and Gadamer on play and art 495–6
    格林和"永恒意识"Green and an 'eternal consciousness' 322
    和胡塞尔 and Husserl 474–5, 476
    和意向性 and intentionality 437
    和洛克：和"观念"and Locke: and 'ideas' 219–20;和人格同一性 and personal identity 222
    和唯物论 and materialism xviii
    和梅洛-庞蒂 and Merleau-Ponty 483, 484
    和摩尔对观念论的反驳 and Moore's refutation of idealism 368
    和新柏拉图主义 and Neoplatonism 128
    作为第一存在物的不二意识（唯识）non-dual cittamatra (mind only) as primary existent 530–31
    和痛苦 and pain 444, 474
    和现象学 and phenomenology 474–5, 488 也参见现象学 see also phenomenology
    和物理主义 and physicalism 442–4
    神我（数论学派）purusha (Samkhya) 521, 524, 525
    和感受质 and qualia 435, 443–4
    和萨特：和黑格尔 and Sartre: and Hegel 491;论爱情 on love 489–90
    自我意识 参见自我觉知 / 自我意识 / 自我知识 self-consciousness see self-awareness/-con-

sciousness/ -knowledge
   和斯普里格的实在观 and Sprigge's view of reality 328
   "苦恼意识"（黑格尔）'the unhappy consciousness' (Hegel) 291, 296
后果论 consequentialism 265, 281, 305, 306, 367, 453, 454, 456, 457
一致 consonance 21–2, 23–4
君士坦丁大帝 Constantine the Great 3, 137, 138
君士坦丁堡 Constantinople
   陷落在奥斯曼人手中 fall to Ottomans 172
   瓜里诺在君士坦丁堡 Guarino in 177
   圣索菲亚大教堂 Hagia Sophia 200
欧陆哲学 Continental philosophy 168, 335, 336–7, 471–512
   荒诞主义 absurdism 491
   阿伦特 Arendt 510
   相关的运动 associated movements 336–7
   和本真性 and authenticity 480–1, 490
   巴什拉 Bachelard 509
   德·波伏娃 de Beauvoir 491–2 **也参见** 西蒙娜·德·波伏娃 see also Beauvoir, Simone de
   柏格森 Bergson 508
   加缪 Camus 491 **也参见** 阿尔贝·加缪 see also Camus, Albert
   德勒兹 Deleuze 500–503 **也参见** 吉尔·德勒兹 see also Deleuze, Gilles
   德里达 Derrida 503–6, 507 **也参见** 雅克·德里达 see also Derrida, Jacques
   与分析哲学的不同 divergences from Analytic philosophy 471, 472
   存在主义 **参见** 存在主义 existentialism see existentialism
   福柯 **参见** 米歇尔·福柯 Foucault see Foucault, Michel
   法兰克福学派 **参见** 法兰克福学派 Frankfurt School see Frankfurt School
   伽达默尔 **参见** 汉斯-格奥尔格·伽达默尔 Gadamer see Gadamer, Hans-Georg
   哈贝马斯 Habermas 509
   黑格尔的影响 Hegel's influence on 471
   海德格尔 Heidegger 476–82 **也参见** 马丁·海德格尔 see also Heidegger, Martin
   和解释学 and hermeneutics 492, 493–7, 498–9
   胡塞尔 Husserl 473–6 **也参见** 埃德蒙德·胡塞尔 see also Husserl, Edmund
   雅斯贝尔斯 Jaspers 508
   科耶夫 Kojève 508–9
   列维纳斯 Levinas 509
   梅洛-庞蒂 **参见** 莫里斯·梅洛-庞蒂 Merleau-Ponty see Merleau-Ponty, Maurice
   和他人 **参见** 他人现象学 and Otherness see Otherness phenomenology 337, 474–6, 479, 480, 488–91, 498–9, 500;
   梅洛-庞蒂的《知觉现象学》Merleau-Ponty's *The Phenomenology of Perception* 483, 485
   和后现代主义 and postmodernism 337, 511
   利科 Ricoeur 497–9
   萨特 Sartre 485–91, 492 **也参见** 让-保罗·萨特 see also Sartre, Jean-Paul
   瓦尔 Wahl 509
连续性原则（莱布尼茨）continuity, principle of (Leibniz) 235, 236
会话含义（格赖斯）conversational implicature (Grice) 427–8
合作原则（格赖斯）Cooperative Principle (Grice) 428
尼古拉·哥白尼 Copernicus, Nicolaus 584
粒子论者 corpuscularians 51
宇宙意识 cosmic consciousness 292
宇宙论论证 cosmological argument
   阿奎那 Aquinas 156
   和司各脱 and Scotus 162–3
宇宙论 cosmology
   本原 **参见** **本原**（宇宙的原理）arche see *arche* (principle of the cosmos)
   亚里士多德 Aristotle 95–6
   和原子论 **参见** 原子论/原子论者 and atomism see atomism/atomists
   和教会 and the Church 96, 137; 圣经和柏拉图《蒂迈欧篇》之间可能的一致 possible agreements between scriptures and Plato's *Timaeus* 133; "宇宙时间" 'cosmological time' 499
   和四元素 **参见** 摩尼教四元素 and four elements

索引　**653**

see elements, four Manichean 138–9
前苏格拉底的 Presocratic 12; 阿那克萨戈拉 Anaxagoras 44–6;
本原参见本原（宇宙的原理）arche see arche (principle of the cosmos); 原子论 atomism 49–50 也参见原子论 / 原子论者 see also atomism/atomists; 德谟克利特 Democritus 49–50; 恩培多克勒参见恩培多克勒：宇宙论；和四元素 Empedocles see Empedocles: cosmology; and the four elements 16, 29–30, 40, 41, 42, 46, 96; 和天体和声 and harmony of the spheres 22, 23; 赫拉克利特 Heraclitus 28–30; 和爱-冲突的互动 and Love–Strife interaction 41, 42, 45; 巴门尼德 Parmenides 32–4; 毕达哥拉斯主义的 Pythagorean 22; 色诺芬尼 Xenophanes 26
实在论者 realist 527
胜论派 Vaisheshika 527
克拉科夫托马斯主义 Cracow Thomism 157
忒拜的克拉特斯 Crates of Thebes 100, 101, 102–3
和季蒂昂的芝诺 and Zeno of Citium 108
创造性 creativity 180
克里特人悖论 Cretan Paradox 472n
克里提亚斯 Critias 56
吕底亚的克罗伊斯 Croesus of Lydia 11–12, 24
克罗顿 Croton 10, 19
拉夫·卡德沃斯 Cudworth, Ralph 218
犬儒主义者 / 犬儒主义 Cynics/Cynicism 10, 99, 100–103
犬儒美德 Cynic virtues 100; 季蒂昂的芝诺对其的内化 Zeno of Citium's internalization of 108, 112
安提西尼建立 founding by Antisthenes 99, 100–101
和苏格拉底 and Socrates 61, 516
波斯的居鲁士 Cyrus of Persia 24

D

阿利吉耶里·但丁 Dante Alighieri 186
但泽 Danzig 297
道 dao 538, 545, 546, 547
《道德经》Daodejing (Tao Te Ching) 545, 546–7, 548

道家 Daoism 534, 540, 545–8
和儒家 and Confucianism 546
《道德经》Daodejing (Tao Te Ching) 545, 546–7, 548
"上清道教" 'Highest Clarity Daoism' 548
和无为 and wuwei 547–8, 549
《庄子》Zhuangzi 546, 548, 551
查尔斯·达尔文 Darwin, Charles 279, 331
《自传》Autobiography 198
《人类的由来》The Descent of Man 301
和叔本华 and Schopenhauer 301
达尔文主义 Darwinism
达尔文生物学 Darwinian biology 320
有关进化的论战 evolution debate 335
和实用主义 and pragmatism 331
唐纳德·戴维森 Davidson, Donald 336, 419–23
和达米特 and Dummett 423
和行动哲学 and philosophy of action 422
和心灵哲学：和异态一元论 and philosophy of mind: and anomalous monism 422–3, 437–9; 解释理论 interpretation theory 438; 和随附 and supervenience 423, 437–8
和蒯因 and Quine 419–20
意义的真之条件理论 truth-conditional approach to meaning 419–22, 432
和怀特海 and Whitehead 419
戴高乐 de Gaulle, Charles 487
奥古斯都·德·摩根 De Morgan, Augustus 165n, 586, 587
定理 Theorems 110n, 361n; 奥卡姆的预先提出 Ockham's anticipation of De Morgan's Theorems 165n
死亡 death
"向死而生的存在" 'Being-towards-death' 480–81
西塞罗和学习如何去死 Cicero and learning how to die 114 f
免于对死亡的恐惧 freedom from fear of 114
和灵魂 and the soul 70
解构 deconstruction
和欧陆哲学 and Continental philosophy 337;
德里达 Derrida 504
现象主义解构 of phenomenalism 411–12
理查德·戴德金 Dedekind, Richard 38, 348, 349

自然神论 deism 211n, 227, 270–71
　在帕坦伽利经中 in Patanjali sutras 521
乔治·德勒兹 Deleuze, Georges 500
吉尔·德勒兹 Deleuze, Gilles 336, 471, 500–503
　《反俄狄浦斯》（与瓜塔里合著）*Anti-Oedipus* (with Guattari) 501
　和艺术 and art 502–3
　生平 birth details 500
　《差异与重复》*Difference and Repetition* 503
　作为一名经验主义者 as an empiricist 500, 501
　和伦理斗争 and ethical striving 502
　和福柯 and Foucault 500, 501
　和瓜塔里 and Guattari 500–501, 503
　和黑格尔 and Hegel 500
　和内在性 and immanence 502
　和康德 and Kant 500
　"致一位批评者的信" 'Letter to a Critic' 500–501
　《尼采和哲学》*Nietzsche and Philosophy* 500
　和斯宾诺莎 and Spinoza 501–2
　自杀 suicide 501
　《千高原》（与瓜塔里合著）*A Thousand Plateaus* (with Guattari) 501
　《何为哲学？》（与瓜塔里合著）*What is Philosophy?* (with Guattari) 501
德尔斐神谕（德尔斐的阿波罗）Delphi, oracle of (Pythian Apollo) 59, 180, 294
民主 democracy
　雅典式 Athenian 66
　和柏克 and Burke 274
　和马西利乌斯 and Marsilius 186
　和柏拉图 and Plato 66, 73
　和波普尔 and Popper 395
　代议制民主，和卢梭 representative, and Rousseau 255
德谟克利特 Democritus 10, 99, 120
　和亚里士多德 and Aristotle 48
　原子论 atomism 47–51
　生平 birth details 48
　宇宙论 cosmology 49–50
　《小宇宙系统》*The Little World System* ('Microcosmos') 48
　和辛普里丘 and Simplicius 49

和 "嫡出的" 与 "私生的" 知识 and 'true-born' vs 'bastard' knowledge 50
丹尼尔·丹尼特 Dennett, Daniel 443–4
意义的指称理论 denotative theory of meaning 340–41, 414
义务论 deontology 265, 305–6, 453, 454, 455, 456, 457
雅克·德里达 Derrida, Jacques 336, 471, 503–6, 507
　生平 birth details 503
　和布朗肖 and Blanchot 505–6
　解构主义 deconstructionism 504
　和意义的延迟 and deferral of meaning 504–5
　《论文字学》*Of Grammatology* 504–5
　和海德格尔 and Heidegger 168, 503, 505
　和胡塞尔 and Husserl 503
　影响 influences on 503, 505–6
　和梅洛－庞蒂 and Merleau-Ponty 485
　和利科 and Ricoeur 503
　《声音与现象》*Speech and Phenomena* 504
　《书写和差异》*Writing and Difference* 504
德尔维尼纸草 Derveni Papyrus 7, 7–8n
勒内·笛卡尔 Descartes, René 200–206, 270
　和阿奎那 and Aquinas 157
　上帝存在的证明 arguments for existence of a god 202, 204, 206
　生平 birth details 200, 201
　"我思，故我在"论证 *cogito, ergo sum* argument 201–3;
　　先驱 precursors 206
　和神祇 and deity xxi, 202, 204, 206
　恶魔假设 demon hypothesis 203
　《谈谈方法》*Discourse on Method* 206
　二元论**参见**二元论：笛卡尔式认识论：和逻辑链条 dualism *see* dualism: Cartesian epistemology: and chain of reasoning 201; 影响 influence 206; 怀疑法 method of doubt 201–4
　作为"现代哲学之父" as 'father of modern philosophy' 200
　追随者（笛卡尔主义者）followers (Cartesians) 218
　塞克斯图的影响 influence of Sextus on 123
　在拉弗莱什 at La Flèche 142, 241
　和莱布尼茨 and Leibniz 235

和数学 and mathematics 200
《第一哲学沉思录》Meditations on First Philosophy 200, 204, 206, 207
和方法论 and methodology 159n, 200–204
身-心问题和二元论 mind-body problem and dualism 204–6, 213, 407–8, 439
和新柏拉图主义 and Neoplatonism 204
和物理学 and physics 200
《哲学原理》（斯宾诺莎对其的考察）Principles of Philosophy (examination by Spinoza) 212
作为一位理性主义者 as a rationalist 196, 201
拒斥经院哲学 rejection of Scholasticism 196
和西隆 and Silhon 206
进入禁书目录的著作 writings placed on Index of Forbidden Books 157
罗素的摹状词理论 Descriptions, Russell's Theory of 341–4, 355
欲望 desire
　控制欲望 control over 215–16
　和取消式唯物主义 and eliminative materialism 440–41
　从欲望中解脱 release from 215–16, 300
　性欲 sexual 301
　和权力意志（尼采）and the will to overcome (Nietzsche) 318–19
决定论 determinism 511 也参见 预定论和通过接受必然性而获得自由 see also predestination and freedom through acceptance of the inevitable 113, 213
　和历史唯物主义 and historical materialism 312–13
　和莱布尼茨 and Leibniz 239
　和斯宾诺莎 and Spinoza 213, 215
　和斯多亚主义 and Stoicism 110–11, 117
保罗·杜森 Deussen, Paul 520–21
《德法年鉴》Deutsch-Französische Jahrbücher 308
约翰·杜威 Dewey, John
　和教育 and education 333
　伦理学 ethics 333
　实用主义 pragmatism 329, 331–3
辩证法 dialectic
　和阿克西劳斯 and Arcesilaus 116
　和布拉德雷 and Bradley 320–21

精神的辨证历程 dialectical journey of Geist 289–94
和黑格尔 and Hegel 289–94, 489, 491
历史过程的辩证法 of historical process 292–4, 309, 312–13
和马克思 and Marx 309, 312–13
和柏拉图 and Plato 292–3 也参见 苏格拉底对话法 see also Socratic method
无定题争论 quodlibetical disputation 134, 152
苏格拉底的 参见 苏格拉底对话法 Socratic see Socratic method
和埃利亚的芝诺 and Zeno of Elea 35
德尼·狄德罗 Diderot, Denis 251
《八卦宝典》Les Bijoux indiscrets 269
和自然神论 and deism 271
和《百科全书》and Encyclopédie 269, 272–3
和卢梭 and Rousseau 251, 252–3
《布干维尔游记补遗》Supplement to Bougainville's Voyage 271
盲人狄迪莫斯 Didymus the Blind 55
人的高贵 dignity of man 172–4, 179–81
和蒙田的理性怀疑主义 and Montaigne's rational scepticism 181
威廉·狄尔泰 Dilthey, Wilhelm 494
陈那 Dinnaga 531
犬儒第欧根尼 Diogenes the Cynic 99, 100, 101–2
第欧根尼·拉尔修：《名哲言行录》Diogenes Laertius: The Lives of the Philosophers 6, 122
和阿那克萨戈拉 and Anaxagoras 44
和阿那克西曼德 and Anaximander 14, 15, 31
和犬儒主义建立者安提西尼 and Antishenes as founder of Cynicism 100–101
和克拉特斯 and Crates 103
和犬儒第欧根尼 and Diogenes the Cynic 101
和恩培多克勒 and Empedocles 42
和伊壁鸠鲁 and Epicurus 103, 104
和赫拉克利特 and Heraclitus 28
和尼采 and Nietzsche 315
和巴门尼德 and Parmenides 31
和皮浪 and Pyrrho 120–21
和毕达哥拉斯 and Pythagoras 19
和泰勒斯 and Thales 14

和埃利亚的芝诺 and Zeno of Elea 35–6
叙拉古的迪翁 Dion of Syracuse 66–7
去蔽 disclosure (*aletheia*) 479, 480
不和谐 dissonance 21
苏珊娜·道布森 Dobson, Susannah 179
独断论者 Dogmatists 123
多明我会修士 Dominicans 151, 152, 153
图密善 Domitian 113
多纳徒派教义 Donatism 139
基思·唐纳伦 Donnellan, Keith 428–9
双重否定律 Double Negation, Law of 343, 425
学述 doxography 5–6
伯顿·德雷本 Dreben, Burton 389n
二元论 **也参见**物质：与心灵的互动／关系；身－心问题 dualism *see also* matter: interaction/ relationship of mind and; mind-body problem
  铿迪论希腊二元本体论 al-Kindi on Greek dualistic ontology 560
  笛卡尔式 Cartesian 204–6, 213, 439; 和赖尔的"机器中的幽灵神话" and Ryle's 'ghost in the machine' 407–8
  人的"双面"理论 'dual aspect' theory of a person 416
  摩尼教 Manichean 138
  数论学派纯粹意识和意识之外物质的二元论 Samkhya dualism of purusha and prakriti 521, 524, 525
迈克尔·达米特 Dummett, Michael
  和分析哲学与语言哲学 and Analytic philosophy and philosophy of language 336, 358, 423–7;
  和实在论 and realism 423
  天主教 Catholicism 157
  和戴维森 and Davidson 423
  和弗雷格 and Frege 336, 357–8n, 423;《弗雷格：语言哲学》*Frege: Philosophy of Language* 358, 423
  和维特根斯坦 and Wittgenstein 423
艾蒂安·迪蒙 Dumont, Etienne 282
约翰·邓斯·司各脱 Duns Scotus, John 161–3
  和阿奎那 and Aquinas 162
  上帝存在的论证 argument for existence of God 162–3
  和亚里士多德 and Aristotle 162
  评注：论亚里士多德 commentaries: on Aristotle 162; 论伦巴德的《四部语录》on Lombard's *Sentences* 162
  和根特的亨利 and Henry of Ghent 162
  和奥卡姆 and Ockham 163
  和"原初质料" and 'prime matter' 163
  和空间 and space 162
  和时间 and time 162
  和共相 and universals 163
义务 duty xvii, 249, 446, 457
  公民义务 civic 108, 225
  和义务论**参见**义务论 and dcontology *see* deontology
  和自由 and freedom 295
  一个好人的义务（阿奎那）of a good man (Aquinas) 186–7
  和康德 and Kant 264, 265–6
  君主／主权者的义务 of a prince/sovereign 186–7, 190, 209
  宗教义务 religious 568
  和斯多亚主义 and Stoicism 101, 108
  和美德伦理学 and virtue-ethics 455
罗纳德·德沃金 Dworkin, Ronald 469

E

地震 earthquakes 14, 17
英国东印度公司 East India Company, British 304
日食 eclipses 10, 14
  月食 lunar 46, 47
经济体系 economic systems
  资本主义**参见**资本主义 capitalism *see* capitalism
  共产主义**参见**共产主义 Communism *see* Communism
  和马克思 and Marx 310, 311, 314
伊甸园 Eden 140, 181, 225
爱丁堡 Edinburgh 240, 242
爱丁堡大学 University 240, 241
教育 education
  和亚里士多德 and Aristotle 91, 94 **也参见**逍遥学派 *see also* Peripatetic school
  和罗杰·培根 and Roger Bacon 159–60

和教会 and the Church 285–6
和儒家 and Confucianism 541
和杜威 and Dewey 333
和《百科全书》and *Encyclopédie* 272–3
和"良好的运用闲暇"（悠闲）and 'noble use of leisure' (*otium*) 94, 187 也参见闲暇，"良好"运用 *see also* leisure, 'noble' use of
不服从国教者 nonconformist 285–6, 304
哲学作为心灵的教育 philosophy as education of the mind 107
柏拉图的苏格拉底论教育（《理想国》）Plato's Socrates on (*Republic*) 71–2
和文艺复兴人文主义 and Renaissance humanism 177–8
和卢梭 and Rousseau 250, 252
作为通向良好生活的途径 as route to the good life 272–3
苏格拉底论教育（在柏拉图的《理想国》中）Socrates on (in Plato's *Republic*) 71–2
作为教育者的智者 sophists as educators 52
"不再遗忘"和回忆理论 'unforgetting' and theory of recollection 69
女性在教育中被排除在外 women's exclusion from 468
利己主义 egoism 301, 453
阿尔伯特·爱因斯坦 Einstein, Albert 297, 508
广义相对论 General Relativity theory 378
埃利亚 Elea 10
埃利亚学派 Eleatic school of philosophy 10 也参见麦里梭；巴门尼德；埃利亚的芝诺 *see also* Melissus; Parmenides; Zeno of Elea
和原子论 and atomism 50, 51
和实在作为独一不变的永恒事物 and reality as single unchanging eternal thing 26–7, 32–4, 36, 44
色诺芬尼作为"埃利亚学派第一人"（柏拉图）Xenophanes as 'first of the Eleatics' (Plato) 26–7
四元素 elements, four 16, 29–30
和阿那克萨戈拉 and Anaxagoras 46
和亚里士多德的第五元素，精髓 and Aristotle's fifth element, the quintessence 95–6
和恩培多克勒 and Empedocles 40, 41, 42, 96
和赫拉克利特 and Heraclitus 30

和斯多亚主义 and Stoicism 109
反诘法 参见苏格拉底式方法 *elenchus see* Socratic method
乔治·艾略特（玛丽安·埃文斯）Eliot, George (Marian Evans) 296, 303
T. S. 艾略特 Eliot, T. S. 389n
伯罗奔尼撒半岛的伊利斯 Elis, Peloponnese 56, 121
波西米亚的伊丽莎白 Elisabeth of Bohemia 206
流溢说 emanationism 138
梵（数论学派）of Brahman (Samkhya) 525
在伊斯兰思想中（流出）in Islamic thought (*fayd*) 556, 561, 565
莱布尼茨 Leibniz 238, 239
新柏拉图主义和质料作为努斯的流溢 Neoplatonism and matter as emanation of *nous* 128
情感主义 emotivism 356, 446–8
恩培多克勒 Empedocles 7, 10, 39–43
和亚里士多德 and Aristotle 42
宇宙论：本原 cosmology: *arche* 41; 和元素 and the elements 40, 41, 42, 96; 和爱-冲突的互动 and Love-Strife interaction 41, 42, 45; 和元素的随机组合 and random combinations of elements 41
去世 death 42
《论自然》*On Nature* 40
和巴门尼德 and Parmenides 40, 41
作为一位医师 as a physician 40
政治学 politics 39
恩培多克勒的力量 powers claimed by 40
《净化》*Purifications* 40
和毕达哥拉斯主义 and Pythagoreanism 40, 42
和理性 and reason 41–2
和斯特拉斯堡纸草 and Strasbourg Papyrus 7, 8n, 40
经验医药学派 Empiric medical school 122–3
经验主义 empiricism
和分析哲学 and Analytic philosophy 335 也参见分析哲学 *see also* Analytic philosophy
和亚里士多德 and Aristotle 89
和弗朗西斯·培根 and Francis Bacon 196, 198–9
和罗杰·培根 and Roger Bacon 158, 159
和贝克莱 and Berkeley 226, 228–9, 230

和顺世派 of Carvaka 522, 532
和德勒兹 and Deleuze 500, 501
经验性知识 empiricial knowledge 196, 222–3, 242, 410
经验主义约束 empiricist constraint 244
和《百科全书》and Encyclopédie 273
和启蒙运动 and the Enlightenment 270
和认识论 and epistemology 240, 260–63, 302, 522, 532 **也参见**实证主义 see also Positivism
作为一种心理主义 as a form of psychologism 361
格林的敌视 Green's hostility to 321
和霍布斯 and Hobbes 207
和休谟 and Hume 240
和观念论 and idealism 321
和洛克 and Locke 218–19
逻辑经验主义 **参见**逻辑实证主义 logical see Logical Positivism
和心灵作为白板 and mind as a blank slate 260, 262, 381
和自然科学 and natural science 196
和库萨的尼古拉 and Nicholas of Cusa 174
和带来科学进步的后天研究 and a posteriori investigation leading to scientific advances 260
和蒯因 and Quine 390, 392
和理性主义 and rationalism 196–7, 259–62
和罗素 and Russell 351–2
和斯宾诺莎 and Spinoza 502
英国经验主义三巨头 triad of British empiricists 218, 240
空性 emptiness (sunyata) 530, 531
《百科全书》Encyclopédie 251, 269, 270, 272–3
保罗·恩格尔曼 Engelmann, Paul 371
弗里德里希·恩格斯 Engels, Friedrich 312
  《共产党宣言》(与马克思合著) The Communist Manifesto (with Marx) 309
  《英国工人阶级状况》Condition of the Working Class in England 309
  《政治经济学批判》(与马克思合著) Critique of Political Economy (with Marx) 312
  《德意志意识形态》(与马克思合著) The German Ideology (with Marx) 309, 312
  和马克思 and Marx 308–9

英国内战 English Civil War 207, 210, 226
启蒙运动 Enlightenment 268–78
和自主 and autonomy 272
和勇于运用你自己的理智 and courage to use own understanding 268, 272
和经验主义 and empiricism 270
《百科全书》Encyclopédie 251, 269, 270, 272–3
和法兰克福学派 and Frankfurt School 277
和休谟 and Hume 242–3
和康德 and Kant 266, 268–9, 270
和洛克 and Locke 211
和道德哲学 and moral philosophy 243
和纳粹主义 and Nazism 277
和牛顿 and Newton 211
反对与反对者 opposition and opponents 271, 273–4
和权力 **参见**权力：和启蒙运动 and power see power: and the Enlightenment
和理性 and reason 271, 275–6
和宗教 and religion 270–71, 272
和浪漫主义 and Romanticism 273, 274–5
和科学 and science 271, 274, 277, 278
和斯宾诺莎 and Spinoza 211, 217
和乌托邦主义 and Utopianism 271
爱比克泰德 Epictetus 109, 113
波利齐亚诺的拉丁文翻译 Poliziano's Latin translation 177
伊壁鸠鲁主义 Epicureanism 10, 98, 99, 103–7
唯物论 materialism 124
和快乐 and pleasure 104, 105, 106, 176
和文艺复兴 and the Renaissance 184
伊壁鸠鲁 Epicurus 103–7, 281
和亚里士多德 and Aristotle 104–5
和原子论 and atomism 50, 104–6, 107
生平 birth details 103–4
和友谊 and friendship 107
和幸福 and happiness 104
和正义 and justice 107
和感知 and perception 105
《论自然》Peri Phuseus 103
和快乐 and pleasure 104, 105, 106
文艺复兴的批评 Renaissance criticism of 184
花园学派 school ('the Garden') 10, 104

和灵魂 and souls 105-6
和对主张的检验 and testing of claims 116-17
瓦拉的辩护 Valla's defence 176
附带现象论 epiphenomalism 438-9
认识论 也参见 知识 epistemology see also knowledge
 和亚里士多德 and Aristotle 87-8, 115-16
 和贝克莱 and Berkeley 227-9, 242
 顺世派 Carvaka 532
 和逻辑链条 and chain of reasoning 201
 精确科学认识论会议 conferences for the Epistemology of the Exact Sciences 379, 380
 笛卡尔 参见 勒内·笛卡尔：认识论 Descartes see Descartes, René: epistemology
 陈那-法称学派 Dinnaga-Dharmakirti school 531
 和经验主义 and empiricism 240, 260-63, 302, 522, 532 也参见 经验主义；实证主义 see also empiricism; Positivism
 认识论怀疑主义（贝克莱）epistemological scepticism (Berkeley) 227
 和伦理学 and ethics 242-3
 可错主义的 fallibilist 330, 390
 女性主义方法 feminist approach to 468-9
 大众心理学和隐秘的知识 folk psychology and tacit knowledge 439
 和基础主义者 and foundationalists 330
 和休谟 参见 大卫·休谟：认识论 and Hume see Hume, David: epistemology
 印象的不充分性 inadequacy of impression 111
 和康德 参见 伊曼纽尔·康德：认识论 and Kant see Kant, Immanuel: epistemology
 和洛克 and Locke 219-23, 242
 和数学 and mathematics 348
 怀疑法 method of doubt 201-4
 和摩尔 and Moore 367-8
 和实在的性质 and the nature of reality 583
 正理学派 Nyaya 521
 和物理主义 and physicalism 390
 和柏拉图 参见 柏拉图：和知识和蒯因 and Plato see Plato: and knowledge and Quine 390
 和理性（康德）and reason (Kant) 259-63
 和罗素 and Russell 352-5
 数论学派 Samkhya 524-5
 苏格拉底 参见 苏格拉底对话法 Socratic see Socratic method
 和斯宾诺莎 and Spinoza 214
 和斯多亚主义 and Stoicism 110-11
 意义的概述 summary of meaning of xvi
 "不再遗忘"和回忆理论 'unforgetting' and theory of recollection 69
 自在世界的不可知性（康德）unknowability of world in itself (Kant) 262, 292, 299
 和维特根斯坦 and Wittgenstein 404
精英统治 epistocracy 72
偷换概念谬误 Equivocation Fallacy 593
鹿特丹的伊拉斯谟 Erasmus of Rotterdam 135, 184
和西塞罗 and Cicero 182
认知 Erkenntnis 377, 379
恩斯特·马赫学会 Ernst Mach Society 379
错误理论 error theory 356, 451
永恒 eternity 141, 143-4
 "永恒意识"（格林）'eternal consciousness' (Green) 322
伦理学 ethics
 利他主义 altruism 107, 453
 在分析传统中 参见 分析哲学：应用伦理学/道德 in Analytic tradition see Analytic philosophy: ethics/morality applied 444, 457
 阿奎那 参见 托马斯·阿奎那：伦理学 Aquinas see Thomas Aquinas: ethics
 亚里士多德 参见 亚里士多德：伦理学 Aristotle see Aristotle: ethics
 萨特伦理学中的本真性 authenticity in Sartrean ethics 490
 布拉德雷 Bradley 325
 和基督教对圣灵的依赖 and Christian dependence on Holy Spirit 182-3
 儒学 参见 儒家：伦理学 Confucian see Confucianism: ethics
 后果论 参见 后果论 consequentialist see consequentialism
 和犬儒主义 and Cynicism 99, 100-103
 德勒兹和伦理努力 Deleuze and ethical striving 502

义务论 deontology 265, 305–6, 453, 454, 455, 456, 457
和杜威 and Dewey 333
与道德不同 distinguished from morality xvii
中道原则 doctrine of the mean 24, 93–4
和义务参见义务 and duty see duty
和情感作为动机 and emotions as source of motivation 247, 248, 540
情感主义 emotivism 356, 446–8
和认识论 and epistemology 242–3
和错误理论 and error theory 356, 451
和安萨里 and al-Ghazali 570
赫拉克利特和知识的伦理学意义 Heraclitus and ethical significance of knowledge 30
和休谟参见大卫·休谟：伦理学和道德 and Hume see Hume, David: ethics and morality
耆那教不杀生 Jain *ahimsa* (non-harm) 523, 532
康德参见伊曼纽尔·康德：道德哲学和伦理学 Kant see Kant, Immanuel: moral philosophy and ethics
路德对亚里士多德伦理学经院哲学运用的批判 Luther's attack on Scholastic use of Aristotle's ethics 183
元伦理学 metaethics xvii, 444 也参见分析哲学：伦理学／道德 see also Analytic philosophy: ethics/morality
墨家 Mohist 542–5, 581
摩尔参见 G.E. 摩尔：伦理学和新柏拉图主义 Moore see Moore, G. E.: ethics and Neoplatonism 129
尼采参见弗里德里希·尼采：伦理学和道德 Nietzsche see Nietzsche, Friedrich: ethics and morality
规范伦理学 normative xvii, 444–5
否定哲学的伦理学洞见 philosophy rejected as offering insight into 183
与伦理学一致的政治学 politics as continuous with 84, 94–5, 178–9, 583
和实践智慧 and practical wisdom (*phronesis*) 61, 92–3, 454, 455
异教哲学伦理学的清教运用 Protestant use of pagan philosophical ethics 183

作为伦理学基础的理性和智慧 reason and wisdom as basis of 61, 182, 183
和文艺复兴人文主义 and Renaissance humanism 178–84
有关异教徒和基督徒伦理选择基础的文艺复兴观点 Renaissance views of basis of ethical choice for pagans and Christians 182–3
和修辞学 and rhetoric 169
利科的伦理学形而上学 Ricoeur's ethical metaphysics 498, 499
叔本华参见阿图尔·叔本华：伦理学 Schopenhauer see Schopenhauer, Arthur: ethics
"奴隶道德" 'slave morality' 54n, 318
和苏格拉底参见苏格拉底：伦理学和斯宾诺莎 and Socrates see Socrates: ethics and Spinoza 212–16
斯多亚主义 Stoicism 109, 111–12, 114
和痛苦 and suffering 300–301, 524
伦理学意义的概述 summary of meaning of xvi–xvii
和乌班图精神 and *Ubuntu* 518, 580–81
功利主义参见功利主义 utilitarian see utilitarianism
和美德参见美德；美德伦理学 and virtue see virtue; virtue ethics;
美德理论 virtue theory
和意志参见自由意志；意志 and will see free will; will
波菲利对欧几里得的评注 Euclid, Porphyry's commentary on 127
欧几里得 Euclides 96
欧德谟 Eudemus 5, 91
欧多克索斯 Eudoxus 96
优生学 eugenics 71, 301
印象 *eulogon* 117
麦加拉的优帕里诺斯 Eupalinos of Megara 19
委婉表达 euphemism 594
欧里庇得斯 Euripides
和阿那克萨戈拉 and Anaxagoras 44
强调理性胜过情感 rationality emphasized over feeling 319
和苏格拉底 and Socrates 28, 59

索引 **661**

优西比乌 Eusebius
 和安莫尼乌斯·萨卡斯 and Ammonius Saccas 126
 论阿那克西曼德 on Anaximander 14
 和奥利金 and Origen 126n
夏娃 Eve 140, 225
证据法 evidence, law of 284
恶 evil
 阿奎那论恶 Aquinas on 156
 和自由意志 and free will 129, 139–40, 156–7
 作为善的缺乏 as lack of good 156
 和质料：阿维森纳 and matter: Avicenna 566; 新柏拉图主义 Neoplatonism 128
 和原罪 and original sin 129, 140 **也参见**原罪和人的堕落问题：和奥古斯丁 *see also* original sin and Fall of Man problem of: and Augustine 139–40;
 和莱布尼茨 and Leibniz 239; 和普罗克洛 and Proclus 128–9; 和神义论 and theodicy 139–40, 239, 555, 556
排中律 Excluded Middle, Law of 165n, 343, 361n, 425, 587
存在 **也参见**实在 existence *see also* reality
 和阿维森纳 and Avicenna 565
 和存在（者）**参见**存在（者）and Being *see* Being
 贝克莱以及存在与/或依赖于精神/神祇/心灵 Berkeley and its relationship to/dependence on spirit/deity/mind xxi, 227–31
 作为哲学的核心关切 as central concern of philosophy 583
 也参见形而上学 *see also* metaphysics
 "我思故我在"论证 cogito, ergo sum argument 201–3, 206 存在的宇宙论理论 **参见**宇宙论 cosmological theories of *see* cosmology
 流溢说观点 **参见**流溢说 emanationist views of *see* emanationism
 和本质（阿奎那）and essence (Aquinas) 154–5, 162
 上帝存在的论证 **参见**上帝存在的论证 of God, arguments for *see* arguments for existence of God

"非存在"的独立存在（胜论学派）independent existence of 'absence' (Vaisheshika) 526
 和莱布尼茨 and Leibniz 236–9
 和必然存在 and necessary being 165, 213, 239, 565, 566
 作为第一存在物的意识的不二 non-dual flow of consciousness (cittamatra) as primary existent 530–31
 和正理派–胜论派 and Nyaya-Vaisheshika 526
 和感知 and perception 227–30, 367–8
 通过直觉和概念结合而经验到的现象世界 phenomenal world experienced through marriage of intuitions and concepts 261–2
 和物理主义 **参见**物理主义 and physicalism *see* physicalism
 第一–第二存在物的区分 primary–secondary distinction 530
 和司各脱 and Scotus 162
 世界自身的不可知性（康德）unknowability of world in itself (Kant) 262, 292, 299
存在主义托马斯神学 Existential Thomism 157
存在主义 existentialism 337, 471, 476
 德·波伏娃 de Beauvoir 492
 海德格尔 Heidegger 476
 雅斯贝尔斯 Jaspers 508
 克尔凯郭尔 Kierkegaard 509
 梅洛–庞蒂 Merleau-Ponty 485
 宗教的 religious 509
 萨特 Sartre 476, 490–91, 492
 和瓦尔 and Wahl 509
解释 explanations
 亚里士多德 Aristotle 87–8
 感受质和解释鸿沟 qualia and the explanatory gap 443–4
 目的论解释 teleological 88
外延主义 extensionalism 363, 418
 蒯因 Quine 390–91, 392, 418
外在主义 externalism 435

F

人的堕落 **参见**原罪和人的堕落 Fall of Man *see*

original sin and Fall of Man

可错主义 fallibilism

可错主义认识论 fallibilist epistemology 330, 390
 和实用主义 and pragmatism 330, 332

两难推理谬误 False Dilemma Fallacy 593

证伪主义 falsificationism 397–9

家庭 family
 在儒家中 in Confucianism 539
 和女权主义有关平等和正义的关切 and feminist concerns about equality and justice 467–8
 家庭（非洲概念）Ujamaa (African concept of familyhood) 577, 580

阿布·纳斯尔·法拉比 al-Farabi, Abu Nasr 153, 561–3
 和亚里士多德 and Aristotle 561
 《问学录》Book of Letters 561–2

法西斯主义 Fascism 273, 275, 277, 310–11, 359, 396, 458
 和共产主义 and Communism 310–11

纳粹 参见 纳粹主义 Nazi see Nazism

宿命论 fatalism 113 也参见 决定论；预选说 see also determinism; predestination

费德里科·达·蒙特菲尔特罗 Federigo da Montefeltro 177

赫伯特·费格尔 Feigl, Herbert 379, 434, 435

女性主义哲学 feminist philosophy 466–9
 德·波伏娃 de Beauvoir 491–2

皮埃尔·德·费尔马 Fermat, Pierre de 270

费拉拉 Ferrara 171

路德维希·费尔巴哈 Feuerbach, Ludwig 296–7
 《基督教的本质》The Essence of Christianity 296, 314
 和马克思 and Marx 308, 309
 黑格尔观念论的唯物论翻转版本 materialist inversion of Hegel's idealism 296–7
 和青年黑格尔派 and Young Hegelians 308

保罗·费耶阿本德 Feyerabend, Paul 400

约翰·戈特利布·费希特 Fichte, Johann Gottlieb 298

马尔西利奥·费奇诺 Ficino, Marsilio 130, 135, 168–9, 172, 180
 和学园 and the Academy 172, 177
 和阿奎那的《反异教大全》and Aquinas' Summa Contra Gentiles 168
 和皮科 and Pico 173
 《柏拉图式神学》Platonic Theology 172–3
 其他著作的翻译 translations of others' works 172; 赫尔墨斯文集 Hermetic Corpus 172; 杨布里科斯 Iamblichus 172; 柏拉图 Plato 172; 普罗提诺 Plotinus 172; 波菲利 Porphyry 172

戴维·费尔德二世 Field, David D II 284

《费尔德法典》Field Code 284

《费加罗报》Le Figaro 487

罗伯特·菲尔默爵士 Filmer, Sir Robert 224

第一因 first cause 156, 163, 565
 和亚里士多德 and Aristotle 89, 163
 和司各脱有关上帝存在的论证 and Scotus' argument for existence of God 162–3
 和灵魂 and souls 89

古斯塔夫·福楼拜 Flaubert, Gustave 492

佛洛伦萨 Florence 171, 172, 173
 和薄伽丘 and Boccaccio 176
 布鲁内莱斯基大教堂 Brunelleschi's Duomo 200
 布鲁尼的赞美 Bruni on 187
 在佛洛伦萨的马基雅维利 Machiavelli in 188, 189
 美第奇统治 Medici rule 188
 作为一个军事力量 as a military power 187
 在佛罗伦萨的彼特拉克 Petrarch in 176
 皮科 Pico in 173
 在佛洛伦萨的柏拉图学园 Platonic Academy in 172, 175, 177
 文艺复兴 Renaissance 185
 共和主义 republicanism 187, 188
 执政团 ruling council (signoria) 176, 185

杰瑞·福多 Fodor, Jerry 470

大众心理学 folk psychology 439, 441
 和消除式唯物论 and eliminative materialism 440–42
 和隐秘的知识 and tacit knowledge 439

菲利帕·福特 Foot, Philippa 455–6

神圣预知 foreknowledge, divine 140–41
 和自由意志 and free will 140–41, 143–4

柏拉图的理念 参见 柏拉图：形式/理念 Forms, Platonic see Plato: Forms/Ideas

索引 **663**

伯纳德·福斯特 Förster, Bernhard 316
伊丽莎白·福斯特—尼采 Förster-Nietzsche, Elisabeth 316
米歇尔·福柯 Foucault, Michel 168, 336, 471, 507, 510
 和德勒兹 and Deleuze 500, 501
 和海德格尔 and Heidegger 168, 169
 和人性 and human nature 510
前苏格拉底残篇 fragments, Presocratic 5, 7
（政治）权利 franchise
 和边沁 and Bentham 285
 和洛克 and Locke 224
 和詹姆士·密尔 and James Mill 285
 和罗素 and Russell 344
 女性的 women's 285, 304, 344, 458–9
方济各会士 Franciscans 151-2, 153
 在巴伐利亚逃亡 exiles in Bavaria 164
 若望二十二世和方济各会守贫的戒律 John XXII and Franciscan rule of poverty 164
 和司各脱 and Scotus 161
菲利普·弗兰克 Frank, Philipp 379
法兰克福学派 Frankfurt School 458, 509–10
 批判理论 critical theory 337, 509–10
 和启蒙运动 and the Enlightenment 277
腓特烈大帝 Frederick the Great 253, 256
普鲁士国王腓特烈威廉三世 Frederick William III of Prussia 295
自由意志 free will
 和奥古斯丁 and Augustine 139–40
 和波爱修斯 and Boethius 143–4
 和神圣因果 and divine causation 157
 和神圣预知 and divine foreknowledge 140–41, 143–4
 和流溢说 and emanationism 556
 和恶 and evil 129, 139–40, 156–7
 和康德的先验研究 and Kant's transcendental enquiry 262–5
 和莱布尼茨 and Leibniz 236, 239
 和奥卡姆 and Ockham 166
 和道德的可能性 and possibility of morality 263–4, 265
 作为一个悬设（康德）as a postulate (Kant) 267

和斯宾诺莎 and Spinoza 215, 235
自由/自由权 freedom/liberty
 作为依赖/障碍/限制的不存在 as absence of dependence impediments/restraint ('negative liberty') 209–10, 283
 通过绝对知识 through absolute knowledge 291–2
 通过接受必然性 through acceptance of the inevitable 113, 213
 和焦虑 and anguish 490
 通过禁欲主义 through asceticism 523–4
 和自主参见自主 and autonomy see autonomy
 伯林和消极/积极自由 Berlin and negative/positive liberty 210
 选择生活方式的自由 to choose way of life 272, 305, 319
 公民自由和公意（卢梭）civil freedom and the general will (Rousseau) 254, 255
 公民自由权 civil liberties 210–11
 通过控制欲望 through control of desire 215–16
 和创造性 and creativity 319
 神圣自由 divine freedom 165
 和义务 and duty 295 也参见义务 see also duty
 启蒙运动同反对心灵自由的斗争 Enlightenment combating denial of freedom of mind 269
 免于思想恐惧 from fear of death 114
 服从公意的命令所强迫的自由（卢梭）forced freedom of demands to obey the general will (Rousseau) 254
 理性的自由使用 free use of reason 216–17, 270
 思想自由 freedom of thought 216–17
 和黑格尔 and Hegel 294, 295
 作为最高善（康德）as highest good (Kant) 263–4
 和霍布斯 and Hobbes 209–11
 和忽视 and ignorance 239
 耆那教通往自由之旅 Jain path to 532
 和康德 and Kant 263–4
 和恣意妄为/无政府 and licence/anarchy 73
 马克思对政治解放和人类解放的区分 Marx's distinction between political and human emancipation 311
 和密尔 and Mill 305, 307
 印度思想中的轮回 moksha of Indian thought

300, 523, 533
道德自由 moral freedom 254-5
"自然自由" 'natural freedom' 254
和自然权利 and natural rights 209, 224
政治自由主义参见政治自由主义 political liberalism *see* liberalism, political
和权力 and power 210
和进步 and progress 266
通过意识到纯粹意识总是自由的 through realization that purusha has always been free 525
宗教自由 religious 285-6
共和主义自由 republican liberty 176, 209-10
和责任 and responsibility 490
保护自由的权利 rights for protection of 210-11
卢梭的"人生而自由" Rousseau's 'Man is born free' 252
和斯宾诺莎参见巴鲁赫·斯宾诺莎：和自由 and Spinoza *see* Spinoza, Baruch: and freedom
在"自然状态"中 in 'state of nature' 224-5
通过理解事物的本性 through understanding the nature of things 216
意志自由参见自由意志 of will *see* free will
戈特洛布·弗雷格 Frege, Gottlob 85, 336, 339, 357-65, 418-19
反犹主义 anti-Semitism 359
概念文字 *Begriffsschrift* 349, 358-9
生平 birth details 357, 358
和达米特参见迈克尔·达米特：和弗雷格 and Dummett *see* Dummett, Michael: and Frege
家庭背景 family background 358
《算术基本规律》*Grundgesetze der Arithmetik* 351, 357, 358, 359
《算术基础》*Grundlagen der Arithmetik* 359;
奥斯汀的翻译 Austin's translation 410, 418
和胡塞尔 and Husserl 360, 473
和逻辑学 and logic 339, 357, 359-65, 418-19, 586; 和同一性陈述 and identity statements 360, 363-4; 逻辑主义 logicism 160, 348-9, 380, 419; 和多重普遍性 and multiple generality 362; 和同指词语的可替换性原则 and principle of intersubstitutivity of co-referential terms 363-4; 和指称 and reference 361-3, 364, 367

和数学还原为逻辑 and mathematics reduced to logic 160, 348-9, 380, 419
和意义，意义-指称区分 and meaning, sense-reference distinction 363, 364, 367, 419
语言哲学 philosophy of language 359-60, 361-5;
和语义学 and semantics 419, 426
和量词 and quantification 348, 362
和指称 and reference 361-3, 367, 428;
"指称转移" 'reference-shift' 364;
意义-指称区分 sense-reference distinction 363, 364, 367, 419
反驳心理主义 rejection of psychologism 360 61
和罗素 and Russell 348-9, 357, 359
吉奇和布莱克的翻译 translations by Geach and Black 357-8, 418
和维特根斯坦 and Wittgenstein 371
弗莱堡大学 Freiburg University 474, 477, 478, 481
法国大革命 French Revolution 271, 273, 274, 287
和边沁 and Bentham 283
和洛克 and Locke 211, 218, 226
西格蒙德·弗洛伊德 Freud, Sigmund 301
特里尔的弗里德里希-威廉中学 Friedrich-Wilhelm Gymnasium, Trier 307
友谊 friendship
和伊壁鸠鲁 and Epicurus 107
和快乐 and pleasure 107
埃利希·弗洛姆 Fromm, Erich 509
菲贝尔 Fulbert 148
功能主义 functionalism 436-7

G

汉斯-格奥尔格·伽达默尔 Gadamer, Hans-Georg 471, 492-7
和艺术 and art 494, 495-6
生平 birth details 492
家庭背景 family background 492-3
和哈贝马斯 and Habermas 496-7
和海德格尔 and Heidegger 493
和解释学 and hermeneutics 492, 493-7
和视域/知识的界限 and the horizon/limit of knowledge 496

和人性 and human nature 495, 496
影响 influence 497
和纳粹主义 and Nazism 493
和本体论 and ontology 494, 495
和柏拉图 and Plato 493
和偏见 and prejudice 496
第二次世界大战时期 during Second World War 493
《真理与方法》Truth and Method 493–7
吉德 Gade, C. B. N. 580n
帕加马的盖伦 Galen of Pergamon 40
波利齐亚诺的拉丁文翻译 Poliziano's Latin translation 177
伽利略·伽利雷 Galileo Galilei 96n, 137, 269–70, 584
约翰·迦勒 Galle, Johann 399
古希腊运动会 Games, ancient Greece 25, 66
彼得·加斯特（约翰·海因里希·科泽利茨）Gast, Peter (Johann Heinrich Köselitz) 316
马毛帖的高尼罗，"失落的岛屿"论证 Gaunilo of Marmoutiers, Lost Island argument 148
阿萨帕达·乔达摩 Gautama, Aksapada 521
乔达摩·悉达多 参见佛陀 Gautama, Siddhartha see Buddha
彼得·盖伊:《启蒙运动》Gay, Peter: The Enlightenment 271–2
彼得·吉奇 Geach, Peter 157
《戈特洛布·弗雷格哲学著述选译》（与布莱克合译）Translations from the Philosophical Writings of Gottlob Frege (with Black) 357–8, 418
精神 Geist 289–94, 323
性别 gender
和应用伦理学 and applied ethics 457
性别偏见 bias 468
和女性主义哲学 参见女性主义哲学 and feminist philosophy see feminist philosophy
特征的性别属性 gendered nature of traits 469
不平等 也参见女性的权利 inequalities 467, 468 see also franchise: women's
和他人性 and Otherness 491–2
女性 参见女性 women see women
广义相对论 General Relativity theory 378
《创世记》Genesis 180

让·热内 Genet, Jean 487
日内瓦 Geneva 251
汉诺威公爵乔治一世 George I, Duke of Hanover 234
乔治六世 George VI 345, 357
特拉布宗的吉奥尔吉 George of Trebizond 172
安萨里 al-Ghazali 567–70
自传 autobiography 567, 570
和阿威罗伊 and Averroes 570, 572, 573
和阿维森纳 and Avicenna 566, 568, 569
和因果性 and causality 568–9
《诸哲学家的学说》The Doctrines of the Philosophers 567–8
《矛盾的矛盾》The Incoherence of the Philosophers 567, 568, 569;
和阿威罗伊 and Averroes 570
和伊斯玛仪派 and Ismailis 569
《圣学复苏》Revival of the Religious Sciences 570
和逊尼派艾什尔里派的优势地位 and Sunni Ash'arite ascendancy 570, 573
爱德华·吉本 Gibbon, Edward 3
"光荣革命" 'Glorious Revolution' 218, 223–4
诺斯替教 Gnosticism 138
上帝/神/真主 God
作为"绝对存在" as 'absolute being' 156
神圣者的实现（格林）actualization of the divine (Green) 322
阿奎那论上帝 Aquinas on 156–7
和阿拉伯-波斯哲学 and Arabic-Persian philosophy 555–6
上帝存在的论证 参见上帝存在的论证 arguments for existence of see arguments for existence of God
和亚里士多德的第一因 and Aristotle's first cause 89, 163
和阿威罗伊 and Averroes 571, 572–3
和阿维森纳 and Avicenna 565–6
"上帝已死"（尼采）'death' of (Nietzsche) 317–18
神圣因果性：阿奎那 divine causality: Aquinas 157;
奥古斯丁 Augustine 139–40; 和恶 and evil 139–40, 239, 556; 和自由意志 and free will 157
神圣意识与斯普里格的实在观 divine consciousness and Sprigge's view of reality 328

神圣知识 divine knowledge 237, 566, 569, 572, 573
　也参见神圣预知 see also foreknowledge, divine
在人的创造性和想象力中体现的神圣力量 divine power reflected in man's creativity and imagination 180
从上帝/绝对中流溢 参见流溢说 emanations from God/the Absolute see emanationism
预知 参见神圣的预知 foreknowledge of see foreknowledge, divine
上帝的自由 freedom of 165
广泛的神启 general revelation of 159
上帝的荣耀 grace of 156
和格林的"永恒意识"观 and Green's idea of an 'eternal consciousness' 322
和幸福 and happiness 156
霍布斯的唯物论观点 Hobbes' materialistic view of 207
圣灵 the Holy Spirit 182–3
作为人类创造 as a human invention 312
基督作为道成肉身 incarnation in Christ 180
和实体的个别化（莱布尼茨）and the individuating of substances (Leibniz) 237
作为无限或普遍的心灵/精神 as infinite or universal mind/spirit 213, 227, 231, 232, 353, 571
和工具主义 and instrumentalism 231
伊斯兰教和神的唯一性 Islam and the oneness of 560–61
和康德的先验研究 and Kant's transcendental enquiry 262–3
作为爱 as love 183
一神论 monotheism 569
和道德（康德）and morality (Kant) 267, 268
作为必然存在：阿维森纳 as necessary being: Avicenna 565, 566; 莱布尼茨 Leibniz 239; 奥卡姆 Ockham 165; 斯宾诺莎 Spinoza 213
全能 omnipotence 165, 204, 498, 555–6
全知 omniscience 132, 140–41, 143, 144, 204, 238, 498
作为一个悬设（康德）as a postulate (Kant) 267
和最佳可能世界原则（莱布尼茨）and principle of the best (Leibniz) 235, 236
理性、信念和理解上帝的方式（奥卡姆）reason, faith, and grasping the ways of (Ockham) 164–5
上帝指定的统治者 rulers appointed by 185
上帝的自我牺牲 self-sacrifice of 129
发挥抚慰作用的对上帝的信仰 soothing beliefs in 508
灵魂对上帝的柏拉图主义的爱 soul's Platonic love for 173, 183
斯宾诺莎将自然/宇宙等同于上帝 Spinoza's equating of nature/the universe with 212–14, 235
和神义论 and theodicy 139–40, 239, 555, 556
时间、永恒和上帝 time, eternity and 141, 143–4
作为全然良善的上帝 as wholly good 236
库尔特·哥德尔 Gödel, Kurt 351, 379, 389
约翰·沃尔夫冈·冯·歌德 Goethe, Johann Wolfgang von 298
西奥多·贡珀茨 Gomperz, Theodor 51
公孙龙：《白马论》Gongsun Long: 'White Horse Dialogue' 545
纳尔逊·古德曼 Goodman, Nelson 592
善 goodness
亚里士多德和至善/最高目的 Aristotle and the highest good/ supreme end 91–2, 181
笛卡尔和良善的上帝 Descartes and a good god 201, 202
作为善的缺乏的恶 evil as lack of good 156
和自由 and freedom 263–4
全然良善的上帝（莱布尼茨）God as wholly good (Leibniz) 236
幸福作为最高的善 happiness as highest good 92, 181, 286
内在的 innate 540
康德和最高的善 Kant and the highest good 263–4, 267
获得良好生活的哲学目标 philosophy's aim of achieving the good life 52, 63, 99, 249–50
柏拉图和至善 Plato and the supreme Good 183
作为柏拉图主义的一种理念 as a Platonic Form 74, 174, 183
柏拉图有关善的演讲 Plato's lectures on the Good 78
作为与自然的和谐 as that which is in accordance

索引　667

with nature 111
高尔吉亚 Gorgias 55, 100
哥特体 Gothic script 178
哥特人 Goths 3–4
哥廷根大学 Göttingen University 298, 300, 358, 474
政府 government
   亚里士多德：Aristotle: 和政府满足对"富足生活"的需求 and governmental provision for a 'sufficient life' 186; 和小的共和政体 and small republican polities 83
   "指挥链"（墨家）'chain of command' (Mohism) 543
   和中国法家 and Chinese Legalism 549–52
   腐败 corruption 285
   民主的参见民主 democratic see democracy
   和精英统治 and epistocracy 72
   霍布斯和政府的绝对权威 Hobbes and absolute authority of 207–9
   和洛克 and Locke 218, 224–5
   和密尔 and Mill 305
   君主政体参见君主政体 by monarchy see monarchy
   和寡头政治参见寡头政治 and oligarchy see oligarchy
   议会代表制 Parliamentary representation 285
   和柏拉图的《理想国》and Plato's *Republic* 72–3; 和哲学王 and philosopher-kings 66, 71–2, 73
   和人民的权利 and the rights of the people 274
   统治者品质参见统治品质和勋阀政体 ruler qualities *see* rulership qualities and timocracy 72–3
   立法者的功利主义义务 utilitarian obligation on legislators 281
   浪费 waste 285
葛瑞汉 Graham, A. C. 545
语法 grammar 48, 110, 169, 175
   非洲语言的语法 of African languages 579
   阿拉伯语语法 Arabic 561
   和罗杰·培根 and Roger Bacon 159
   与句法的区别 distinguished from syntax 414
托马斯·格雷：《墓园挽歌》Gray, Thomas: *Elegy Written in a Country Churchyard* 517
希腊哲学 Greek philosophy

亚里士多德的参见亚里士多德 Aristotelian *see* Aristotle
和基督教异端 and Christian heresies 6
柏拉图的参见柏拉图；柏拉图主义；苏格拉底 Platonic *see* Plato; Platonism; Socrates
后亚里士多德希腊和罗马哲学参见犬儒主义者／犬儒主义；伊壁鸠鲁主义；新柏拉图主义；怀疑论；斯多亚主义／斯多亚主义者 post-Aristotelian Greek and Roman philosophy *see* Cynics/Cynicism; Epicureanism; Neoplatonism/ Neoplatonists; scepticism; Stoicism Stoics
前苏格拉底参见前苏格拉底哲学／哲学家 Presocratic *see* Presocratic philosophy/ philosophers
J. 格林 Green, J. 258
尼古拉斯·圣约翰·格林 Green, Nicholas St John 329
T.H. 格林 Green, T. H. 320, 321, 322–3
罗伯特·格林：《隐修士培根和隐修士彭嘉伊的光辉历史》Greene, Robert: *Honorable Historie of Frier Bacon and Frier Bungay* 161
格里高利历 Gregorian calendar 159n
拿先斯的格里高利 Gregory Nazianzen 130
尼撒的格里高利 Gregory of Nyssa 130
   和灵魂 and the soul 154
教宗格里高利九世 Gregory IX, Pope 133, 571
教宗格里高利八世 Gregory XIII, Pope 159n
保罗·格赖斯 Grice, Paul 416
   沟通-意图理论 communication-intention theory 427
   和会话含义 and conversational implicature 427–8
   合作原则 Cooperative Principle 428
格林兄弟 Grimm brothers 298
康拉德·格罗贝尔 Gröber, Conrad 476
罗伯特·格罗斯泰斯特 Grosseteste, Robert 158
瓜里诺·维罗尼西／达·维罗纳 Guarino Veronese/da Verona 177, 178
菲利克斯·瓜塔里 Guattari, Felix 500–501, 503
弗朗切斯科·圭恰迪尼 Guicciardini, Francesco 135, 190
属性 gunas 524
多米尼库斯·贡狄萨维 Gundisalvi, Dominicus 568

约翰内斯·古腾堡印刷机 Gutenberg, Johannes, printing press 178, 195
裸体派哲学家 gymnosophists 120, 532

H

于尔根·哈贝马斯 Habermas, Jürgen 336, 494, 509
  和伽达默尔 and Gadamer 496–7
汉斯·哈恩 Hahn, Hans 379
R.B. 霍尔丹（编）：《哲学批评文集》Haldane, R. B. (ed.): *Essays in Philosophical Criticism* 321
哈雷彗星 Halley's comet 43
斯图尔特·汉普希尔 Hampshire, Stuart 459
韩非 Han Fei 549, 551, 552
艾哈迈德·本·罕百里 Hanbal, Ahmad ibn 559
罕百里派 Hanbalites 559, 561
幸福 happiness 114–15
  内心平静 **参见** 内心平静（心灵平静）和伊壁鸠鲁 *ataraxia* see *ataraxias* (peace of mind) and Epicurus 104
  幸福：亚里士多德 *eudaimonia*: Aristotle 92–4, 454, 455;
  犬儒第欧根尼 Diogenes the Cynic 102
  最终幸福和死后生活 final happiness and the after life 150
  和上帝 and God 156
  最大多数人的最大幸福 greatest happiness for greatest number 281–2, 306, 307 **也参见** 功利主义 *see also* utilitarianism
  作为至善 as highest good 92, 181, 286
  虚假的幸福（马克思）illusory (Marx) 311
  通过与自然相一致的生活 through living in accordance with nature 54, 111
  和密尔 and Mill 304, 306
  和快乐 and pleasure 306 也参见享乐主义 *see also* hedonism
  和权力 and power 318
  和怀疑论者 and the sceptics 118
  和斯多亚主义 and Stoicism 111, 112, 114
  和功利主义 and utilitarianism 281–2, 286, 306, 307 **也参见** 功利主义和美德 *see also* utilitarianism and virtue 92–4, 454, 455, 456

R.M. 黑尔 Hare, R. M. 336, 405, 445n, 448–50
和谐 harmony
  亚里士多德和城邦内的和谐 Aristotle and harmony within the state 94
  和一致 and consonance 21–2, 23–4
  和正义（柏拉图）and justice (Plato) 73
  在柏拉图理想的贵族制中 in Plato's ideal aristocracy 72
  和毕达哥拉斯主义 and Pythagoreanism 22, 23–4
  天体和声 of the spheres 22, 23
  和节制 and temperament 24
哈尔帕格 Harpagos 24
詹姆上·哈林顿 Harrington, James 210
赫伯特·哈特 Hart, Herbert 302, 459
哈伦·拉希德 Harun al-Rashid 558
哈桑·本·阿里 Hasan ibn Ali 558
约瑟夫·黑福德 Hayford, Joseph 577
威廉·哈兹里特 Hazlitt, William xv, 279–80
  论边沁 on Bentham 280, 286
享乐主义 hedonism 282, 306, 532
格奥尔格·路德维希·黑格尔 Hegel, Georg Ludwig 287
格奥尔格·威廉·弗里德里希·黑格尔 Hegel, Georg Wilhelm Friedrich 279, 280, 287–97, 471
  绝对观念论 absolute idealism 292, 320
  生平 birth details 287
  和基督教 and Christianity 291; 和宗教改革 and the Reformation 294–5
  去世 death 288
  和德勒兹 and Deleuze 500
  和精神的辨证历程 and dialectical journey of Geist 289–94
  《哲学百科全书纲要》*Encyclopaedia of the Philosophical Sciences in Outline* 288
  家庭背景 family background 287
  和自由 and freedom 294, 295
  "历史主义者"标签（波普尔）'historicist' branding (Popper) 395
  和荷尔德林 and Hölderlin 287, 288–9
  影响 influence 287, 291; 对海德格尔 on Heidegger 287; 对观念论者 on idealists 320, 322, 323; 对马克思 on Marx 287, 290, 291, 297, 308

索引 **669**

在耶拿大学 at Jena University 287
和法律 and law 296
《逻辑学》*Logic* 293
和主奴关系 and master-slave relationship 291, 489, 491
《精神现象学》*The Phenomenology of Spirit* 287, 290, 291
《历史哲学》*The Philosophy of History* 289–90, 293–4
《宗教哲学》*Philosophy of Religion* 308
《法哲学原理》*Philosophy of Right* 288
政治哲学 political philosophy 288, 295–6
和波普尔 and Popper 295, 395
心理学概括 psychological generalizations 294
和宗教改革 and the Reformation 294–5
和萨特 and Sartre 491
和谢林 and Schelling 287, 288–9
和叔本华 and Schopenhauer 298–9
和《逻辑学》*The Science of Logic* 288
和斯多亚主义 and Stoicism 291
黑格尔主义者 Hegelians
　新黑格尔主义者 neo-Hegelians 346, 347
　老/右派 Old/Right 296
　青年/左派 Young/Left 296, 308; 和马克思 and Marx 308, 309
马丁·海德格尔 Heidegger, Martin 280, 336, 471, 476–82,
　和美学 and aesthetics 478
　《阿那克西曼德残篇》'The Anaximander Fragment' 16n
　和阿伦特 and Arendt 510
　和亚里士多德 and Aristotle 478–9
　和本真性 and authenticity 480–81
　《存在与时间》*Being and Time* 477, 478–81
　生平 birth details 476
　《黑色笔记本》*Black Notebooks* 482
　和布洛赫曼 and Blochmann 477
　和布伦塔诺 and Brentano 476
　《哲学论稿》*Contributions to Philosophy* 478
　《明镜周刊》访谈 *Der Spiegel* interview 481–2
　和德里达 and Derrida 168, 503, 505
　论"解构性恢复"on 'destructive retrieve' 505
　存在主义现象学 existential phenomenology 476

和福柯 and Foucault 168, 169
和伽达默尔 and Gadamer 493
和黑格尔 and Hegel 287
和荷尔德林 and Hölderlin 478
和胡塞尔 and Husserl 476, 477, 478
作为一名耶稣会神学院学生 as a Jesuit seminarian 476–7
和纳粹主义 and Nazism 359, 476, 477–8, 481–2, 510
和尼采 and Nietzsche 478
和本体论 and ontology 480, 494
个人生活 personal life 477
和萨特 and Sartre 488
海德堡大学 Heidelberg University 212, 388, 493
特洛伊的海伦 Helen of Troy 55
希腊化 Hellenism 98, 99
赫尔曼·冯·赫尔姆霍茨 Helmholtz, Hermann von 378
爱洛伊丝·达让特伊 Héloïse d'Argenteuil 148, 149
克劳德·埃尔维修 Helvétius, Claude 281
亨利一世 Henry I 146
亨利八世 Henry VIII 162n
根特的亨利 Henry of Ghent 162
赫拉克利特 Heraclitus 10, 27–31
　和本原 and the *arche* 29–30
　和亚里士多德 and Aristotle 28
　赫拉克利特的著作 book by 28
　和德尔维尼纸草 and Derveni Papyrus 8n
　和伊壁鸠鲁 and Epicurus 104
　和知识的伦理学意义 and ethical significance of knowledge 30
　流变 flux 28–9, 115
　论赫西俄德 on Hesiod 30
　和正义 and justice 30
　和逻各斯 and *logos* 28
　和物质一元论 and material monism 29–30
　和巴门尼德 and Parmenides 31
　和柏拉图 and Plato 28–9, 31
　追求声名 and pursuit of fame 30
　和毕达哥拉斯 and Pythagoras 18
　和法治 and rule of law 30
　和苏格拉底 and Socrates 28

和对立统一 and unity of opposites 29
智慧教导 wisdom teaching 30
赫仑尼乌斯 Herennius 126n
赫米亚斯 Hermeias 126
解释学 hermeneutics 492, 493–7
"解释学循环" 'hermeneutic circle' 495
和现象学 and phenomenology 498–9
赫尔墨斯主义 Hermeticism 130, 517
和基督教 and Christianity 173–4
费奇诺对赫尔墨斯文集的翻译 Ficino's translation of the Hermetic Corpus 172
和新柏拉图主义 and Neoplatonism 173–4
阿索斯的赫米阿斯 Hermias of Assos 82, 84
约翰·赫歇尔爵士 Herschel, Sir John 258, 305
赫西俄德 Hesiod 104
赫拉克利特 Heraclitus on 30
被色诺芬尼讽刺性的攻击 satirical attacks by Xenophanes 25
《神谱》*Theogony* 12
静修士 hesychasts 182
他律 heteronomy 272
瓦尔达·黑瓦特 Heywat, Walda 578
戴维·赫伯特 Hilbert, David 474
印度教 Hinduism 523 **也参见**不二；《奥义书》；《吠檀多》；《吠陀经》 *see also* Advaita; Upanishads; Vedanta; Vedas
印度三相神 Hindu trinity 526n
和马耶尔 and Majer 300
马罗尼亚的希帕嘉 Hipparchia of Maroneia 102–3
西帕库斯 Hipparchus 95
西庇阿 Hippias 56
希波克拉底 Hippocrates 123
罗马的希波吕都斯：《驳诸般异端》Hippolytus of Rome: *Refutation of All Heresies* 6
约翰内斯·伊斯帕努斯 Hispanus, Iohannes 568
哲学史 history, philosophy of xix
和黑格尔的精神辩证法 and Hegel's dialectic of Geist 289–94
历史唯物主义 historical materialism 309, 312–13, 396
和马克思 and Marx 309, 312–13
和波普尔论"历史主义者" and Popper on 'historicists' 395
阿道夫·希特勒 Hitler, Adolf 370, 493
托马斯·霍布斯 Hobbes, Thomas 207–11 637
生平 birth details 207
《论公民》*De Cive* 210
《法律要义》*The Elements of Law* 210
作为一位经验主义者 as an empiricist 207
和自然的"法律"以及"状态" and 'law' and 'state' of nature 56, 209
和莱布尼茨 and Leibniz 235
《利维坦》*Leviathan* 207, 208, 210
和洛克 and Locke 224
唯物论 materialism 207
作为一名唯名论者 as a nominalist 207
政治哲学 political philosophy 207–10, 458; 和政府的绝对权威 and absolute authority of government 207–9; 和"不存在对运动的阻碍"的自由 and liberty as 'absence of impediments to motion' 209–11; 对比墨子论主权 vs Mozi on sovereign power 544; 和自然法 and natural laws 209; 和自然权利 and natural rights 209; 和共和主义 and republicanism 207, 210, 224; 公民的自我保存作为对主权的约束 self-preservation of subjects as constraint on sovereign 209; 和主权者的权力和权利 and sovereign power and rights 207–9, 210, 544
作为一名保皇派 as a Royalist 207
自愿接受的在法国的流亡 self-imposed exile in France 207
和自利 and self-interest 247
和感觉 and sensation 207
斯金纳的批判 Skinner's critique 209–10
和共相 and universals 207
戴维·霍夫曼 Hoffman, David 284
保罗-亨利·蒂利·德霍尔巴赫男爵 Holbach, Paul-Henry Thiry, Baron d'
《自然政治论》*Natural Politics* 271
和卢梭 and Rousseau 252–3
弗里德里希·荷尔德林 Hölderlin, Friedrich
和黑格尔 and Hegel 287, 288–9
和海德格尔 and Heidegger 478
和康德 and Kant 288

索引 **671**

和尼采 and Nietzsche 314
整体论 holism 325, 393–4, 399
小奥利弗·温德尔·霍姆斯 Holmes, Oliver Wendell, Jr 329
神圣罗马帝国 Holy Roman Empire
 和意大利城邦国家 and Italian city states 185
 和罗马法的中世纪大学研究 and medieval university study of Roman law 185
 和奥斯曼帝国 and Ottoman Empire 171
圣灵 Holy Spirit 182–3
荷马 Homer 25, 315
 波利齐亚诺的拉丁文翻译 Poliziano's Latin translation 177
同性恋 homosexuality 301
 同性恋权利 gay rights 501
罗伯特·胡克 Hooke, Robert 234, 270
贺拉斯 Horace 169, 258
马克斯·霍克海默 Horkheimer, Max 509–10
《启蒙辩证法》（与阿多诺合著）Dialectic of Enlightenment (with Adorno) 276–7
詹姆斯·比尔·霍顿 Horton, James Beale 576–7
保林·洪通吉 Hountondji, Paulin 579
皇帝 Huangdi 546
人性 human nature
 和边沁 and Bentham 286
 在中国法家思想中 in Chinese Legalism 551
 在儒家思想中 参见 儒家：和人性 in Confucianism see Confucianism: and human nature
 人性的堕落性 corruptibility of 128
 人的尊严 dignity of man 172–4, 179–81
 和教育（卢梭）and education (Rousseau) 252
 堕落的人性 fallen 129, 140, 181, 204
 和福柯 and Foucault 510
 和自由 参见 自由意志；自由 / 自由权 and freedom see free will; freedom/ liberty
 和伽达默尔 and Gadamer 495, 496
 半是动物半是天使 as halfway between animals and angels 264
 和黑格尔 and Hegel 291
 休谟与人性："解剖人性" Hume and human nature: 'anatomising human nature' 244–6; 人性中的仁慈 benevolence of human nature 248;

《人性论》A Treatise of Human Nature 241, 242, 244, 247–8
内在的善 innate goodness 540
和康德 and Kant 264
和语言（伽达默尔）and language (Gadamer) 496
人是万物的尺度（普罗泰戈拉）man as measure of all things (Protagoras) 55
人作为"自然的继子" man as 'stepchild of nature' 179–80
和新柏拉图主义 and Neoplatonism 128–9
和文艺复兴 and the Renaissance 179–81, 184
和利科 and Ricoeur 499
卢梭的人性论 Rousseau's theory of human nature
和"自然状态中的人" and 'natural man' 252
和卢梭对女性的看法 and Rousseau's views on women 256
和自我知识 参见 and self-knowledge see self-awareness/-consciousness/-knowledge
和灵魂 参见 灵魂 and the soul see soul
和乌班图精神 and Ubuntu 518, 580–81
和荀子 and Xunzi 541
人文主义 humanism
 和康德的道德理论 and Kant's moral theory 268
 和皮科 and Pico 173;
 和《论人的高贵》and The Oration 174
 和柏拉图 and Plato 183
 文艺复兴 Renaissance 135, 175–84; 和亚里士多德 and Aristotle 178–9, 184; 和布鲁尼 and Bruni 187; 和基督教 and Christianity 181–3; 和教育 and education 177–8; 和伦理学 and ethics 178–84; 和弗洛伦萨的柏拉图学园 and Florence's Platonic Academy 172, 175, 177; 和人性 and human nature 179–81, 184; 和彼特拉克 and Petrarch 175, 179, 186, 187; 和皮科 and Pico 173, 174; 和柏拉图 and Plato 183; 和政治理论 and political theory 178, 186, 217, 188, 189; 和武力使用 and use of force 187; 和行动生活 and vita activa 175, 187
和乌班图精神 and Ubuntu 518, 580–81
大卫·休谟 Hume, David 240–50
 观念的联结 association of ideas 244–5

无神论 atheism 240
和边沁 and Bentham 282
生平 birth details 240
和西塞罗 and Cicero 249
去世 death 242
《自然宗教对话录》Dialogues Concerning Natural Religion 241, 242
在爱丁堡 in Edinburgh 242; 和爱丁堡大学 and Edinburgh University 240, 241
论经院主义对哲学的影响 on effects of Scholasticism on philosophy 250
作为一位经验主义者 as an empiricist 240
和启蒙运动 and the Enlightenment 242–3
《人类理智研究》Enquiry Concerning Human Understanding 241, 242, 380
《道德原则研究》Enquiry Concerning the Principles of Morals 241, 242, 247
认识论 epistemology 242–6; 获得道德原则的知识 attaining knowledge of moral principles 247
伦理学和道德 ethics and morality 242–50, 445; 和人性中的仁慈 and benevolence of human nature 248; 行动所揭示的性格 and character revealed by actions 282; 作为动机的情感 and emotions as source of motivation 247, 248, 540; 和认识论 and epistemology 242–3; 和良好生活 and the good life 249–50; 从描述性陈述中无法推导出规范性陈述 impossibility of deriving a prescription from a description 248, 449; 与生俱来的道德感 and innate moral sense 247; 自然与人造美德 and natural vs artificial virtues 248–9; 反对理性主义道德 objections to rationalist morality 247–8; 情感作为道德的基础 sentiment as foundation of morality 243–8
格林对休谟的研究 Green's study of 321, 322
《英国史》History of England 241
塞克斯都的影响 influence of Sextus on 123
和康德 and Kant 258, 260
在拉弗莱什 at La Flèche 240–41
洛克的影响 Locke's influence 218
和心灵 and the mind 243–6; 和观念的联结 and association of ideas 244–5; 和因果性观念 and idea of causality 244–5; 和"自我"的观念 and idea of the 'self' 245–6; 和康德 and Kant 260; 和信念与习惯的理论 and theories of belief and habits 245–6
在巴黎 in Paris 241–2
和感知 and perceptions 244–5
和哲学从属于整个世界 and philosophy's belonging to world at large 250
和实证主义 and Positivism 380
心理学原子论 psychological atomism 244–6, 321
和理性 and reason 247, 276
和卢梭 and Rousseau 253
在"葬礼演说"上的自我描述 self-portrait in 'funeral oration' 240
和斯多亚主义 and Stoicism 250
主观主义 subjectivism 246–8
《人性论》A Treatise of Human Nature 241, 242, 244, 247–8
功利原则 utility principle 281
体液 humours 24
混胡 Hunhu 580
匈奴人 Huns 3–4
侯赛因·本·阿里 Husayn ibn Ali 559
埃德蒙德·胡塞尔 Husserl, Edmund 280, 336, 471, 473–6
放弃心理主义 abandonment of psychologism 360, 473
生平 birth details 473
和波尔扎诺 and Bolzano 473
《笛卡尔式沉思》Cartesian Meditations 482
德里达论胡塞尔的博士论文 Derrida's dissertation on 503
和弗雷格 and Frege 360, 473
和海德格尔 and Heidegger 476, 477, 478
由利科翻译的《观念 I》Ideas 1 translated by Ricoeur 497
《逻辑研究》Logical Investigations 474, 478
和马萨里克 and Masaryk 473
和形而上学 and mathematics 473
和梅洛-庞蒂 and Merleau-Ponty 482
"巴黎讲座" 'Paris Lectures' 482
和现象学 and phenomenology 474–6
《算术哲学》Philosophy of Arithmetic 473

索引 673

和萨特 and Sartre 488
弗朗西斯·哈奇森 Hutcheson, Francis 247, 249
T.H. 赫胥黎 Huxley, T. H. 303
克里斯蒂安·惠更斯 Huygens, Christiaan 233, 270
假设 hypotheses 36, 119, 198, 388, 397–9, 591
假言律令 hypothetical imperatives 264

I

《易经》参见《易经》 I Ching see Yijing
杨布里科斯 Iamblichus 20, 127, 128
    费奇诺的翻译 Ficino's translation 172
    《论毕达哥拉斯派的生活方式》 On the Pythagorean Life 20
伊本·鲁世德参见阿威罗伊 Ibn Rushd see Averroes
伊本·西那参见阿维森纳 Ibn Sina see Avicenna
观念论 idealism xviii, 320–28
    绝对观念论：黑格尔 absolute: Hegel 292, 320; 斯普里格 Sprigge 328
    贝克莱的有神论观念论参见乔治·贝克莱：观念论 Berkeley's theistic idealism see Berkeley, George: idealism
    和布拉德雷 and Bradley 320–21, 323–5
    英国观念论者参见英国观念论者和经验主义 British idealists see British idealists and empiricism 321
    和《哲学批判文集》 and Essays in Philosophical Criticism 321
    和格林 and Green 320, 321, 322–3
    黑格尔的影响 Hegelian influence on 320, 322, 323
    和莱布尼茨 and Leibniz 238
    和马克思 and Marx 312
    黑格尔的唯物论翻转版本 materialist inversion of Hegel's 296–7
    和麦克塔格特 and McTaggart 325–8
    唯物论和观念论之间的形而上学争议 metaphysical debate between materialism and 427
    和摩尔 and Moore 365, 367–8
    和新柏拉图主义 and Neoplatonism 124, 128, 130
    也参见新柏拉图主义/新柏拉图主义者 see also Neoplatonism/Neoplatonists

《德国观念论最古老的体系纲领》 'The Oldest System-Programme of German Idealism' 288–9
现象学作为实在论和观念论之间的桥梁 phenomenology as bridge between realism and 488
19 世纪末的重要人物 principal figures in late 19th century 320
罗素对观念论式的"一切科学的百科全书"的计划 Russell's scheme for an idealist 'encyclopaedia of all sciences' 346, 347
斯普里格 Sprigge 328
主观的 subjective 292
有神论的 theistic 227, 232, 321, 353
先验的 transcendental 321n, 474
观念 ideas
    抽象观念 abstract 230 也参见抽象 see also abstraction
    贝克莱 Berkeley 228–9
    作为印象的摹本（休谟） as copies of impressions (Hume) 244–5
    等同于事物（贝克莱） equated with things (Berkeley) 228–9
    休谟和观念的联结 Hume and the association of 244–5
    天赋观念 innate 219, 260, 330
    詹姆士，和实在与观念之间的"一致" James, and truth as 'agreement' between reality and 330–31
    洛克参见约翰·洛克：和观念 Locke see Locke, John: and ideas
    事实和它与观念的关系（休谟） matters of fact and relations of ideas (Hume) 246
    《德国观念论最古老的体系纲领》中"观念"的形而上学 metaphysics of 'Ideas' in 'The Oldest System-Programme of German Idealism' 289
    柏拉图主义的参见柏拉图：形式/理念 Platonic see Plato: Forms/Ideas
    观念的力量 power of 278
    理性作为观念的武器 reason as the armament of 275
    感观观念 sensory 220
    和国家理论 and theory of the state 289
同一性 identity

作为印度哲学中的自我**参见**自我 as Atman in Indian thought *see* Atman
标准（蒯因）criteria (Quine) 391–2
和差异（德勒兹）and difference (Deleuze) 502
不可分辨者的同一性 of indiscernibles 235, 237
同一律 Law of 587
人格同一性**也参见**人格；自我：自我的发现（利科）personal *see also* personhood; selfhood: discovery of the self (Ricoeur) 498–9; 人的双面理论 dual aspect theory of a person 416; 和弗雷格对心理主义的拒斥 and Frege's rejection of psychologism 360–61; 休谟和仅仅作为方便称呼的"自我"的观念 Hume and idea of the 'self' as a mere convenience 245–6; 和洛克 and Locke 221–2; 和身–心问题**参见**身–心问题 and mind–body problem *see* mind–body problem; 和自我实现**参见**自我实现 and self-realization *see* self-realization
同一性陈述 statements 360, 361–2n, 363–4, 367–8; 和严格指示词 and rigid designation 430
心灵的同一性理论 identity theories of mind 434–41
和消除式唯物论 and eliminative materialism 440–42
和苦难 and pain 435, 436
标记与标记之间的同一性 token-token identity 436; 和戴维森 and Davidson 437–8
类型与类型之间的同一性 type-type identity 436, 437
言内行为 illocutionary acts 412
想象的变更 imaginary variation 475
想象 imagination 180, 228, 232, 244, 274, 286
和亚里士多德 and Aristotle 89, 562
和法拉比 and al-Farabi 562
道德的 moral 537
内在性 immanence 502
非唯物论 immaterialism 227
不朽 immortality
和道德（康德）and morality (Kant) 263, 266, 267, 268
作为一个悬设（康德）as a postulate (Kant) 267
灵魂不朽**参见**灵魂：不朽 of the soul *see* soul: immortal
律令 imperatives
定言 categorical 264–5

假言 hypothetical 264
印象 impressions
认知的（斯多亚主义）cognitive (Stoicism) 110–11
休谟 Hume 244–5
有说服力的（卡尼阿德斯）'persuasive' (Carneades) 118–19
和怀疑论者 and sceptics 111
印度哲学 Indian philosophy 519–33
学派 darshanas (schools): 异端**参见**佛教；顺世派-顺世外道；耆那教；正统参见正理派；业弥曼差派；数论学派；胜论学派；吠檀多派；瑜伽派 heterodox *see* Buddhism; Carvaka-Lokayata; Jainism; orthodox *see* Nyaya; Purva Mimamsa; Samkhya; Vaisheshika; Vedanta; Yoga
陈那–法称学派 Dinnaga–Dharmakirti school 531–2
裸体派哲学家 gymnosophists 120, 532
幻觉与实在 illusion and reality 120n, 121, 522
和皮浪主义 and Pyrrhonism 120, 121, 532
和叔本华 and Schopenhauer 297, 300
自我**参见**自我 Atman self *see* Atman
救赎性的 as soteriological 519, 522, 523, 524, 525, 532
《奥义书》**参见**《奥义书》Upanishads *see* Upanishads
吠檀多派**参见**吠檀多派 Vedanta *see* Vedanta
吠陀**参见**吠陀 Vedas *see* Vedas
冷漠参见不动心 indifference *see apatheia*
无所谓者 indifferents 111–12
同一者的不可辨别性 indiscernibility of identicals 235
个人主义 individualism 435, 453 **也参见**反个人主义 *see also* anti-individualism
自由主义的 liberal 462
个体性 individuality
和司各脱 and Scotus 163
和斯宾诺莎 and Spinoza 214–15
归纳 induction 585, 586, 591–2
阿那克萨戈拉 Anaxagoras 46–7
弗朗西斯·培根 Francis Bacon 198–9
密尔 Mill 199
无限 infinity
本原的无限 of the *arche* 15–16

索引 675

和亚里士多德 and Aristotle 15–16

上帝作为无限的或普遍的心灵／精神 God as infinite or universal mind/spirit 213, 227, 231, 232, 353, 571

无限的系列 infinite series 234

"三角数"的 of 'triangular numbers' 20–21

和埃利亚的芝诺 and Zeno of Elea 38–9

内在性 inherence (samavaya) 526, 527

教宗英诺森三世 Innocent III, Pope 179

工具主义 instrumentalism

 和贝克莱 and Berkeley 231

 和上帝 and God 231

 和实用主义 and pragmatism 332

 和真理 and truth 231

内涵 intension 390–91

 内涵逻辑 intensional logic 592

意向性 intentionality

 在分析哲学中：意向现象的行为主义理解 in Analytic philosophy: behaviouristic understanding of intentional phenomena 434; 沟通–意图理论 communication- intention theory 427; 和意识 and consciousness 437; 外在论和意向性理论 externalism and theories of intentionality 435; 意向性状态 intentional states 434–5

 和布伦塔诺 and Brentano 438, 474

 和胡塞尔 and Husserl 474–5

 在日常和哲学话语中的意义 meanings in ordinary and philosophical discourse 391n

国际工人联盟（"第一国际"）International Workingmen's Association ('First International') 309

同指词语的可替换性 intersubstitutivity of co-referential terms, principle of 363–4

直觉 intuition 214, 246

 直觉主义逻辑 intuitionist logic 343

 直觉主义数学 intuitionist mathematics 343, 425

 伦理学的直觉主义方法 intuitionistic approach to ethics 366–7, 446

 和康德 and Kant 261–2

 洛克的"直觉知识"Locke's 'intuitive knowledge' 222–3

 和逻辑实证主义者 and Logical Positivists 446

 道德：摩尔 moral: Moore 366–7, 446; 罗斯 Ross 446

 通过直觉和概念结合而经验到的现象世界 phenomenal world experienced through marriage of intuitions and concepts 261–2

 和实在论 and realism 446

 感官直觉 sensory 263

爱奥尼亚 Ionia 9

 被哈尔帕格征服 conquered by Harpagos 24

 和波斯人 and the Persians 24, 43–4; 和居鲁士 and Cyrus 24

爱奥尼亚哲学家 Ionian philosophers 9–10, 11–31, 43–7 也参见 阿那克萨戈拉；阿那克西曼德；阿那克西美尼；赫拉克利特；毕达哥拉斯；泰勒斯；色诺芬尼 see also Anaxagoras; Anaximander; Anaximenes; Heraclitus; Pythagoras; Thales; Xenophanes

 和原子论 and atomism 50

 物质一元论 material monism 12, 16, 29–30

露丝·伊利格瑞 Irigaray, Luce 477n, 511

无理数 irrational numbers 22–3

伊斯兰 Islam 5, 31n, 133, 559

 伊斯兰的黄金时期 golden age of 558

《默罕默德言行录》hadith 564

伊斯兰哲学 参见 阿拉伯–波斯哲学 Islamic philosophy see Arabic–Persian philosophy

伊斯兰神学：和亚里士多德 kalam (theology): and Aristotle 559, 560; 艾什尔里派 Ash'ari 559, 567, 570; 和阿威罗伊 and Averroes 571–2; 和阿维森纳 and Avicenna 565–7; 和安萨里 and al-Ghazali 569–70; Hanbalist 559, 561; 和铿迪 and al-Kindi 560–61; 穆尔太齐赖 Mu'tazila 558–9; 和上帝的一性 and oneness of God 560–61; 与哲学的关系 relationship to philosophy 560, 561, 568–70, 571–4; 扎希里 Zahiri 559

教法 sharia 564

教法学派 Shi'a school 558–9; 宰德教法学派 Zaydi Shi'a school of law 559

逊尼—什叶分裂 Sunni-Shi'a split 558–9, 570

逊尼派 Sunni school 558–9, 570; 安萨里和艾尔里优势地位 al-Ghazali and Ash'arite ascendancy 570, 573

伊斯玛仪派 Ismailis 563, 569

J

弗兰克·杰克逊，玛丽的房间思想实验 Jackson, Frank, Mary's Room thought experiment 442–3
阁弥尼 Jaimini 522
耆那教 Jainism 516, 519, 523, 532
 不杀生 *ahimsa* (non-harm) 523, 532
 转变为宗教 transformation into a religion 130
詹姆士二世 James II 218
威廉·詹姆士 James, William 328–9, 330–31, 332
 真理的"现金值"理论 'cash value' account of truth 333
 和"形而上学俱乐部" and 'Metaphysical Club' 329
 中立一元论 Neutral Monism 354
 《实用主义》*Pragmatism* 332
 作为一名实用主义者 as a pragmatist 328–9, 330–31, 332
 和罗素 and Russell 331
卡尔·雅斯贝尔斯 Jaspers, Karl 493, 508
 和轴心时代 and the Axial Age 517
 和利科 and Ricoeur 497
耶拿 Jena 233, 287–8
 耶拿大学 University 287, 358, 386
哲罗姆 Jerome 126
耶稣会士 Jesuits
 和海德格尔 and Heidegger 476–7
 拉弗莱什学院 La Flèche college 142, 240–41
 葡萄牙 Portuguese 578
 和宗教改革 and the Reformation 151
 和埃塞俄比亚的苏森约斯 and Susenyos of Ethiopia 578
耶稣基督 Jesus Christ 180, 513–14, 516, 517
 和保罗 and Paul 517
 基督牺牲 sacrificial death of 129, 181
 第二次降临 Second Coming 181–2
教宗若望二十二世 John XXII, Pope 164, 186
菲利普·乔丹 Jourdain, Philip 357
犹太主义，和新柏拉图主义 Judaism, and Neoplatonism 127
义战理论 just war theory
 阿奎那 Aquinas 138, 141, 187

 奥古斯丁 Augustine 138, 141
正义 justice
 和本原 and the *arche* 50
 和原子论 and atomism 50
 和守约 and compact-keeping 107
 和伊壁鸠鲁 and Epicurus 107
 和家庭 and the family 467–8
 女性主义进路 feminist approach to 467–8
 和赫拉克利特 and Heraclitus 30
 "持有物的正义"（罗尔斯）'in holdings' (Rawls) 465–6
 兼爱 'impartial concern' (*jianai*) 543
 和柏拉图：和平衡／和谐 and Plato: and balance／harmony 73; 和好公民 and good citizenship 53; 在《理想国》中 in *Republic* 71; 和社会契约 and social contracts 71
 和普罗泰戈拉 and Protagoras 53–4
 赋予毕达哥拉斯的数值 Pythagorean numerical value assigned to 22
 和罗尔斯 and Rawls 460–61, 465–6
 和理性 and reason 56
 和斗争 and strife 29, 30
查士丁尼 Justinian 6, 78, 98, 131, 557

K

卡巴拉秘教 参见 卡巴拉秘教 Kabbalah *see* Cabala
迦那陀（迦叶）Kanada (Kashyapa) 521
《康德研究》*Kant-Studien* 386
伊曼纽尔·康德 Kant, Immanuel 256–68
 和阿伯拉尔 and Abelard 150
 和经验的产生 and the arising of experience 263, 475
 和天文学 and astronomy 258, 266
 艾耶尔有关康德的轶事 Ayer's anecdote on 389n
 和鲍赫 and Bauch 386
 生平 birth details 257
 和卡尔纳普 and Carnap 386
 《判断力批判》*Critique of Judgment* 257
 《实践理性批判》*Critique of Practical Reason* 257, 263
 《纯粹理性批判》*Critique of Pure Reason* 256, 257,

索引   677

259–63, 386; 和斯特劳森的《感觉的界限》and Strawson's *The Bounds of Sense* 416
去世 death 259
和德勒兹 and Deleuze 500
和启蒙运动 and the Enlightenment 266, 268–9, 270
认识论 epistemology 259–63; 和直觉与概念的结合 and marriage of intuitions and concepts 261; 调和理性主义和经验主义方法 reconciling rationalist and empiricist approaches 260–63; 和本体性实在／世界自身的不可知性 and unknowability of noumenal reality/ world in itself 262, 292, 299
家庭背景 family background 257
和自由 and freedom 263–4; 自由意志与先验研究 free will and transcendental enquiry 262–5; 自由意志作为一种悬设 free will as a postulate 267
《道德形而上学奠基》*Groundwork of the Metaphysics of Morals* 257, 263, 264
荷尔德林论康德 Hölderlin on 288
和人性 and human nature 264
和休谟 and Hume 258, 260
康德仰慕的思想巨匠 intellectual heroes 258
和直觉 and intuition 261–2
在柯尼斯堡大学 at Königsberg University 258
和法律 and laws 264, 265–6, 267, 455
和数学 and mathematics 348
和摩尔 and Moore 365
道德哲学和伦理学 moral philosophy and ethics 263–8, 445; 和自主 and autonomy 263–4, 265, 268; 和绝对律令 and the categorical imperative 264–5; 义务论 deontology 265, 305–6, 453; 和义务 and duty 264, 265–6; 人文主义的 as humanistic 268; 和灵魂不朽 and immortality of the soul 263, 266, 267, 268; 道德法则 moral law 264, 265–6, 267, 455; 和宗教对道德有害 and religion as harmful to morality 266, 268; 和叔本华 and Schopenhauer 301; 道德原则的普遍可适用性 universal applicability of moral principles 265
和本体论论证 and ontological argument 147

和虔信派 and Pietism 257, 266
作为多面手 as polymathic 258
和悬设 and postulates 267
《未来形而上学导论》*Prolegomena to Any Future Metaphysics* 257
和理性：和认识论 and reason: and epistemology 259–63; 和其界限 and its limitations 262, 276; 和道德 and morality 263–8; 先天推理 a priori reasoning 259–62
和宗教 and religion 266–8
和卢梭 and Rousseau 258
和叔本华 and Schopenhauer 297, 299, 301
和感觉模态 and sensory modalities 263, 475
经验主义和理性主义的综合 synthesis between empiricism and rationalism 196–7, 260–62
先验演绎／论证 transcendental deduction/arguments 263, 346, 475n
先验研究 transcendental enquiry 262–5, 266–8
和"先验观念论" and 'transcendental idealism' 321n
和"我们心灵运作的方式" and 'the way our minds work' 260–63
《何为启蒙？》'What is Enlightenment?' 266, 268
德国康德学会 Kant Society of Germany 386
康德–拉普拉斯理论 Kant–Laplace theory 258
迦毗罗 Kapila 521
业 karma 514, 522, 523
业报学派 **参见** 业弥曼差派 Karma Mimamsa *see* Purva Mimamsa
迦那陀（迦叶）Kashyapa (Kanada) 521
奥古斯特·凯库勒 Kekulé, August 398
诺曼·康蒲–斯密 Kemp-Smith, Norman 257
约翰尼斯·开普勒 Kepler, Johannes 270
约翰·梅纳德·凯恩斯 Keynes, John Maynard 365
和维特根斯坦 and Wittgenstein 372
霍斯劳一世（科斯洛埃斯·阿努什鲁万）Khosrow I (Chosroes Anushirvan) 557
基尔大学 Kiel University 378, 493
阿布·优素福·叶尔孤白·本·萨巴赫·铿迪 al-Kindi, Abu Yusuf Ya'qub ibn Ishaq 559–60
《论第一哲学》*On First Philosophy* 560
阿塔纳修斯·基歇尔 Kircher, Athanasius 174

菲利克斯·克莱因 Klein, Felix 474
弗里德里希·戈特洛布·克洛普施托克 Klopstock, Friedrich Gottlieb 300
威廉·尼尔和玛莎·尼尔：《逻辑学的发展》 Kneale, William and Martha: *Development of Logic* 358
知识**也参见**认识论 knowledge see also epistemology
 对绝对的知识（黑格尔）of the Absolute (Hegel) 290, 291–2
 作为心灵知道自身是心灵的绝对知识 absolute knowledge as mind knowing itself as mind 292
 亲知知识 by acquaintance 352
 和阿克西劳斯 and Arcesilaus 116
 亚里士多德对知识的体系化 Aristotle's systemization of 80–81
 阿维森纳的理论与实践知识 Avicenna's theoretical and practical knowledge 564
 和弗朗西斯·培根：和现代思想的诞生 and Francis Bacon: and birth of the modern mind 200; 论实践知识和自然历史 on practical knowledge and natural history 199
 知识的边界条件（康德）boundary conditions for (Kant) 262
 和认知把握 and cognitive apprehensions 116
 和正确/为真的信念 and correct/true belief 69, 77
 证明性知识（洛克）demonstrative (Locke) 222
 描述知识 by description 352
 与信念不同 differentiated from beliefs 69
 在陈那-法称学派中 in Dinnaga-Dharmakirti school 531
 神圣知识 divine 237, 566, 569, 572, 573;
 预知**参见**神圣预知 foreknowledge see foreknowledge, divine
 经验知识 empirical 196, 222–3, 242, 410 **也参见**经验主义 see also empiricism
 和《百科全书》and *Encyclopédie* 272
 福柯和"权力-知识" Foucault and 'power-knowledge' 510
 和基础主义者 and foundationalists 330
 通过绝对知识获得自由 freedom through absolute knowledge 291–2

 伽达默尔和视域/知识的界限 Gadamer and the horizon/limit of 496
 诺斯替救赎论 gnostic soteriologies 525
 赫拉克利特和知识的伦理价值 Heraclitus and ethical significance of 30
 和解释学**参见**解释学 and hermeneutics see hermeneutics
 霍布斯和科学（真知）Hobbes and *scientia* (true knowledge) 207
 和假设**参见**假设 and hypotheses see hypotheses
 等同于美德 identified with virtue 63–4, 68, 116
 知识的不可能性 impossibility of 118, 119, 120, 122 **也参见**怀疑论 see also scepticism
 传承的信念作为知识的来源 inherited beliefs as source of 496
 直觉知识**参见**直觉 intuitive see intuition
 莱布尼茨，和上帝对灵魂的知识 Leibniz, and God's knowledge of the soul 237
 洛克有关知识的主题 Locke's topics of 219
 逻辑实证主义者拒绝形而上学和神学作为知识的来源 Logical Positivists' rejection of metaphysics and theology as source of 377, 380
 和大众文化 and mass culture 277–8
 和数学：作为最高知识 and mathematics: as the highest knowledge 174; 作为先天知识 as *a priori* knowledge 260, 384
 道德原则的知识 of moral principles 247
 作为知识来源的神秘体验 mystical experience as a source of 159
 奥卡姆和命题性知识 Ockham and propositional knowledge 165
 通过感知**参见**感知：和认知 through perception see perception: and cognition
 和灵魂的完善 and perfecting of the soul 564
 皮科和人对知识的探究 Pico and the human search for 174
 和柏拉图**参见**柏拉图：和后天知识 and Plato see Plato: and knowledge *a posteriori* 156, 259, 260, 261, 430
 和认知形式（认知类型）and pramanas (forms of cognition) 528
 先天：和康德；*a priori*: and Kant 259–62; 和数

索引 **679**

学 and mathematics 260, 384; 和理性主义 and rationalism 259–60, 274n; 和科学 and science 329, 354, 384; 先天综合 synthetic *a priori* 348–9; 和证实原则 and verification principle 384

或然性 probabilistic 115, 242

和对本质定义的追求 and quest for essential definitions 62–3

和理性主义**也参见**理性主义；和先天知识 and rationalism 196 *see also* rationalism; and *a priori* knowledge 259–60

对与错的知识，和"经过省察的生活"of right and wrong, and the 'considered life' 63–4

在数论学派中 in Samkhya 524–5

和怀疑论**参见**怀疑论 and scepticism *see* scepticism

自我知识**参见**自我觉知 / 自我意识 / 自我知识 self-knowledge *see* self-awareness/-consciousness/-knowledge

作为基础的感觉经验 sense-experience as foundation of 352

感觉的（洛克）sensitive (Locke) 223

感觉知识 sensory 165, 259, 290 **也参见**感觉材料 *see also* sense-data; and Carvaka 532;

感性直观 sensory intuition 263

情境性知识 situated 468, 469

苏格拉底对话法**参见**苏格拉底对话法 Socratic method to *see* Socratic method

作为知识敌人的迷信 superstition as enemy of 216

隐秘知识 tacit 439

知识论**参见**认识论 theory of *see* epistemology

"嫡出"vs"私生"（德谟克利特）'true-born' vs 'bastard' (Democritus) 50

普遍知识和"独一理智"（阿威罗伊）universal knowledge and 'unicity of the intellect' (Averroes) 573

世界自身的不可知性（康德）unknowability of world in itself (Kant) 262, 292, 299

季蒂昂的芝诺论认知 Zeno of Citium on knowing 111, 116

亚历山大·科耶夫 Kojève, Alexandre 508–9

柯尼斯堡 Königsberg 257–8

柯尼斯堡大学 University 258

《古兰经》**参见**《古兰经》Koran *see* Qur'an

维克托·克拉夫特 Kraft, Victor 379

索尔·克里普克 Kripke, Saul 395, 429–32

《命名和必然性》*Naming and Necessity* 432

严格指称和指称理论 rigid designation and theory of reference 429–31

以规则解释的意义问题的"怀疑论解决"'sceptical solution' to problem of meaning explained in terms of rules 432

和维特根斯坦 and Wittgenstein 432

托马斯·库恩:《科学革命的结构》Kuhn, Thomas: *Structure of Scientific Revolutions* 399–400

L

雅克·拉康 Lacan, Jacques 509, 511

伊姆雷·拉卡托司 Lakatos, Imre 399, 400

马丁·兰珀 Lampe, Martin 259

兰普萨库斯 Lampsacus 44, 104

语言哲学 language, philosophy of

在分析传统中**参见**分析哲学：语言 in Analytic tradition *see* Analytic philosophy: of language

和罗杰·培根 and Roger Bacon 159, 160

和法拉比 and al-Farabi 561–2

和语法**参见**语法 and grammar *see* grammar

和同指词语的可替换性 and intersubstitutivity of co-referential terms 363–4

和莱布尼茨的《论组合术》and Leibniz's *On the Art of Combinations* 233

和洛克 and Locke 221

和逻各斯中心主义 and logocentricism 504

和意义**参见**意义 and meaning *see* meaning

语言哲学的意义概述 meaning of, summarized xviii

"日常语言哲学"**参见**"日常语言哲学"'ordinary language philosophy' *see* 'ordinary language philosophy'

和语言的偏误性使用 and prejudicial use of language 594

和语言的公共性 and public nature of language 403

语言的公共性（维特根斯坦）public nature of language (Wittgenstein) 403
　　和"正名"and 'rectification of names' 541
　　和修辞学**参见**修辞学 and rhetoric *see* rhetoric
　　语义学**参见**语义学 semantics *see* semantics
　　言语行为（奥斯汀）speech acts (Austin) 412
　　和证实**参见**证实/证实主义 and verification *see* verification/ verificationism
语言游戏 language games 401, 402-3
语言习得 language-learning 484
威廉·佩蒂·兰斯多恩侯爵一世，谢尔本伯爵二世 Lansdowne, William Petty, 1st Marquess of Lansdowne, and 2nd Earl of Shelburne 282
老子 Laozi 545-6
《道德经》*Daodejing (Tao Te Ching)* 545, 546-7, 548
彼得·拉斯利特 Laslett, Peter 457, 458
法则/法律 laws
　　亚里士多德式的"思维法则"Aristotelian 'laws of thought' 587
　　和边沁 and Bentham 283-4
　　和中国法家**参见**法家，中国 and Chinese Legalism *see* Legalism, Chinese
　　法典化 codification of 284; 阿坎族法 Akan law 577
　　和孔德 and Comte 303
　　证据法 of evidence 284
　　和黑格尔 and Hegel 296
　　赫拉克利特和法治 Heraclitus and rule of law 30
　　和康德 and Kant 264, 265-6, 367, 455
　　法律实证主义 Legal Positivism 283, 302
　　逻辑法则**参见**双重否定律；排中律；同一律；莱布尼茨法则（不可辨别者的同一性）；非矛盾律 of logic *see* Double Negation, Law of; Excluded Middle, Law of; identity: Law of; Leibniz's Law (identity of indiscernibles); Non-Contradiction, Law of
　　和道德规则与自然 and moral convention vs nature 54
　　道德法则 moral law 254-5, 264, 265-6, 267, 455
　　自然法则**参见**自然法 of nature *see* natural law
　　和痛苦 and pain 56
　　罗马法 Roman 185

教法 sharia 564
宰德的教法学派 Zaydi Shi'a school of law 559
奥本·勒维耶 Le Verrier, Urbain 399
奥利弗·利曼 Leaman, Oliver 555n
安东尼·范·列文虎克 Leeuwenhoek, Antonie van 270
亨利·列斐伏尔 Lefebvre, Henri 510
雅克·勒菲弗：《伦理学中的道德导论》Lefèvre, Jacques: *Moralis in Ethicen Introductio* 184
法律实证主义 Legal Positivism 283, 302
中国法家 Legalism, Chinese 516, 534, 540, 549-52
　　《商君书》*Book of Lord Shang* 550
　　《韩非子》*Han Feizi* 549, 551, 552
　　和人性 and human nature 551
戈特弗里德·威廉·莱布尼茨 Leibniz, Gottfried Wilhelm 38, 232-9
　　和柏林科学院 and Academy of Berlin 234
　　和分析性原则 and analyticity principle 235-6, 237
　　和统觉 and apperceptions 238
　　上帝存在的论证 arguments for existence of God 238-9
　　《论组合术》*On the Art of Combinations* 233
　　生平 birth details 232-3
　　和波伊尼堡 and Boineburg 233
　　计算器 calculating machine 233, 234
　　普遍特征 *characteristica universalis* 347, 405
　　和基督教 and Christianity 233
　　连续性原则 continuity principle 235, 236
　　和笛卡尔 and Descartes 235
　　决定论 determinism 239
　　《形而上学研究》*Discourse on Metaphysics* 234-5, 238
　　二元论与心灵和物质的互动 dualism and interaction of mind and matter 205
　　和汉诺威公爵（乔治一世）and Duke of Hanover (George I) 234
　　流溢说 emanationism 238, 239
　　和存在 and existence 236-9
　　家庭背景 family background 233
　　和自由意志 and free will 236, 239
　　和霍布斯 and Hobbes 235
　　影响 influences on 233, 235

索引　　**681**

和洛克 and Locke 218, 235
和逻辑 and logic 232, 233, 235; 不可分辨者的同一性 identity of indiscernibles 235, 237; 作为一种"泛代数" as a 'universal algebra' 234
和数学 and mathematics 232, 234; 微分 differential calculus 233, 234
和形而上学 and metaphysics 235, 236, 238–9
《单子论》Monadology 235
和单子 and monads 236–8
《人类理解新论》New Essays Concerning Human Understanding 218, 234
和牛顿 and Newton 234
在巴黎 in Paris 233
和帕斯卡尔 and Pascal 233
最佳可能世界原则 principle of the best 235, 236
《自然与神恩原理》Principles of Nature and Grace 238
和皇家学会 and the Royal Society 234
罗素对莱布尼茨的研究 Russell's study of 345, 347
和斯宾诺莎 and Spinoza 235
和实体 and substance 236–8
《神义论》Theodicy 234
和韦格尔 and Weigel 233
莱布尼茨法则（不可分辨者的同一性）Leibniz's Law (identity of indiscernibles) 235, 237
莱比锡 Leipzig 233, 314
莱比锡大学 University 233, 314, 315, 473, 493
闲暇，"良好"运用（闲暇）leisure, 'noble' use of (otium)
和亚里士多德 and Aristotle 94, 95, 191
和莫尔 and More 191–2
和彼特拉克 and Petrarch 187, 191
弗拉基米尔·列宁 Lenin, Vladimir 313
教宗利奥十三世 Leo XIII, Pope 154
尼科洛·莱昂尼塞诺：《论普林尼的谬误》Leoniceno, Niccolò: 'On the Errors of Pliny' 175
莱斯波岛 Lesbos 82–3
斯卡尼斯瓦夫·亚希可夫斯基 Leśniewski, Stanisław 389
留基伯 Leucippus 10
原子论 atomism 47–51
生平不详 birth detail uncertainty 47–8

《大宇宙系统》The Great World System ('Macrocosmos') 48
《论心灵》On Mind 48
和巴门尼德 and Parmenides 48
和提奥弗拉斯图斯 and Theophrastus 49
泰蕾兹·勒瓦瑟 Levasseur, Thérèse 251, 253
克劳德·列维–施特劳斯 Lévi-Strauss, Claude 482, 505
伊曼纽尔·列维纳斯 Levinas, Emmanuel 509
乔治·亨利·刘易斯 Lewes, George Henry 297
《哲学历史传记》A Biographical History of Philosophy xi, 303;
和康德 and Kant 257
和孔德 and Comte 303
大卫·刘易斯 Lewis, David 470
李斯 Li Si 549
自由主义个体主义 liberal individualism 462
政治自由主义 liberalism, political
从政治左翼的批判 criticisms: from political left 311;
从政治右翼的批判 from political right 310–11
和洛克 and Locke 218, 226
和马克思 and Marx 310–11
和密尔 and Mill 304, 305
和波普尔 参见 卡尔·波普尔：和自由主义 and Popper see Popper, Karl: and liberalism
自由至上主义（诺齐克）libertarianism (Nozick) 462–6
自由权 参见 自由 / 自由权 liberty see freedom/liberty
语言行为主义（蒯因）linguistic behaviourism (Quine) 394–5
语言哲学 参见 "日常语言哲学" linguistic philosophy see 'ordinary language philosophy'
弗朗茨·李斯特 Liszt, Franz 315
李维 Livy 176
和马基雅维利的《论李维》and Machiavelli's Discourses 190
约翰·洛克 Locke, John 217–26
无神论 atheism 224
和贝克莱 and Berkeley 218, 226, 227–8
生平 birth details 217
和心灵的"白板"比喻 and 'blank slate' meta-

682 企鹅哲学史

phor of mind 260n
和市民社会 and civil society 225
作为一名经验主义者 as an empiricist 218–19
认识论 epistemology 219–23, 242
《人类理解论》Essay Concerning Human Understanding 218, 219–23, 339–40 646
和社会演进 and evolution of society 107
和"光荣革命" and the 'Glorious Revolution' 218, 223–4
和霍布斯 and Hobbes 224
和观念 and ideas 219–21, 242, 339–40; 和贝克莱 and Berkeley 227–8; 天赋观念 innate 219
对启蒙运动理念的影响 influence on Enlightenment ideas 211
和语言 and language 221
和莱布尼茨 and Leibniz 218, 235
意义理论 meaning, theory of 339–40
感知理论 perception, theory of 220–21, 226
和人格同一性 and personal identity 221–2
政治哲学 political philosophy 218, 223–6, 458; 和法国及美国革命 and French and American revolutions 211, 218, 226; 和正义的获取 and just acquisitions 465; 和自由主义 and liberalism 218, 226
和权力作为受托人 and power as a trusteeship 225–6
和皇家学会 and the Royal Society 218–19
《政府论》(下篇) Second Treatise of Government 224
和沙夫茨伯里 and Shaftesbury 217–18
和灵魂 and the soul 221–2
和自然状态 and state of nature 107, 224–5, 226
《政府论》Two Treatises of Government 218
伏尔泰论洛克 Voltaire on 218
言内行为 locutionary acts 412
逻辑 logic 585–95 也参见理性 / 合理性 see also reason/rationality
和阿伯拉尔 and Abelard 149–50
阿拉伯-波斯 参见 阿拉伯-波斯哲学：逻辑 Arabic-Persian see Arabic-Persian philosophy: logic
亚里士多德的逻辑科学 参见 亚里士多德：和逻辑("分析篇") Aristotle's science of see Aristotle: and logic ('Analytics')
和二值 and bivalence 110, 342–3, 344, 414, 426
和波爱修斯 and Boethius 142–3, 145
和德摩根 and De Morgan 586, 587 也参见 奥古斯都·德摩根 see also De Morgan, Augustus
道义的 deontic 592
陈那-法称学派 Dinnaga-Dharmakirti school 531–2
科学发现的逻辑学和心理学之分 distinction between logic and psychology of scientific discovery 398
和《百科全书》and Encyclopédie 273
认知逻辑 epistemic 593
形式推演 formal deductive 585–6
和弗雷格 参见 戈特洛布·弗雷格：逻辑 and Frege see Frege, Gottlob: and logic
模糊逻辑 fuzzy 592
不可分辨者的同一性 and identity of indiscernibles 235, 237
归纳逻辑 inductive 198–9, 585, 586, 591–2
非形式逻辑 informal 585; 逻辑谬误 fallacies 593–5
内涵逻辑 intensional 592
直觉主义 intuitionist 343
双重否定律 Law of Double Negation 343, 425
排中律 Law of Excluded Middle 165n, 343, 361n, 425, 587
同一律 Law of Identity 587
非矛盾律 Law of Non-Contradiction 165n, 235, 360–61, 587
和莱布尼茨 参见 and Leibniz see Leibniz, Gottfried Wilhelm: and logic
语言的逻辑分析 logical analysis of language 347
"逻辑虚构" 'logical fictions' 356
多值的 many-valued 592
和数学 参见 数学：逻辑的关系 and mathematics see mathematics: logic's relationship to
麦加拉学派 Megarian school 96, 108, 120
肯定前件 modus ponens 110n, 589, 591
否定后件 modus tollens 110n, 397, 590
和墨家 and Mohism 542, 545
(罗素和怀特海的或源自他们的) 符号 notation (of, or derived from, Russell and Whitehead)

索引 683

342, 586
正理学派 Nyaya 521, 525, 528–9
和奥卡姆 and Ockham 165
弗协调 paraconsistent 592–3
和语言哲学 and philosophy of language 361–5, 405–6, 417
和命题 and propositions 85–7
和蒯因 and Quine 389
和理性主义 and rationalism 196
归谬论证 reductio ad absurdum 36, 166, 240
和罗素 参见伯特兰·罗素：和逻辑 and Russell see Russell, Bertrand: and logic
和斯多亚主义 and Stoicism 110–11
逻辑学意义概述 summary of meaning of xvi
三段论 参见三段论 syllogisms see syllogisms
符号逻辑 symbolic 588–90
作为"泛代数" as a 'universal algebra' 234
用来抨击权威 use to attack authority 269
逻辑行为主义 logical behaviourism 408–9
逻辑建构主义 logical constructionism
　　卡尔纳普 Carnap 386, 406, 418
　　罗素 Russell 348, 352, 386
逻辑经验主义 参见逻辑实证主义 logical empiricism see Logical Positivism
逻辑实证主义 Logical Positivism 302, 377–85
　　和艾耶尔 参见 A. J. 艾耶尔 and Ayer see Ayer, A. J.
　　和卡尔纳普 and Carnap 378, 379, 380–81, 385, 386
　　与孔德式实证主义 vs Comtean Positivism 302, 377–8
　　不同的理论线索 divergent strands of outlook 378
　　和直觉 and intuition 446
　　和自然主义谬误 and Naturalistic Fallacy 446
　　和纽拉特 and Neurath 378, 379, 380, 381
　　和现象主义 and phenomenalism 353
　　和波普尔 and Popper 379, 385, 395
　　和石里克 参见莫里茨·石里克 and Schlick see Schlick, Moritz
　　和科学 and science 302, 378; 和记录语句 and protocol sentences 380–81
　　和证实原则 参见证实/证实主义 and verification principle see verification/verificationism

和维也纳学派 参见维也纳学派 and Vienna Circle see Vienna Circle
逻辑主义 logicism 160, 348, 349
　　弗雷格 Frege 160, 348–9, 380, 419
　　罗素 Russell 160, 348, 349, 380
　　被哥德尔的不完备性定理破坏 undermined by Gödel's incompleteness theorem 380
逻各斯 logos 45
　　和赫拉克利特 and Heraclitus 28
　　和柏拉图 and Plato 77
　　和斯多亚主义 and Stoicism 109
顺世外道 参见顺世派–顺世外道 Lokayata see Carvaka-Lokayata
彼得·伦巴德《四部语录》Lombard, Peter: The Book of Sentences 136, 158
　　阿奎那的研究 Aquinas' study of 151
　　评注：奥卡姆 commentaries: Ockham 164; 司各脱 Scotus 162
伦敦经济学院 London School of Economics 396, 399
卡西乌斯·朗吉努斯 Longinus, Cassius 126n, 127
神圣罗马帝国皇帝路易 / 路德维希四世 Louis/Ludwig IV, Holy Roman Emperor 164, 166, 186
路易十五世 Louis xv 251
爱 也参见同情 love see also compassion
　　基督之爱 agape 544
　　对美的热爱 of beauty 69
　　爱（爱）benevolent concern (ai) 544
　　兼爱 disinterested (jianai) 543
　　恩培多克勒和爱 - 冲突互动 Empedocles and Love–Strife interaction 41, 42–3, 45
　　墨家思想中兄弟般的爱 fraternal, in Mohism 581
　　作为爱的上帝 God as 183
　　柏拉图爱的学说 Plato's theory of 173, 183
　　和萨特 and Sartre 489–90, 491
中国鲁国 Lu, China 535
卢克莱修 Lucretius
　　和原子论 and atomism 50–51
　　《物性论》De Rerum Natura 40, 50–51, 103, 176
格奥尔格·卢卡奇 Lukács, Georg 458, 510
扬·武卡谢维奇 Łukasiewicz, Jan 389
雷蒙德·勒尔 Lull, Raymond (Ramon Lull) 174

马丁·路德 Luther, Martin 134–5, 183, 195
路德主义 Lutheranism
　和弗雷格 and Frege 358
　和马克思家族 and the Marx family 307
　和波普尔家族 and the Popper family 396
吕克波利斯 Lycopolis 125
让-弗朗索瓦·利奥塔:《后现代状态》Lyotard, Jean François: *The Postmodern Condition* 511

M

马其顿 Macedon 112
恩斯特·马赫 Mach, Ernst 378
尼科洛·马基雅维利 Machiavelli, Niccolò 135, 186, 188–90, 458
　《论李维》*Discourses* 190–91
　在弗洛伦萨 in Florence 188, 189
　和美第奇家族 and the Medicis 188
　《君主论》*Il Principe* 189–90
　美德 *virtù* 189, 191, 537
阿拉斯戴尔·麦金太尔 MacIntyre, Alasdair 455
　《追寻美德》*After Virtue* 456
J. L. 麦基 Mackie, J. L. 356, 451–3
　错误理论 error theory 356, 451
　《伦理学：发明对与错》*Ethics: Inventing Right and Wrong* 450–51
　和客观价值的不存在 and non-existence of objective values 450–53
中观学派 Madhyamika 530
詹姆士·麦迪逊 Madison, James, Jr 284
魔法 magic 40, 104, 134, 170, 197–8
　和新柏拉图主义 and Neoplatonism 128, 130
　和宗教改革 and the Reformation 195
　和文艺复兴 and the Renaissance 170, 173
《摩诃婆罗多》*Mahabharata* 523
摩诃毗罗 Mahavira 523
古斯塔夫·马勒 Mahler, Gustav 297, 370
摩西·迈蒙尼德 Maimonides, Moses 133, 554
　和法拉比 and al-Farabi 562–3
约瑟夫·德·迈斯特 Maistre, Joseph Marie, Comte de 274
弥里 Maitreyi 520n

弗里德里希·马耶尔 Majer, Friedrich 300
诺曼·马尔科姆 Malcolm, Norman 372–3
尼古拉斯·马勒伯朗士 Malebranche, Nicolas 233, 508
　二元论与心灵和物质的互动 dualism and interaction of mind and matter 205
斯特芳·马拉美 Mallarmé, Stéphane 506
阿布·阿巴斯·马蒙 al-Ma'mun, Abu al-Abbas 558, 560
末那识 manas (mind) 524, 525
纳尔逊·曼德拉 Mandela, Nelson 577n
伯纳德·曼德维尔:《蜜蜂的寓言》Mandeville, Bernard: *The Fable of the Bees* 247
摩尼 Mani 138
摩尼教 Manicheism 137, 138–9
托马斯·曼 Mann, Thomas 297
曼图亚 Mantua 177, 188
马堡 Marburg 492
　马堡大学 University 477, 481, 493
马可·奥勒留 Marcus Aurelius 99, 109, 112–13
　《沉思录》*To Himself/Meditations* 113
赫伯特·马尔库塞 Marcuse, Herbert 509–10
让-弗朗索瓦·马蒙泰尔 Marmontel, Jean-François 273
帕多瓦的马西利乌斯 Marsilius of Padua 186
　《和平保卫者》*Defensor Pacis* 166, 186
海因里希·马克思 Marx, Heinrich 307
哈丽雅特·普雷斯堡·马克思 Marx, Henriette, née Pressburg 307
卡尔·马克思 Marx, Karl 279, 307–14
　和异化 and alienation 313 a
　有神论 theism 311
　和巴枯宁 and Bakunin 309
　和鲍尔 and Bauer 308
　和边沁 and Bentham 286
　在柏林大学 at Berlin University 308
　《资本论》*Capital* 309–10
　《共产党宣言》（与恩格斯合著）*The Communist Manifesto* (with Engels) 309
　《黑格尔法哲学批判导言》'Contribution to the Critique of Hegel's Philosophy of Right' 311
　《政治经济学批判大纲》*A Contribution to the*

索引　**685**

Critique of Political Economy 309–10
《政治经济学批判》(与恩格斯合著) Critique of Political Economy (with Engels) 312
和《德法年鉴》with Deutsche-Französische Jahrbuch 308
博士论文 doctoral dissertation 308n
《经济学和哲学手稿》Economic and Philosophical Manuscripts 309, 313
《路易·波拿巴的雾月十八日》'The Eighteenth Brumaire of Louis Napoleon' 313
和恩格斯 and Engels 308–9
在英国 in England 309
家庭背景 family background 307
和费尔巴哈 and Feuerbach 308, 309
在弗里德里希-威廉中学 at Friedrich-Wilhelm Gymnasium 307
《德意志意识形态》(与恩格斯合著) The German Ideology (with Engels) 309, 312
和黑格尔 and Hegel 287, 290, 291, 297, 308, 311
和观念论 and idealism 312
《论犹太人问题》'On the Jewish Question' 311
和唯物主义 and materialism 309, 312–13
《纽约先驱报》with New York Daily Tribune 309
在巴黎 in Paris 308–9
和他与飞利浦家族的关系 and his Philips relations 307
历史哲学 / 观念 philosophy/conception of history 309, 312–13
政治活动 political activity 309, 310
政治哲学：和资本主义 political philosophy: and capitalism 310, 314; 和共产主义 and Communism 309, 312–14; 和辩证过程 and dialectical process 309, 312–13; 和劳动 and labour 313; 和自由主义 and liberalism 310–11; 和经济体系的压迫性 and oppressiveness of economic systems 314; 和无产阶级 and the proletariat 309
波普尔的"历史主义"标签 Popper's branding as a 'historicist' 395
论宗教 on religion 311–12
和《莱茵报》with Rheinische Zeitung 308
《关于费尔巴哈的提纲》Theses on Feuerbach 309
和燕妮·冯·威斯特法伦 and Jenny von Westphalen 308, 310
和青年黑格尔派 and Young Hegelians 308, 309
马克思主义 Marxism 510
和黑格尔 and Hegel 287
历史唯物主义 historical materialism 309, 312–13, 396
和萨特 and Sartre 486
玛丽的房间思想实验 Mary's Room thought experiment 442–3
托马斯·马萨里克 Masaryk, Thomas 473
大众文化 mass culture 277–8
唯物论 / 唯物主义 materialism
 贝克莱的反驳 Berkeley's refutation of 230–31
 顺世派的唯物论 of Carvaka 522, 532
 和意识 and consciousness xviii
 取消式唯物论 eliminative 440–42
 伊壁鸠鲁式唯物论 Epicurean 124
 和新柏拉图主义中的恶 and evil in Neoplatonism 128
 和安萨里 and al-Ghazali 570
 历史唯物主义 historical 309, 312–13, 396
 和霍布斯 and Hobbes 207
 爱奥尼亚物质一元论 Ionian material monism 12, 16, 29–30
 和马克思 and Marx 309, 312–13
 黑格尔观念论的唯物论翻转版本 materialist inversion of Hegel's idealism 296–7
 观念论和唯物论的形而上学争论 metaphysical debate between idealism and 427
 新柏拉图主义对唯物论的反对 Neoplatonist opposition to 124
 和科学 and science 230–31
 斯多亚式的唯物论 Stoic 124
数学 mathematics
 分析性的 as analytic 348–9 也参见逻辑主义 see also logicism
 和亚里士多德 and Aristotle 84
 二进制算法 binary arithmetic 234
 微积分 参见 微积分 calculus see calculus
 和笛卡尔 and Descartes 200
 和认识论 and epistemology 348
 和胡塞尔 and Husserl 473

无穷级数 infinite series 233, 234
巴黎国际数学会议 international congress, Paris 348
直觉主义的 intuitionist 343, 425
　和康德 and Kant 348
作为知识 参见 知识: 和数学 as knowledge see knowledge: and mathematics
和莱布尼茨 参见 戈特弗里德·威廉·莱布尼茨: 和数学 and Leibniz see Leibniz, Gottfried Wilhelm: and mathematics
与逻辑学的关系: 罗杰·培根认为逻辑学的基础在数学 logic's relationship to: Roger Bacon's grounding of logic in mathematics 160; 和弗雷格 and Frege 359; 逻辑学作为"泛代数"（莱布尼茨）logic as a 'universal algebra' (Leibniz) 234; 还原为逻辑的数学 参见 逻辑主义 mathematics reduced to logic see logicism
和形而上学 and metaphysics 348
和密尔 and Mill 360
和墨家思想 and Mohism 542
和神秘主义 and occultism 174
和皮科 and Pico 174
毕达哥拉斯式 Pythagorean 18, 20–23
和理性主义 and rationalism 196
数学中的实在论 realism in 424
和罗素 and Russell 160, 347–51
和集合 and sets 390, 424
综合的 as synthetic 348–9
和维特根斯坦 and Wittgenstein 371
物质 也参见 实体 matter see also substance
和阿维森纳 and Avicenna 566
和贝克莱 and Berkeley 227–31
被创造的实体作为质料和形式的混合（阿奎那）created substances as compounds of matter and form (Aquinas) 154–6, 163
和恶 and evil 128, 566
作为延展性实体 as extended substance 205, 213
心灵和物质之间的互动／关系 也参见 身心问题: 和贝克莱的感知与感知者理论 interaction/relationship of mind and see also mind–body problem: and Berkeley's theory of perception and the perceiver 227–30; 笛卡尔 Descartes 204–6; 心理和大脑状态的同一性理论 identity theories of mental and brain states 434–41; 莱布尼茨 Leibniz 205; 偶因论 occasionalism 205; parallelism 205; 将一切心理现象还原为物质 reduction of all mental phenomena to matter 205–6; 和斯宾诺莎认为心灵和身体是一个实体的不同模式 and Spinoza's view of mind and body as modes of one substance 214
和一元论 and monism 205–6
和新柏拉图主义: 物质作为努斯的流溢 and Neoplatonism: matter as emanation of *nous* 128; 心灵在本体论上优先于物质 mind ontologically prior to matter 124, 128; 和普罗提诺 and Plotinus 128
自性（数论学派）prakriti (Samkhya) 521, 524, 525
"原初质料"（司各脱）'prime matter' (Scotus) 163
属性 参见 事物的属性 qualities see qualities of things
公理 maxims 264, 265, 575, 576
皮尔士的"实用主义准则" Peirce's 'pragmatic maxim' 329–30
幻影 *Maya* 522
约翰·麦克道威尔 McDowell, John 469
J. E. M. 麦克塔格特 McTaggart, J. E. M. 320
和布拉德雷 and Bradley 326
《绝对的进一步规定性》*The Further Determination of the Absolute* 326
和摩尔 and Moore 346–7, 365
《存在的性质》*The Nature of Existence* 326
和罗素 and Russell 326, 346
《黑格尔辩证法研究》*Studies in the Hegelian Dialectic* 326
和时间的非真实性 and unreality of time 325–8
中道学说, mean, doctrine of the 24, 93–4
《中庸》*Zhongyong* 536
意义 Meaning
意义是合成性的（戴维森）as compositional (Davidson) 419
和对话含义 and conversational implicature 427–8
德里达和意义的延迟 Derrida and the deferral of 504–5

弗雷格的意义-指称区分 Frege's sense-reference distinction 363, 364, 367, 419
意义的不确定性 indeterminacy of 422;
"翻译的不确定性"（蒯因）'indeterminacy of translation' (Quine) 394
数学陈述的意义的直觉主义解释 intuitionist account of meaning of mathematical statements 425
和语言游戏 and language games 401, 402–3
和语言行为主义（蒯因）and linguistic behaviourism (Quine) 394–5
逻辑实证主义和有意义的话语**也参见**逻辑实证主义 Logical Positivism and meaningful discourse 380 see also Logical Positivism
摩尔和日常意义 Moore and ordinary meaning 369
和皮尔士的"实用主义准则"and Peirce's 'pragmatic maxim' 329–30
蒯因的怀疑论 Quine's scepticism about 394–5
和罗素对"逻辑上完美的语言"的雄心 and Russell's ambition for a 'logically perfect language' 355–6, 405–6, 418
意义理论 theory of 417–28; 沟通-意图理论 communication-intention theory 427; 指称理论 denotive theory 340–41, 414; 达米特 Dummett 423–7; 和外延主义 and externalism 435; 形式化意义 in formal sense 417–18; 非形式化意义 in informal sense 417; 洛克 Locke 339–40, 图像理论 picture theory 375–6; 'stimulus meaning' (Quine) 394–5, 418, 422; 真之条件路径 truth-conditional approach 419–22, 432; 形式语言的真理论（塔斯基）and truth-theory for formal languages (Tarski) 421; 使用理论 use theory 403, 432–3; 和证实**参见**证实/证实主义 and verification see verification/verificationism
"固定意义" 'timeless meaning' 427
老柯西莫·德·美第奇 Medici, Cosimo de', the Elder 171, 178, 185
洛伦佐·德·美第奇 Medici, Lorenzo de' 173, 175
皮耶罗·德·美第奇 Medici, Piero de' 188
美第奇家族 Medici family 188

冥想 meditation 514, 520, 521, 523–4, 530, 531, 547
麦加拉 Megara 96
麦加拉学派 Megarian school 96, 108, 120
约翰·米克尔约翰 Meikeljohn, John 257
腓力·墨兰顿 Melanchthon, Philipp 183
麦里梭 Melissus 10, 35
孟子 Mencius 515, 535, 536, 537, 539–40
《孟子》Mengzi 516
美诺 Meno 5
莫里斯·梅洛-庞蒂 Merleau-Ponty, Maurice 471, 482–5, 486
出生和家庭背景 birth and family background 482
和身体主体 and the 'body-subject' 483
和身体与世界之间的"交织" and 'chiasm' between body and world 485
和意识 and consciousness 483, 484
去世 death 483
和德里达 and Derrida 485
和存在主义 and existentialism 485
和肉身"位于世界的中心" and flesh 'at the heart of the world' 483
和胡塞尔 and Husserl 482
和科耶夫 and Kojeve 508
和语言习得 and language-learning 484
和《现代》and Les Temps Modernes 482–3, 486
和"最大程度把握" and 'maximum grip' 484
和感知 and perception 484, 485
现象学 phenomenology 476
《知觉现象学》The Phenomenology of Perception 483, 485
和普罗提诺 and Plotinus 482
和萨特 and Sartre 482–3
和怀疑论 and scepticism 483
和社会牵引力 and social pull 484
《行为的结构》'The Structure of Behaviour' 483
和思想作为身体性表达 and thought as bodily expression 483–4
和时间 and time 485
《可见的与不可见的》The Visible and the Invisible 485
元伦理学 metaethics xvii, 444 **也参见**分析哲学：

伦理学／道德 see also Analytic philosophy: ethics/morality
形而上学也参见本体论 metaphysics see also ontology
  和亚里士多德参见亚里士多德：形而上学 and Aristotle see Aristotle: metaphysics
  原子论的参见原子论／原子论者 atomist see atomism/atomists
  存在参见存在 Being see Being
  贝克莱对形而上学中抽象观念的批评 Berkeley's attack on abstraction in 162, 230
  因果性参见因果性 causality see causality
  连续性原则 continuity principle 235, 236
  "描述的" 'descriptive' 415
  存在作为形而上学的关切 existence as concern of 565 也参见存在 see also existence
  观念论参见观念论 idealism see idealism
  和莱布尼茨 and Leibniz 235, 236, 238–9
  唯物论参见唯物论 materialism see materialism
  和数学 and mathematics 348
  形而上学意义概述 meaning, summarized xvi
  和摩尔 and Moore 367–9
  新柏拉图主义的参见新柏拉图主义／新柏拉图主义者 Neoplatonist see Neoplatonism/ Neoplatonists
  作为老术语，指的是现在所谓的"哲学" as old term meaning what is now called 'philosophy' xv, 259, 280
  和语言哲学 and philosophy of language 423
  和心灵哲学 and philosophy of mind xvii–xviii
  在场的形而上学 of presence 504
  和现实参见现实 and reality see reality
  逻辑实证主义者否认是知识的来源 rejected by Logical Positivists as a source of knowledge 377, 380 "再辨识" 'revisionary' 415
  利科的伦理学形而上学 Ricoeur's ethical metaphysics 498, 499
  数论学派 Samkhya 525
  和萨特 and Sartre 488
  司各脱 vs 阿奎那 Scotus vs Aquinas 162
  和灵魂参见灵魂 and the soul see soul
  和实体参见实体 and substance see substance

充足理由律 sufficient reason principle 235, 238–9
真理参见真理 truth see truth
共相参见共相 universals see universals
《吠檀多》Vedanta 522
和证实主义真理观 and verificationist view of truth 426–7 也参见证实／证实主义 see also verification/verificationism
轮回 metempsychosis 18, 19, 26, 40, 42 也参见转世 see also reincarnation
方法论行为主义 methodological behaviourism 409
斯特拉多尼西亚的迈特罗多鲁斯 Metrodorus of Stratonicea 119
海因里希·梅耶 Meyer, Heinrich 298
切塞纳的迈克尔 Michael of Cesena 164
米兰 Milan 188
《米兰敕令》Edict of 3, 137
米利都 Miletus 9, 11, 44
詹姆士·密尔 Mill, James 284
  和对他儿子约翰·斯图尔特·密尔的教育 and education of his son, John Stuart 304
  《英属印度史》History of British India 303–4
约翰·斯图尔特·密尔 Mill, John Stuart 279, 280, 303–7
  《自传》Autobiography 303
  和边沁 and Bentham 286
  生平 birth details 304
  和英国东印度公司 and British East India Company 304
  和审查 and censorship 305
  和孔德 and Comte 303
  作为一位后果论者 as a consequentialist 305–6
  教育 education 304
  和政府 and government 305
  和幸福 and happiness 304, 306
  和归纳 and induction 198–9
  自由主义 liberalism 304, 305
  和自由权 and liberty 305, 307
  《论自由》On Liberty 305
  与哈莉耶特·泰勒的婚姻 marriage to Harriet Taylor 304
  和数学 and mathematics 360
  精神崩溃 nervous breakdown 304

索引 689

和指称 and reference 431n

和罗素 and Russell 307, 345

《妇女的从属地位》（与泰勒合著）*The Subjection of Women* (with Taylor) 304

《逻辑学体系》*System of Logic* 199, 305

功利主义 utilitarianism 281-2, 286, 304, 305-7

《功利主义》*Utilitarianism* 305

《威斯特敏斯特评论》*Westminster Review* essays 305

和女性平等 and women's equality 304, 307

和华兹华斯 and Wordsworth 304

密尔的方法 Mill's Methods 199

克罗顿的米罗 Milo of Croton 19

约翰·弥尔顿 Milton, John 210, 258

心灵哲学 mind, philosophy of

在分析传统参见分析哲学：心灵哲学 in Analytic tradition see Analytic philosophy: of mind

阿威罗伊的"独一理智" Averroes' 'unicity of the intellect' 573

和大脑参见大脑 and the brain see brain

意识参见意识 consciousness see consciousness

勒内·笛卡尔 Descartes, René 204-6, 213, 439

和伊壁鸠鲁 and Epicurus 105-6

作为思想的心灵的本质（笛卡尔）essence of mind as thought (Descartes) 205, 213

和大众理论参见大众心理学 and folk theory see folk psychology

功能主义 functionalism 436-7

和上帝作为无限/普遍心灵 and God as infinite/universal mind 213, 227, 231, 232, 353, 571

人类心灵作为无限心灵的"模式" human minds as 'modes' of infinite mind 213

和休谟参见大卫·休谟：和心灵 and Hume see Hume, David: and the mind

观念论参见观念论 idealism see idealism

观念参见观念 ideas see ideas

同一理论参见心灵的同一理论 identity theories see identity theories of mind

意向性参见意向性 intentionality see intentionality

康德和"我们心灵运作的方式" Kant and 'the way our minds work' 260-63

心灵哲学意义概述 meaning, summarized xvii-xviii

和形而上学 and metaphysics xvii-xviii

心灵作为白板 mind as a blank slate 260, 262, 381

心灵作为思维着的实体 mind as thinking substance 205, 213

身-心问题参见身-心问题 mind-body problem see mind-body problem

在新柏拉图主义中：物质作为努斯的流溢 in Neoplatonism: matter as emanation of *nous* 128; 心灵作为实在的基础 mind as basis of reality 124; 心灵在本体论上先于物质 mind ontologically prior to matter 124, 128; 同一的心灵 the unitary mind 124

和神经科学 and neuroscience xx, 107, 204, 434, 440, 441

和物理主义参见物理主义 and physicalism see physicalism

实在作为心灵共同体（斯普里格）reality as a community of minds (Sprigge) 328

心灵与物质/身体/大脑的关系参见物质：心灵和物质的互动/关系；身-心问题 relationship of mind to matter/body/brain see matter: interaction/ relationship of mind and; mind-body problem

数论学派 Samkhya 524-5

斯宾诺莎和积极和消极的心理状态 Spinoza and active and passive mental states 215

真理与认知印象 truth and *phantasia kataleptike* 110-11

精神性的终极实在（黑格尔）ultimate reality as mental (Hegel) 292

《心灵》（期刊）*Mind* (journal) 326, 348, 413

身-心问题 mind-body problem

笛卡尔 Descartes 204-6, 213, 439;

和赖尔的"机器幽灵神话" and Ryle's 'ghost in the machine' 407-8

和偶因论 and occasionalism 205

和平行论 and parallelism 205

斯宾诺莎 Spinoza 214

和斯特劳森 and Strawson 416

分子的 minuscule 178

理查德·冯·米塞斯 Mises, Richard von 379

大卫·米歇尔 Mitchell, David 578n
第一次米特拉达梯战争 Mithridatic War, First 82
现代主义 modernism 511
墨家思想 Mohism 534, 535, 542–5
    伦理学 ethics 542–5, 581
    名学（逻辑学和形而上学）School of Names (logic and metaphysics) 542, 545
单子（莱布尼茨）monads (Leibniz) 236–8
君主政体 monarchy
    亚里士多德厌恶君主政体 Aristotle's dislike for 94
    君主立宪制 constitutional 295
    和霍布斯 and Hobbes 207, 224
    马其顿式的 Macedonian 82
    "美德的" 'virtuous' 186
修会生活 Monasticism
    亨利八世废黜修会 Henry VIII's dissolution of the monasteries 162n
    文献抄本由僧侣保存 preservation of manuscripts by monks 4
    和剃发礼 and tonsures 145n
《现代》Le Monde 505
莫妮卡，奥古斯丁的母亲 Monica, mother of Augustine 137
一元论 monism 205–6
    异态的 anomalous 422–3, 437–9
    东方的非二元论思想：吠檀多派的不二 Eastern non-dualist thought: Advaita of Vedanta 522; 瑜伽行派的意识流的不二（唯识）作为第一存在物 Yogacara's non-dual flow of consciousness (cittamatra) as primary existent 530–31
    埃利亚 Eleatic 26–7, 32–4, 36, 44
    爱奥尼亚的物质一元论 Ionian material monism 12, 16, 29–30
    新黑格尔主义的 neo-Hegelian 347
    新柏拉图主义的太一 Neoplatonic primordial One 126, 128, 560
    "中立"一元论 'Neutral' 354
    巴门尼德关于一的理论 Parmenides' theory of the One 27, 32–4, 36, 44
    和前苏格拉底有关本原的理念参见本原（宇宙的原理）and Presocratic idea of arche see arche (principle of the cosmos)

实在作为单一心灵**参见**观念论 reality as One Mind see idealism
《一元论者》Monist 357
一神论 monotheism 569
米歇尔·德·蒙田 Montaigne, Michel de 123, 135
G.E. 摩尔 Moore, G. E. 335, 363–70, 446
    和布鲁姆斯伯里团体 and Bloomsbury Group 365
    和布拉德雷 and Bradley 323
    认识论 epistemology 367–8
    伦理学 ethics 365–7; 和道德直觉 and moral intuition 366–7, 446; 和"自然主义谬误"and 'Naturalistic Fallacy' 366, 446; 和非认知主义 and non-cognitivism 367; 功利主义的 utilitarian 367
    和观念论 and idealism 365, 367–8
    和同一性陈述 and identity statements 367–8
    和康德 and Kant 365
    和麦克塔格特 and McTaggart 346–7, 365
    和形而上学 and metaphysics 367–9
    和日常意义 and ordinary meaning 369
    《伦理学原理》Principia Ethica 347, 366, 446
    《外部世界的证明》'Proof of an External World' 369
    和实在论 and realism 347, 368–9
    《拒斥观念论》'The Refutation of Idealism' 367–8
    和罗素 and Russell 345, 346–7
    和怀疑论 and scepticism 369
    和维特根斯坦 and Wittgenstein 371, 372
道德哲学 moral philosophy
    在基督教道德中的**基督之爱** agape in Christian morality 544
    在分析传统中**参见**分析哲学：伦理学／道德 in Analytic tradition see Analytic philosophy: ethics/morality
    和罗杰·培根 and Roger Bacon 160
    和布拉德雷 and Bradley 325
    和绝对律令 and the categorical imperative 264–5
    基督教和道德的基础 Christianity and the basis of morality 182–3, 243
    道德的后果论理论**参见**后果论 consequentialist theory of morality see consequentialism
    义务论 deontology 265, 305–6, 453, 454, 455, 456,

457
道德对自由意志的依赖 dependence of morality on free will 263–4, 265
和伦理学与道德之间的区分 and distinction between ethics and morality xvii
和神圣命令的道德 and divine-command morality 454
和义务**参见**义务 and duty *see* duty
和启蒙运动 and the Enlightenment 243
伦理学**参见**伦理学 ethics *see* ethics
和T.H.格林 and T. H. Green 322
和休谟**参见**大卫·休谟：伦理学和道德 and Hume *see* Hume, David: ethics and morality
和与生俱来的道德感 and innate moral sense 247
和康德**参见**伊曼纽尔·康德：道德哲学和伦理学 and Kant *see* Kant, Immanuel: moral philosophy and ethics
道德自主性 moral autonomy 255
道德自由 moral freedom 254–5
道德直觉**参见**直觉：道德的 moral intuition *see* intuition: moral
道德法则 moral law 254–5, 264, 265–6, 267, 455
道德感知 moral perceptions 247
道德意志 moral will 265
与"自然哲学" vs 'natural philosophy' xv
自然 vs 习俗 nature vs convention 54–5
尼采**参见**弗里德里希·尼采：伦理学和道德 Nietzsche *see* Nietzsche, Friedrich: ethics and morality
理性主义道德和休谟的反驳 rationalist morality and Hume's objection 247–8
和理性（康德）and reason (Kant) 263–8
和宗教对道德有害 and religion as harmful to morality 266, 268
和罗素**参见**伯特兰·罗素：和道德理论 and Russell *see* Russell, Bertrand: and moral theory
叔本华 Schopenhauer 300–301
和自利 and self-interest 247, 282
苏格拉底和道德卓越 Socrates and moral excellence 63–4
迷信作为真正道德的敌人 superstition as enemy of true morality 216

和乌班图精神 and *Ubuntu* 518, 580–81
功利主义理论**参见**功利主义 utilitarian theories *see* utilitarianism
和美德**参见**美德；美德伦理学 and virtue *see* virtue; virtue ethics
和意志**参见**自由意志；意志 and will *see* free will; will
托马斯·莫尔 More, Thomas 135
《乌托邦》*Utopia* 191–2
奥古斯都·德·摩根**参见**德·摩根，奥古斯都 Morgan, Augustus De *see* De Morgan, Augustus
奥托琳·莫瑞尔夫人 Morrell, Lady Ottoline 371
R. 马瑟比 Motherby, R. 258
运动 motion
　和原子论 and atomism 49–50, 104–5
　永恒：阿那克西美尼 eternal: Anaximenes 16–17; 伊壁鸠鲁 Epicurus 105
　芝诺悖论 paradoxes of 36–7, 38–9
　和巴门尼德 and Parmenides 32, 33
　和毕达哥拉斯主义 and Pythagoreanism 34
　"旋转"（阿那克萨戈拉）'rotary' (Anaxagoras) 46
　芝诺和运动的不可能性 Zeno and the impossibility of 36–7
加布里埃尔·穆顿 Mouton, Gabriel 234
墨子 Mozi 535, 542–5
穆罕默德 Muhammad 513–14, 516, 517, 558
　预言 prophecies of 569
　言行录 sayings (*hadith*) 564
阿布·瓦利德·穆罕默德 Muhammad, Abdul-Walid 571
多重普遍性 multiple generality 362
音乐 music
　和谐音程 consonant intervals 21–2, 23
　音高 pitch 21–2
　浪漫主义的 Romantic 275
　和卢梭 and Rousseau 251
　和叔本华 and Schopenhauer 297, 300
　和灵魂 and the soul 20
　天体和声 of the spheres 22, 23
　和超越苦难 and transcendence of suffering 297, 300

穆索尼乌斯·路福斯 Musonius Rufus, Gaius 113
穆阿台绥姆 al-Muʻtasim 558, 560
穆塔瓦基勒 al-Mutawakkil 559
穆尔太齐赖派 Muʻtazilites 558-9
神秘主义 mysticism
　　字母的神秘意涵 alphabet's mystical implications 174
　　卡巴拉秘教的 参见 卡巴拉秘教 of Cabala see Cabala
　　神秘体验作为知识来源 mystical experience as a source of knowledge 159
　　新柏拉图主义 Neoplatonism
　　　和通神术 and theurgy 128, 129-30
　　　新柏拉图主义的影响 Neoplatonist influence on 130
　　数秘术 numerology 174
密提林 Mytilene 104

N

本·纳迪姆 al-Nadim, Ibn 556, 557, 559
龙树 Nagarjuna 528
托马斯·内格尔 Nagel, Thomas 442
南比克瓦拉部落 Nambikwara tribe 505
约翰·纳皮尔 Napier, John 270
那不勒斯 Naples 151, 153, 154
拿破仑一世 Napoleon I 287
赛义德·侯赛因·纳斯尔 Nasr, Seyyed Hossein 555n
民族主义 nationalism
　　法西斯主义 参见 法西斯主义 fascist see Fascism
　　和尼采 and Nietzsche 316
　　和浪漫主义 and Romanticism 275
自然法 natural law 56, 209, 224, 258, 264, 271, 423, 437, 538
自然权利 natural rights 209, 224, 283
自然主义 naturalism 361
　　"自然主义谬误"（摩尔）'Naturalistic Fallacy' (Moore) 366, 446
　　蒯因 Quine 390
自然 nature
　　弗朗西斯·培根论实践知识和自然历史 Francis Bacon on practical knowledge and natural history 199
　　作为一个连续统 as a continuum 235, 236
　　善作为与自然和谐 goodness as that which is in accordance with 111
　　通过按照自然生活而获得的幸福 happiness through living in accordance with 54, 111
　　霍布斯和"法律"和"国家" Hobbes and 'law' and 'state' of 56, 209
　　人 参见 人性 human see human nature
　　相对于法律/道德习俗 vs law/moral convention 54
　　自然法 参见 自然法 law of see natural law
　　人作为自然的"继子" man as 'stepchild' of 179-80
　　道德和自然与习俗之争 morality and the nature vs convention debate 54-5
　　"神秘科学"和掌控自然 'occult sciences' and the control of 195-6
　　和连续性原则 and principle of continuity 235, 236
　　浪漫主义和自然之美 Romanticism and natural beauty 275
　　科学对自然的掌控 scientific mastery over 277
　　斯宾诺莎将上帝和自然等同 Spinoza's equating with God 212-14, 235
　　自然状态：和边沁 state of: and Bentham 283; 在道家思想中 in Daoism 547n; 和霍布斯 and Hobbes 56, 209; 和洛克 and Locke 107, 224-5, 226; 和"自然自由" and 'natural freedom' 224-5, 254; 和卢梭 and Rousseau 107, 252, 254
　　和天 and Tian 537-8, 543
瑙西芬尼 Nausiphanes 104
纳粹主义 Nazism
　　和阿伦特 and Arendt 510
　　和柏格森 and Bergson 508
　　和启蒙运动 and the Enlightenment 277
　　和伽达默尔 and Gadamer 493
　　和海德格尔 and Heidegger 359, 476, 477-8, 481-2, 510
　　和波普尔 and Popper 395
　　和谋杀石里克的凶手 and Schlick's murder 385
　　和维也纳学派 and Vienna Circle 380

索引　**693**

尼阿库斯 Nearchus 35–6
约翰·奈尔布克 Nelböck, Johann 385
涅莱乌斯 Neleus 81
新实证主义参见逻辑实证主义 neo-Positivism *see* Logical Positivism
新实用主义 neo-pragmatism 333
新柏拉图主义 / 新柏拉图主义者 Neoplatonism/Neoplatonists 10, 79, 123–30
　和奥古斯丁 and Augustine 130, 132
　和阿威罗伊 and Averroes 153
　和基督教 and Christianity 124, 129, 182
　和意识 and consciousness 128
　和笛卡尔 and Descartes 204
　学说 doctrines 128–30
　运动的产生 emergence of movement 123–4
　伦理学 ethics 129
　费奇诺的《柏拉图式神学》Ficino's *Platonic Theology* 172–3
　和赫尔墨斯主义 and Hermeticism 173–4
　和人性 and human nature 128–9
　和观念论 and idealism 124, 128, 130
　影响 influence 130; 论阿奎那 on Aquinas 130, 154
　和犹太教 and Judaism 127
　和心灵 **参见** 心灵哲学 and the mind *see* mind, philosophy of:
　在新柏拉图主义中 in Neoplatonism
　和俄耳甫斯教 and Orphism 127
　和柏拉图的理念 and Platonic Forms 125
　和太一 and the primordial One 126, 128, 560
　和毕达哥拉斯 and Pythagoras 20
　和理性研究 and rational enquiry 127–8
　与柏拉图主义的关系和差异 relationship and divergence from Platonism 79, 124, 125–6
　源自新柏拉图主义的宗教 religion derived from 124, 129–30
　和灵魂 and the soul 128–9
　作为神智学 as theosophy 557
　和通神术 and theurgy 128, 129–30
新毕达哥拉斯主义 Neopythagoreanism 126
海王星的发现 Neptune, discovery of 399
尼禄 Nero 113, 114
奥托·纽拉特 Neurath, Otto 378, 379, 380, 381

神经哲学（丘奇兰德）neurophilosophy (Churchland) 440
神经心理学 neuropsychology xx
神经科学 neuroscience xx, 107, 204, 434, 440, 441
《纽约先驱报》*New York Daily Tribune* 309
艾萨克·牛顿 Newton, Isaac 38, 218, 270, 584
　和空间和时间的绝对性 and the absolutes of space and time 162
　和微积分 and calculus 234
　和重力 and gravitation 244
　对启蒙运动观念的影响 influence on Enlightenment ideas 211
　和莱布尼茨 and Leibniz 234
　《自然哲学的数学原理》*Principia* 198
伊丽莎白·内伊 Ney, Elisabet 301
乔丹·库什·恩古班 Ngubane, Jordan Kush 580
尼科洛·德·尼科利 Niccoli, Niccolò de' 178
教宗尼古拉五世 Nicholas V, Pope 172
库萨的尼古拉 Nicholas of Cusa 135, 180
　和数学作为最高的知识 and mathematics as the highest knowledge 174
尼各马可 Nicomachus 91
尼科波利斯 Nicopolis 113
伊丽莎白·尼采（后来的伊丽莎白·福斯特−尼采）Nietzsche, Elisabeth (later Elisabeth Förster-Nietzsche) 316
弗里德里希·尼采 Nietzsche, Friedrich 54n, 279, 280, 314–20
　和安德烈亚斯−莎乐美 and Andreas-Salomé 316
　《敌基督者》*The Antichrist* 316, 318
　和艺术／美学 and art/aesthetics 319
　《善恶的彼岸》*Beyond Good and Evil* 316
　生平 birth details 314
　《悲剧的诞生》*The Birth of Tragedy* 315, 319
　《瓦格纳事件》*The Case of Wagner* 316
　和基督教：被犹太−基督道德思考扭曲的西方价值 and Christianity: distortion of Western values by Judaeo-Christian moral thinking 317–18;"上帝已死"的宣言 'God is dead' announcement 317–18; 个人信仰的失落 personal loss of faith 314
　和创造性 and creativity 319

《朝霞》*Daybreak* 316
《瞧！这个人》*Ecce Homo* 316, 319
伦理学和道德 ethics and morality 317–20; 自主性和拒斥传统道德 autonomy and rejection of conventional morality 319; 和"永恒轮回"and 'eternal recurrence' 319, 502; 需要"重估一切价值"need for 'revaluation of all values' 318, 320; 和"超人"and 'Superman' 54n, 319; 被犹太－基督道德思考扭曲的西方价值 Western values distorted by Judaeo-Christian moral thinking 317–18; 和权力意志 and the will to overcome 318 19
家庭背景 family background 314
在普法战争期间 during Franco-Prussian war 315
和加斯特 and Gast 316
《快乐的知识》*The Gay Science* 316, 317–18, 319
《论道德的谱系》*The Genealogy of Morals* 316, 318
和海德格尔 and Heidegger 478
和荷尔德林 and Hölderlin 314
《人性的，太人性的》*Human, All Too Human* 316
在晚年发疯 madness at end of life 315, 317
《尼采反瓦格纳》*Nietzsche contra Wagner* 316
和虚无主义 and nihilism 319–20
和奥弗贝克 and Overbeck 315
和痛苦 and pain 319
和权力 and power 318–19
普鲁士炮兵服役 Prussian artillery service 315
和雷 and Rée 316
被妹妹伊丽莎白玷污的名声 reputation twisted by sister Elisabeth 316
和里敕尔 and Ritschl 314, 315
和施梅茨纳 and Schmeitzner 316
和叔本华 and Schopenhauer 297, 318–19
梅毒猜测 syphilis conjecture 315
《查拉图斯特拉如是说》*Thus Spake Zarathustra* 314, 316–17
《偶像的黄昏》*Twilight of the Idols* 316
在巴塞尔大学 at University of Basle 315
《不合时宜的沉思》*Untimely Meditations* 315
和瓦格纳一家 and the Wagners 314, 315, 316
《权力意志》*The Will to Power* 316
虚无主义 nihilism 319–20

夸梅·恩克鲁玛 Nkrumah, Kwame 577
唯名论 nominalism
　阿伯拉尔 Abelard 149
　奥卡姆 Ockham 165
　与实在论 vs realism 74–5, 166
　和共相 and universals 149, 207
非认知主义 non-cognitivism 367, 447–8, 450–51
非矛盾律 Non-Contradiction, Law of 165n, 235, 360–61, 587
不服从国教者 nonconformists 285, 304
不存在 nonexistence 526
努斯 *nous* 45–6
　在柏拉图主义中 in Neoplatonism 128
罗伯特·诺齐克 Nozick, Robert 462–6
　《无政府、国家和乌托邦》*Anarchy, State and Utopia* 458, 462–3
　自由至上主义 libertarianism 462–6
　和最小主义国家 and the minimalist state 464–6
　《哲学解释》*Philosophical Explanations* 466
数 Numbers 20–21
　和性别 and gender 22
　无理数 irrational 22–3
数字 numerals 20–21
数秘术 numerology 174
玛莎·努斯鲍姆 Nussbaum, Martha 470
正理学派 Nyaya 521, 525–9
　认识论 epistemology 521
　和逻辑学 and logic 521, 525, 528–9
　和胜论派 and Vaisheshika 521, 525–9
《正理经》*Nyayasutras* 521, 528
朱丽叶斯·尼雷尔 Nyerere, Julius 577

O

迈克尔·奥克肖特 Oakeshott, Michael 458
观察 observation
　和阿那克萨戈拉 and Anaxagoras 46–7
　和阿那克西美尼 and Anaximenes 17–18
　和弗朗西斯·培根 and Francis Bacon 198, 199
　和经验主义 **参见** 经验主义 and empiricism *see* empiricism
　和归纳 and induction 46–7, 198–9

索引　**695**

和记录语句 and protocol sentences 380–81
和科学在17世纪的兴起 and rise of science in 17th century 198–9, 270
和泰勒斯 and Thales 13, 199
作为"有理论负载的" as 'theory-laden' 381, 387–8
奥卡姆剃刀 Occam's Razor 164, 231
偶因论 occasionalism 205
神秘主义 occultism 135, 161, 174, 195, 197–8
　和罗杰·培根 and Roger Bacon 160–61
　和数学 and mathematics 174
　"神秘科学" 'occult sciences' 134, 170, 172, 173, 195; 炼金术 参见炼金术 alchemy see alchemy; 天文学 参见天文学 astrology see astrology; 赫尔墨斯主义 参见赫尔墨斯主义 Hermeticism see Hermeticism; 魔法 参见魔法; magic see magic; 和皮科 and Pico 173, 174; 和文艺复兴 and the Renaissance 170, 172, 174
奥卡姆的威廉 Ockham, William of 164–7
　对亚里士多德《物理学》的评注 commentary on Aristotle's Physics 165
　对伦巴德的《四部语录》的评注 commentary on Lombard's Sentences 164
　逐出教会 excommunication 164
　和自由意志 and free will 166
　和逻辑学 and logic 165
　和把握神学真理信念的必然性 and necessity of faith to grasp theological truths 164–5
　作为一位唯名论者 as a nominalist 165
　如无必要原则 principle of not unnecessarily
　多重实体（奥卡姆剃刀）multiplying entities (Occam's Razor) 164, 231
　和命题性知识 and propositional knowledge 165
　和司各脱 and Scotus 163
　和教会和国家的分离 and separation of Church and state 166
新路 via moderna 164
奥卡姆主义者 Ockhamists 166–7
屋大维 Octavian 112
亨利·奥德拉·奥鲁卡 Odera Oruka, Henry 579
《家政学》（伪亚里士多德）Oeconomics (pseudo-Aristotle) 178–9
俄狄浦斯 Oedipus 144

维诺安达 Oenoanda 103
寡头政治 oligarchy 73
　意大利城邦的寡头政治 Italian city-state oligarchies 186
本体论论证 ontological argument
　安瑟伦 Anselm 146–8
　奥古斯丁对本体论论证的预见 Augustine's anticipation of 141
　笛卡尔 Descartes 204
　马尔毛帖的高尼罗的反驳 Gaunilo of Marmoutiers' repudiation 148
　康德的反驳 Kant's repudiation 147
　和莱布尼茨 and Leibniz 238
本体论 也参见存在 ontology see also Being
　二元论的 dualistic 560 也参见形而上学；灵魂：不朽的 see also metaphysics; soul: immortal
　和伽达默尔 and Gadamer 494, 495
　和海德格尔 and Heidegger 480, 494
　和解释学 and hermeneutics 494–5
　伊斯兰的 Islamic 556
　被意指的实体（戴维森）of meant entities (Davidson) 420
　和蒯因 and Quine 390, 391
　数论学派 Samkhya 521
　和萨特 and Sartre 488
　和科学 and science 390 也参见物理主义 see also physicalism
胜论派 Vaisheshika 527
"日常语言哲学"（牛津）'ordinary language philosophy' (Oxford) 405–17
　奥斯汀 Austin 410–13
　和摩尔 and Moore 369
　赖尔 Ryle 405, 406, 407–9
　斯特劳森 Strawson 413–17
亚历山大里亚的奥利金 Origen of Alexandria 126n, 127, 154
异教徒奥利金 Origen the Pagan 126n
原罪和人的堕落 original sin and Fall of Man 129, 140, 181
　和虔信派教徒 and Pietists 266
俄耳甫斯教 Orphism 20
　和新柏拉图主义 and Neoplatonism 127

俄耳甫斯赞歌 Orphic hymns 7, 8n
他者 Otherness
　　德·波伏娃 de Beauvoir 491–2
　　萨特 Sartre 489–90
闲暇 参见 闲暇,"良好"运用 otium see leisure, 'noble' use of
奥斯曼帝国 Ottoman Empire 171
　　和君士坦丁堡的陷落 and fall of Constantinople 172
弗朗茨·奥弗贝克 Overbeck, Franz 315
所有权 ownership 465
牛津,"日常语言哲学" 参见 "日常语言哲学" Oxford, 'ordinary language philosophy' see 'ordinary language philosophy'

P

基本存在物 padarthas 526
异教 paganism
　　和基督教：异教徒和基督徒伦理选择的基础 and Christianity: basis of ethical choice for pagans and Christians 182–3; 基督教从"异教"哲学中的借鉴 Christian borrowings from 'pagan' philosophy 182; 盖伊论异教 Gay on 272; 和优士丁尼对"异教"哲学的禁令 and Justinian's banning of 'pagan' philosophy 6, 78, 98, 131; 被狂热基督徒摧毁的"异教"书籍 'pagan' books destroyed by Christian zealots 3, 129, 556–7; 和文艺复兴 and the Renaissance 181–3
　　启蒙运动和现代异教 Enlightenment and modern paganism 272
痛苦 pain
　　避免痛苦 avoidance of 104, 286, 533
　　和意识 and consciousness 444, 474
　　和伊壁鸠鲁主义 and Epicureanism 104, 106
　　和享乐主义 and hedonism 306
　　和同一性理论 and identity theories 435, 436
　　和法律 and laws 56
　　和身—心问题 and the mind-body problem 205
　　和尼采 and Nietzsche 319
　　和快乐作为价值的标准 and pleasure as criteria of value 283
　　和斯特劳森 and Strawson 415
　　和功利主义 and utilitarianism 281, 282, 286, 306
种子 panspermia 45, 46
教皇职位 papacy 161–2n 也参见 梵蒂冈 see also Vatican
梵蒂冈的宗教法庭 papal court at Avignon 164
教皇权力 papal power 166, 171; 马西利乌斯和世俗/皇权的分离 Marsilius and separation from secular/imperial power 166, 186
悖论 paradoxes
　　运动悖论 of motion 36–7, 38–9
　　芝诺悖论 参见 埃利亚的芝诺：悖论 of Zeno see Zeno of Elea: paradoxes
平行论 parallelism 205
德里克·帕菲特 Parfit, Derek 470
帕里斯，普利阿摩斯之子 Paris, son of Priam 55
巴黎（城市）Paris (city)
　　阿奎那 Aquinas in 152, 153, 154
　　德勒兹 Deleuze in 500
　　德里达 Derrida in 503–4
　　巴黎高等师范学校 Ecole Normale Supérieure 482, 486, 503–4
　　育婴堂 Foundling Hospital 251
　　休谟 Hume in 241–2
　　胡塞尔的"巴黎讲座"Husserl's 'Paris Lectures' 482
　　国际数学大会（1900年）international congress of mathematics (1900) 348
　　莱布尼茨 Leibniz in 233
　　马克思 Marx in 308–9
　　梅洛-庞蒂 Merleau-Ponty in 482–3
　　南泰尔大学 Nanterre University 497–8
　　卢梭 Rousseau in 251
　　萨特 Sartre in 486
　　叔本华 Schopenhauer in 298
　　司各脱在巴黎 Scotus in 161
　　"社会主义与自由"地下组织 Socialisme et Liberté underground group 482, 486
　　巴黎大学（索邦）University (Sorbonne) 133, 148, 153, 166, 173, 482, 483, 484, 486, 497, 500, 503
南泰尔的巴黎第十大学 Paris X Nanterre 497–8

议会代表制 Parliamentary representation 285
巴门尼德 Parmenides 7, 10, 31–5
　和阿弥尼俄斯 and Ameinias 31
　和阿那克萨戈拉 and Anaxagoras 44–5
　和阿那克西曼德 and Anaximander 31
　和亚里士多德 and Aristotle 31, 33
　生平 birth details 31
　和德尔维尼纸草 and Derveni Papyrus 8n
　和恩培多克勒 and Empedocles 40, 41
　和海德格尔 and Heidegger 479
　和赫拉克利特 and Heraclitus 31
　和留基伯 and Leucippus 48
　和运动 and motion 32, 33
　和柏拉图/柏拉图主义 and Plato/Platonism 35, 36, 126
　诗篇 poem of 31–3
　和毕达哥拉斯主义 and Pythagoreanism 31
　和"存在"的问题 and question of What Is 27, 32–4, 36, 44
　和具有欺骗性的感官 the senses as delusive 32, 41, 50, 68
　和苏格拉底 and Socrates 31
　关于"一"的理论 theory of the One 27, 32–4, 36, 44
　和色诺芬尼 and Xenophanes 26, 31
布莱士·帕斯卡尔 Pascal, Blaise
　塞克斯都的影响 influence of Sextus on 123
　和莱布尼茨 and Leibniz 233
　帕坦伽利经 Patanjali 521
　圣保罗 Paul, St 181–2, 183, 517
克里斯托弗·皮科克 Peacocke, Christopher 469
朱塞佩·皮亚诺 Peano, Giuseppe 336, 348, 357
大卫·皮尔斯 Pears, David 449
查尔斯·桑德斯·皮尔士 Peirce, Charles Sanders 329
　可错主义认识论 fallibilist epistemology 330
　《如何使我们的观念清楚明白》'How to Make our Ideas Clear' 329–30
　"形而上学俱乐部" 'Metaphysical Club' 329
　实用主义 pragmatism 328–30, 332, 333
约翰·佩尔 Pell, John 234
佩拉 Pella 83
伯罗奔尼撒战争 Peloponnesian War 66

感知 perception
　和阿伯拉尔 and Abelard 150
　阿那克萨戈拉的感知理论 Anaxagoras' theory of 46
　和奥斯汀 and Austin 410, 411
　和罗杰·培根有关眼和视觉的研究 and Roger Bacon's study of the eye and vision 160
　和信念 and beliefs 117
　贝克莱的感知者和感知理论 Berkeley's theory of perceiver and 227–30
　作为顺世派中知识的重要来源 in Carvaka, as principal source of knowledge 522, 532–3
　和认知：和佛教 and cognition: and Buddhism 528;
　和查伐伽 and Carvaka 522, 532–3;
　在正理派–胜论派 in Nyaya–Vaisheshika 528
　感知的欺骗性力量 delusive powers of 69 也参见 感觉：感官经验的怀疑论 see also sensation: scepticism of sense-experience
　陈那–法称学派 Dinnaga–Dharmakirti school 531
　伊壁鸠鲁和感官–知觉 Epicurus and sense-perception 105
　和存在 and existence 227–30, 367–8
　和休谟 and Hume 244–5
　观念作为感知 ideas as perceptions 244–5
　印象作为感知 impressions as perceptions 244–5
　莱布尼茨，和"统觉" Leibniz, and 'apperceptions' 238
　洛克的理论 Locke's theory of 220–21, 226
　和梅洛–庞蒂 and Merleau-Ponty 484, 485
　道德感知 moral perceptions 247
　和感知者 and the perceiver 227–30
　"前苏格拉底"的感知理论 Presocratics' theories of 5
　在数论学派中 in Samkhya 524–5
　感知之"幕" 'veil' of 220, 226
　季蒂昂的芝诺论感知 Zeno of Citium on perceiving 111
伯里克利 Pericles 44, 60
逍遥学派 Peripatetic school 26, 65, 81, 83
言后行为 perlocutionary acts 412
波斯 Persia 24, 557–8

和阿那克萨戈拉 and Anaxagoras 43–4
阿拉伯-波斯哲学参见阿拉伯-波斯哲学与萨拉米斯之战 Arabic-Persian philosophy *see* Arabic-Persian philosophy and battle of Salamis 43
和黑格尔 and Hegel 294
和爱奥尼亚哲学家 and the Ionians 24, 43–4
祭司 magi 120
摩尼 Mani in 138
波斯帝国 Persian Empire 533, 555, 563
人格 personhood 221–2 **也参见**人格同一性；自我 *see also* identity, personal; selfhood
"有说服力的"印象（卡尼阿德斯）'persuasive impressions' (Carneades) 118–19
说服力 persuasiveness 118–19
彼特拉克（弗朗切斯科·彼特拉克）Petrarch (Francesco Petrarca) 169, 175, 179
  在弗洛伦萨 in Florence 176
  和人文主义 and humanism 175, 179, 186, 187
  和闲暇（推动艺术发展的优雅闲暇）and *otium* (graceful leisure for cultivation of arts) 187, 191
  《论好坏命运的补救法》*De Remediis Utriusque Fortunae* 179
  和城邦 and the state 186, 187
埃尔弗丽德·佩特里 Petri, Elfride 477
现象主义 phenomenalism 353
  奥斯汀的解构 Austin's deconstruction 411–12
  和艾耶尔 and Ayer 353, 354
  和逻辑原子论 and logical atomism 355–6
现象学托马斯主义 Phenomenological Thomism 157
现象学 phenomenology
  作为实在论和观念论之间的桥梁 as bridge between realism and idealism 488
  在欧陆哲学**参见**欧陆哲学：现象学 in Continental philosophy *see* Continental philosophy: phenomenology
  和解释学 and hermeneutics 498–9
  胡塞尔 Husserl 474–6
  "现象学还原" 'phenomenological reduction' 489
  "现象学时间" 'phenomenological time' 499
  和物理学 and physics 474
  和赖尔的逻辑行为主义 and Ryle's logical behaviourism 408–9

马其顿的腓力 Philip of Macedon 83
菲洛·尤迪厄斯 Philo Judaeus 126
拉里萨的费隆 Philo of Larissa
  和学园 and the Academy 79, 119–20
  和假设性信念 and hypothetical belief 119
菲洛蒂莫 Philodemus 103
文献学 philology 7
哲学 philosophy
  非洲哲学**参见**非洲哲学 African *see* African philosophy
  目标：获得良好生活 aims: achieving the good life 52, 63, 99, 249–50, 确定事物的实在 determining realities of things 563–4; 心灵的宁静**参见**内心平静 peace of mind *see ataraxia*; 理解世界 understanding the world 99
  分析哲学**参见**分析哲学 Analytic *see* Analytic philosophy
  阿拉伯哲学**参见**阿拉伯-波斯哲学 Arabic *see* Arabic–Persian philosophy
  亚里士多德哲学**参见**亚里士多德 Aristotelian *see* Aristotle
  属于整个世界 as belonging to world at large 250
  中国哲学**参见**中国哲学 Chinese *see* Chinese philosophy
  基督教从"异教"哲学的借鉴 Christian borrowings from 'pagan' philosophy 182
  作为一种建构性事业（德勒兹）as a constructive endeavour (Deleuze) 503
  欧陆哲学**参见**欧陆哲学 Continental *see* Continental philosophy
  区分为旧路和新路 diverging into *via antiqua* and *via moderna* 166–7
  作为心灵的教育 as education of the mind 107
  启蒙哲学**参见**启蒙运动 of the Enlightenment *see* Enlightenment
  学术研究在20世纪的扩展 expansion of academic studies in 20th century 336
  女性主义哲学**参见**女性主义哲学 feminist *see* feminist philosophy
  和黄金年代 and the Golden Age 200
  希腊哲学**参见**希腊哲学 Greek *see* Greek philosophy
  历史哲学**参见**历史哲学 of history *see* history,

philosophy of
印度哲学参见印度哲学 Indian see Indian philosophy
被证明是难以理解的洞见 insights that prove elusive 389n
语言哲学参见语言哲学 of language see language, philosophy of
词语的意义 meaning of word xv
作为"形而上学" as 'metaphysics' xv
道德哲学参见道德哲学 moral see moral philosophy
自然哲学 natural xv, 158, 244 也参见科学 see also science
新柏拉图主义的参见新柏拉图主义 / 新柏拉图主义者 Neoplatonic see Neoplatonism/ Neoplatonists
波斯哲学参见阿拉伯-波斯哲学 Persian see Arabic–Persian philosophy
匹兹堡学派 Pittsburgh School of 433n
柏拉图参见柏拉图；柏拉图主义；苏格拉底 Platonic see Plato; Platonism; Socrates
"实践"哲学 'practical' 84, 179
研究的重要领域 principle areas of enquiry xv, 583 也参见美学；认识论；伦理学；语言哲学；逻辑学；形而上学；心灵哲学；道德哲学；政治哲学 see also aesthetics; epistemology; ethics; language, philosophy of; logic; metaphysics; mind, philosophy of; moral philosophy; political philosophy
作为对真理的追求 as pursuit of the truth 57
与神学的关系参见神学：与哲学的关系 relationship to theology see theology: relationship to philosophy
文艺复兴参见文艺复兴：哲学 Renaissance see Renaissance: philosophy
罗马参见犬儒主义者 / 犬儒学派；伊壁鸠鲁主义；新柏拉图主义 / 新柏拉图主义者；怀疑论者；斯多亚主义 / 斯多亚主义者 Roman see Cynics/Cynicism; Epicureanism; Neoplatonism/ Neoplatonists; scepticism; Stoicism/ Stoics
科学哲学参见科学哲学 of science see science: philosophy of

"哲学"这个词所指称的科学 science denoted by term 'philosophy' xv, 279
从19世纪开始分为两股思潮 separation from 19th century into two strands 280
智者参见智者 sophist see sophists
斯多亚参见斯多亚主义 / 斯多亚主义者 Stoic see Stoicism/Stoics
理论—实践区分（亚里士多德）theoretical– practical divide (Aristotle) 84–5
作为灵魂的疗救 as therapy of the soul 107
哲学家的时间线 timeline of philosophers 596–7
物理主义 physicalism 390
　和查尔莫斯 and Chalmers 443
　和意识 and consciousness 442–4
　和附带现象论 and epiphenomalism 438–9
　和内格尔 and Nagel 442–3
　非还原性的 non-reductive 437–9
物理学 physics
　和亚里士多德 and Aristotle 84 也参见亚里士多德：《物理学》 see also Aristotle: Physics
　弗朗西斯·培根的物理学体系 Francis Bacon's system of 197
　和笛卡尔 and Descartes 200
　爱因斯坦的广义相对论 Einstein's General Relativity theory 378
　和现象学 and phenomenology 474
　和罗素 and Russell 352
　和石里克 and Schlick 378
　斯多亚主义物理学 of Stoics 109–10
乔瓦尼·皮科·德拉·米兰多拉 Pico della Mirandola, Giovanni 135, 173–5
《九百论题》900 Theses 173
　和人的神圣性 / 近乎神圣性 and dignity/near-divinity of man 180
　和费奇诺 and Ficino 173
　和人文主义 and humanism 173, 174
　和洛伦佐·德·美第奇 and Lorenzo de' Medici 173
　和数学 and mathematics 174
　和神秘主义 and occultism 173, 174
《论人的高贵》The Oration on the Dignity of Man 173–4

和柏拉图主义 and Platonism 174
虔信派 Pietism 257, 266
松果体 pineal gland 205
戴维·平森特 Pinsent, David 371
匹兹堡学派 Pittsburgh School 433n
教宗庇护十世 Pius X, Pope 157
U.T. 普莱斯 Place, U. T. 434
《学说集》*Placita* 6
马克思·普朗克 Planck, Max 378
阿尔文·普兰丁格 Plantinga, Alvin 148
柏拉图 Plato 65–79
  学园**参见**柏拉图学园 Academy *see* Platonic Academy
  未成文学说猜测 *agrapha dogmata* (unwritten doctrine) speculation 77–8, 125, 126
  和亚历山大里亚 and Alexandria 557
  和阿那克萨戈拉 and Anaxagoras 44
  《申辩》*Apology* 59, 60n
  和贵族统治／精英统治 and aristocracy/meritocracy 72
  和亚里士多德**参见**亚里士多德：和柏拉图 and Aristotle *see* Aristotle: and Plato
  和雅典 and Athens 65–6
  洞穴之喻 cave allegory 67–8, 69
  《卡尔米德篇》*Charmides* 59, 60n
  和基督教 and Christianity 133, 183 **也参见**新柏拉图主义／新柏拉图主义者：和基督教 *see also* Neoplatonism/Neoplatonists: and Christianity
  和公民权 and citizenship 53, 72
  《克拉底鲁篇》*Cratylus* 28
  《克里同篇》*Crito* 60n
  和民主 and democracy 66, 73
  辩证法 dialectic 292–3 **也参见**苏格拉底对话法 *see also* Socratic Method
  和犬儒第欧根尼 and Diogenes the Cynic 100, 101
  早期以未决的疑难收尾的对话 early *aporetic* dialogues 62, 66
  和教育 and education 71–2
  和优生学 and eugenics 71
  《欧绪德谟篇》*Euthydemus* 51
  《游叙弗伦篇》*Euthyphro* 60n
  家庭背景 family background 65
  形式／理念 Forms/Ideas 68–9, 74–6, 143; 和亚里士多德 and Aristotle 88; 善的理念 Form of the Good 74, 174, 183; 之后缩减为一个"一"和一个"二"later reduction to a 'One' and a 'Dyad' 126; 和麦基论客观价值 and Mackie on objective values 451; 和新柏拉图主义 and Neoplatonism 125; 和知识论 and theory of knowledge 77; 和"第三人"问题 and 'Third Man' problem 76
  和伽达默尔 and Gadamer 493
  《高尔吉亚篇》*Gorgias* 54, 60n; 被布鲁尼翻译成拉丁文 Bruni's Latin translation 170
  希腊 Greek of 81
  和赫拉克利特 and Heraclitus 28–9, 31
  和西庇阿 and Hippias 56
  和人文主义 and humanism 183
  对中世纪哲学的影响 influence on medieval philosophy 132
  和正义**参见**正义：和柏拉图 and justice *see* justice: and Plato
  和知识：和亚里士多德 and knowledge: and Aristotle 88, 174; 和正确／为真的信念 and correct/true belief 69, 77; 知识与信念的差异 differentiation of knowledge from beliefs 69; 形式和知识论 Forms and theory of knowledge 77; 哲学体系和知识的获得 philosophical system and the acquiring of knowledge 67, 68, 174; 知识论的自我质疑 self-questioning of theory of knowledge 76–7; 和苏格拉底式方法**参见**苏格拉底式方法 and Socratic method *see* Socratic method
  《拉凯斯篇》*Laches* 60n, 61–2
  拉丁语翻译：布鲁尼 Latin translations: Bruni 170; 费奇诺 Ficino 172
  有关善的演讲 lectures on the Good 78
  和逻各斯 and *logos* 77
  《美诺篇》*Meno* 60n, 61, 68, 77, 115
  和巴门尼德 and Parmenides 35, 36, 126
  《巴门尼德篇》*Parmenides* 35, 36, 59, 75, 143
  《斐多篇》*Phaedo* 60n, 69–70, 183
  《斐德罗篇》*Phaedrus* 44, 70
  和哲学王 and philosopher-kings 66, 71–2, 73
  哲学作为对柏拉图的"注脚" philosophy as 'foot-

notes to' 67
《物理学》*Physics* 77
波普尔"历史主义者"的标签 Popper's branding as a 'historicist' 395
和普罗泰戈拉 and Protagoras 52, 53–4
《普罗泰戈拉篇》*Protagoras* 53, 54, 60n, 64
和毕达哥拉斯 and Pythagoras 18
和毕达哥拉斯主义 and Pythagoreanism 18
和理性主义 and rationalism 196
实在论 realism 75
存在与生成的领域 realms of Being and Becoming 68–9, 125
相对主义 relativism 115
和文艺复兴 and the Renaissance 170
《理想国》*Republic* 18, 70–74, 77, 115, 183; 洞穴之喻 Allegory of the Cave 67–8, 69; 和阿威罗伊 and Averroes 571; 和莫尔的《乌托邦》and More's *Utopia* 191
和修辞学 and rhetoric 170
和苏格拉底 **也参见**苏格拉底: 早期对话对苏格拉底的阐释 and Socrates *see also* Socrates: early dialogues throwing light on Socrates 60n; 学生和老师的关系 relationship as pupil and teacher 65; "苏格拉底质疑法" 'Socratic question' 58, 59; 与苏格拉底的受审和去世的著作 works relating to trial and death of Socrates 59, 60n
和苏格拉底未解的疑难 and Socratic *aporia* 62, 66, 71, 77, 80, 115
和智者 and the sophists 51, 52, 56, 57
和灵魂 and the soul 69–71, 183
概述前苏格拉底思想家 summarizing Presocratic thinkers 5
和至善 and the supreme Good 183
《会饮篇》*Symposium* 69, 183; 和 "柏拉图式的爱" and 'Platonic love' 173; 爱的学说 theory of love 183
和叙拉古 and Syracuse 66–7
和泰勒斯 and Thales 11
《泰阿泰德篇》*Theaetetus* 11, 53, 76–7, 115
《蒂迈欧》*Timaeus* 76, 115, 133, 174
"不遗忘"和"回忆理论 'unforgetting' and theory of recollection 69

怀特海论柏拉图 Whitehead on 67
和色诺芬尼 and Xenophanes 26–7
和埃利亚的芝诺 and Zeno of Elea 35, 36
柏拉图学园 Platonic Academy 65, 78
查士丁尼统治下被废除 abolition under Justinian 6, 78, 98, 131, 557
和埃奈西德穆的《皮浪语录》and Aenesidemus' *Pyrrhoneoi logoi* 121
和亚里士多德 and Aristotle 81, 82
阿索斯分支 Assos branch 82
和西塞罗 and Cicero 78
佛洛伦萨分支 Florence branch 172, 175, 177
和中期柏拉图主义 and Middle Platonism 127
在费隆的领导下 under Philo's leadership 79, 119–20
在怀疑论的影响下 under scepticism's influence 78–9, 98, 116, 120
在斯珀西波斯的领导下 under Speusippus' leadership 78, 82, 126
和斯多亚主义 and Stoicism 108, 110–11, 116
在色诺克拉底的领导下 under Xenocrates' leadership 78, 126
和季蒂昂的芝诺 and Zeno of Citium 108, 116
柏拉图式恋爱 Platonic love 173, 183
柏拉图主义 Platonism
和柏拉图学园 **参见**柏拉图学园 and the Academy *see* Platonic Academy
和教父 and the Church Fathers 182
发展成为新柏拉图主义 development into Neoplatonism 79, 124, 125–6 **也参见**新柏拉图主义/新柏拉图主义者 *see also* Neoplatonism/Neoplatonists
中期 Middle 79, 127
和巴门尼德 and Parmenides 35, 36, 126
和皮科 and Pico 174
普罗提诺的 of Plotinus 79, 125 **也参见**普罗提诺 *see also* Plotinus
文艺复兴 Renaissance 170–75
柏拉图研究图宾根学派 Tübingen School of Platonic studies 77–8
快乐 pleasure
美作为最高的快乐 beauty as highest 566

702 企鹅哲学史

和边沁的"幸福计算法" and Bentham's 'felicific calculus' 286, 306
和伊壁鸠鲁主义 and Epicureanism 104, 105, 106, 176
和友谊 and friendship 107
和享乐主义 and hedonism 282, 306, 532
密尔的高级和低级快乐观 Mill's view of higher and lower pleasures 306
和痛苦作为价值标准 and pain as criteria of value 283
和权力 and power 215
和文艺复兴艺术 and Renaissance art 181
效用，痛苦和快乐 utility, pain and 281
卜列东（吉奥尔吉·格弥斯托士）Plethon (George Gemistos) 171–2
《论亚里士多德与柏拉图的不同》De differentiis Aristotelis et Platonis 172
普罗提诺 Plotinus 77, 79, 124–5, 127
生平 birth details 125
《九章集》Enneads 125, 127
费奇诺的翻译 Ficino's translation 172
和铿迪 and al-Kindi 560
和梅洛-庞蒂 and Merleau-Ponty 482
和波菲利 and Porphyry 125, 127–8
和太一 and the primordial One 126, 560
多元主义 pluralism
和原子论 and atomism 50
布拉德雷拒绝多元主义 Bradley's rejection of 323, 325
麦克塔格特有关绝对的多元主义和关系性视角 McTaggart's pluralistic and relational view of the Absolute 326
和摩尔 and Moore 347
和罗素 and Russell 347, 355
数论学派 Samkhya 521
普鲁塔克 Plutarch 83, 116
和阿那克西曼德 and Anaximander 15
《道德论集》Moralia 6
波利齐亚诺的翻译 translations of: Poliziano 177; 维罗尼西 Veronese 177
富人统治 plutocracy 73
普纽玛 pneuma 109–10

政治哲学 political philosophy
在分析传统中参见分析哲学：政治哲学 in Analytic tradition see Analytic philosophy: political
和无政府参见无政府 and anarchy see anarchy
亚里士多德的实践哲学参见亚里士多德：和政治学 Aristotle's practical philosophy see Aristotle: and politics
边沁 Bentham 284–5
儒家秩序 Confucian order and 542
民主参见民主 democracy see democracy
伦理学与政治哲学的一致 ethics as continuous with 84, 94–5, 178–9, 583
和法拉比 and al-Farabi 562
和权利参见权利 and franchise see franchise
政府参见政府 government see government、T.H. 格林 T. H. Green 322
黑格尔 Hegel 288, 295–6
赫拉克利特和法治 Heraclitus and rule of law 30
霍布斯参见托马斯·霍布斯：政治哲学 Hobbes see Hobbes, Thomas: political philosophy
义战理论参见义战理论 just war theory see just war theory
和正义参见正义 and justice see justice
自由主义参见政治自由主义 liberalism see liberalism, political
洛克参见约翰·洛克：政治哲学 Locke see Locke, John: political philosophy
马克思参见卡尔·马克思：政治哲学 Marx see Marx, Karl: political philosophy
意义概述 meaning, summarized xviii
柏拉图的《理想国》Plato's Republic 72–3 也参见柏拉图：《理想国》see also Plato: Republic
和"政治科学" and 'political science' 186
非洲语境中的政治思考 political thinking in an African context 577
"政治学"作为对国家（城邦）的研究 'politics' as study of the state (polis) 84 也参见国家 see also state
统治的品质参见统治者品质 qualities for rulership see rulership qualities
和文艺复兴思想 and Renaissance thought 185–92;
和人文主义 and humanism 178, 186, 187, 188, 189

索引 703

卢梭**参见**让-雅克·卢梭：政治理论 Rousseau see Rousseau, Jean-Jacques: political theory
和社会契约**参见**社会契约 and social contracts see social contracts
斯宾诺莎 Spinoza 216–17
和国家**参见**国家 and the state see state
动荡作为写作的催化剂 turmoil as catalyst for writing 458
政治科学 political science 186, 458
波利齐亚诺/波利提安（安杰洛·安布罗吉尼）Poliziano/Politian (Angelo Ambrogini) 175
和学园 and the Academy 177
拉丁语翻译 Latin translations by 176–7
作为洛伦佐·德·美第奇孩子的教师 as Lorenzo de' Medici's children's tutor 177
波利克拉底 Polycrates 19
阿纳斯塔西奥斯·波里佐德斯 Polyzoides, Anastasios 284
宗座圣托马斯大学 Pontifical University of St Thomas Aquinas 157–8
亚历山大·蒲伯 Pope, Alexander 258
卡尔·波普尔 Popper, Karl 395–9
在奥地利社会民主党 in Austrian Social Democratic Party 396
获奖 awards 396
生平 birth details 395, 396
教育 education 396
和证伪主义 and falsificationism 397–9
家庭背景 family background 396
和黑格尔 and Hegel 295, 395
和"历史主义者" and 'historicists' 395
和拉卡托司 and Lakatos 399, 400
和自由主义 and liberalism 395, 396; 捍卫自由民主 defence of liberal democracy 395
《科学发现的逻辑》The Logic of Scientific Discovery 396
在伦敦经济学院 at London School of Economics 396
和马克思主义 and Marxism 396
《开放社会及其敌人》The Open Society and its Enemies 395, 458
和科学哲学 and philosophy of science 395; 和科学发现的逻辑与心理学区分 and distinction between logic and psychology of scientific discovery 398; 和证伪主义 and falsificationism 397–9; 和好的科学理论的逼真性 and verisimilitude of good scientific theories 398
和政治学 and politics 395, 396
和证实主义 and verificationism 396–9
和维也纳学派 and Vienna Circle 379, 385, 395
波菲利 Porphyry 125, 126, 127–8
和波爱修斯 and Boethius 142
对欧几里得的评注 commentary on Euclid 127
和普罗提诺的《九章集》and the Enneads of Plotinus 125, 127
费奇诺的翻译 Ficino's translation 172
《导言》Isagoge 142, 143, 561; 和阿威罗伊 and Averroes 571
《毕达哥拉斯传》Life of Pythagoras 20
作为一位新柏拉图主义领袖 as a Neoplatonic leader 127–8
和共相 and universals 143
实证主义 Positivism 302–3
分析-综合区分 analytic–synthetic distinction 380–81, 386; 蒯因的批判 Quine's attack on 386, 388, 392–4
和卡尔纳普**参见**鲁道夫·卡尔纳普 and Carnap see Carnap, Rudolf
孔德式的实证主义 Comtean 297, 302–3; 和维也纳学派的实证主义相比较 vs Vienna Circle's Positivism 302, 377–8
和休谟 and Hume 380
法律实证主义 Legal Positivism 283, 302
逻辑实证主义**参见**逻辑实证主义 Logical see Logical Positivism
马赫的实证主义 of Mach 378
和证实**参见**证实/证实主义 and verification see verification/verificationism
维也纳学派的实证主义**参见**逻辑实证主义 of Vienna Circle see Logical Positivism
后现代主义 postmodernism
和欧陆哲学 and Continental philosophy 337, 511
和新实用主义 and neo-pragmatism 333
权力/力量 power

反映在人的创造性和想象力中的神圣力量 divine power reflected in man's creativity and imagination 180

和启蒙运动 and the Enlightenment 272; 经济权力 economic power 277; 政治权力 political power 277

等同于美德（斯宾诺莎）equated with virtue (Spinoza) 215

福柯和"权力-知识" Foucault and 'power-knowledge' 510

和幸福 and happiness 318

和霍布斯：和自由 and Hobbes: and liberty 210; 主权 sovereign power 207–9, 210, 544

观念的力量 of ideas 278

立法权 legislative 225 也参见政府 see also government

和尼采 and Nietzsche 318–19

教皇权 papal power 166, 171; 马西利乌斯和世俗/皇权的分离 Marsilius and separation from secular/imperial power 166, 186

和快乐 and pleasure 215

慎到和行使权力 Shen Dao and the exercise of 551

委托制度 trusteeship of 225–6

实用主义 pragmatism 328–33

美国实用主义者 American pragmatists 279, 280, 333

杜威 Dewey 329, 331–3

将怀疑论排除在研究起点之外 exclusion of scepticism as starting point for enquiry 332

和可错主义 and fallibilism 330, 332

和工具主义 and instrumentalism 332

詹姆士 James 328–9, 330–31, 332

和麦基 and Mackie 453

"新实用主义" 'neo-pragmatism' 333

皮尔士 Peirce 328–30, 332, 333

布拉格 Prague 379, 389

查尔斯大学 Charles University 386–7

自性（物质，数论学派）prakriti (matter, Samkhya) 521, 524, 525

认知（认知类型）pramanas (forms of cognition) 528

预定论 predestination 140–41

前苏格拉底哲学/哲学家 Presocratic philosophy/philosophers 9–57

本原参见本原（宇宙原理）arche see arche (principle of the cosmos)

原子论者参见原子论/原子论者 atomists see atomism/atomists

和宇宙论参见宇宙论：前苏格拉底的 and cosmology see cosmology: Presocratic

犬儒的参见犬儒主义者/犬儒主义 Cynic see Cynics/Cynicism

埃利亚参见埃利亚哲学学派 Eleatic see Eleatic school of philosophy

伊壁鸠鲁参见伊壁鸠鲁主义 Epicurean see Epicureanism

残篇 fragments 5, 7

爱奥尼亚参见爱奥尼亚哲学家 Ionian see Ionian philosophers

世界的性质与渊源参见本原；宇宙论：前苏格拉底的 and the nature and source of the world see arche; cosmology: Presocratic

逍遥学派 Peripatetic school 26, 65, 81, 83

智者参见智者 sophists see sophists

和灵魂参见灵魂：前苏格拉底概念 and the soul see soul: Presocratic notions

斯多亚的参见斯多亚主义/斯多亚主义者 Stoic see Stoicism/Stoics

文献记录 testimonia 5, 7

亨丽埃特·普雷斯堡 Pressburg, Henriette 307

第一性质 primary qualities 220, 231

印刷机 printing press 178, 195

普罗克洛 Proclus 6, 127, 128–9

作为学园领袖 as head of Academy 128

普罗迪库斯 Prodicus 55–6

命题 propositions

"分析的"（莱布尼茨）'analytic' (Leibniz) 236, 237

和亚里士多德 and Aristotle 85–7

"原子的" 'atomic' 355–6

"基本的" 'elementary' 374–5

基础的 foundational 111

"一般的" 'general' 355

推断的 inferred 198

在正理学派中 in Nyaya 528–9

奥卡姆和命题性知识 Ockham and propositional knowledge 165

命题性态度 propositional attitudes 364
和蒯因对意义的怀疑论 and Quine's scepticism about meaning 394–5
和罗素 and Russell 355–6
和斯多亚主义 and Stoicism 110, 111
综合的 synthetic 236, 348–9, 354
同义反复参见同义反复 tautological see tautology
和证实参见证实／证实主义 and verification see verification/verificationism
和维特根斯坦 and Wittgenstein 373–7
"成功福音" 'Prosperity Gospel' 130n
普罗泰戈拉 Protagoras 10, 52–3
 和艺术 and art 53
 和正义 and justice 53
 和人作为万物的尺度 and man as the measure of all things 55
 和柏拉图 and Plato 52, 53–4
 相对主义 relativism 53
 《真理》Truth 53
新教教义 Protestantism
 加尔文主义 Calvinism 181, 195
 与天主教的冲突 conflicts with Catholicism 233
 和胡塞尔 and Husserl 473
 路德的参见路德主义 Lutheran see Lutheranism
 虔信派 Pietism 257, 266
 宗教改革参见宗教改革 Reformation see Reformation
 拒绝哲学具有伦理洞见的方法 rejection of philosophy as means of ethical insight 183
 和对异教哲学伦理学的运用 and use of pagan philosophical ethics 183
 《人的全部义务》(小册子) The Whole Duty of Man (tract) 249
记录语句 protocol sentences 380–81
普罗色努斯 Proxenus 82
伪普鲁塔克 pseudo-Plutarch 52
精神分析理论 psychoanalytic theory 337
心理主义 psychologism 360–61, 473
心理学 psychology
 亚里士多德 Aristotle 89–90
 行为主义的消失 behaviourism's demise in 434
 神经心理学 neuropsychology xx

和哲学 and philosophy xx
 科学方法 scientific approaches to 433
克罗狄斯·托勒密 Ptolemy, Claudius 95, 557
公共开支 public expenditure 285
纯粹的意识（意识，数论学派）purusha (consciousness, Samkhya) 521, 524, 525
业弥曼差派 Purva Mimamsa 521, 522
希拉里·普特南 Putnam, Hilary 333, 336, 429
厄里斯的皮浪 Pyrrho of Elis 120–21
 和印度哲学 and Indian philosophy 120, 121, 532
皮浪主义 Pyrrhonism 116, 120–23
 埃奈西德穆的《皮浪语录》Aenesidemus' Pyrrhoneoi logoi 121–2
 和经验医药学派 and Empiric medical school 122–3
 和印度哲学 and Indian philosophy 120, 121, 532
毕达哥拉斯 Pythagoras 10, 18–24
 生平 birth details 18–19
 和新柏拉图主义者 and Neoplatonists 20
 和柏拉图 and Plato 18
 和色诺芬尼 and Xenophanes 18, 26
 毕达哥拉斯定理 Pythagoras' theorem 21–2
 "毕达哥拉斯体系"（哥白尼）'Pythagorean system' (Copernicus) 200
毕达哥拉斯主义 Pythagoreanism 18, 19–20
 和恩培多克勒 and Empedocles 40, 42
 和和谐 and harmony 22, 23–4
 和无理数 and irrational numbers 22–3
 和数学 and mathematics 18, 20–23
 和轮回 and metempsychosis 18, 19, 26, 40, 42
 和运动 and motion 34
 和音高 and musical pitch 21–2
 新毕达哥拉斯主义 Neopythagoreanism 126
 和巴门尼德 and Parmenides 31
 毕达哥拉斯定理 Pythagoras' theorem 21–2
 和素食主义 and vegetarianism 19, 40
 和埃利亚的芝诺 and Zeno of Elea 37–8
皮西厄斯 Pythias 82

Q

秦始皇 Qin Shi Huangdi 515–16, 549, 550
感受质 qualia 435, 443–4

事物的属性 qualities of things
 和贝克莱 and Berkeley 228, 229, 230
 和布拉德雷 and Bradley 324
 作为属性 as *gunas* 524
 和洛克 and Locke 220
 在正理学派中 in Nyaya 526
 初级的 primary 220, 231
 和罗素 and Russell 355, 356
 次级的 secondary 220, 231
 和对立的统一 and unity of opposites 29
 共相**参见**共相 universals *see* universals
量词 quantifiers 362, 391, 590-91
雷蒙·格诺 Queneau, Raymond 508
托马斯·德·昆西 Quincey, Thomas De 259n
W. V. 蒯因 Quine, W. V. 335, 385, 388-95
 对分析-综合的批判 attack on analytic-synthetic distinction 386, 388, 392-4
 生平 birth details 388
 和卡尔纳普 and Carnap 386, 387, 389-90, 393
 和戴维森 and Davidson 419-20
 和德雷本 and Dreben 389n
 和经验主义 and empiricism 392
 外延主义 extensionalism 390-91, 392, 418
 可错主义认识论 fallibilist epistemology 390
 《从逻辑的观点看》*From a Logical Point of View* 392n
 整体论 holism 393-4, 399
 和同一性标准 and identity criteria 391-2
 和意义的不确定性 and indeterminacy of meaning 422;
 "翻译的不确定性" 'indeterminacy of translation' 394
 影响 influences on 389
 语言行为主义 linguistic behaviourism 394-5
 《序列的逻辑:〈数学原理〉的普遍化》'The Logic of Sequences: A Generalisation of *Principia Mathematica*' 389
 自然主义 naturalism 390
 和还原论 and reductionism 392, 394
 对意义的怀疑论 scepticism about meaning 394-5
 和集合 and sets 390
 刺激条件/意义 stimulus conditions/meaning 394-5, 418, 422
 和斯特劳森 and Strawson 416
 观察的"理论负载"属性 and 'theory-laden' nature of observation 381
 《经验主义的两个教条》'Two Dogmas of Empiricism' 392
 和维也纳学派 and Vienna Circle 377, 389
 和怀特海 and Whitehead 389
 《语词与对象》*Word and Object* 394-5, 440;
 进一步向系统性发展 furthering move towards systematic
 语言哲学 philosophy of language 419
无定题争论 quodlibetical disputation 134, 152
《古兰经》Qur'an 555, 559, 561, 564, 569-70, 571-2

R

种族主义 racism 423
 种族主义语言 racist language 594
 和浪漫主义 and Romanticism 275
特奥多尔·拉达科维奇 Radaković, Theodor 379
《罗摩衍那》*Ramayana* 523
弗兰克·拉姆齐 Ramsey, Frank 339
理性主义 rationalism 196-7
 作为使用理性的倡导者 as advocacy of use of reason 274n, 275-6
 和剑桥柏拉图主义者 and the Cambridge Platonists 218, 219
 和经验主义 and empiricism 196-7, 259-62
 和天赋观念 and innate ideas 219
 工具理性的 instrumental 277
 和逻辑 and logic 196
 和数学 and mathematics 196
 穆尔太齐赖派的 of Mu'tazilites 558-9
 和柏拉图 and Plato 196
 和先天知识 and *a priori* knowledge 259-60, 274n
 理性主义道德和休谟的反驳 rationalist morality and Hume's objection 247-8
 伏尔泰对过分的理性乐观主义的批评 Voltaire's attack on excessive rationalist optimism 276
合理性**参见**理性/合理性 rationality *see* reason/rationality

莫里斯·拉威尔 Ravel, Maurice 370
乌鸦悖论 Ravens, Paradox of the 383–4
约翰·罗尔斯 Rawls, John 457–62, 467
　生平 birth details 458
　家庭背景 family background 458–9
　和正义 and justice 460–61, 465–6
　和诺齐克 and Nozick 463
　和"原初状态" and the 'original position' 460, 461, 462
　和"反思平衡" and 'reflective equilibrium' 459
　和社会契约 and social contracts 460, 462
　《正义论》A Theory of Justice 458
　和功利主义 and utilitarianism 461
实在论 realism
　和阿伯拉尔 and Abelard 149
　和贝克莱 and Berkeley 229–30
　布拉德雷的反驳 Bradley's rejection of 323
　和中国法家 and Chinese Legalism 551
　和达米特 and Dummett 423–4
　和直觉 and intuition 446
　在数学中 in mathematics 424
　和摩尔 and Moore 347, 368–9
　与唯名论 vs nominalism 74–5, 166
　正理学派 Nyaya 521
　现象学作为观念论和实在论之间的桥梁 phenomenology as bridge between idealism and 488
　和柏拉图 and Plato 75
　和罗素 and Russell 347, 355
　和经院学者 and the Schoolmen 74–5
　有关共相 about universals 149, 163, 340
　胜论派的实在论宇宙论 Vaisheshika's realist cosmology 527
　实在 也参见 存在；真理 Reality see also Being; truth
　获知本体界 access to noumenal 262, 292, 299–300
　布拉德雷和"绝对" Bradley and 'the Absolute' 323
　作为印度思想中的婆罗门 参见 婆罗门 as Brahman in Indian thought see Brahman
　和因果性 and causality 124

作为哲学的核心关切 as central concern of philosophy 583
作为一个心灵共同体 as a community of minds 328
二元论立场 参见 二元论 dualistic views of see dualism
流溢说观点 参见 流溢说 emanationist views of see emanationism
认识论和实在的性质 epistemology and the nature of 583 也参见 认识论 see also epistemology
无定形的、不稳定的和不确定的 as formless, unstable and indeterminate 121
观念论立场 参见 观念论 idealist views of see idealism
和印度哲学中的幻觉 and illusion in Indian philosophy 120n, 121, 522
和内在性（德勒兹）and immanence (Deleuze) 502
和印度救赎论 and Indian soteriology 519, 525
和事物的不可区分性 and indistinguishability of things 121
詹姆士，和真理作为观念与实在之间的"一致" James, and truth as 'agreement' between ideas and 330–31
实在/绝对的知识（黑格尔）knowledge of reality/the Absolute (Hegel) 290, 291–2
和莱布尼茨的单子 and Leibniz's monads 236–8
和逻辑中心论 and logocentrism 504
和唯物论 参见 唯物论 and materialism see materialism
心灵作为实在的基础 参见 观念论 mind as basis of see idealism
一元论/非二元论观点 参见 一元论 monistic/non-dualist views of see monism
和必然存在 and necessary being 165, 213, 239, 565, 566
本体：和康德 noumenal: and Kant 262, 292, 299; 和叔本华 and Schopenhauer 299–300, 318; 和意志 and will 299–300
和柏拉图：洞穴之喻 and Plato: Allegory of the Cave 67–8, 69; 形式 参见 柏拉图：形式/理念；哲学体系 Forms see Plato: Forms/Ideas; philosophical system 67; 和存在与生成的领域 and realms of Being and Becoming 68–9, 125

708　企鹅哲学史

多元主义观点**参见**多元主义 pluralistic views of see pluralism

有关存在的前苏格拉底问题，和表象与实在的区分 Presocratic question of What Is, and distinction between appearance and reality 35, 39; 和阿那克萨戈拉 Anaxagoras 44–6, 47; 和原子论 and atomism 48–9, 50; 和赫拉克利特的流变 and Heraclitus' flux 28–9, 115; 巴门尼德 Parmenides 27, 32–4, 36, 44

皮浪的观点 Pyrrho's view 121

和智术师的双面论证 and sophist double-sided argument 115

作为精神性的和永恒的事物（麦克塔格特）as spiritual and timeless (McTaggart) 326

作为精神性的终极实在 ultimate reality as mental (Hegel) 292

世界自身的不可知性（康德）and unknowability of world in itself (Kant) 262, 292, 299

作为视觉—实在建构的感知世界 world of perception as a virtual-reality construction 444、

理性／合理性 reason/rationality 259–63

符合理性的行动（合理的印象）action in conformity with the reasonable (*eulogon*) 117

阿波罗式的 Apollonian 319

先天推理 *a priori* reasoning 46–7, 199, 259–62, 329, 354, 384, 501;

和证实原则 and verification principle 384

和亚里士多德 and Aristotle 61, 81, 94, 455

作为观念的武器 as armament of ideas 275

和阿维森纳 and Avicenna 564–5

作为伦理学的基础 as basis of ethics 61, 182, 183

以此获知上帝属性的能力 capacity to know God's nature through 162

逻辑链条（笛卡尔）chain of reasoning (Descartes) 201

循环论证 circular reasoning 594

和演绎逻辑 and deductive logic 585–6

和恩培多克勒 and Empedocles 41–2

强调理性先于感情 emphasized over feeling 319

和启蒙运动 and the Enlightenment 271, 275–6

和认识论（康德）and epistemology (Kant) 259–63

谬误推理 fallacious reasoning 85

自由使用 free use of 216–17, 270

和赫拉克利特 and Heraclitus 30

和休谟 and Hume 247, 276

无法把握神学真理 incapacity of grasping theological truths 164–5

归纳性推理**参见**归纳 inductive reasoning see induction

"工具理性"和"科层政治" 'instrumental rationality' and 'bureaucratic politics' 277

和正义 and justice 56

和康德**参见**伊曼纽尔·康德：和理性 and Kant see Kant, Immanuel: and reason

和沉思的生活（亚里士多德）and the life of contemplation (Aristotle) 94

逻辑学**参见**逻辑学 logic see logic

逻各斯**参见**逻各斯 *logos* see *logos*

麦金太尔和世俗理性 MacIntyre and secular rationality 456

和道德（康德）and morality (Kant) 263–8

新柏拉图主义和理性研究 Neoplatonism and rational enquiry 127–8

浪漫主义中情感先于理性 primacy of emotion over reason in Romanticism 274

充足理由律 principle of sufficient reason 235, 238–9

或然性推理 probabilistic reasoning 85

理性主义作为对使用理性的倡导 rationalism as advocacy of use of 274n, 275–6

和相对主义 vs relativism 275

和启示 vs revelation 162, 275, 568, 569–70

和科学在17世纪的兴起 and rise of science in 17th century 198–9, 270

科学理性 scientific rationality 276–7

作为"激情的奴隶"（休谟）as 'slave of the passions' (Hume) 247

和灵魂参见灵魂：和与信念存在张力的理论性 and the soul see soul: rationality in tension with faith 154

和泰勒斯 and Thales 13, 199

意志和"纯粹"理性（康德）will and 'pure' reason (Kant) 263–4

回忆理论 recollection, theory of 69

正名（儒家）rectification of names (Confucianism)

541

归谬法 reductio ad absurdum 36, 166, 240
还原论 reductionism/reductivism 274, 275, 321, 374, 377, 442, 511
 "现象学还原" 'phenomenological reduction' 489
 和蒯因 and Quine 392, 394
保罗・雷 Rée, Paul 316
指称 reference
 蒯因和指称的"不可预测性" Quine and the 'inscrutability' of 394
 和再辨识 and reidentification 415
 意义－指称区分 sense-reference distinction 363, 364, 367, 419
 指称理论 theories of 428-31; 因果性 causal 429, 431; 唐奈兰 Donnellan 428-9; 弗雷格参见戈特洛布・弗雷格: 和指称 Frege see Frege, Gottlob: and reference; 克里普克 Kripke 429-31; 密尔 Mill 431n; 普特南 Putnam 429; 严格指称 rigid designation 429-31; 罗素 Russell 428, 429; 斯特劳森 Strawson 413-14, 416-17, 429
"反思平衡"（罗尔斯）'reflective equilibrium' (Rawls) 459
宗教改革 Reformation 183
 和黑格尔 and Hegel 294-5
 和哲学从神学正统中解放出来 and release of philosophy from theological orthodoxy 195
 和现代思想的兴起 and rise of modern thought 195
 激发 / 诞生 trigger/birth 134-5, 195
汉斯・赖兴巴赫 Reichenbach, Hans 379, 386
再辨识 reidentification 415
化身 reincarnation 18, 514
 毕达哥拉斯的轮回学说 Pythagorean metempsychosis 18, 19, 26, 40, 42
 和《吠檀多》and Vedanta 522
 和重生之轮 and wheel of rebirth 20
相对主义 relativism
 和彼此竞争的范式 and competing paradigms 400
 柏拉图 Plato 115
 普罗泰戈拉 Protagoras 53
 和理性 vs reason 275
宗教 religion

佛教的参见佛教 Buddhist see Buddhism
基督教的参见基督教和教会；新教教义；罗马天主教 Christian see Christianity and the Church; Protestantism; Roman Catholicism
"公民宗教" 'civic' 255-6
转变为宗教的东方哲学 Eastern philosophies transformed into religions 130
和启蒙运动 and the Enlightenment 270-71, 272
和上帝参见上帝 and God see God
对道德有害（康德）as harmful to morality (Kant) 266, 268
印度参见印度教 Hindu see Hinduism
马克思论宗教 Marx on 311-12
穆斯林参见伊斯兰教 Muslim see Islam
神秘主义参见神秘主义 mysticism see mysticism
新柏拉图主义 Neoplatonism
 作为一种宗教 as a religion 124, 129-30
 宗教义务 religious duties 568
 宗教自由 religious freedom 285-6
 神学参见神学 theology see theology
 维特根斯坦将宗教定位在可言说的范围之外 Wittgenstein's placement outside realm of the discussable 374-6
 色诺芬尼的反驳 Xenophanes' rejection of 25
琐罗亚斯德教徒参见琐罗亚斯德教 Zoroastrian see Zoroastrianism
文艺复兴 Renaissance
 艺术 art 168-9, 181
 日期 dates 134
 人文主义参见人文主义：文艺复兴 humanism see humanism: Renaissance
 和意大利城邦 and Italian city states 185, 186, 187-8
 "秘教科学" 'occult sciences' 170, 172, 174
 和异教 and paganism 181-3
 哲学 philosophy 168-92; 伊壁鸠鲁主义 Epicureanism 184; 伦理学 ethics 178-84; 人文主义参见人文主义：文艺复兴；柏拉图主义 humanism see humanism: Renaissance; Platonism 170-75; 政治哲学参见政治哲学：和文艺复兴思想 political see political philosophy: and Renaissance thought; 斯多亚主义 Stoicism 184
 和修辞学 and rhetoric 169-70, 178

共和主义 republicanism
　亚里士多德和小共和政体 Aristotle and small republican polities 83
　和霍布斯 and Hobbes 207, 210, 224
　和意大利城邦 and Italian city states 185, 187, 188
共和主义自由 republican liberty 176, 209–10
罗马的 Roman 176
约翰·罗伊希林 Reuchlin, Johann 174
启示 revelation
　普遍神启 divine general revelation 159
　《古兰经》的 Qur'anic 555
　和理性 vs reason 162, 275, 568, 569–70
《形而上学与伦理学期刊》Revue de Métaphysique et de Morale 509
《梨俱吠陀》Rgveda 519, 520
《莱茵报》Rheinische Zeitung 308
修辞学 rhetoric
　和安提丰 and Antiphon 56
　亚里士多德论修辞学的著作 Aristotle's works on 28, 81, 84–5, 169, 170, 561
　和罗杰·培根 and Roger Bacon 159, 160
　西塞罗论修辞学 Cicero on 81, 169
　和伦理学 and ethics 169
　和费奇诺 and Ficino 169
　和高尔吉亚 and Gorgias 55
　和柏拉图 and Plato 170
　和文艺复兴 and the Renaissance 169–70, 178
　和智术师 and the sophists 51, 52
　和修辞学理论 theory of 169
　和行动生活 and vita activa 170
　和埃利亚的芝诺 and Zeno of Elea 43
保罗·里奇奥 Riccio, Paolo 174
红衣主教黎塞留 Richelieu, Cardinal 318n
保罗·利科 Ricoeur, Paul 471, 497–9
　和德里达 and Derrida 503
　伦理形而上学 ethical metaphysics 498, 499
　《易犯错误的人》Fallible Man 497
　家庭背景 family background 497
　《弗洛伊德和哲学》Freud and Philosophy 497
　和解释学 and hermeneutics 497, 498–9
　胡塞尔《观念 I》的翻译 Husserl's Ideas I translation 497
　和雅斯贝尔斯 and Jaspers 497
　《作为一个他者的自身》Oneself as Another 499
　《恶的象征主义》The Symbolism of Evil 497
　和时间 and time 499
《梨俱吠陀》参见《梨俱吠陀》Rigveda see Rgveda
圣哲 Rishis 520
弗里德里希·里敕尔 Ritschl, Friedrich 314, 315
河林托马斯主义 River Forest Thomism 157
罗马天主教 Roman Catholicism
　和边沁 and Bentham 284
　和新教教义的冲突 conflicts with Protestantism 233
　和宇宙论 and cosmology 96
　和笛卡尔 and Descartes 157
　禁书目录 Index of Forbidden Books 157
　耶稣会士 参见耶稣会士 Jesuits see Jesuits
　修道院生活 参见修道院生活 monasticism see monasticism
　教皇职位 参见教皇职位 papacy see papacy
　托马斯学说 参见托马斯主义 Thomistic doctrine see Thomism
　和特伦特 and Trent 154
　梵蒂冈 参见梵蒂冈 Vatican see Vatican
罗马帝国 Roman Empire
　和奥古斯丁论"义战" and Augustine on 'just war' 138
　"野蛮人"入侵和罗马帝国崩溃 'barbarian' invasions and collapse of 3–4
　基督教成为官方宗教 Christianity becomes official religion of 3, 98, 137, 182
　东罗马帝国 参见拜占庭 of East see Byzantium
罗马哲学 参见西塞罗；犬儒主义者/犬儒主义；伊壁鸠鲁主义；新柏拉图主义/新柏拉图主义者；怀疑论；塞涅卡；斯多亚主义/斯多亚主义者 Roman philosophy see Cicero; Cynics/ Cynicism; Epicureanism; Neoplatonism/Neoplatonists; scepticism; Seneca; Stoicism/Stoics
浪漫主义 Romanticism
　和启蒙运动 and the Enlightenment 273, 274–5
　和民族主义 and nationalism 275
　和情感优先于理性 and primacy of emotion over reason 274
　和种族主义 and racism 275

索引　711

浪漫主义音乐 Romantic music 275
　　和迷信 and superstition 275
罗马 Rome
　　阿奎那 Aquinas in 152
　　卡尼阿德斯在罗马 Carneades in 118
　　作为哲学中心 as a centre of philosophy 10
　　从诸王的暴证下获得解放 liberated from tyranny of kings 187
　　和皮科的《九百论题》挑战 and Pico's *900 Theses* challenge 173
　　普罗提诺 Plotinus in 125
　　共和主义 republicanism 176
罗慕路斯·奥古斯图鲁斯 Romulus Augustulus 142
劳伦斯·鲁克 Rooke, Lawrence 270
理查德·罗蒂 Rorty, Richard 333, 470
大卫·罗斯 Ross, David 446
让-雅克·卢梭 Rousseau, Jean-Jacques 250–56
　　生平 birth details 250, 251
　　和植物学 and botany 253
　　和"公民宗教"and 'civic religion' 255–6
　　和市民社会 and civil society 251–2, 254–5
　　《忏悔录》*Confessions* 253
　　和达朗贝尔 and d'Alembert 252–3
　　《一个孤独散步者的遐想》*Daydreams of a Solitary Walker* 253
　　去世 death 253
　　和德霍尔巴赫 and d'Holbach 252–3
　　和狄德罗 and Diderot 251, 252–3
　　《论人类不平等的起源》*Discourse on Inequality* 251–2, 253
　　《政治经济学》*Discourse on Political Economy* 253
　　和教育 and education 250, 252
　　《爱弥儿，或论教育》*Emile, or On Education* 250, 252–3, 255–6
　　和《百科全书》and *Encyclopédie* 273
　　为法兰西艺术学院撰写的论文 essay for Académie de Dijon 251
　　和社会的演进 and evolution of society 107
　　和腓特烈大帝 and Frederick the Great 253, 256
　　和休谟 and Hume 253
　　《朱莉，或新爱洛伊丝》*Julie, ou La Nouvelle Héloïse* 252, 253
　　和康德 and Kant 258
　　和泰蕾兹·勒瓦瑟 and Thérèse Levasseur 251, 253
　　和音乐 and music 251
　　在巴黎 in Paris 251
　　政治理论 political theory 253–5; 和"公意"'the general will' 253–4, 255; 和不平等 and inequality 253; 和代议制民主 and representative democracy 255
　　和财产 and property 251–2
　　《社会契约论》*The Social Contract* 252–6
　　和自然状态 and state of nature 107, 252, 254
　　人性理论 theory of human nature 252
　　功利主义 Unitarianism 252
　　和伏尔泰 and Voltaire 253
　　论女性 on women 256
伦敦皇家学会 Royal Society, London 197, 218–19
乔西亚·罗伊斯 Royce, Josiah 320
统治品质 rulership qualities
　　马基雅维利所谴责的冷血残忍 cold-blooded cruelty condemned by Machiavelli 189
　　中国法家中的控制 of control, in Chinese Legalism 550–51
　　上天的安排 divine appointment 185
　　无为／似乎"什么也不做"effortlessness/seeming to 'do nothing' 547, 549
　　慷慨 generosity 187
　　不受腐化 incorruptibility 71
　　公正统治者的品质 of the just ruler 187
　　马基雅维利论君主的品质 Machiavelli on a prince's qualities 189–90
　　哲学王的 of philosopher-kings 66, 71
　　必要时的无情 ruthlessness when needed 189–90, 191
　　具有德性的专家知识（在精英统治中）virtuous expertise (in epistocracy) 72
　　德性 virtus 186–7, 189
　　智慧 wisdom 71
伯特兰·罗素 Russell, Bertrand 257, 335, 339, 344–57, 418
　　"数学推理分析"'An Analysis of Mathematical Reasoning' 347
　　《物质的分析》*The Analysis of Matter* 354

《心灵的分析》*The Analysis of Mind* 354
反战活动 anti-war activities 344, 345
奖项 awards 345
和布拉德雷 and Bradley 323
"论指称" 'On Denoting' 348, 414
和经验主义 and empiricism 351-2
和认识论 and epistemology 352-5
《论几何学的基础》*On the Foundations of Geometry* 347
和弗雷格 and Frege 348-9, 357, 359
"数学的基本观念与公理" *Fundamental Ideas and Axioms of Mathematics* 347
和乔治六世 and George VI 345, 357
《德国社会民主》*German Social Democracy* 348
《西方哲学史》*History of Western Philosophy* xi
《人类知识》*Human Knowledge* 352, 354
剑桥哲学教师的影响 influence of Cambridge philosophy dons 345-6
对蒯因的影响 influence on Quine 389
和詹姆士 and James 331
《逻辑原子论讲义》'Lectures on Logical Atomism' 355
莱布尼茨研究 Leibniz study 345, 347
充满争议的一生 life of controversy 345
和逻辑 and logic 339, 347; 逻辑上完美的语言的雄心 ambition for a 'logically perfect language' 355-6, 405-6, 418; 关于亚里士多德 of Aristotle 85; 和二值 and bivalence 342-3; 语言的逻辑分析 logical analysis of language 347; 逻辑原子论 logical atomism 355-6; 逻辑建构 logical construction 348, 352, 386; 逻辑主义 logicism 160, 348, 349, 380; 形式逻辑的概念 notation for formal logic 342, 586; 摹状词理论 and Theory of Descriptions 341-4, 355
《婚姻与道德》*Marriage and Morals* 345
和数学 and mathematics 347-51; 逻辑主义 logicism 160, 348, 349, 380
和麦克塔格特 and McTaggart 326, 346
和密尔 and Mill 307, 345
和摩尔 and Moore 345, 346-7
和道德理论 and moral theory 356-7; 和情感主义 and emotivism 356, 446; 和《婚姻与道德》and *Marriage and Morals* 345
《我们关于外在世界的知识》*Our Knowledge of the External World* 354, 357
和集合概念的悖论 and paradox of concept of classes 349-50
和平和裁军 peace and disarmament campaigning 344
和多元主义 and pluralism 347, 355
《数学原理》(与怀特海合著) *Principia Mathematica* (with Whitehead) 67, 347, 350-51
《数学原理》(1903年版本) *The Principles of Mathematics* (1903) 346, 347, 348, 349
《哲学问题》*Problems of Philosophy* 352, 355
和指称 and reference 428, 429
和科学 and science 346, 347, 351-2
摹状词理论 Theory of Descriptions 341-4, 355; 斯特劳森的批评 Strawson's critique 413-14
类型论 Theory of Types 350
和维特根斯坦 and Wittgenstein 371, 372, 374
和女性的权利 and women's franchise 344
弗朗西斯·安娜·马丽亚·罗素伯爵夫人 Russell, Frances Anna Maria, Countess 345
弗兰克·罗素 Russell, Frank 349
麦酒馆密谋 Rye House plot 218
吉尔伯特·赖尔 Ryle, Gilbert
和范畴谬误 and category mistakes 408
《心的概念》*The Concept of Mind* 407-9
和"机器中的幽灵神话" and 'myth of the ghost in the machine' 407-8
和"日常语言哲学" and 'ordinary language philosophy' 405, 406, 407-9
现象学/逻辑行为主义 phenomenology/logical behaviourism 408-9
《柏拉图的进程》*Plato's Progress* 66n
"赖尔的倒退" 'Ryle's Regress' 409

S

穆拉·萨德拉 Sadra, Mulla 567
詹姆士·圣克莱尔 St Clair, James 241
萨迦派 Sakya people 515
萨拉米斯海战 Salamis, battle of 43, 294

索引 713

露·安德烈亚斯-莎乐美 Salomé, Lou Andreas- 316
库鲁乔·萨卢塔蒂 Salutati, Coluccio 175, 176
   和基督教 vs 异教道德哲学 and Christian vs pagan moral philosophy 182
   和西塞罗 and Cicero 176
   迭失手稿的再发现 recovery of lost manuscripts 176
   《论僭主》De Tyranno 176
《沙摩吠陀》Samaveda 519
数论学派 Samkhya 521, 524–5
   和因果性 and causation 525
   和二元论 and dualism 521, 524, 525
   认识论 epistemology 524–5
   形而上学 metaphysics 525
   救赎论 soteriology 525
萨摩斯 Samos 18–19, 103, 104
弗朗西斯科·桑坦德 Santander, Francisco 284
乔治·桑塔亚那 Santayana, George 297
   和斯普里格 and Sprigge 328
   约翰·萨巴 Sarbah, John 576
   让-保罗·萨特 Sartre, Jean-Paul 257, 336, 471, 482, 485–91, 492
   和异化 and alienation 489, 490, 491
   和本真性 and authenticity 490
   和德·波伏娃 and de Beauvoir 482, 486, 487–8, 491–2
   《存在与虚无》Being and Nothingness 486, 488–9, 491
   生平 birth details 485, 486
   和加缪 and Camus 487, 491
   和意识 and consciousness 489–90, 491
   《辩证理性批判》Critique of Dialectical Reason 486
   去世和葬礼 death and funeral 487
   存在主义 existentialism 476, 490–91, 492
   《存在主义是一种人道主义》Existentialism is a Humanism 486, 490
   《家庭白痴》The Family Idiot 492
   《苍蝇》The Flies 486
   和黑格尔 and Hegel 491
   和海德格尔 and Heidegger 488
   和胡塞尔 and Husserl 488
   和科耶夫 and Kojève 509

   和《现代》and Les Temps Modernes 482–3, 486–7
   和爱情 and love 489–90, 491
   和马克思主义 and Marxism 486
   和梅洛-庞蒂 and Merleau-Ponty 482–3
   《禁闭》No Exit 486, 489
   和他人 and the Other 489–90
   和现象学 and phenomenology 488–91
   政治活动 political activity 487
   在第二次世界大战期间 during Second World War 486
《全定说纲要》Sarvasiddhanta Samgraha 533
讽刺 satire 25, 26, 59, 269, 276
吉罗拉莫·萨佛纳罗拉 Savonarola, Girolamo 188
托马斯（"蒂姆"）·斯坎伦 Scanlon, Thomas 'Tim' 470
斯基普西 Scepsis 82
怀疑论 scepticism 115–23
   对其他心灵存在的怀疑，和斯特劳森 about existence of other minds, and Strawson 415
   和疑难 and aporia 115
   和阿西西劳斯 and Arcesilaus 78, 116–18
   和亚里士多德 and Aristotle 115–16
   贝克莱的考察与驳斥 Berkeley's examinations and refutations of 227–9
   笛卡尔的方法论怀疑论 Cartesian methodological scepticism 201–4
   "人的尊严"和蒙田的理性怀疑论 'dignity of man' and Montaigne's rational scepticism 181
   认识论怀疑论 epistemological 227
   实用主义将怀疑论排除在研究起点之外 excluded, as starting point for enquiry, by pragmatism 332
   和幸福 and happiness 118
   和知识的不可能性 and impossibility of knowledge 118, 119, 120, 122
   麦基的"道德怀疑论" Mackie's 'moral scepticism' 450–53
   和梅洛-庞蒂 and Merleau-Ponty 483
   摩尔的拒斥 Moore's refutations 369
   和说服力 and persuasiveness 118–19
   怀疑论影响下的柏拉图的学园 Plato's Academy under influence of 78–9, 98, 116, 120

皮浪学派 of Pyrrhonian school 116, 120–23, 532
蒯因对意义的怀疑论 of Quine about meaning 394–5
再辨识要求反驳怀疑论 reidentification refutation 415
和感觉经验**参见**感觉：感觉经验的怀疑论 and sense-experience *see* sensation: scepticism of sense-experience
和塞克斯图·恩培里柯 and Sextus Empiricus 116, 119, 122–3
和搁置判断 and suspension of judgment 120
神学怀疑论（贝克莱）theological (Berkeley) 227
和神学文献 and theological literature 131–2
弗里德里希·谢林 Schelling, Friedrich 287, 288–9
奥古斯特·施莱格尔 Schlegel, August 298
弗里德里希·施莱格尔 Schlegel, Friedrich 298
弗里德里希·施莱尔马赫 Schleiermacher, Friedrich 298
莫里茨·石里克 Schlick, Moritz 361, 378–9, 380, 381, 382, 386
  谋杀 murder 385
  和蒯因 and Quine 389
  和石里克学派（维也纳学派核心成员）and Schlick Circle (nucleus of Vienna Circle) 379
  《当代物理学中的空间和时间》*Space and Time in Contemporary Physics* 378
  和证实 and verification 382
  和维特根斯坦 and Wittgenstein 400
埃内斯特·施梅茨那 Schmeitzner, Ernest 316
经院主义和经院学者 Scholasticism and the Schoolmen xxi, 74–5, 187, 417, 567
  和阿伯拉尔 and Abelard 149–50
  和安瑟伦 and Anselm 146
  和亚里士多德 and Aristotle 570, 571
  和阿威罗伊 and Averroes 570–71, 573
  和阿维森纳 and Avicenna 566–7
  弗朗西斯·培根对经院哲学的拒斥 Francis Bacon's rejection of Scholasticism 196
  笛卡尔对经院哲学的拒斥 Descartes' rejection of Scholasticism 196
  休谟论其对哲学的影响 Hume on effects on philosophy 250
  路德对经院哲学对亚里士多德伦理学运用的批评 Luther's attack on Scholastic use of Aristotle's ethics 183
  和实在论–唯名论之争 and realist-nominalist debate 74–5
经院托马斯主义 Scholastic Thomism 157
  和司各脱 and Scotus 161, 162
美因茨的选帝侯约翰·菲利普·冯·勋博 Schönborn, Johann Philipp von, Elector of Mainz 233
阿图尔·叔本华 Schopenhauer, Arthur 279, 280, 297–302
  获知本体实在 access to noumenal reality 299–300
  生平 birth details 297
  和达尔文 and Darwin 301
  伦理学 ethics 300–301; 和同情 and compassion 301; 和痛苦 and suffering 300–301 和优生学 and eugenics 301
  家庭背景 family background 297, 298
  《论充足理由律的四重根》*Fourfold Root of the Principle of Sufficient Reason* 298
  和歌德 and Goethe 298
  和黑格尔 and Hegel 298–9
  和印度哲学 and Indian philosophy 297; 佛教 Buddhism 300;《奥义书》Upanishads 300
  影响 influence 297, 301
  和康德 and Kant 297, 299, 301
  和克洛普施托克 and Klopstock 300
  和马耶尔 and Majer 300
  和音乐 and music 297, 300
  和尼采 and Nietzsche 297, 318–19
  在巴黎 in Paris 298
  和痛苦 and suffering 297, 300–301
  和意志作为本体实在 and will as noumenal reality 299–300, 318
  和女性 and women 301
  《作为意志和表象的世界》*The World as Will and Representation* 298, 300, 301, 314
海因里希·弗洛里斯·叔本华 Schopenhauer, Heinrich Floris 297–8
乔安娜·叔本华 Schopenhauer, Johanna 297, 298
埃尔温·薛定谔 Schrödinger, Erwin 297
科学 science

和贝克莱工具主义中"无限精神"的活动 and activity of 'infinite spirit' in Berkeley's instrumentalism 231

和弗朗西斯・培根 参见 弗朗西斯・培根：和科学 and Francis Bacon see Bacon, Francis: and science

和贝克莱 and Berkeley 231

自然科学的诞生 birth of natural sciences xx, 584

社会科学的诞生 birth of social sciences 584

卡尔纳普和科学理论语言 Carnap and language of scientific theories 387–8

认知科学 cognitive xx, 584

精确科学认识论会议 conferences for the Epistemology of the Exact Sciences 379, 380

科学中的合作 cooperation in 197–8

被"哲学"这个词指称 denoted by term 'philosophy' xv, 279

科学发现的逻辑学和心理学间的区别 distinction between logic and psychology of scientific discovery 398

和经验主义 and empiricism 196 也参见 经验主义 see also empiricism

和启蒙运动 and the Enlightenment 271, 274, 277, 278

自然，和通过科学的人类进步 freedom, and human progress through 266

观念论走位对"科学分析"主导地位的回应 idealism as reaction to dominance of 'scientific analysis' 321

和工具主义 参见 工具主义 and instrumentalism see instrumentalism

和逻辑实证主义 参见 逻辑实证主义：和科学 and Logical Positivism see Logical Positivism: and science

和唯物论 and materialism 230–31

和密尔的《逻辑学体系》and Mill's *System of Logic* 305

作为"自然哲学" as 'natural philosophy' xv, 158, 244

神经科学 neuroscience xx, 107, 204, 434, 440, 441

和本体论 and ontology 390 也参见 物理主义 see also physicalism

范式：范式转换 paradigms: paradigm shifts 399–400, 509; 相对主义和彼此竞争的范式 relativism and competing paradigms 400

科学哲学 philosophy of xix; 工具主义 参见 工具主义；和波普尔 参见 卡尔・波普尔：和哲学科学；和好的科学方法的逼真性 instrumentalism see instrumentalism; and Popper see Popper, Karl: and philosophy of science; and verisimilitude of good scientific theories 398; 和维也纳学派 and Vienna Circle 302, 378

物理学 参见 物理学 physics see physics

政治科学 political 186, 458

和后天的研究 and *a posteriori* investigation 260

前苏格拉底的，提奥弗拉斯图斯的讨论 of Presocratics, discussed by Theophrastus 5

和先天知识／推理 and *a priori* knowledge/reasoning 329, 354, 384

在17世纪的兴起 rise in 17th century 198–9, 200n, 270, 278

和罗素 and Russell 351–2; 撰写一部观念论的"科学百科全书"计划 scheme for an idealist 'encyclopaedia of all sciences' 346, 347

心理学的科学方法 scientific approaches to psychology 433

科学对自然的掌控 scientific mastery over nature 277

科学方法 scientific method 198–9, 458, 496

科学理性 scientific rationality 276–7

和真理 and truth 214

维特根斯坦和自然科学 Wittgenstein and the natural sciences 374

司各脱主义 Scotism 166 也参见 邓斯・司各脱，约翰・司各脱，约翰・邓斯 参见 约翰・邓斯・司各脱 see also Duns Scotus, John Scotus, John Duns see Duns Scotus, John

约翰・塞尔 Searle, John

功能主义和中文房间论证 functionalism and Chinese Room argument 437

《言语行为》*Speech Acts* 412

第二性质 secondary qualities 220, 231

《秘中之秘》*Secret of Secrets* 159

自我觉知／自我意识／自我知识 self-awareness/-con-

716 企鹅哲学史

sciousness/-knowledge 180–81
和自然倾向 and conatus 215
和精神的辩证历程 and dialectical journey of Geist 289–94
自我的发现（利科）discovery of the self (Ricoeur) 498–9
和爱比克泰德 and Epictetus 113
"认识你自己"的谕令：阿波罗神谕 'Know thyself' injunction: Pythian Apollo 180, 294; 泰勒斯 Thales 13
殖民地非洲的政治自我意识 political self-awareness of colonized Africa 577
在数论学派中 in Samkhya 525
和萨特 and Sartre 490
和苏格拉底 and Socrates 59, 294
耆那教的第二十四代祖师 of Tirthankaras in Jainism 523
自利 self-interest 247
"开明的" 'enlightened' 282
自主 self-mastery 108, 113
自我保存 self-preservation
  权利 right of 225
  和斯宾诺莎 and Spinoza 214–15
  臣民的自我保存作为对主权的约束 of subjects as constraint on sovereign 209
自我实现 self-realization 322, 325
  自我的发现（利科）discovery of the self (Ricoeur) 498–9
  和安萨里 and al-Ghazali 570
自足 self-sufficiency (*autarkeia*) 102
自我 **也参见** 人格同一性；人格 selfhood *see also* identity, personal; personhood
  自我 *ahamkara* (ego) 524, 525
  灵魂 **参见** 灵魂 Atman *see* Atman
  佛教徒的拒绝 denied by Buddhists 522, 529–30
  数论学派中的"主我性" 'egoity' in Samkhya 524
  作为真实自我的纯粹意识 purusha as True Self 525
  利科 Ricoeur 498–9
  灵魂 **参见** 灵魂 soul *see* soul
  胜论学派和自我 Vaisheshika and the Self 526
西西里的塞利努斯 Selinus, Sicily 40
威尔弗里德·塞拉斯 Sellars, Wilfred 433, 469

语义学 semantics
  和阿伯拉尔 and Abelard 149–50
  和弗雷格 and Frege 419, 426
  和克里普克 and Kripke 395
  一切真理都是分析性的原则 principle that all truth is analytic 235
符号学 Semiotics
  和罗杰·培根 and Roger Bacon 159
  和洛克 and Locke 219
小塞涅卡 Seneca the Younger 109, 113
  和罗杰·培根 and Roger Bacon 160
  文艺复兴的崇敬 Renaissance admiration for 182
  和斯多亚主义 and Stoicism 114
感觉 sensation
  和霍布斯 and Hobbes 207
  和洛克 and Locke 220
  感觉经验的怀疑论 scepticism of sense-experience: 和阿克西劳斯 and Arcesilaus 117; 和弗朗西斯培根 and Francis Bacon 199; 和卡尼阿德斯 and Carneades 118; 和笛卡尔 and Descartes 202–3; 和恩培多克勒 and Empedocles 41–2; 和巴门尼德 and Parmenides 32, 41, 50, 68
  感觉经验作为知识的基础 sense-experience as foundation of knowledge 352
  和灵魂 and the soul 89
  斯宾诺莎将感觉经验归属为意见层次 Spinoza's relegation of sensory experience to level of opinion 214
感觉材料 sense-data 158, 260–61, 352, 353–4, 355, 356, 368–9, 411, 412
和感性直观 and sensory intuition 263
感觉观念 sensory ideas 220
感觉知识 **参见** 知识：感觉的 sensory knowledge *see* knowledge: sensory
感知模态 sensory modalities 122, 263, 475
情感主义 sentimentalism 243–8
《七十士本》*Septuagint* 127
亚历山大里亚的塞拉皮翁 Serapion of Alexandria 122
安德鲁·赛思（后来的赛思·普林格尔-帕蒂森）编：《哲学批评文集》Seth, Andrew (later

索引 717

Seth Pringle-Pattison), (ed.): *Essays in Philosophical Criticism* 321
集合 sets
 集合的存在 existence of 390, 424
 和蒯因 and Quine 390
 实在论路径 realist treatment of 390, 424, 426
性 sex
 同性 homosexuality 301; 同性恋者权利 gay rights 501
 性欲 sexual desire 301
 和意志 and will 301
性别歧视 sexism 477n, 487–8
 性别歧视的语言 sexist language 594
赛克斯图·恩培里柯 Sextus Empiricus 6, 116
 通过拉丁语翻译的影响 influence through Latin translations 123
 《驳数学家》*Against the Mathematicians* 122
 《皮浪主义纲要》*Outlines of Pyrrhonism* 122
 和怀疑论 and scepticism 116, 122–3; 和说服力 and persuasiveness 119
安东尼·阿什利·库珀·沙夫茨伯里伯爵一世 Shaftesbury, Anthony Ashley Cooper, 1st Earl of 217–18
安东尼·阿什利·库珀·沙夫茨伯里伯爵三世 Shaftesbury, Anthony Ashley Cooper, 3rd Earl of 247
威廉·莎士比亚 Shakespeare, William 4
 《哈姆雷特》*Hamlet* 29, 55, 114, 343
 《李尔王》*King Lear* xv
商鞅 Shang Yang 550, 552
商羯罗大师 Shankaracharya, Adi 522
萧伯纳 Shaw, George Bernard 537
威廉·佩蒂·兰斯多恩侯爵一世，谢尔本伯爵二世 Shelburne, William Petty, 1st Marquess of Lansdowne and 2nd Earl of 282
珀西·比西·雪莱: "奥兹曼迪亚斯" Shelley, Percy Bysshe: 'Ozymandias' 512
慎到 Shen Dao 551
伊斯兰教法 **参见** 伊斯兰：教法学派 Shi'a Islam *see* Islam: Shi'a school
湿婆神 Shiva 526
锡耶纳 Siena 188

布拉邦特的西格尔 Siger of Brabant 133
让·德·西隆：《两条真理》Silhon, Jean de: *The Two Truths* 206
司马迁 Sima Qian 534, 549
 《史记》*Records of the Grand Historian* (*Shiji*) 534, 546
辛普里丘 Simplicius 7
 和阿那克萨戈拉 and Anaxagoras 44
 和阿那克西曼德 and Anaximander 15
 和阿那克西美尼 and Anaximenes 16–17
 和原子论 and atomism 49
 和德谟克利特 and Democritus 49
 和色诺芬尼 and Xenophanes 26
彼得·辛格 Singer, Peter 470
锡诺普 Sinope 100
昆廷·斯金纳 Skinner, Quenten 209–10
滑坡谬误 Slippery-Slope Fallacy 593
J. J. C. 斯马特 Smart, J. J. C. 434, 435
社会契约 social contracts 71, 224, 283, 460, 462
 卢梭的《社会契约论》Rousseau's *The Social Contract* 252–6
巴黎"社会主义与自由"地下组织 Socialisme et Liberté underground group, Paris 482, 486
苏格拉底 Socrates 58–64, 513–14, 516, 518
 和阿尔喀比亚德 and Alcibiades 59
 和安提西尼 and Antisthenes 99, 100
 不动心 *aporia* 62, 66, 71, 77, 80, 115
 和阿里斯托芬 and Aristophanes 59
 和亚里士多德 and Aristotle 63, 516
 和雅典 and Athens 58, 60
 生平 birth details 58
 和"经过省察的生活" and the 'considered life' 63–4
 和克里提亚斯 and Critias 56
 犬儒主义者的模仿 Cynics' imitation of 61, 516
 去世 death 58
 伦理学 ethics 9, 61, 335; 和道德上的卓越 and moral excellence 63–4
 和欧里庇得斯 and Euripides 28, 59
 和赫拉克利特 and Heraclitus 28
 和知识等同于美德 and knowledge identified with virtue 63–4, 68

和道德上的卓越 and moral excellence 63–4
和德尔斐神谕 and the oracle at Delphi 59, 294
和巴门尼德 and Parmenides 31
柏拉图和"苏格拉底问题" Plato and the 'Socratic question' 58, 59
和普罗迪科斯 and Prodicus 55
和普罗泰戈拉 and Protagoras 53
寻求本质定义 quest for essential definitions 62–3
强调理性先于情感 rationality emphasized over feeling 319
反驳 参见 苏格拉底对话法 refutation *see* Socratic method
和智者 and the sophists 51, 52
和斯多亚主义者 and the Stoics 516
和美德的统一性 and unity of the virtues 64
智慧 wisdom of 59
和色诺芬 and Xenophon 58, 108, 516
苏格拉底对话法 Socratic method 58, 61
和阿克西劳斯 and Arcesilaus 117
和卡尼阿德斯 and Carneades 118
在《拉凯斯篇》in *Laches* 61–2
《诗经》*Songs, Book of* (Confucian) 516
诡辩 sophistry 51–2
智术师 sophists 10, 51–7
作为教育者 as educators 52
和柏拉图 and Plato 51, 52, 56, 57
和修辞 and rhetoric 51, 52
和苏格拉底 and Socrates 51, 52
救赎论 soteriology 519, 522, 523, 524, 525, 532 也 参见 痛苦解脱 *see also* suffering: release from
灵魂 soul
异化的（黑格尔）alienated (Hegel) 291
和阿奎那 and Aquinas 155
和亚里士多德 and Aristotle 89
印度思想中的灵魂 参见 灵魂 Atman in Indian thought *see* Atman
和阿维森纳 and Avicenna 564–5
和死亡 and death 70
和神圣之爱 and divine love 183
和伊壁鸠鲁 and Epicurus 105–6
和法拉比 and al-Farabi 562
和第一因 and first cause 89

和安萨里 and al-Ghazali 569
不朽 immortal 221; Christian adoption of doctrine 182; 和康德 and Kant 263, 266, 267, 268; 和铿迪 and al-Kindi 560
和康德的先验研究 and Kant's transcendental enquiry 262, 263, 266–7
莱布尼茨，和上帝有关灵魂的知识 Leibniz, and God's knowledge of the soul 237
和洛克 and Locke 221–2
音乐和 music and the 20
和新柏拉图主义 and Neoplatonism 128–9
"营养性"灵魂 'nutritive' souls 89
作为感知者（贝克莱）as perceiver (Berkeley) 229
通过追寻真理而得到完善 perfected through seeking truth 564
和人格 and personhood 221
哲学作为灵魂的疗救 philosophy as therapy of the soul 107
柏拉图和灵魂不朽学说 Plato and theory of immortal soul 69–71, 183
对上帝的柏拉图式的爱 Platonic love for God 173, 183
柏拉图的无实体理论 Platonic non-corporeal theory of 69, 70, 154
作为一种悬设（康德）as a postulate (Kant) 267
前苏格拉底观念：恩培多克勒 Presocratic notions: Empedocles 42; 转世 metempsychosis 18, 19, 26, 40, 42; 和音乐 and music 20; 泰勒斯 Thales 13
合理性：和亚里士多德 and rationality: and Aristotle 89; 在柏拉图对灵魂的分类中 in Plato's division of the soul 70; "理性的灵魂" 'rational souls' 155, 238; 和数论学派中的三重心灵 and the tripartite mind in Samkhya 524
和感觉 and sensation 89
和 12 世纪哲学与神学之间的张力 and tensions between philosophy and theology in twelfth century 154
德尔图良的有形学说 Tertullian's corporeal version 154
灵魂转世 / 重生 参见 转世，重生 transmigration/reincarnation of souls *see* metempsychosis;

索引 719

reincarnation
和旧路-新路之争 and *via antiqua-via moderna* debate 167
时间和空间的绝对性 space, absolutes of time and 162
西班牙 Spain 554
　摩尔人和犹太人被驱逐出西班牙 expulsion of Moors and Jews from 175
斯巴达 Sparta 14, 66, 100
言语行为 speech acts 412
斯珀西波斯 Speusippus 78, 82, 126
巴鲁赫（或称本尼迪克特和本托）· 斯宾诺莎 Spinoza, Baruch (also Benedict and Bento) 211–17
　作为无神论者 as atheist 211, 235
　生平 birth details 211
　和德勒兹 and Deleuze 501–2
　决定论 determinism 213, 215
　和情绪／情状 and emotions/affects 215–16
　和经验主义 and empiricism 502
　认识论 epistemology 214
　《伦理学》*Ethics* 212–16
　被从犹太人团体中驱逐 excommunication from synagogue 211
　阐述笛卡尔的《哲学原理》exposition of Descartes' *Principles of Philosophy* 212
　和自由 and freedom 215–17; 自由意志 free will 215, 235; 和政治学 and politics 216–17
　和个体性 and individuality 214–15
　对启蒙运动观念的影响 influence on Enlightenment ideas 211, 217
　和莱布尼茨 and Leibniz 235
　和身－心问题 and mind-body problem 214
　政治哲学 political philosophy 216–17
　《简论上帝、人及其心灵健康》*Short Treatise on God, Man and his Well-being* 212
　和斯普里格 and Sprigge 328
　《政治论》*Tractatus Politicus* 212
　《神学政治论》*Tractatus Theologico-Politicus* 212, 216–17
阿夫里坎·斯皮里 Spir, Afrikan 315
蒂莫西·斯普里格 Sprigge, Timothy L. S. 328
《春秋》*Spring and Autumn Annals* 516, 535

约翰·施塔赫尔罗特 Stachelroth, Johann 357
斯塔基拉 Stagira 47n, 82
约瑟夫·斯大林 Stalin, Joseph 487
斯大林主义 Stalinism 273, 395
国家 state
　霍布斯的绝对主义国家 absolutist state of Hobbes 207–9
　作为贵族制（柏拉图）as an aristocracy (Plato) 72
　和亚里士多德 and Aristotle 94, 185–6
　和人的最好的生活 and best life for man 94
　公民权**参见**公民权 citizenship *see* citizenship
　和精英统治 and epistocracy 72
　政府**参见**政府 government *see* government
　黑格尔和普鲁士国家 Hegel and the Prussian state 290
　理想化为"公意"的体现（卢梭）idealized as embodiment of 'the general will' (Rousseau) 254, 255
　"理念"和国家理论 'Ideas' and theory of 289
　和个人权利（诺齐克）and individual rights (Nozick) 463–4
　和马基雅维利 and Machiavelli 189–91
　最小主义理论 minimalist theories of 464–6
　和寡头政治**参见**寡头政治 and oligarchy *see* oligarchy
　和彼特拉克 and Petrarch 186, 187
　和哲人王 and philosopher-kings 66, 71–2, 73, 562
　"政治学"作为对国家（城邦）的研究 'politics' as study of the state (*polis*) 84
　提供一种"富足生活" provision for a 'sufficient life' 186
　公共支出 public expenditure 285
　和个人与社会之间的关系（格林）and relation between individual and society (Green) 322
　文艺复兴和意大利城邦国家 Renaissance and Italian city states 185, 186, 187–8
　共和主义国家**参见**共和主义 republican *see* republicanism
　统治者品质**参见**统治品质 ruler qualities *see* rulership qualities
　追求名誉、荣誉和光荣 seeking fame, honour

720　企鹅哲学史

and glory 186-7
教会和国家的分离 separation of Church and 166
支持自我实现 support of self—actualization 322
和勋阀政体 and timocracy 72-3
和暴政**参见**暴政 and tyranny *see* tyranny
有偏统计量 statistical bias 595
查尔斯·史蒂文森 Stevenson, Charles 446-8
《伦理学和语言》*Ethics and Language* 446
斯蒂芬·施蒂希 Stich, Stephen 440
爱德华·斯蒂林弗利特 Stillingfleet, Edward 222
斯提尔波 Stilpo 120
刺激条件/意义（蒯因）stimulus conditions/meaning (Quine) 394-5, 418, 422
詹姆士·哈奇森·斯特林：《黑格尔的秘密》Stirling, James Hutchison: *The Secret of Hegel* 321
约翰·斯托拜乌斯 Stobaeus, John 52
《自然哲学选集》'Selections on Natural Philosophy' 6
斯多亚主义/斯多亚主义者 Stoicism/Stoics 10, 99-100, 101, 108-15
和学园 and the Academy 108, 110-11, 116
和不动心 and *apatheia* 108, 112, 113
受到雅典公众的称赞 applauded by Athenian public 112
本原 *arche* 109
和罗杰·培根 and Roger Bacon 160
和卡尼阿德斯 and Carneades 118
和教父 and the Church Fathers 182
和西塞罗 and Cicero 114
和认知理解 and cognitive apprehensions 116
和决定论 and determinism 110-11, 117
认识论 epistemology 110-11
伦理学 ethics 109, 111-12, 114
斯多亚建立者**参见**季蒂昂的芝诺 founder of Stoicism *see* Zeno of Citium
和幸福 and happiness 111, 112, 114
和黑格尔 and Hegel 291
和休谟 and Hume 250
和不动心 and indifferents 111-12
逻辑学 logic 110-11
和逻各斯 and logos 109
唯物论 materialism 124

物理学 physics 109-10
和灵魂 and pneuma 109-10
和文艺复兴 and the Renaissance 184
和苏格拉底 and Socrates 516
真和认知印象 truth and *phantasia kataleptike* 110-11
G. F. 斯托特 Stout, G. F. 346
斯特拉波 Strabo 81
维罗尼西的翻译 Veronese's translation of 177
斯特拉斯堡纸草 Strasbourg Papyrus 7, 8n, 40
斯特拉斯堡大学 Strasbourg University 497
大卫·弗里德里希·施特劳斯 Strauss, David Friedrich 296
《耶稣传》*Life of Jesus* 296, 314
理查德·施特劳斯 Strauss, Richard 370
稻草人谬误 Straw-Man Fallacy 593
P. F. 斯特劳森 Strawson, P. F. 336, 405, 406
和奥斯汀 and Austin 413
《感觉的界限》*The Bounds of Sense* 416
"论描述的形而上学" *An Essay in Descriptive Metaphysics* 415
其他心灵的存在 and existence of other minds 415
《个体》*Individuals* 414-15, 416
《逻辑理论导论》*An Introduction to Logical Theory* 414
和康德 and Kant 416
和身-心问题 and mind-body problem 416
和蒯因 and Quine 416
和指称 and reference 413-14, 416-17, 429
《论指称》'On Referring' 413-14
和再辨识 and reidentification 415
和罗素的摹状词理论 and Russell's Theory of Descriptions 413-14
主观观念论 subjective idealism 292
主观主义 subjectivism 246-8, 274
实体**也参见**物质 substance *see also* matter
亚里士多德 Aristotle (*ousia*) 90, 560
和贝克莱 and Berkeley 227-31
被创造的实体作为质料和形式的混合（阿奎那）created substances as compounds of matter and form (Aquinas) 154-6, 163
笛卡尔 Descartes 205

上帝和实体的个别化 God and the individuating of substances 237
在耆那教中 in Jainism 532
和莱布尼茨 and Leibniz 236-8
物质作为延展性实体 matter as extended substance 205, 213
心灵作为思维性实体 mind as thinking substance 205, 213
和一元论 and monism 205-6
基本存在物（胜论派）padartha (Vaisheshika) 526-7
和事物的属性 参见 事物的属性 and qualities of things see qualities of things
和斯宾诺莎 and Spinoza 213-14;
和个体性 and individuality 214-15
空性和缺乏 sunyata and lack of 530, 531

痛苦 suffering
和伦理学 and ethics 300-301, 524
和印度救赎论 and Indian soteriology 519, 522, 523, 524, 525, 532
和马克思论宗教 and Marx on religion 311-12
和孟子 and Mencius 540
从痛苦中解脱：印度的不同异端学派 release from: across nastika schools of India 524; 通过美学 through aesthetics 300; 佛教 Buddhism 300, 522, 523; 耆那教 Jainism 532; 叔本华 Schopenhauer 297, 300-301
和印度思想中的轮回 / 生死之海 and samsara of Indian thought 300, 523
和意志 and will 318-19

选举权 参见（政治）权利 suffrage see franchise
独裁官苏拉 Sulla the Dictator 82
日晷 sundials 14
逊尼派伊斯兰 参见 伊斯兰：逊尼派 Sunni Islam see Islam: Sunni school
空性 sunyata (emptiness) 530, 531
迷信 superstition 130, 248
和弗朗西斯·培根 and Francis Bacon 200
教会对迷信的使用（斯宾诺莎）Church's use of (Spinoza) 216
作为知识和道德的敌人 as enemy of knowledge and morality 216

启蒙运动的批评 Enlightenment criticisms of 270, 271
和浪漫主义 and Romanticism 275
和斯宾诺莎 and Spinoza 216
埃塞俄比亚的苏森约斯国王 Susenyos of Ethiopia 578
注意力的悬置 suspension of attention (*epoche*) 474, 475
搁置意见 suspension of belief 116, 117
搁置判断 suspension of judgment (*epoche*) 119, 120, 121-2
经藏 *Suttapitaka* 514
锡巴里斯 Sybaris 19
阿尔杰农·西德尼 Sydney, Algernon 210
三段论 syllogisms 165, 587-8, 593
亚里士多德的三段论学说 Aristotle's syllogism theory 165, 362, 587
选言 disjunctive 110n
《综合》*Synthese* 410n
综合-分析区分 参见 分析-综合区分 synthetic-analytic distinction see analytic-synthetic distinction
西西里的叙拉古 Syracuse, Sicily 66-7

T

塔西佗 Tacitus 114
《道德经》参见《道德经》*Tao Te Ching* see *Daodejing*
道家 参见 道家 Taoism see Daoism
阿尔弗雷德·塔斯基 Tarski, Alfred 389
形式语言的真理论 truth-theory for formal languages 421
同义反复 tautology 34, 236, 375, 392, 589
哈莉耶特·泰勒 Taylor, Harriet 304
目的论论证 teleological argument 156n
目的论解释 teleological explanations 88
节制 temperament 24
《现代》*Les Temps Modernes* 482-3, 486-7
德尔图良 Tertullian 154
文献记录 *testimonia* 5, 7
泰勒斯 Thales 9-10, 11-14, 21
和本原 and the *arche* 12-13
和亚里士多德 and Aristotle 11, 12

生平 birth details 11
去世 death 13–14
"认识你自己"的谕令 'Know thyself' injunction 13
泰勒斯使用的观察和理性 observation and reason employed by 13, 199
和柏拉图 and Plato 11
地米斯托克利 Themistocles 43
神义论 theodicy 139–40, 239, 555, 556
西奥多里克 Theodoric 142
狄奥多西一世 Theodosius I 3
神学 theology
 阿奎那 Aquinas 152–4, 156–7 也参见托马斯主义 see also Thomism
 奥古斯丁 Augustine 139–41
 和人的尊严 and the dignity of man 172–3, 180
 分歧为旧路和新路 diverging into via antiqua and via moderna 166–7
 神圣因果性 参见上帝：神圣因果 divine causality see God: divine causality
 和神圣预知 参见神圣预知 and divine foreknowledge see foreknowledge, divine
 费奇诺的《柏拉图式神学》Ficino's Platonic Theology 172–3
 基督道成肉身 incarnation of Christ 180
 中世纪的 medieval 131–4
 穆斯林 参见伊斯兰：神学 Muslim see Islam: kalam
 "自然的" 'natural' xxi, 152
 掌握神学真理的信念的必然性 necessity of faith to grasp theological truths 164–5
 原罪 参见原罪和人的堕落 original sin see original sin and Fall of Man
 和预定论 and predestination 140–41
 恶的问题 参见恶：问题 problem of evil see evil: problem of
 被逻辑实证主义者拒绝当作知识的来源 rejected by Logical Positivists as a source of knowledge 377, 380
 与哲学的关系：和阿威罗伊 relationship to philosophy: and Averroes 571–3; 圣经和柏拉图《蒂迈欧篇》之间在宇宙论的可能一致 cosmological possible agreements between scriptures and Plato's Timaeus 133; "双重真理" 'Double Truth' 573; 和伦理学 and ethics 183; 和教会权威下智识活动的衰落 and falling of intellectual activity under authority of the Church 131; 和法拉比 and al-Farabi 561; 和基本差异 and fundamental difference xxi; 和安萨里 and al-Ghazali 568–70, 573, 574; 霍布斯和哲学从神学中的自我驱逐 Hobbes and philosophy's self-exclusion from theology 207; 和对亚里士多德的解释 and interpretations of Aristotle 133–4; 和铿迪 and al-Kindi 560; 宗教改革中神学掌控的松弛 loosening of theology's grip in Reformation 195; 主要差异 main difference xxi; 哲学作为神学的侍女 philosophy as handmaiden of theology 195; 和神启 vs 理性 and revelation vs reason 162, 275, 568, 569–70; 在经院哲学传统中 参见经院哲学和经院学者 in Scholastic tradition see Scholasticism and the Schoolmen; 斯宾诺莎的分离论证 Spinoza's argument for separation 216; 12 世纪的紧张关系 tensions in twelfth century 154; 托马斯主义的联结 参见托马斯主义 Thomistic combination see Thomism
 对神学文献和神的问题采取怀疑论态度 sceptical attitudes to theological literature and the matter of deity 131–2
 司各脱 Scotus 162–3
 神学怀疑论（贝克莱）theological scepticism (Berkeley) 227
 托马斯主义的 参见托马斯主义 Thomistic see Thomism
 三位一体的 Trinitarian 252, 560
提奥弗拉斯图斯 Theophrastus 5, 81
 和阿那克西美尼 and Anaximenes 16–17
 和留基伯 and Leucippus 49
 《论感官》On Sensation 5
 《自然哲学原理》Tenets of Natural Philosophy 5
神智学 theosophy 557
帖撒罗尼迦敕令 Thessalonica, Edict of 3, 137
通神术 theurgy 128, 129–30
托马斯·阿奎那 Thomas Aquinas 132, 150–58
 和阿尔伯特 and Albertus 151, 179

和亚里士多德 and Aristotle 97, 133–4, 152, 153, 154, 156, 571 **也参见**托马斯主义；和伦理学 see also Thomism; and ethics 182; 和 "政治科学" and 'political science' 186
和阿威罗伊 and Averroes 153
和阿维森纳 and Avicenna 566
成为圣者 canonization 153
和变化 and change 154–6
在科隆 at Cologne 151
评注：论亚里士多德 commentaries: on Aristotle 152, 153; 论波爱修斯 on Boethius 152; 论《旧约》on Old Testament 151
宇宙论论证 cosmological argument 156
去世 death 153
为托钵修会的辩护 defence of mendicant orders 151–2
和笛卡尔 and Descartes 157
和多明我会 and the Dominicans 151, 153
"狂喜" / 中风 'ecstasy'/stroke 153
教育 education 151
《希腊人的谬误》Errors of the Greeks 152
伦理学 ethics 182; 蔑视荣耀和尘世间的资财 contempt of glory and temporal goods 186–7
和恶 and evil 156
家庭背景 family background 151
论上帝 on God 156–7
《金链》The Golden Chain 152
和"善"作为一切努力的目标 and 'the good' as target of all striving 156
影响 influences on 130, 154
义战理论 just war theory 138, 141, 187
利奥八世的《永父》and Leo XIII's Aeterni Patris 154
在那不勒斯 in Naples 151, 153, 154
新柏拉图主义的影响 Neoplatonist influence on 130, 154
在巴黎 in Paris 152, 153, 154
和宗座圣托马斯大学 and Pontifical University of St Thomas Aquinas 157–8
《论上帝的能力》The Powers of God 152
不定题辩论的回答 quodlibetical responses 152
在罗马 in Rome 152

联结神学和哲学思想的学派**参见**托马斯主义 school combining theological and philosophical thought of see Thomism
和司各脱 and Scotus 162
和灵魂 and the soul 155
伦巴第的《四部语录》的研究 study of Lombard's Sentences 151
和实体、质料和形式 and substance, matter and form 154–6, 163
《反异教大全》Summa Contra Gentiles 152, 162, 168
《神学大全》Summa Theologiae 152–3, 154
《论知性的统一》'On the Unity of the Intellect' 573
托马斯主义 Thomism 133–4, 154–8, 571
分析的 Analytical 157
克拉科夫 Cracow 157
被宣布为天主教教义的最权威陈述 decreed definitive statement of Catholic doctrine 154
存在主义的 Existential 157
和奥卡姆主义者 and the Ockhamists 166
庇护十世对官方天主教地位的确认 official Catholic status confirmed by Pius X 157
现象学的 Phenomenological 157
河林 River Forest 157
经院哲学的 Scholastic 157
J.J. 汤姆森 Thomson, J. J. 400
修昔底德 Thucydides 44
天 Tian (heaven/sky) 537–8, 543
时间 time
空间和时间的绝对性 absolutes of space and 162
在永恒中一切时间呈现在上帝面前 all times present to God in eternity 141, 143–4
和亚里士多德 and Aristotle 162
奥古斯丁论时间 Augustine on 140–41
宇宙论的 cosmological 499
人类的 human 499
麦克塔格特和时间的非真实性 McTaggart and unreality of 325–8
和梅洛－庞蒂 and Merleau-Ponty 485
和牛顿 and Newton 162
和运动悖论 and paradoxes of motion 36–7, 38–9

现象学的 phenomenological 499
和利科 and Ricoeur 499
时间之流 river of 499
和司各脱 and Scotus 162
勋阀政体 timocracy 72–3
菲利亚修斯的第蒙 Timon of Phlius 120, 121
第二十四代祖师 Tirthankaras 523
列奥·托尔斯泰：《简明福音书》Tolstoy, Leo: *The Gospels in Brief* 371
先验演绎／论证 transcendental deduction/arguments 263, 346, 475n
先验观念论 transcendental idealism 321n, 474
灵魂轮回 **参见**转世或重生 transmigration of souls *see* metempsychosis; reincarnation
特利腾大公会议 Trent, Council of 154
特里尔 Trier 307
真理／真 truth
    作为观念和实在之间的"一致"（詹姆士）as 'agreement' between ideas and reality (James) 330–31
    作为"分析性"的（莱布尼茨）as 'analytic' (Leibniz) 235
    安瑟伦有关真理总是存在的论证 Anselm's argument that truth has always existed 146
    反实在论的真理观 anti-realist conception of 425, 427
    和艺术 and art 495–6
    奥斯汀与斯特劳森的争论 Austin-Strawson debate about 413
    卡尼阿德斯认为不存在真理标准的观点 Carneades' view that there can be no criterion of 118
    "现金值"理论 'cash value' account of 333
    符合论 correspondence theory of 412–13
    戴维森的理论 Davidson's theory of 419–22, 432
    和去蔽 and disclosure (*aletheia*) 479, 480
    "双重真理" 'Double Truth' 573
    和方便的信念 and expedient beliefs 330
    和解释学 **参见**解释学 and hermeneutics *see* hermeneutics
    霍布斯和**科学**（真知）Hobbes and *scientia* (true knowledge) 207
    和工具主义 and instrumentalism 231
    和直觉 and intuition 214
    知识和真信念 knowledge and true belief 69, 77
    和"最大程度把握"（梅洛-庞蒂）and 'maximum grip' (Merleau-Ponty) 484
    掌握神学真理的信念的必然性 necessity of faith to grasp theological truths 164–5
    通过寻求真理而获得灵魂的完善 perfecting of soul through seeking of 564
    哲学作为对真理的追求 philosophy as pursuit of 57
    作为一种柏拉图式形式 as a Platonic Form 74
    和科学 and science 214
    说出真理 speaking the truth 30, 422
    和斯多亚主义 and Stoicism 110–11
    空性和终极真理的不存在 *sunyata* and non-existence of ultimate truths 530
    表格 tables 353, 588, 589, 590
    塔斯基的形式语言真理论 Tarski's truth-theory for formal languages 421
    真的同义反复（分析）命题 **参见**同义反复 tautological (analytic) propositions of *see* tautology
    真理的证实 **参见**证实／证实主义 verification of *see* verification/verificationism
    好科学理论的逼真性 verisimilitude of good scientific theories 398
    真理之路，与假象之路 way of, vs way of seeming 32
    存在的真 **参见**实在 of What Is *see* reality
    真之条件 truth-conditions 343, 422, 423–5, 449
    真值 truth-values 110, 342–3, 363–4, 375, 425, 589
    真值空缺 truth-value gaps 343, 414
安·罗伯特·雅克·杜尔哥 Turgot, Anne Robert Jacques 273
安瑟伦·图梅达（后来更名为阿卜杜拉·图勒曼）Turmeda, Anselm (later Abd-Allah at-Tarjumen) 180
德斯蒙德·图图 Tutu, Desmond 580
类型论（罗素）Types, Theory of (Russell) 350
暴政 tyranny 66, 72, 73, 107, 186, 187, 277

U

乌班图精神 Ubuntu 518, 580–81
乌麦叶王朝 Umayyads 558
理解 / 知性 understanding
    和亚里士多德 and Aristotle 87–8
    启蒙运动，和使用自己理性的勇气 Enlightenment, and courage to use own 268, 272
    通过理解事物的属性而获得自由 freedom through understanding nature of things 216
    精神的自我理解和辩证历程 Geist's self-understanding and dialectical journey 289–94
    和赫拉克利特 and Heraclitus 30
    和智识成熟 and intellectual maturity 269
    康德论知性 Kant on 261, 263
    莱布尼茨的《人类理解新论》Leibniz's *New Essays Concerning Human Understanding* 218, 234
    洛克的《人类理解论》Locke's *Essay Concerning Human Understanding* 218, 219–23, 339–40
    在数论学派中 in Samkhya 524 of
    自我**参见**自我觉知 / 自我意识 / 自我知识 the self *see* self-awareness/-consciousness/-knowledge
    世界作为哲学的目的 the world, as aim of philosophy 99
    季迪昂的芝诺论理解 Zeno of Citium on comprehending 111
一位论 Unitarianism 252
美国宪法 United States Constitution
    《平等权利宪法修正案》Equal Rights Amendment (ERA) 459
    《美国宪法第 19 修正案》Nineteenth Amendment 458–9
共相 universals 143
    和阿伯拉尔 and Abelard 149
    和亚里士多德 and Aristotle 143
    和波爱修斯 and Boethius 143
    陈那—法称学派 Dinnaga-Dharmakirti school 531
    和霍布斯 and Hobbes 207
    唯名论观点 nominalist views of 149, 207
    和波菲利 and Porphyry 143
    实在论观点 realist views of 149, 163, 340
    和司各脱 and Scotus 163

伦敦大学学院 University College London 285–6, 304
《奥义书》Upanishads
    《广林奥义书》Brhadaranyaka 520–21
    伟大的格言 mahavakya ('great saying') 529
    自我和绝对之间的关系 and relation between Atman and Brahman 529
    和叔本华 and Schopenhauer 300
    和《吠檀多》and Vedanta 522
帕德雷·奎斯托·杜尔比诺 Urbino, Giusto d' 578
J.O. 厄姆森 Urmson, J. O. 447
功利主义 utilitarianism 281–2, 445
    行动功利主义 act utilitarianism 306, 445
    和边沁 and Bentham 281–2, 283
    作为一种后果论道德学说 as a consequentialist theory of morality 281, 305, 306, 367, 453 **也参见**后果论 *see also* consequentialism
    和幸福 and happiness 281–2, 286, 306, 307
    和黑尔论规定性 and Hare on prescriptions 450
    和霍夫曼 and Hoffman 284
    和密尔 and Mill 281–2, 286, 304, 305–7
    和墨家的利害 and Mohist *li* and *hai* 545
    和消极自由 and negative liberty 283
    和痛苦 and pain 281, 282, 286, 306
    和罗尔斯 and Rawls 461
    规则功利主义 rule utilitarianism 307, 367, 445, 446
    和证据规则 and rules of evidence 284
乌托邦 Utopia 191–2
    启蒙运动，和乌托邦主义 Enlightenment, and Utopianism 271
    和诺齐克 and Nozick 465
智弥曼差派**参见**《吠檀多》Uttara Mimamsa *see* Vedanta

V

加尔吉·瓦查卡纳维 Vachaknavi, Gargi 520n
胜论派 Vaisheshika 521, 525–9
    原子论形而上学 atomistic metaphysics 521, 526–7
    和因果性 and causation 526, 527–8
    内在性 inherence (samavaya) 526, 527
    和正理学派 and Nyaya 521, 525–9
    本体论 ontology 527

保罗·瓦勒里 Valéry, Paul xx
洛伦佐·瓦拉 Valla, Lorenzo 176, 183
 和圣经批评 and biblical criticism 176
圭里奥·切萨雷·瓦尼尼 Vanini, Giulio Cesare 96n
 死于火刑 death at the stake 184
罗马教廷 / 梵蒂冈 Vatican 135, 161
 和伽利略 and Galileo 270
《吠檀多》Vedanta 520, 521
 和业 and karma 522
 和转世轮回 and reincarnation 522
《吠陀经》Vedas 519–21
 集合 collections 519–20
 评注（森林书）commentaries (*Aranyakas*) 520
 和业弥曼差派 and Purva Mimamsa 522
 作为《天启书》as Sruti 520
 和《奥义书》参见《奥义书》and Upanishads *see* Upanishads
 《吠陀经》仪式（《婆罗门书》）Vedic rites (*Brahmanas*) 520
素食主义 vegetarianism 19, 40
威尼斯 Venice 185
 宪法 constitution 190
 迪圭恰尼 Guicciardini on 190
 马基雅维利论威尼斯 Machiavelli on 190–91
韦恩图 Venn diagrams 87n, 511
证实 / 证实主义 verification/verificationism 381–5, 418
 艾耶尔的证实原则 Ayer's verification principle 382
 作为意义性的标准 as a criterion of meaningfulness 382
 和达米特的意义理论 and Dummett's theory of meaning 424–5
 形而上学和真理的证实主义立场 metaphysics and verificationist view of truth 426–7
 和乌鸦悖论 and Paradox of the Ravens 383–4
 和波普尔 and Popper 396–7;
 和可错主义 and falsificationism 397–9
 和记录语句 and protocol sentences 380–81
 和石里克 and Schlick 382
 作为意义性质的具体化 as specifying the nature of meaning 382

被研究来攻击证实主义的证实原则的地位 status of verification principle queried to undermine verificationism 384
维也纳 Vienna 370, 380, 389, 396, 405
维也纳大学 University 370, 378–9, 385, 386, 396, 473 也参见维也纳学派 *see also* Vienna Circle
维也纳学派 Vienna Circle 353, 372, 377–81, 385 也参见逻辑实证主义 *see also* Logical Positivism
 和艾耶尔 and Ayer 377, 389
 立场的卡尔纳普 / 石里克与纽拉特分支 Carnap/Schlick vs Neurath strands of outlook 378
 与孔德式的实证主义 vs Comtean Positivism 302, 377–8
 《认知》期刊 *Erkenntnis* journal 377, 379
 影响 influence 377 也参见逻辑实证主义 *see also* Logical Positivism
 和纳粹 and the Nazis 380
 核心成员（石里克学派）nucleus (Schlick Circle) 379
 维也纳学派哲学 参见 逻辑实证主义 philosophy of *see* Logical Positivism
 和波普尔 and Popper 379, 385, 395
 和蒯因 and Quine 377, 389
 《科学的世界观：维也纳学派》'The Scientific World View: The Vienna Circle' 379
 和维特根斯坦 and Wittgenstein 372, 400
越南战争 Vietnam War 345, 459, 487
律藏 *Vinayapitaka* 515
维吉尔 Virgil 177, 258
美德（马基雅维利）*virù* (Machiavelli) 189, 191, 537
虚拟现实 virtual reality 444
美德 / 德性 virtue
 和安提西尼 and Antisthenes 100
 和亚里士多德 and Aristotle 92–3, 453, 454
 和公民权 and citizenship 53, 72
 在儒家思想中 in Confucianism 537, 540
 犬儒美德 Cynic virtues 100;
 季迪昂的芝诺对美德的内化 Zeno of Citium's internalization of 108, 112
 等同于权力（斯宾诺莎）equated with power (Spinoza) 215
 作为伦理学的基础 as foundation for ethics 454

索引 727

也参见德性伦理学 see also virtue ethics
和幸福 and happiness 92-4, 454, 455, 456
等同于知识 identified with knowledge 63-4, 68, 116
辨识美德 identifying virtues 456
和没有羞耻的生活 and living without shame 102
麦金太尔和德性的社会维度 MacIntyre and social dimension of virtues 456
自然与人造的（休谟）natural vs artificial (Hume) 248-9
为其本身而追求（莫尔的《乌托邦》）pursued for its own sake (More's *Utopia*) 191
重获有关美德的知识 regaining knowledge of 69
和苏格拉底 and Socrates 61, 62, 63, 64, 68
可靠的思考是最大的美德（赫拉克利特）sound thinking as greatest virtue (Heraclitus) 30
德性的可教性 teachability of 100
理论 theory 456
"非自我主义"的美德（尼采）'unegoistic' virtues (Nietzsche) 318
美德的统一（苏格拉底）unity of the virtues (Socrates) 64
效用作为美德的标准 utility as criterion of 281 也参见功利主义德性伦理学 see also utilitarianism virtue ethics 453-7
和亚里士多德 and Aristotle 92-3, 453, 454
德性伦理学 virtue theory 456
德性 *virtus* 186-7, 189
强力 *vis* (force) 186, 189
吉安·加莱亚佐·维斯孔蒂 Visconti, Gian Galeazzo, Duke of Milan 176, 187
西哥特人 Visigoths 3-4
维多里诺·拉巴尔多尼/达·费尔特雷 Vittorino Rambaldoni/da Feltre 177
伏尔泰 Voltaire 218
  对过分理性乐观主义的批评 attack on excessive rationalist optimism 276
  《老实人》*Candide* 276
  作为一位自然神论者 as a deist 270
  伏尔泰的《百科全书》词条 *Encyclopédie* articles by 273
  和百科全书派 and the Encylopedists 269
  和卢梭 and Rousseau 253

运用逻辑和讽刺来批判权威 use of logic and satire to attack authority 269, 270

W

柯西玛·瓦格纳 Wagner, Cosima 315
理查德·瓦格纳 Wagner, Richard 297
  和拜罗伊特艺术节 and Bayreuth Festival 315
  和尼采 and Nietzsche 314, 315, 316
让·瓦尔 Wahl, Jean 509
弗里德里希·魏斯曼 Waismann, Friedrich 379, 389, 400
约翰·华莱士 Wallis, John 270
霍勒斯·沃波尔 Walpole, Horace 253
詹姆斯·沃德 Ward, James 320
弗朗索瓦丝-路易斯·德·瓦朗 Warens, Françoise-Louise de 251
水 water
  作为宇宙的本原（泰勒斯）as *arche* of the cosmos (Thales) 12-13
  和元素参见四元素 and the elements *see* elements, four
J. B. 沃森 Watson, J. B. 389
卡尔·魏尔斯特拉斯 Weierstrass, Karl 473
艾哈德·韦格尔 Weigel, Erhard 233
西蒙娜·薇依 Weil, Simone 482, 511
魏玛 Weimar 298
康奈尔·韦斯特 West, Cornel 333
《威斯特敏斯特评论》*Westminster Review* 305
燕妮·冯·威斯特法伦 Westphalen, Jenny von 308, 310
赫尔曼·魏尔 Weyl, Hermann 474
威廉·休厄尔 Whewell, William 279, 305
阿尔弗雷德·诺斯·怀特海 Whitehead, Alfred North
  和戴维森 and Davidson 419
  形式逻辑符号（和罗素）notation for formal logic (with Russell) 342, 586
  论柏拉图和哲学 on Plato and philosophy 67
  《数学原理》（与罗素合著）*Principia Mathematica* (with Russell) 67, 347, 350-51
  和蒯因 and Quine 389
克里斯托弗·维兰德 Wieland, Christoph 298

戴维·威金斯 Wiggins, David 469
意志 will
　意志自主 autonomy of 263-4, 265, 268
　觉 buddhi 524, 525
　自由意志**参见**自由意志 free *see* free will
　他律和意志的臣服 heteronomy and subjection of 272
　意向性**参见**意向性 intentionality *see* intentionality
　道德意志 moral will 265
　和本体实在 and noumenal reality 299-300
　权力意志（尼采）to overcome (Nietzsche) 318-19
　和"纯粹"理性（康德）and 'pure' reason (Kant) 263-4
　从欲望和意志的力量中解脱 release from desire and the power of 215-16, 300
　卢梭和"公意" Rousseau and 'the general will' 253-4, 255
　和叔本华 and Schopenhauer 299-300, 318
　和性 and sex 301
　斯宾诺莎和"自然倾向" Spinoza and 'conatus' 214-15
　和痛苦 and suffering 318-19
　意志的薄弱 weakness of 64
威廉二世（威廉·鲁夫斯）William II (William Rufus) 145-6
威廉三世（奥兰治的国王）William III, Prince of Orange 218, 223-4
奥弗涅的威廉 William of Auvergne 566
莫尔贝克的威廉 William of Moerbeke 185
伯纳德·威廉斯 Williams, Bernard 449, 469
蒂莫西·威廉姆森 Williamson, Timothy 469
夸西·威雷杜 Wiredu, Kwasi 579
卡尔·维特根斯坦 Wittgenstein, Carl 370
莱奥波迪内·维特根斯坦 Wittgenstein, Leopoldine 370
路德维希·维特根斯坦 Wittgenstein, Ludwig 335, 370-77
　和空气动力学 and aeronautics 370-71
　分析哲学，早期思想 Analytic philosophy, early thought 372-7; 和自然科学 and the natural sciences 374; 意义的图像理论 picture theory of meaning 375-6; 命题，和语言哲学／逻辑学 propositions, and philosophy/logic of language 373-7; 将伦理学和宗教从可言说领域中移除 removal of ethics and religion from realm of the discussable 374-6
　分析哲学，后期思想 Analytic philosophy, later thought 400-404; 认识论 epistemology 404; 和"遵循规则"and 'following a rule' 403, 432; 语言游戏 language games 401, 402-3; 和语言的公共性 and public nature of language 403; 作为疗救 as therapy 401
　和奥古斯丁 and Augustine 142, 402
　生平 birth details 370
　"蓝色"和"棕色"笔记本 'Blue' and 'Brown' books 372;
　出版为《〈哲学研究〉的预备研究》published as *Preliminary Studies for the Philosophical Investigations* 401
　在剑桥 at Cambridge 371, 373
　《论确实性》*On Certainty* 404
　去世 death 373
　和达米特 and Dummett 423
　教育 education 370, 372
　家庭背景 family background 370
　在第一次世界大战期间 during First World War 371-2
　和弗雷格 and Frege 371
　和凯恩斯 and Keynes 372
　和克里普克 and Kripke 432
　和数学 and mathematics 371
　和摩尔 and Moore 371, 372
　《哲学研究》*Philosophical Investigations* 142, 372, 401-4
　《〈哲学研究〉的预备研究》*Preliminary Studies for the Philosophical Investigations* 401
　和罗素 and Russell 371, 372, 374
　和叔本华 and Schopenhauer 297
　《逻辑哲学论》*Tractatus Logico-Philosophicus* 356, 372, 373-7, 400, 401-2
　和维也纳学派 and Vienna Circle 372, 400
保罗·维特根斯坦 Wittgenstein, Paul 370
理查德·沃尔海姆 Wollheim, Richard 449
女性 women

在中国 in China 543n
《平等权利宪法修正案》Equal Rights Amendment proposal for US constitution 459
被从教育中排除 exclusion from education 468
女性主义哲学参见女性主义哲学 feminist philosophy see feminist philosophy
权利 franchise 285, 304, 344, 458–9
和约翰·斯图尔特·密尔 and John Stuart Mill 304, 307
卢梭的观点 Rousseau's views of 256
和叔本华 and Schopenhauer 301
和性别歧视参见性别歧视 and sexism see sexism
从属地位 subordination of 468
J. H. 伍杰 Woodger, J. H. 80
伦纳德·伍尔夫 Woolf, Leonard 365
威廉·华兹华斯 Wordsworth, William 304
克里斯托弗·雷恩 Wren, Christopher 270
昌西·莱特 Wright, Chauncey 329
克里斯平·赖特 Wright, Crispin 469
威廉·冯特 Wundt, Wilhelm 473
无为 wuwei 547–8, 549
约翰·威克里夫 Wycliffe, John 166

X

赞西佩 Xantippe 59
色尼阿德斯 Xeniades 101
色诺克拉底 Xenocrates 78, 82, 126
色诺芬尼 Xenophanes 24–7
  和亚里士多德 and Aristotle 26, 27
  生平 birth details 25
  和运动会 and the Games 25
  和巴门尼德 and Parmenides 26, 31
  和柏拉图 and Plato 26–7
  和毕达哥拉斯 and Pythagoras 18, 26
  拒斥宗教和奥林匹亚诸神 rejection of religion and Olympian deities 25
  被色诺芬尼讽刺性批判 satirical attacks by 25, 26
  "世界为一"的思想 'World is One' idea 26, 27
色诺芬 Xenophon 56
  和苏格拉底 and Socrates 58, 108, 516
薛西斯 Xerxes 43

荀子（荀况）Xunzi (Xun Kuang) 539, 540–42

Y

扎拉·雅克布：《哈塔塔》Yacob, Zara: *Hatata* 577–8
耶吉纳伏格亚 Yajnavalkya 520–21
《耶柔吠陀》Yajurveda 519
《易经》*Yijing* ('I Ching') 516, 535, 552–3
瑜伽 Yoga 521
瑜伽行派 Yogacara 530–31

Z

达乌德·扎希里 al-Zahiri, Dawud 559
扎希里 Zahiris 559
佛教禅宗 Zen Buddhism 545
曾子 Zengzi 536
季蒂昂的芝诺 Zeno of Citium 99, 100, 101, 111, 112
  生平 birth details 108
  和克拉特斯 and Crates 108
  和犬儒美德的内化 and internalization of Cynic virtues 108, 112
埃利亚的芝诺 Zeno of Elea 10, 35–9
  和亚里士多德 and Aristotle 35, 37, 43
  和原子论 and atomism 50
  生平 birth details 35
  和无限 and infinity 38–9
  和尼库斯 and Nearchus 35–6
  作为演讲家 as orator 43
  悖论 paradoxes 36–9; "阿基里斯" 'Achilles' 37, 38–9; "飞行的箭" 'Arrow' 37; "体育场" 'Stadium' 36–7, 38–9
  和柏拉图 and Plato 35, 36
  和毕达哥拉斯主义 and Pythagoreanism 37–8
  拷打和死刑 torture and death 36
恩斯特·策梅洛 Zermelo, Ernst 474
中国周朝 Zhou kingdom, China 535, 538
《庄子》*Zhuangzi* 546, 548, 551
子思 Zisi 536, 539
祆教/琐罗亚斯德教 Zoroastrianism 138, 173, 517
《阿维斯塔》*Avesta* 557–8
  和侯赛因·本·阿里 and Hussayn ibn Ali 559

译后记
Afterword

本书由我和师弟张瀚天合作翻译而成。在分工上瀚天负责了前言、致谢、导言和古代哲学、中世纪与文艺复兴哲学、阿拉伯-波斯哲学以及非洲哲学部分；我则负责现代哲学、20世纪哲学、印度哲学和中国哲学，以及附录与索引部分。与朋友一同做事是件幸事，更是快事，与瀚天合作尤为如此。在北京大学法学院就读本科时我便与他熟识，后来更是一同进入《北大法律评论》编委会共事将近三年。我们的专业方向与研究兴趣接近，但又稍有不同。瀚天在硕士阶段选择进入法学院的法律史专业深造，之后又负笈芝加哥大学从事政治学研究，他精通拉丁文与德语，并沉醉于西方古典时期的政治与哲学思想；我则一直"坚守"在北京大学法理学专业，追随沈宗灵先生与我的导师张骐教授的研究进路，关注西方法哲学与比较法研究。由此之故，尽管从名义上看我俩皆为哲学的"门外汉"，但本书中我们各自负责的章节篇目，虽谈不上是我们得心应手的本行功夫，却都与我们长久以来关心的领域紧密相连。

格雷林（A. C. Grayling）教授的文字平实晓畅但却颇值玩味，他将复杂哲学观点与历史背景化繁为简的本领更是令人赞叹。这不仅源自他对专业领域内文献和理论的熟稔，也与他常年为《泰晤士报》及《卫报》撰写专栏文章、面向大众写作有关。相较于书斋型的学者，格雷林教授不仅在认识论、语言哲学领域以及罗素、维特根斯坦研究方面享有盛名，并且广泛介入政治社会议题，并试图为之提供哲学化的分析和解答。从他的文字中，我们既能够体会到当代分析哲学在概念界定、论证重构、逻辑推导方面的精细和深邃，也不难发现在这一切技术化表达背后自成一体的、对自柏拉图以降哲学历程的理解和把握。这种综合性的视野与其导师彼得·斯特劳森的写作风格与研究路径可谓一脉相承，既是牛津日常语言哲学的一次自我革新和发展，也是对当代分析哲学日渐狭窄的主题、日趋琐碎的讨论、日益晦涩的风格提出的某种警醒、质疑乃至挑战，并试图指出哲学应当对哲学史"说是"，而非将两者割裂。

在这一背景下，也就不难理解本书自出版后受到的一些批评。有学者批评其作为面向大众的作品，语言过于平铺直叙；也有学者直言面面俱到的写作似乎使得哲学在本书中呈现为一条浅到不能再浅的河流，以至于"有人会通读一遍，但难以想象有谁还会再读"；还有学者认为本书对非西方世界思想以及宗教学说关注不够……如此种种，不一而足。这在更深层面反映出当代哲学乃至整个人文学科写作与研究的普遍困境：学术研究与生活世界逐渐成为两个越来越难以产生交集的平行领域。任何一部作品在当代可能都无法同时满足专业人士和大众读者的品味。

但不得不说，格雷林教授在本书中已然尽力了。他以简单直白的语言重构并检验哲学史中的每一个著名论证，并启发读者去发现其中隐藏的洞见或缺陷。在不丧失专业性、准确度的前提下，尽可能减少读者阅读和理解时的障碍与困难。在阅读中，我相信各位读者也会慢慢体会到作者的两难：一方面是限于篇幅和风格，许多深入的讨论只能点到为止；另一方面则是太多的人物和主题，只能通过拉名单的方式告诉读者不要忘记。不过作为译者，也作为本书在中文世界可能最细致和认真的读者（当然，未必是最懂本书的人），我想说本书在语言、风格、篇幅、时间跨度、主题内容、作者立场等多个维度保持着审慎的平衡，而这是"哲学通史"类著作难得的美德与优点。阅读本书或英文原作，并在其指引下走近哲学史中最"击中"我们心弦的思想家而非就此驻足，才是格雷林教授写作本书的初衷。从这个角度来说，本书丰富的参考文献以及细致到无以复加的人物、术语、著作索引，也颇具参考价值。

与常见的哲学通史相比，本书的独特之处就在于它是哲学家所写的哲学史，而非专门的史家所写的哲学史。格雷林把古人当作自己的同行，在考虑了当时当地可用的思想资源和经验材料的前提下，他其实是用同行评议的标准来看待古人的哲学论证：概念界定是否清楚，前后定义是否一致，以及按此定义，一段论述本身是否达成了它所欲达成的效果。这种与古人对话的写作态度，使本书获得了罕见的明晰性，因为作者可以直率地说，某个论证是不足的或是失败的。而一般的哲学史家则会把论证不充分不成立的地方作为切口，尝试用"最大的同情"去理解，从同一思想家别的论述中拉来材料做出填补。这种做法固然能读出古人文章的更多层次，但一方面可能会陷入过度解读，一方面会增加一般读者理解的难度。总的来说，格雷林采取的这种"铁口直断"的行文方式，在其自身的哲学背景中是可以成立的，而且完全符合本书的目标——普及那些最根本的哲学问题。

但立场相反的人们会主张，古人与今人各有其背景，其思想以及表达思想所用的语言，都深深地嵌在这个背景中。由此至少能推出两个结论。其一，人归根结底只是、也只能为同时代的人写作，因此以今非古或以古非今是不当的苛责。其二，由于我们不是古人，与古人属于不同的思想和语言共同体，因此也不是古人原本预想的读者，因此我们根本上无法"正确地"理解古人，一切解读注定是不同程度的臆断。作者在一个脚注中反击过类似历史主义的立场。在此我想补充一个反击的理由，那就是"反思性"这个问题。我们如何看待古人，也就决定了我们设想未来的人如何看待我们。如果我们完全接受了极端的历史主义，认为人各有历史背景，不能苛责，今人不能批评古人，那么就自然导出，将来的人也不能批评今人。这就会导向一种危险的历史虚无主义，使我们在今日的所说、所写、所为都变成了后人无从置喙的"无法理解之物"，于是我们实际上就自外于历史，摆脱了一切历史的评断。这并不是一种负责任的态度。总之，格雷林所采取的这种历史哲学，不仅自洽，而且对今天思想界的现状，有很强的矫正作用。

译事艰难，并非今日始知，但翻译本书让我们对此有了更深一层的体会。在翻译过程中，我和瀚天不仅调用了自身所有知识储备，还在查找资料、比较译文、请教师友、彼此讨论的过程中掌握了诸多新的知识和前沿观点。为了进一步减轻读者理解上的困难，我们补充了诸多脚注，大多是对译文所涉及的知识背景的介绍以及对正文内容的补充说明。从这个角度来说，呈现在读者面前的不仅是我们的译文，也是我们阅读格雷林教授著作后以最克制的方式对之展开的解释。我们希望这一解释不至于太不靠谱，当然也欢迎读者能够提出更好的替代性方案，因为这才是哲学的真谛——如格雷林教授所言，我们不应怯于接受思考所带来的挑战。

凡事讲求因缘。当我最初决定接受本书的翻译任务时，便属意与瀚天共同完成。不过考虑到当时瀚天学业忙碌且博士项目申请季临近，我便只好同出版社另寻合作译者。但冥冥之中皆有定数，机缘巧合之下最终还是由瀚天接手了本书翻译工作，不得不说这也是一种天遂人愿。

当然在此过程中，本书责任编辑肖海鸥老师的保驾护航起到了至关重要的作用。她与颜筝编辑及诸位我不知姓名的老师们的专业且出色的编辑工作，使得译文在形式与实质上都增色不少。她对翻译事务的理解以及对青年学者、年轻译者的提携，更使得上海文艺出版社的出品在我们心中既具有理性的锋芒，也不乏感性的温情。

我负责的译文大多都完成于 2019 年的暑假。记忆中的这个夏天闷热且多雨，这既是北京的天气也是我个人的心境。这一年的夏至，我的外婆张桂荣女士永远地离开了我和家人。在本书接近付梓之际，我的外公王进财先生同样也于盛夏溘然长逝。他们永远不懂自己的外孙在做什么、在写什么，心心念念的只是我是否能在北京、美国吃上饺子和捞面。但我仍愿把这本译作献给二位老人以及他们相互搀扶走过的岁月。人活一世并不容易，对此，我的体会日渐深沉。

同时我也感谢朋友梁学辉先生，在因文字而目眩头晕的夜晚，与他享受奶茶、鸡蛋仔、鲜芋仙以及夜晚校园的小径大道，成为我不可多得的快乐。几乎每日例行地从畅春新园到长春桥东的长跑或在邱德拔体育馆泳池里的来来回回，让我暂且忘掉了难过、劳累、焦虑和愤怒，权且将一切精力与意志投入在手头的工作之中。

我总是想起 2018 年夏末，瀚天从芝加哥前往圣路易斯，我们一起度过的周末。我是一个不靠谱的师兄，他走出地铁后我和他约定见面的地点一周后发生了抢劫案；在大拱门（Gateway Arch）上追着夕阳拍照后，我发现预约错了餐厅时间。不过多亏了瀚天的大度和我"傻人有傻福"的运气，一切结果都还不错。这回也一样，拉着他接手本书的翻译。瀚天负责的译文大多完成于 2019 年岁末与 2020 年初春。人生海海、世事浮沉，我明了瀚天在大洋对岸遥望这边他所熟悉的一切时，内心的矛盾。作为朋友，我深知自己无法排解这种丰富的矛盾，所做的唯有谈谈见闻、谈谈观感，借"催稿"的由头让他在工作中摆脱种种不会消逝而只有延宕的牵绊。

我们的翻译还受惠于以下朋友的帮助。吴芸菲女士从推荐我同出版社接洽，到主动提供相关参考资料直到最后通读译稿、提出非常细致的修改意见，都可谓亲力亲为。虽然相识已久，但我感到请她吃一年的"南京大排档"和"丸龟制面"都不足以表达谢意。胡恩海先生在我同他一起合作翻译《正义的要素》后便远赴巴黎，钻研科学哲学。本书中的法语单词以及法国哲学部分，有一些受惠于他在图书馆奋笔疾书之余浏览微信时的片刻闲暇。远在美国圣路易斯华盛顿大学攻读 J. S. D. 的陈力兆先生得知我在翻译此书后，更是马上买下英文原作，请我按照翻译进度将最新初稿发送给他阅读。希望我们译文现在呈现出的样态，不愧于他们的细致与关心。

最后，本书的完成也离不开一路上指引我们进入"学术之门"的诸位师友。无论是在本科时期还是研究生阶段，我与瀚天都并非老老实实固守在法学院课堂的学生。我们时而去社会学系与老师一同阅读韦伯、福柯，时而又去哲学系翻看柏拉图、康德、弗雷格，然后又回到法学院向自己导师提交选题"天马行空"的论文。好在我们的导师都在认可并鼓励我们积极探索自己兴趣的前提下，指引我们一步步走上专业的学术研究与写作道路。同时，社会学系和哲学系的老师们在课堂讨论和课后交流中，都没有因我们是"外行"而拒之门外，反而在形而上学课堂上鼓励我们思考自由意志、人格同一性以及因果关系在法学中的运用，在黑格尔《法哲学》研讨班中鼓励我们从罗马法和普通法视野审视黑格尔的论断，在真理论的课堂上鼓励我们重新反思法律中证据与事实的关系……这种开放的治学视野和研究态度，使得我和瀚天在翻译过程中有理由相信，自己的工作不仅不是"不务正业"，反而是在为日后更深入的探索做准备。

  世事难全，翻译尤甚。希望大家能够喜欢我们的译文，也非常欢迎大家就阅读时的困惑与问题同我们加以探讨，并对发现的谬误和疏漏加以批评指正，来信请联系 yingnanzhao2010@sina.com。

2020 年 3 月初稿

2021 年 8 月二稿

赵英男谨识

图书在版编目（CIP）数据

企鹅哲学史 / (英) A.C.格雷林著；张瀚天, 赵英男译. -- 上海：上海文艺出版社, 2023
（艺文志. 企鹅）
ISBN 978-7-5321-8183-4
Ⅰ.①企… Ⅱ.①A… ②张… ③赵… Ⅲ.①哲学史－世界 Ⅳ.①B1
中国版本图书馆CIP数据核字(2021)第230630号

THE HISTORY OF PHILOSOPHY
Copyright © A.C.Grayling, 2019
The moral right of the author has been asserted.
First Published in Great Britain in the English Language by Penguin Books Ltd., 2019
Simplified Chinese edition copyright © 2023 by Shanghai Literature & Art Publishing House
in association with Penguin Random House North Asia.

"企鹅"及相关标识是企鹅兰登已经注册或尚未注册的商标。
未经允许，不得擅用。
封底凡无企鹅防伪标识者均属未经授权之非法版本。

著作权合同登记图字：09-2019-377号

发 行 人：毕　胜
责任编辑：肖海鸥
营销编辑：高远致
内文制作：常　亭

书　　名：企鹅哲学史
作　　者：[英]A.C.格雷林
译　　者：张瀚天　赵英男
出　　版：上海世纪出版集团　上海文艺出版社
地　　址：上海市闵行区号景路159弄A座2楼　201101
发　　行：上海文艺出版社发行中心
　　　　　上海市闵行区号景路159弄A座2楼206室　201101　www.ewen.co
印　　刷：启东市人民印刷有限公司
开　　本：1000×650　1/16
印　　张：47.25
插　　页：6
字　　数：564,000
印　　次：2023年1月第1版　2023年1月第1次印刷
I S B N：978-7-5321-8183-4/B・076
定　　价：128.00元 (全二册)
告 读 者：如发现本书有质量问题请与印刷厂质量科联系　T:0513-53201888